粤东闽语揭阳方言语音层次研究

黄瑞玲／著

YUEDONG MINYU JIEYANG FANGYAN YUYINCENGCI YANJIU

上海辞书出版社

图书在版编目(CIP)数据

粤东闽语揭阳方言语音层次研究 / 黄瑞玲著. —上海：上海辞书出版社，2024
ISBN 978-7-5326-6219-7

Ⅰ.①粤… Ⅱ.①黄… Ⅲ.①闽南话—语音—方言研究—揭阳 Ⅳ.①H177.2

中国国家版本馆 CIP 数据核字(2024)第 095696 号

粤东闽语揭阳方言语音层次研究

黄瑞玲　著

责任编辑　马　沙
装帧设计　黄　骏
责任印制　曹洪玲

出版发行　上海世纪出版集团
上海辞书出版社®(www.cishu.com.cn)
地　　址　上海市闵行区号景路 159 弄 B 座(邮政编码：201101)
印　　刷　浙江临安曙光印务有限公司
开　　本　720 毫米×1000 毫米　1/16
印　　张　29.25
字　　数　503 000
版　　次　2024 年 6 月第 1 版　2024 年 6 月第 1 次印刷
书　　号　ISBN 978-7-5326-6219-7/H·784
定　　价　128.00 元

国家社科基金项目
“基于历史层次分析的闽南方言虚词演变史研究”
(项目编号 ZZBYY04)阶段性成果
陕西师范大学优秀著作出版基金资助出版

序一

黄瑞玲告诉我，她的博士论文《粤东闽语揭阳方言语音层次研究》经过修改打磨，得到陕西师范大学的出版资助，将由上海辞书出版社出版，我很为她高兴。

我到首都师范大学文学院工作的第三年，黄瑞玲成为我的博士研究生，在读期间她克服了诸多困难，始终保持乐观的心态和顽强的意志，刻苦学习，努力提高，这种精神我非常欣赏。做学问是需要恒心的，没有恒心，即便才高八斗，也难以有大的成就。黄瑞玲具备做学问的恒心，我相信她一定有所成就。她毕业后这几年已经在学术上崭露头角，印证了她的学术恒心。我不仅欣慰，也与有荣焉。

黄瑞玲是广东揭阳人，揭阳话是她的母语方言。揭阳话属于闽南方言，她的博士学位论文选择研究粤东揭阳闽语的音韵层次，我不研究方言音韵，对揭阳闽语的了解也非常有限，但我觉得这是一个非常值得做的题目，便同意了她的博士论文选题。黄瑞玲在我难以有更多指导的情况下，将论文写出来，并获得优秀论文的评价，都是她自己保持恒心、努力钻研的结果。

当年我的老师邢公畹先生教导我：研究古代汉语，往上要跟亲属语言结合起来，往下要跟方言结合起来。古代汉语是流走了的水，只存在于文献当中，不跟活的语言相联系，光看文献，有很多东西是不易看出来的。我有负先生的教导，一直对汉语方言关注不够，更不敢轻易将古代汉语的语言现象跟汉语方言挂钩。但我是研究语法演变的，语言的演变，不管是语法，还是语音，都有其内在的规律，也有其内在或外在的原因。研究语法演变，就是研究语法演变的规律及其成因。语法演变的规律跟语音演变的规律也许有所不同，但内在或外在原因或许存在共同点。黄瑞玲研究揭阳闽语的音韵层次，不单单是离析当代揭阳话词汇音韵系统所包含的不同历史层次的因素，其意更在于分析揭示这些不同历史层次因素的形成原因。她的研究成果对我研究语法演变有诸多启发，诚可谓教学相长。

汉语的方言都是在不同的历史时期从通语中分化出来的地域变体。自秦汉以来，文教大兴，所以各个方言不断地受到不同历史时期读书音的深刻影响，形成复杂的文白异读现象。不仅汉语方言大多如此，就连日语的汉字音读系统都有吴音、汉音、唐音三个历史层次。闽南方言大致形成于汉武帝征闽越之后，是汉语最古老的地域方言。由于受到不同历史时期文读音的影响，闽南方言的词汇音系不仅在声韵调三个方面都蕴含着不同历史层次的因素，更影响乃至驱动着闽南方言的音系演变。黄瑞玲在系统分析揭阳闽语各韵摄的语音层次的基础上，还选择揭阳闽语的浊声母演变、鼻化韵、入声韵尾演变、浊去变上现象等专题，以音系为统摄，以字音（语素音）的文白读为抓手，条分缕析，其所蕴含的语音层次遂得昭然。

闽南方言形成于汉代，但揭阳闽语由闽入粤则要晚近得多。闽语入粤之后，不仅继续受到文读系统的影响，必然也会受到粤语的影响。此外，闽语入粤之后的文读系统来源问题也值得关注。这些问题，黄瑞玲在她的博士论文当中还没来得及深入探讨，希望她能在不久的将来有所弥补，以使粤东闽语的语音层次分析更臻完善。

无论是不同历史时期的文读系统对于方言音韵的影响，还是临近方言的相互渗透，本质上都属于语言接触问题。自二十世纪八十年代以来，接触语言学兴起，理论上仍然是西方学者独领风骚。我国是语言资源宝库，也是研究语言接触的圣地。黄瑞玲研究揭阳闽语的音韵层次，最近几年来也研究闽语语法的历史层次及其演变问题，希望她能结合闽语的实际，在语言接触理论上有所创新。这是我对她的更大期待。

是为序。

洪波

2023 年 10 月 8 日

序二

本书对揭阳方言的音韵系统作了细致而深入的研究，论文从共时和历时的观点就声母、韵母、声调做了全面的探讨。作者特别从语音层次的角度来分析揭阳话错综复杂的音韵系统。理论探索是从声、韵、调三方面入手。

在声母方面，特别讨论中古全浊声母的清化和分化，中古次浊声母去浊化所引起的泥来、日以半混及明疑半浊的现象。中古声母心母、生母和书母白读层体现为塞擦音，与一般汉语方言迥异其趣。全浊声母清化后产生送气或不送气清音，北方官话是平声送气仄声不送气，但闽方言全浊声母来源送不送气的现代反映虽有次方言内部的一致性，却不受声调的制约。作者从时代层次来厘清作为闽语的揭阳方言送不送气复杂分布的缘由，由此我们可以得到异于往常的更深一层认识。

韵母方面，作者论述，阴声韵果假摄果假合流、麻支同韵、齐韵的演化、止摄支脂分混、阳入声韵的文白层次。揭阳方言阳声韵入声韵尾的分布格外复杂，作者从时代层次、语言接触、外来底层、文白竞争等多重的角度给予精辟的分析，令人有豁然通透之感。声调方面，论及揭阳方言去声读为上声的发展反映出词汇扩散的现象，为词汇扩散理论提供有利的左证。

本书在前人研究的基础上，勇于提出独到的见解，比如或许有人认为阳入声韵文读层分别带鼻音韵尾-m/-n/-ŋ 和清塞音韵尾-p/-t/-k 为存古的现象，白读阳声韵产生鼻化韵，入声韵喉塞化为创新的发展，作者论证，文白读和韵母的鼻化或喉塞化有双向交错的现象，经过深入的考察，发现：1）早期白读层未悉数演变为鼻化韵和喉塞尾，部分音类保留原阳声韵和原入声韵尾；2）中古时期由官话系统引进的文读层在逐步演化，阳声韵-m、-ŋ 有演化为鼻化韵的情况，-p、-k 也有弱化为喉塞尾的情况。诸如此类的论述在书中随处可见。这种精益求精、推陈布新的精神值得嘉许。

作者在对揭阳方言声、韵、调的深入分析上都能以小见大，鞭辟入里，引发出一系列重要的理论议题，和其他议题产生有益的联结，并提出能取信于人的独创见解和论证。

連金發

2024 年 6 月

目　　录

第一章　绪　　论

第二章　层次分析法与闽方言语音层次研究

第三章　揭阳方言的语音系统

第四章　揭阳方言中古声母今读特点及语音层次

第五章　揭阳方言中古韵摄今读语音层次

第六章　揭阳方言中古声调今读语音层次

附　　录

图目录

表目录

第一章

绪论

1.1 揭阳市的历史沿革

"揭阳"之名载诸史籍,由来已久。据清乾隆四十四年(1779)刘业勤编撰的《揭阳县志》:"秦始皇三十三年,遣任嚣、赵佗攻取陆梁之地,遂平南越。置三郡,曰桂林,曰象郡,曰南海。置南海尉以典之,所谓东南一尉者也。南海郡领县六,其一曰揭阳,以五岭之一得名,即今潮州府治(揭岭今名飞泉岭)。秦末南海尉任嚣卒,赵佗代为尉,击并桂林、象郡,自立为南赵王,揭阳属佗。"由此可知,自秦始皇三十三年(前214)起,已有名为揭阳的地域。关于揭阳当时是否已经置县的问题,目前仍有争议。① 不过,古揭阳距今已有两千多年的历史,这一点是毋庸置疑的。

古揭阳与今揭阳的辖域大有不同。据《揭阳县志》(刘业勤 1779):"揭之得名,以岭由来最古。成于秦,定于汉,离析于晋、宋、齐、梁之间,废置变迁不一而足。或为郡,或为州,或为县;或属东吴,或属豫章,或属闽越。初以全潮统于揭地,后又以揭邑隶于海阳,迨宋绍兴十年设治于玉窖村,县乃始定。"又据《潮州府志》(1762)卷三的沿革表,秦朝的揭阳,"合今潮州一郡而言,非今县治也";到了晋朝,揭阳"析为四县,以属东官郡,而揭阳古县遂废";之后揭阳均属于海阳辖域,一直到宋宣和三年(1121),"始析海阳三乡,置揭阳县。绍兴二年又省入海阳十年,复置于玉窖,仍称揭阳";元明时期,揭阳县隶属于潮州。

秦时的揭阳县辖域颇广,包括了如今的整个粤东地区。后揭阳废县,历代变迁属邑。宋宣和三年再次建县时,辖域已大大缩小,之后便由潮州府管辖。原揭阳县境内的揭岭(山北为阴,山南为阳,揭阳因在揭岭之南而得名),后割予丰顺县。"丰顺建县较迟,清乾隆三年(1738)始置,其时割海阳之丰政都、揭阳蓝田都(揭岭即飞泉岭在内)以及饶平、大埔各一部组成。"(郭伟川 2011)[143] 民国时期揭阳县建置如旧。1949 年新中国成立后,县境解放,揭阳县建制不变。丰顺县曾于 1958 年遭废而并入揭阳,又于 1961 年复置而析出揭阳(《揭阳县志》,1993)[1]。1991 年,国务院批准揭阳撤县建市(地级),现辖榕城区(市区)、揭东区、惠来县、揭西县,代管普宁市(县级市)。

如今的揭阳市,处于广东省东南部,毗邻汕头市、潮州市、汕尾市与梅州市。陆

① 如陈家麟(1994)认为,揭阳县并非建制于秦始皇置南海郡之时,而是建制于赵佗割据立国之初。

地面积有 5 240. 5 平方千米。内陆江河主要有榕江、龙江和练江三大水系。常住人口约有六百万人，主流语言为揭阳方言，另有少数人使用客家话及粤语。“讲潮州话（按，此处指揭阳方言）的人遍布全县二十一个区镇，约占县总人口的 93%，多居住在平原地区，以榕城镇的语音为标准。说客家话的约占县总人口的 6%，分布在县境西、北山区和半山区的龙尾、玉湖、新亨、埔田、锡场等区。讲粤语及普通话的人，多分布于机关。学校、工厂和其他企事业单位，约占 1%。”（《揭阳县志》，1993）[742]

1.2 揭阳方言概况及研究价值

1.2.1 揭阳方言概况

揭阳方言是潮汕闽南语的分支方言。闽南话“分布在福建省南部厦门、漳州、泉州三市和龙溪、晋江、龙岩（一部分）等地区，单就福建一省来说，人口约有两千万左右。此外，台湾、广东东部潮州地区、雷州半岛部分地区，海南岛，浙江南部的温州、平阳、玉环和舟山群岛，以及江西的铅山、上饶、玉山，广西东南部和四川境内的个别地点，也都属于闽南话的活动范围。”（袁家骅 1983）[236] 闽南方言播迁至揭阳的原因，需从相关移民史说起。

自秦朝起，开始不断有移民移徙到揭阳。据《揭阳县志》（1993）[74]：“秦汉以后，中原汉人不断南迁来县。先是秦始皇派兵 50 万戍守五岭；后历朝都有罪民充军留居；特别是乱世荒年，官商民户转徙定居于此。”亦即是说，乱世荒年之时，南迁至此的移民最多。这一点在《榕城镇志》（1990）[88] 中亦有提及：“秦之来潮戍卒，实际为数不多。最大的中原移民应是五胡乱华以降之唐、宋、元、明历代中州河南避祸南迁的移民，次则为军士征战来潮留居者，再次为仕宦来潮任职而占籍的。”

这些中州河南一带的移民，“初期多定居闽南，而后渐播迁于毗邻的潮汕”（《榕城镇志》，1990）[88]。移民者为求落户扎根，多与当地土人杂居相处、互通婚姻，进而导致了两者在文化、语言等方面相互影响。宋元时期，闽人出仕潮州及移居潮州者众多，带来了两个重要影响：第一，在本地培壅了邹鲁之风；第二，使本地风俗趋近于闽南。由福建迁来的大规模移民，其人数很快超过了本土人数，逐步成为了潮汕地区的主要居民。（黄挺 1997）[58]“榕江流域明代创建的村落有 107 个，占 45. 3%，多于宋元以前建村总和 91 个。这些村落从福建移民迁入本地的占了三分之二。”（《揭阳县人口志》，转引自黄挺 1997）[68]《揭阳县志》

(1993)[74] 中也提到，在 1885 年的村寨调查中，揭阳县的 236 个村寨中，由福建迁来的有 100 个之多，福建移民所居的村寨占据了全县村寨的 42%。又据黄桂(2002)[118] 的“历代入潮移民名录”(自隋朝至康熙年间)，来自福建莆田、漳州等地的移民占了大多数。由此可知闽地移民之众。揭阳，或者说整个潮汕地区，从文化系属上来看，与闽地密不可分。明王士性(1981)在《广志绎》中即说：“潮为闽越地。自秦始皇属南海郡，遂隶广至今。以形胜风俗所宜，则隶闽者为是。”不过，潮汕地区原住民除了接受移民而来的闽人的影响之外，在汉初即与中原汉人有所接触。(李新魁 1994)[280]

林伦伦(1988)[133] 认为，春秋战国时期的潮汕先民使用的是一种属于壮侗语族支系的少数民族语言。侯精一(2002)[209] 提到了闽语“有原住民语言(古百越语)的‘底层’”。这种初始语言未能维持太久，因为移民带来的语言影响了本地语言，使本地的语言面貌逐步发生了变化。“宋代以后，闽人向本地区作板块式的移民，本地早先的移民语言被覆盖了。”(黄挺 1997)[62] 源自“河佬”的“福佬人”带来的“福佬话”，在当地形成了潮腔闽语——潮汕方言。此时的潮汕话与漳州话、泉州话的差异不大，甚至可与永春话及莆田话相通。但上古时期吴楚方言的留存，以及六朝之后多次中原移民带来的北方共同语(侯精一 2002)[209]，使潮汕闽语在元明时期发展成为了闽南方言中一种独立的次方言。(林伦伦 1988)[133]

从历史上的移民事实及社会状况来看，粤东地区的潮汕方言属于闽南方言分支方言。粤东地区因地处偏远，与广东省以广府话为主的中心地区保有一定的距离。同时，由于行政区划上的设置，与福建省的闽南地区同样保有距离。久而久之，潮汕方言逐渐发展出新的面貌，再加上周边方言以及北方话的影响，形成了有别于其他闽南分支方言的、多源流多层次的闽南次方言。李新魁(1994)[265-266] 将粤东地区的闽南方言分为三小片，即：

(1) 汕头片，包括汕头市、潮州市、揭阳市和澄海、南澳、饶平、揭西诸县。

(2) 潮普片，包括潮阳、普宁、惠来等县。

(3) 陆海片，包括汕尾、陆丰和海丰县。

潘家懿、郑守治(2010)[150] 则持有不同看法，他们认为粤东地区的闽南方言应分为潮汕话片(包括汕头小片、潮普小片)及福佬话片(包括陆海小片、惠博小片)。不管如何，揭阳方言都属于汕头片，与汕头方言、潮州方言渊源最深。揭阳方言与汕头方言、潮州方言在语音上虽有差别，但基本不影响本地人之间的沟通。

1.2.2 揭阳方言的研究价值

对闽南方音的研究，自清朝嘉庆五年（A. D. 1800）晋江人黄谦所著《汇音妙悟》始，已有二百多年的历史。这两百多年来，闽音研究拾级而上，积累日深。闽方言形成于公元四世纪至七八世纪，地域来源涵盖了大江南北。（张光宇 2003）因其历史悠久、成分复杂，学者们根据不同的历史阶段对它的基础层次进行了划分。最早提出闽方言层次观念的学者是罗杰瑞（《闽语词汇的时代层次》，1979），他以单字音在闽南各方言区的语音形式为基础材料，划分出汉代、南朝、晚唐三个层次。张光宇（2003）认为闽语有西晋、南朝、唐宋三个时间层次。梅祖麟、杨秀芳（1995）《几个闽语语法成分的时间层次》则将远古、秦汉、南朝、晚唐四个时期划分为闽南方言语法形成的时间层次。这些研究成果所提出的闽语史分期方案影响深远，然而，由于闽南方言是一种层次结构异常复杂的汉语方言，目前的研究还不足以完全揭示闽语语音面貌及其演变过程，特别是对单点方言语音层次的研究，仍然亟待加强。

“潮汕方言的‘远祖’是吴语，其‘近祖’则是闽语”（李新魁 1994）[270]，闽语的源头是吴语，这一点许多学者早有研究（罗杰瑞 1983b；游汝杰、周振鹤 1986；张光宇 1990 等），可以说是学界的共识。李新魁（1994）[270-271] 认为，闽语或潮语不单由吴语分化而来，其来源至少有三个：1）古吴越语的遗存；2）中原共同语的影响；3）古台语的某些积淀成分。而其分化与发展最少应有三个时间层次：1）战国至三国东吴之前，闽语由吴语中分化出来，潮语则从闽语中分化出来；2）魏晋南北朝时期，潮语日渐发展；3）唐宋时期，潮语最终形成。对潮汕闽南语语音层次的研究，近年来的重要成果有徐馥琼《粤东闽语语音研究》（中山大学博士论文，2010）和徐宇航《潮州方言一百多年来的语音演变与层次变迁》（香港中文大学博士论文，2015）。徐馥琼（2010）的研究涉及粤东多个闽南方言区的语音演变问题，徐宇航（2015）主要揭示二十世纪潮汕闽语的语音系统及其演变情况，这些研究成果为我们提供了重要的参考材料。

揭阳方言作为潮汕闽语中的分支方言，与汕头方言、潮州方言具有比较大的内部一致性。通过对揭阳方言的研究，可揭示出潮汕闽语的语音、语法特点及其内部演变规律，为闽南方言内部的历史比较研究提供论证基础及比较依据。另一方面，潮汕闽语早先虽承袭自福建的闽南方言，但潮汕地区在广东省辖域内，不可避免地要与广东的权威方言粤语以及非权威方言客家话发生接触，这种接触及其自身的发展使之走上了与福建闽南语、台湾闽南语不同的演变道路。即便是同一语音层次，其语音演变的先后顺序及演变路线，与其他闽语都不尽相同，从而形成了潮汕方言的独有特征。对潮汕闽语演变规律以及演变模式的研究，能够为语言接触理论提供研究模板。同时，此研究亦有助于揭示南方方言史乃至汉语史中的演变问题。

既往的闽方言层次研究，多有运用不同的研究方法对闽方言或者“共同闽语”的音韵特征、历史层次特征进行总结者，此类研究成绩斐然，为汉语方言和汉语语音史的研究贡献了累累硕果。但是，我们也发现，部分试图概括闽方言或闽南方言层次特征的研究结论无法涵盖揭阳方言的语言事实，或是与揭阳方言的语音特征不相符合。造成这种情况的原因有二：第一，以揭阳方言为单点方言的音韵研究、层次研究不足，信息的疏漏导致研究者在描绘闽语全局画面时出现偏差；第二，揭阳方言的某些音韵特征或层次特征表现出特殊性，有的研究者舍异求同，忽略不计。

由罗杰瑞(1979)提出的构拟原始闽语的设想，为古方言语音构拟提供了新方案，也为汉语方言学界对方言的剖析带来了有益启发，引发了学者们持久而热烈的讨论。与此同时，罗氏所依据的语言材料的性质也引起了不少疑问。用以构拟原始闽语的语言材料是闽语固有的，还是由异方言借入的，又或是由方言接触的影响而产生的？只有将语言材料的性质分析清楚了，才能解答这些问题，构拟的结果也才更有可信度。

总括而言，共同闽语的拟测或者汉语语音史的重建，都应立足于根本，再谈方法。对单点方言的语音层次进行深入剖析，以此为基础开展后续研究工作，是我们毫厘必究地研究现代揭阳方言这种一时一地之音的初衷。本书拟在前人研究的基础之上，深入探索揭阳方言的语音层次及演变成因。此类微观研究有助于宏观理论的凝练，并为后续研究夯实研究基础。

1.3 研究范围与研究方法

1.3.1 研究范围

本书的调查材料及材料来源有以下几种：

(1) 基础材料：《方言调查字表》修订本（中国社会科学院语言研究所编，

1981）。本书以《方言调查字表》的中古音框架为基础，将《方言调查字表》所收字作为基本调查内容对揭阳方言进行调查；

（2）补充材料：考虑到《方言调查字表》无法涵盖闽方言的所有常用字，部分韵类中的语音层次必然有所遗漏，我们调查了大量口语词汇，并参考了李新魁、林伦伦（1992）《潮汕方言词考释》和张盛裕（1979）《潮阳方言的文白异读》的内容。

（3）历史文献：Fielde（1883）*A Pronouncing and Defining Dictionary of the Swatow Dialect, Arranged According to Syllables and Tones*. Shanghai：American Presbyterian Mission Press（《汕头方言注音释义字典》）。根据徐宇航（2015），Fielde（1883）共记录了 18 个声母，86 个韵母，8 个声调（平上去入各分阴阳），其音系为"潮州府城"音系，相对汕头音系而言，更接近今日的潮州市区音系。

（4）其他地区语料：小学堂语料库。简介：由台湾大学中国文学系、"中央研究院"历史语言研究所、资讯科学研究所、数位文化中心共同开发的大型语料库。网址：http：//xiaoxue. iis. sinica. edu. tw。

1.3.2 研究方法

第一，田野调查法。

正如 Claire Bowern（2008）[2-14] 在《语言学田野调查实用手册》（*Linguistic Fieldwork: A Practical Guide*）中所讲，田野调查是以合乎道德的方式获得语料数据的科学研究方法，这种研究方法讲究调查技巧，并在设立研究目的的前提下进行。秉承着这一理念，我们将田野调查作为本书获取第一手语料的基本方法，该方法的应用将贯穿本书写作的始终。前期调查工作以实地调查为主，后期辅以微信语音、微信视频等沟通方法完成调查工作。

本书主要发音人如表 1－1 所示：

表 1－1　揭阳市榕城区主要发音人详情表

分组	年龄段	姓名	出生年份	性别	职业
A	60 岁以上	郑悦琼	1934 年	女	小学教师
		魏金仕	1945 年	男	农民
B	40—60 岁	魏妙容	1964 年	女	中学教师
		黄玉燕	1964 年	女	小学教师

（续表）

分组	年龄段	姓名	出生年份	性别	职业
C	20—40 岁	黄钦咏	1979 年	男	企业家
		黄燕珊	1979 年	女	中学教师
D	20 岁以下	黄舒媛	2005 年	女	学生
		罗子翔	2005 年	男	学生

其他发音人简介：

黄软琴，女，1957 年生；吴佳，女，1968 年生；黄丽美，女，1980 年生；黄少群，1980 年生；黄瑞凤，女，1983 年生；黄爱玲，女，1985 年生；黄双文，男，1985 年生；黄跃娜，女，1988 年生。

第二，层次分析法。

自罗杰瑞（1979）对闽语的词汇层次进行划分研究以来，多有学者利用不同的研究方法对闽语的语音层次进行离析，并对语音系统的结构与性质、语音语法的层次类型、语音演变的模式以及原始祖语的构拟等问题进行研究，这些研究取得了很大的成果。作为闽南方言的分支方言，揭阳方言的文白异读现象非常突出，运用层次分析法能够有效地对文白异读造成的层次参差进行剖析和判断，我们将在第三章中详述层次分析法的概念及其基本工作程序。

第三，历史比较法。

"历史比较法是比较方言或亲属语言的差异以探索语言的发展规律的一种方法"（徐通锵 2008）[79]。历史比较法适用于同源方言共同祖语的拟测，同样适用于单点方言内部层次关系的研究。由于语音发展的不平衡性，同源方言的相同层次未必能够呈现相同的发展速度和发展方向。历史比较法有利于我们找出方言与方言间的语音对应规律，据此辨别单点方言层次间是否具有演变关系，在有些情况下，亦可据此确立单点方言内部层次的先后关系。

1.3.3 小结

本文的共时音系调查工作集中在榕城区（揭阳方言代表点）完成，通过调查不同年龄层次、不同性别的发音人，对揭阳方言的语音系统进行详细的描写。调查工作的主要任务为：

（1）关注单字音的文白异读层次与单字音在不同语音层次中的声韵调配合关系，以此剖析以声类、韵类或调类为单位的、叠加而成的语音系统；

（2）关注不同年龄层次或不同性别特征的发音人之间的读音差异，以此观察、分析语音系统中各个语音层次的叠加、更新与消亡的情况。

从历时的角度看，揭阳方言作为潮汕闽语中的分支方言，与潮汕闽语其他次方言（如汕头方言、潮州方言）同样来自闽南方言。在发展过程中，揭阳方言的语音、语法、词汇的演变速度、演变方向与其他闽南分支方言出现区别。导致这种结果的原因是：作为闽南方言的二级分支方言的揭阳方言的语言系统是半封闭半开放的。其封闭性体现在系统内部有一套自给自足的发展演化模式，这种模式不依赖于外在的交流、刺激或者干扰而演化，而是顺应某种内在的语音演变规律而行；其开放性则体现在与权威方言（历代官话、粤方言）、其他周边方言以及其他闽语分支方言接触的过程中所表现出来的活跃程度与吸收能力。这种语言发展演变模式使之成为一个半封闭半开放的、既有内源性演化又有外源性演化的系统。总的来说，这个语言系统是动态的、纷繁复杂的。如何在揭阳方言复杂的语音系统中，对虽寄居于同一系统，却来自不同历史阶段的或连成一片或只留下部分“遗迹”的语音层次进行离析、抽剥并分析其时间先后关系，是本书研究的重点内容。

| 第二章 |

层次分析法与闽方言语音层次研究

层次分析法是在历史比较法的基础上发展起来的、根据汉语方言的语言事实总结出来的一套理论分析方法，具有明显的中国特色。经过几代学人不断地付诸实践与反复论证，层次分析法已成为汉语方言学研究中最为重要的研究方法之一，这“是一种新的方言史观，它丰富了历史比较法的内涵，是中国的语言学者对历史比较语言学的贡献”（谢留文 2019）[147]。

自罗杰瑞（1979）发表了《闽语词汇的时代层次》之后，关于方言层次的讨论日益增多。何大安（1982，2004），杨秀芳（1982），郑张尚芳（1983，2000），刘勋宁（1983，2003），万波（2009），徐通锵（2008），王洪君（1992，2009，2014），潘悟云（1995，1999，2004），王福堂（2003，2005，2009），梅祖麟（2001），陈忠敏（2005，2012，2013a，2013b），丁邦新（2006），丁邦新编（2007），秋谷裕幸（2002），陈忠敏、庄初升、陶寰（2017），陶寰（2018）等论著都曾就方言层次及其相关问题发表过独到的见解。以往研究奠定了层次分析法的理论基础，构建了日臻完善的研究范式并建立了一套包括“文读层、白读层”等术语在内的汉语方言学术语体系。

层次分析法可作用于语音、词汇、语法三个层面，目前所见，对词汇层次的探讨（如邓晓华，王士元 2003；姚荣松 2006 等）和对语法层次的探讨（如梅祖麟，杨秀芳 1995；邢向东 2018 等）较为少见，讨论主要都聚焦在语音层面上。学界所发表的诸多揭示汉语方言语音层次面貌的研究成果，为方言祖语的构拟、语言接触研究和古音史研究提供了宝贵的材料与研究的根据，也为汉语方言音韵史乃至汉语史的构建做出了不可忽视的贡献。

2.1 层次的定义

2.1.1 层次、语音层次与语音历史层次

“层次”原为地质学术语（“地层”），早期历史比较法便已使用此概念来形容一个语言中成批借用另一个语言的词汇所形成的语音层次。（王洪君 2009）[205] 但考古学中的层次是层层叠加而成的，处于不同的平面之中，而语音层次则杂糅在一个共时平面之中。（陈忠敏 2013a）[93]

历史层次包括语音、词汇、语法的历史层次。李如龙（1963）《厦门话的文白异读》已谈道：“这里所提的历史层次，就是方言在不同历史阶段所形成的方言差异

的总和。不同历史阶段形成的方言语音差异是方言语音的历史层次，不同历史阶段形成的方言词汇差异是方言词汇的历史层次。”推而广之，不同历史阶段形成的方言语法差异也就是方言语法的历史层次。由于历史上几次大规模的由北至南的移民运动，历代中原官话对南方方言多次施加影响，南方方言呈现出纷繁复杂的语言面貌。离析南方方言中的历史层次，成为了汉语方言学的重要课题。

值得注意的是，语音层次和语音历史层次两种概念并不完全一致，前者侧重于关注层次与层次间的先后顺序，后者侧重于关注每一个层次所对应的历史阶段。“语音层次具体表现为同一古音来源的字（一个字或一组字）在方言共时语音系统中有不同语音形式的若干音类。”（王福堂 2003）[1] 离析出音类中的语音层次后，可以仅呈现时间先后的区别，不必将语音层次与具体的历史年代挂钩。语音历史层次则不然，确定每一个层次在历史上的绝对年代是历史层次分析法的最高目标之一。（戴黎刚 2007）[21] 张光宇（2003）[59-66] 根据历代移民史、汉语音韵史和吴闽语音韵特征等将闽方言的形成分为包括地域来源和类型特点的四个历史层次（① 西晋：中原东部；② 西晋：中原西部；③ 南朝：江东吴语；④ 唐宋：长安文读）；梅祖麟（2001）[11-13] 使用历史比较法比较闽语中鱼韵字的读音，并根据词汇的基本性质以及移民史材料推断闽语鱼韵字有两个历史层次：“鼠、锯”等字的绝对年代为秦汉，“苎、初”等字的绝对年代为南朝。这些都是考订语音历史层次的案例。在更多的论著中，由于缺少确凿的证据，推断出来的语音层次仅有时间先后的区分，无法对应到某一绝对年代中去。例如，根据本书的研究，泥来母读 n-、l-存在异层同读的现象。泥母的 n-有文白两层，另有文读层 l-；来母的 l-有文白两层，早期由于阳声韵演变来的鼻化韵的影响发生了声母的口鼻转换，来母另有白读层 n-。由于 n-与 l-的交替演变在汉语方言中具有一定的普遍性，泥来母的 n-、l-仅能区分出文白层次，难以定位到具体的历史年代中去。

2.1.2　文白异读与文白层次

罗常培（1956）[41] 的《厦门音系》已经有文白异读的基本概念：“各系方言的读书音跟说话音往往都有些不同，但是很少像厦门音系相差那么远的。”赵元任（2011）在《现代吴语的研究》中开始使用“文言音”与“白话音”的概念，以小字“文，白”注明方言中一些字的念法。李荣（1957）[22-23] 在《方言里的文白异读》提出了“文白异读”的概念，并说明“文白异读”专指来历相同意义相同的同一个字有文言音和白话音。后来的学者（如张盛裕 1979；郑张尚芳 1983；刘勋宁 1983 等）基本上是在此定义的基础上展开文白异读研究工作的,"文读音""白读音"逐渐成为了汉语方言学中必不可少的专用术语,的确可以说是有"中国特色"的命名(袁碧霞 2010)[19]。

语音层次研究的基本单位是音类,一个音节中的声母、韵母和声调即为三个独立的音类。能够反映方言语音层次的文白异读,其最小对立元便是音类。(陈忠敏 2013a)[94] 王洪君(2014)[450-453] 同样强调了语音层次的分析需将声韵调分项进行的重要性,并对罗杰瑞(1979)所分析的词汇层次的合理性提出了质疑。罗杰瑞(1979)在构拟共同闽语的过程中,以音节为最小对立单位,将在语音条件中具有互补关系的"最小对应组"归并为同一个原始音类,这种做法最大的问题在于忽视或否定了一个音节中的声韵调有发生文白组配的可能性,使所谓的"词汇层次"发生了层次归属的偏误。在一个高度融合、多层次并存的共时语音系统中,音类常以各自不同的层次面貌纠缠在一起,在未对语音层次进行离析的情况下,原始语拟测容易产生"历史上从来不曾存在的音类"(王洪君 2006)。

李蓝(2013)[168] 认为文白异读的形成模式有以下几种:(1)方言间的相互借用;(2)权威方言对其他方言的影响;(3)政治、经济、文化上处于高端地位的外来移民语言覆盖在原住民语言之上;(4)"文教传习"的影响;(5)方言混合。这几种形成模式并非是各不相干的,在方言中可以混合进行。比如说"文教传习",通常是权威方言对非权威方言的"文教传习",反之则不然。而"文教传习"的结果,有可能便是方言混合或权威方言对非权威方言的覆盖。多种影响的叠加导致语言(方言)中同一古音来源的字会出现文读和白读等不同的语音形式。这些具有区别性特征的语音形式可以仅由某一个音类引起,也可以由多个音类共同引起。闽方言语音系统存在典型的多层次并存的复杂关系,即声、韵、调常以不同层次的面目出现并相配在一起。当然,音类之间的关系也可以是相对单纯的,从而使整个字音归属于某个层次(如"声文+韵文+调文"或"声白+韵白+调白")。举以下两字的揭阳方言读音为例:

例字	读音 1	声	韵	调	词汇	读音 2	声	韵	调	词汇
檐	siam2	白	文	文/白	屋檐	tsĩ2	白	白	文/白	檐龙壁虎
让	dziaŋ4	文	文	文	相让	nĩõ6	白	白	白	相让

"檐"为咸开三盐韵以母平声字,"让"为宕开三阳韵日母去声字,根据黄瑞玲

(2020)的层次分析结果,揭阳方言日母的 dz-归文读层[①]、n-归白读层,阳韵-iaŋ 归文读层、-ĩõ 归白读层,次浊去声字读阳去归白读层、读阳上归文读层。因而"让"的两个读音中的声韵调未产生杂配关系,读[dziaŋ4]时声韵调俱归文读层,用于"相让"中有书面色彩。读[nĩõ6]时声韵调俱归白读层,用于"相让"中有口语色彩;揭阳方言以母读 s-、ts-归白读层,盐韵-iam 归文读层、-ĩ 归白读层,次浊平声字读阳平,无文白之分。"檐"读[siam]声白韵文,出现杂配关系,但用于书面词汇"屋檐"中。读[tsĩ]时声韵都属白读层,无杂配关系,用于口语词汇"檐龙壁虎"中。

通过层次分析法,能够找到音类的基本层次归属,即某一音类属于文读层还是白读层。作为一个由声韵调构成的音节,却未必能够找到明确的层次归属。以音节为单位的文读音与白读音的对立所引起的文白异读现象与文白层次不存在直接的对应关系,其所呈现的主要是词汇的语体色彩,可作为某一音类层次归属的辅证材料,不能直接将之对应到某个层次中去。

2.2 音变类型、音韵史观与层次分析

2.2.1 音变类型与层次分析

陈忠敏(2013a)《汉语方言语音史研究与历史层次分析法》对音变类型研究做了回顾,同时结合汉语方言演变模式对语音层次进行定义。王洪君(2014)《历史语言学方法论与汉语方言音韵史个案研究》对汉语方言中的音变类型及其辨析方法做了系统性介绍。由于语言系统的本质是有序异质的,音变的发生所牵扯到的因素既有内部的,也有外部的,音变类型往往难以判定。王文提倡使用析层拟测法(即层次分析法)和其他手段(如建立汉语方言历史关系模型)对音变现象进行研究。以下仅对书中提到的连续式音变、扩散式音变和叠置式音变做简要介绍。

连续式音变: 历史比较法的理论基础为:(1) 音义结合具有任意性;(2) 音变规律无例外(即音变具有规则性);(3) 语音演变具有基本原则和基本机制;(4) 原始母语具有一致性,但分化后的语言演变速度具有不平衡性。新语法学派认为语音的演变是渐进而连续的,词汇的演变是突发而零散的。连续式音变即是音变规律无例外的体现,"如果用汉语的中古'见'母/k/在/i/、/y/前变成/tɕ/的事实为这

---

① 日母的 dz-多归文读层,但也有归白读层的情况,具体问题拟另文探讨。

段话作注解，那就是：凡是符合这一语音组合条件的所有语音的语音形式都毫无例外地同时发生变化”（徐通锵 2008）[126]。

扩散式音变：连续式音变的确是存在的，但新语法学派将非规则性的音变通通看作“例外”，引起了诸多学者的质疑。其中最为有力的反驳当属由王士元等人（Cheng & Wang 1972；Chen & Wang 1975）所提出的词汇扩散说。词汇扩散说认为音值是突变的，而词汇是渐变的。该学说能够对规则音变之外的所谓“例外音变”提供解释，是由华人提出的、第一个在普通语言学领域产生影响的音变理论。（王洪君 2014）[202]

叠置式音变：叠置式音变的概念由徐通锵、王洪君（1986）研究山西祁县方言中的文白异读问题时提出，可将之视作独立于连续式音变和扩散式音变之外的一种音变类型。当“一个方言向另一个方言吸收结构要素，产生文读形式，这就在系统中出现了叠置”（徐通锵 2008）[385]。

连续式音变与扩散式音变一般看作内源层次的音变类型，而叠置式音变是由语言（方言）接触产生的，属于外源层次的音变类型。在语音层次分析过程中，我们所观察到的现象往往是多种音变类型杂糅在一起的结果，如何将由不同音变类型造成的层次辨析清楚，是层次分析的难点。王洪君（2010）《层次与断阶——叠置式音变与扩散式音变的交叉与区别》通过梳理吴语“咍/皆泰”类字的演变历程，提供了几种层次分析的线索：① 异读字音的文白色彩和语词的时间层次；② 音系中有平行关系的其他韵摄的情况；③ 异读在不同来源音类中的比例关系；④ 匹配音理和可能影响地方方言的权威方言的情况。这些线索或者说判断标准具有启发性和指导意义，可用来区分方言中的叠置式音变与自发的扩散式音变。

2.2.2 音韵史观与层次分析

方言语音层次的辨析，与学者们的汉语音韵史观有密切的关系。潘悟云（2004）《汉语方言的历史层次及其类型》提出汉语方言演变模式图，以说明南方方言受不同时期中原官话的渗透所造成的层次累积，此演变模式体现了南方方言中积累了多个中原官话层次的音韵史观。陈忠敏（2008）《汉语演变的一中心多层次说及其历史层次比较法》提出了一中心多层次说，同样侧重于说明中原权威官话作为中心点不断影响其他方言的层次渗透模式。王洪君（2009）《兼顾演变、推平和层次的汉语方言历史关系模型》提出了描写汉语方言音韵与汉语方言历史关系分类的新模型，认为只有综合历史比较法与汉语音韵史研究成果，才能重建由不同音变模式建立的汉语方言分层模型。

秋谷裕幸、韩哲夫(2012)认为,陈忠敏(2005,2008)与王洪君(2006,2009)等所使用的层次分析法均以《切韵》音系为参照系统,可理解为高本汉"Koine"说①的发展与深化,应当称作"以北方通语为中心的层次分析法",其缺点在于无法研究南方方言口语中数量较大但来源不详的词汇。陈忠敏(2013b)对此做了回应,他认为层次分析学派与高本汉的汉语语音史观存在重大差异。层次分析学派强调历代权威官话对方言的渗透作用以及方言分化后由于官话不断渗透所引起的多层现象,而高本汉的汉语史观采用印欧语的谱系树模型,强调分化而忽视接触。另外,层次分析学派承认有些方言中存在《切韵》前的语音层次,但这种层次并非方言的全部,只限于某个层次。还是应当运用层次分析法,将之与历史比较法进行有机结合,互为补充。韩哲夫(2015)回应了陈忠敏(2013b),主要从理论层面为汉语方言学中历史比较法的运用做了辩护。总的来看,这些有益的讨论在丰富历史语言学的理论内容的同时,对于科学建立方言语音层次的分析目标、分析步骤等工作也颇具指导意义。

2.3 闽方言语音层次研究

从马重奇(2011)的《20 年来闽方言研究综述》来看,关于闽方言语音的研究可谓硕果累累。前贤在对闽语的语音层次进行离析的同时,也对语音系统的结构与性质、语音层次的类型、语音演变的模式以及共同闽语的构拟等问题做了深入的探讨。

2.3.1 文白异读与层次研究

美国学者罗杰瑞于 19 世纪发表了一系列关于闽方言语音研究的论著(详参沈瑞清 2012),其中发表于 1979 年的《闽语词汇的时代层次》以一组单字音在闽南各方言区的语音形式作为基础材料,运用历史比较法将闽语划分出汉代、南朝、晚唐三个层次,成为划分汉语方言历史层次的开山之作。与之同时期的《潮阳方言的文

① 秋谷裕幸、韩哲夫(2012)[280] 提道:"高本汉认为《切韵》语言是受过教育的人所说的共同语,'Koine'就是共同语的意思。高氏指出《切韵》语言是除闽语以外现代所有方言的直接祖先,本文管这一观点称作'Koine'说。"

白异读》(张盛裕 1979)、《澄迈方言的文白异读》(何大安 1982)、《遂溪方言里的文白异读》(余霭芹 1982)、《漳平(永福)方言的文白异读》[(一)、(二)、(三)](张振兴 1989a,1989b,1990)以及更早的《厦门话的文白异读》(李如龙 1963)等文章虽未明确使用"层次"的概念,但都带有"层次"的眼光,通过文读音与白读音的对立体现方言中的文读系统和白读系统。二十世纪的论著如《闽语平和方言中属于以母白读层的几个本字》(庄初升 2002)、《闽语和其他南方方言的齐韵开口字》(秋谷裕幸 2002)、《论闽方言四等韵的三个层次》(吴瑞文 2002)、《[-m]尾字所反映的闽南方言的历史层次》(杜晓萍 2006)、《〈广韵〉中鱼韵在闽南方言里的读音层次》(朱媞媞 2011)、《论闽语鱼韵的读音层次——兼论层次分析法与层次比较的方法》(陈忠敏 2012)、《潮州方言的"正音"与新文读层次》(张坚 2018)、《吴闽语云、匣母的读音和闽语全浊声母的清化》(陶寰 2018)等都具有比较清晰的层次概念,除了以音类为基本单位分析语音层次之外,还注意到同源方言层次间的对应与互动关系,对于闽方言语音层次的辨析多有助益。

以文白异读现象为研究窗口透视闽方言语音层次的硕博论文层出不穷,其中杨秀芳(1982)的博士论文《闽南语文白系统的研究》被视为早期汉语方言语音层次分析的代表作。该论文把文读系统看作"移借的系统",以之区别于作为本地系统的白话系统,并根据潮州方言中部分字具有知照合流、浊母清化有条件和浊上浊去同调三个特点推断:潮州方言中除了存在与厦门、泉州、漳州具有对应关系的白话层和文读层之外,还有一个新的文读层。徐馥琼(2010)《粤东闽语语音研究》、曾南逸(2013b)《泉厦方言音韵比较研究》、陈筱琪(2019)《闽南西片方言音韵研究》、徐宇航(2015)《潮州方言一百多年来的语音演变与层次变迁》等都是研究闽南方言语音层次的博士论文,这些论文各有不同的侧重点:徐馥琼(2010)将粤东闽语多个方言点作为同源闽南方言组,揭示该方言片的基本语音面貌并运用层次分析法得出粤东闽语至少存在中古前(上古)、中古(魏晋至中唐)和近古(中唐之后)三个层次;曾南逸(2013b)以泉州方言和厦门方言为研究对象进行内部层次的比较;陈筱琪(2019)以"闽客接触"入手,探讨闽西片方言的语言特征及其层次特征;徐宇航(2015,2018a)以历时的眼光探讨十九世纪至今潮州方言的语音层次及其演变情况。

戴黎刚(2005)《闽语的历史层次及其演变》、袁碧霞(2010)《闽东方言韵母的历史层次》和杜佳伦(2014)《闽语历史层次分析法相关音变探讨》都以历史层次分析法为主要研究方法,并以中古韵摄为大类讨论语音层次问题。其中,戴黎刚

(2005)以漳州(泉州)、仙游、福州(福清)、建瓯、永安五地方言为代表,讨论闽方言在各摄中的语音历史层次;袁碧霞(2010)侧重于勾勒闽东方言不同历史时期的语音面貌,提出闽东方言有上古层、中古层、后中古层并且其主体层为中古到近古之间的观点;杜佳伦 2014)将闽语韵读分为不同的字群,通过字群中的文白异读探索历史层次,其结论为闽语的韵读系统可分为唐宋文读层、南朝江东层、晋代北方层和上古层。同时,杜文还讨论了历史层次与音变的相关问题。

2.3.2 闽语白读层特征与古音研究

早期有诸多论著将闽方言白读字音的特征与中古和上古音系中的特征相联系,反映了学者们对闽方言白读音与文读音所属时代层次的基本认识。陶燠民(1956)的《闽音研究》是福州话研究的重要参考资料,其时已谈到闽音与古音之关系,如:"闽音舌上归舌头,言古音者莫不知,'知''彻''澄'(di tiek deirng)即是其例。'日''娘'归'泥','日''娘'二字(nik niuong)即是其例。"(陶燠民 1956)[23] 董同龢(1959)的《四个闽南方言》将厦门、晋江、龙溪、揭阳四个闽方言的音系与中古音系比较时,也已认识到"说话音"与"读书音"有别。其他论著如《闽南方音中的上古音残余》(黄典诚 1982)、《潮阳声母与广韵声母的比较》[(一)、(二)、(三)](张盛裕 1982a,1982b,1982c)、《论比较闽方言》(张琨 1985)、《中古鼻音声母在闽音的反映——为第 18 届国际汉藏语言学会而作》(黄典诚 1986)、《切韵与方言》(张光宇 1990)、《再论比较闽方言》(张琨 1991)、《潮音证古(声母部分)》(载李新魁 1997)、《潮音证古(韵母部分)》(载李新魁 1997)、《中古韵部在闽南话读书音里的分合:兼论陈元光唐诗诗作的真伪》(周长楫 1996)、《闽南方言声母白读音的历史语音层次初探》(林宝卿 1998)、《潮汕方言口语词保留古音摭拾》(林伦伦 2005a)、《闽语"舆"、"浴"两字阳调 h-声母的来源——比较方言中所见的*gl-复辅音》(梅祖麟 2007)、《闽语、侗台语给予义"与"字的音韵层次及年代问题》(郑伟 2008)等以及大多数综合类闽语研究的著作(如林伦伦 1996;陈泽平 1998;张燕芬,林亦 2009;刘新中 2006 等)都曾将闽方言的白读层特征与中古音、上古音的特征进行比较研究。

徐芳敏(1991)《闽南厦漳泉次方言白话层韵母系统与上古音韵部关系之研究》是一部研究闽方言白读层韵母与上古音韵部关系的博士论文,其研究角度有二:一是从上古韵部来看闽南方言韵母系统结构上的现象;二是从闽南方言韵母出发,追溯韵母的上古音来源。

2.3.3 共同闽语构拟

罗杰瑞[1985,1983a,1981(Norman),1986,2000 等]是利用历史比较法拟测共同闽语的系列论文。在声母的构拟上,罗杰瑞将共同闽语的声母构拟为六套,包括清浊两类的送气、不送气与弱化音各一套(弱化音以前加“-”表示,即清的“-p、-t、-ts、-tɕ、-k”与浊的“-b、-d、-dz、-dʑ、-g”),这个系统比中古切韵系统的声母多了三套声母(浊送气、清弱化、浊弱化),成为罗杰瑞共同闽语声母系统的重要特点。其中弱化音声母的构拟依据的是闽北地区声母的特殊的弱化声母,罗将之归作“第九调”。该构拟引起了广泛而持久的讨论,主要观点有:李如龙(1985)《中古全浊声母闽方言今读的分析》认为,闽语古浊声母今三分为送气、不送气和弱化是不同历史层次的反映,并非共同闽语特征;平田昌司(1988)《闽北方言“第九调”的性质》根据郑张尚芳(1985)对浦城方言端母字声母 l-来自 ʔd-的假设,推断闽北弱化声母可能与浙南吴语全清声母的紧喉作用有关,而“第九调”是吴闽方言间相互影响的结果;黄金文(2001)《方言接触与闽北方言演变》认为闽北石陂话中的浊音与吴方言无关,而是闽北方言中固有的,其中来自古清声母的浊音是“清浊交替”的产物;王福堂(1994,2004)认为闽北方言古浊平字中的弱化声母是由吴语借入的,其声母音值和调值都照搬自吴语,而来自清声母的浊音同样来自吴方言的影响。这些观点反映了使用历史比较法与历史层次分析法对原始语拟测所产生的不同结果,历史比较法重视祖语到今语的纵向演变,而历史比较法在考虑纵向演变的同时,还会考虑横向的接触演变。

吴瑞文(2002,2009,2014,2016 等)也是一系列拟测共同闽语的论文。吴文以中古《切韵》系统为基础框架,离析闽语代表点方言同源词字音的语音层次,再运用历史比较法拟测共同闽语,以之对罗杰瑞构拟的共同闽语体系进行补订、修正。从研究方法上来讲,吴文严格遵照历史比较法的工作程序,同时结合了层次分析法的内容,使历史语言学的研究工作更为科学、合理。例如,吴瑞文(2009)[206] 对罗杰瑞(Norman 1981)根据“书鼠锯著”等同源词为共同闽语构拟的前高圆唇元音韵母 *-y 提出以下两点质疑:

> 第一,罗杰瑞所构拟的共同闽语的单元音韵母包括 *i、*e、*o、*a、*y 五个,其中有三个前元音 *i、*y、*e,一个后元音 *o,此元音系统内部存在前后元音数量不均衡的问题。
>
> 第二,梅祖麟(2001)认为共同闽语中的 *y 是归于秦汉层亦即上古晚期的读音,依照李方桂(1980)的上古音构拟,“书鼠锯著”等词的韵母拟音为 *jag,与 *y 相去甚远。

吴瑞文(2009)首先分别比较若干闽南次方言与若干闽东次方言,构拟出这批鱼韵同源词在共同闽南方言和共同闽东方言中的语音形式,再据此追溯共同闽语的语音形式,并将之与汉语上古音、中古音相比较。在比较的过程中,吴文充分吸收了梅祖麟(2001)和陈忠敏(2003)等语音层次研究成果,最终将这批词在共同闽语中的早期形式拟为*jɔw。重新构拟之后,共同闽语的元音系统由*i、*e、*o、*a、*y变更为*i、*e、*o、*a、*ɔ,此系统由三个前元音和两个后元音构成,其内部更为均衡,也更具解释力。

此外,孙顺(2016)、郑至君和郭必之(2016)、沈瑞清(2018,2023)、秋谷裕幸(2019)、秋谷裕幸和野原将挥(2022)、张静芬(2022)等著述都对共同闽语构拟及其相关研究起到了积极的推动作用。

2.4 语音层次分析法的工作步骤

(1) 以《切韵》为中古音框架,以音类为单位分析其中的语音层次。

(2) 穷尽性统计某一中古声母、韵母、调类中的字的今音,并统计不同的今读声母、韵母、声调在该音类中的占比。

(3) 利用丰富的文白异读材料,筛选出文白对立组。

(4) 利用古音研究成果和历史文献判别出材料中具有存古性质的部分,并反向推断出其余属于近期演变而来的部分(须与语音演变发展规律相匹配)。

(5) 利用同源方言的材料与前人研究成果辅助判断不同层次的来源与时间关系。

(6) 进行综合判断,依据时间关系排列出某一音类中的语音层次。

| 第三章 |

揭阳方言的语音系统

3.1 潮汕方言的语音系统

黄家教(1958)的《潮州方音概说》以汕头话、澄海话为依据,归纳了潮汕方言的语音系统。该文记录了 8 个声调、18 个声母(包括零声母)、70 个韵母。同时,还归纳了潮汕音系的一些特点:(1) 只有 ts、ts^{h}、s,无 tʂ、tʂ^{h}、ʂ 与 tɕ、tɕ^{h}、ɕ;(2) 无轻唇音;(3) 边音 l 与鼻音 n 基本不混;(4) m 与 ŋ 为两个独立的音位;(5) 有 11 个元音音位,其中有 5 个是鼻化元音;(6) 只有开口呼、齐齿呼、合口呼,无撮口呼。此外,该文还对潮汕方言的一些音变现象(如同化、减音、变调)和文白读基本情况进行了描写。

詹伯慧(1959)的《潮州方言》以潮州音(潮安县音)为标准音,记录了 8 个声调、18 个声母(包括零声母)、77 个韵母,同时记录了潮州话的声韵调配合关系、文白异读情况,并整理了同音字汇及相关语料。

李永明(1959)的《潮州方言》是一部较为系统地描述潮汕闽语的著作。该书描述的潮州话音系以潮州市(潮安县城)语音为标准,共记录了 8 个声调、17 个声母(不包括零声母)、79 个韵母。与厦门话相比较,他认为潮州话有如下特点:(1) 厦门话有不是来自古定母的浊声母 d,d 与 l 相混在一起,而潮州话声母无 d;(2) 厦门话保存了整套古韵尾,潮州话无-n 和-t;(3) 两地部分词汇不同,如同样表"说"义,厦门话用"讲",潮州话用"呾"。该书还对潮汕闽语的连读变调情况做了大致描述,并附有详细的声韵调配合表。

董同龢(1959)发表在"中央研究院"历史语言研究所集刊三十周年纪念专号上的《四个闽南方言》开创了方言比较研究的先河,可谓方言历史音韵研究的奠基之作。他在文中整理分析了厦门、晋江、龙溪、揭阳四地的音系。这篇文章首次对揭阳方言进行了系统性描写,其所记录的揭阳音系有 8 个声调、18 个声母(包括零声母)、59 个韵母。董同龢先生认为,与另外三种闽南方言相比,揭阳方言有以下特点:(1) 辅音声母 b、l 与 m、n 完全对立;(2) 辅音韵尾-n 和-t 已全部转化为-ŋ 和-k;(3) 有复元音 ou 和 ãĩ;(4) 韵母 eŋ(k)相当于另三个方言的 iŋ(k)和 in(t)。

蔡俊明(1976)的《潮语词典》是以揭阳语音为标准音编写的。在该书的"概论"中,附有揭阳音系基本情况。该书记录的揭阳方言有 8 个声调、17 个声母(不包括零声母)、85 个韵母。作者对辅音声母及主要元音的发音位置有简明扼要的交代，同时用表格的方式归纳了两字连读时的变调情况。蔡俊明先生（1991）的《潮州方言词汇》在《潮语词典》的基础上编著而成。该书仍以揭阳方言的语音为标准音来记录音系和词汇的语音形式，书中记录的揭阳方言的声韵调情况与《潮语词典》中的声韵调情况完全相同，不过，该书对连读变调的情况做了进一步的整理，增加了三字连读变调和轻声变调的描写内容。

张盛裕（1981）的《潮阳方言的语音系统》以潮阳县语音为基础，记录了 8 个声调、18 个声母（包括零声母）、90 个韵母。他指出：（1）ts、ts^h、s、z 有较明显的腭化现象，近似前舌面龈腭音 tɕ、$tɕ^h$、ɕ、ʑ；（2）零声母开头有紧喉作用，即带有喉塞音；（3）韵母中有 10 个元音，其中有 5 个是口元音，5 个相对应的鼻化元音；（4）口元音都可以单独做韵母。

林伦伦（1996）的《澄海方言研究》对澄海方言的音系进行了整理。该著作记录了 8 个声调、18 个声母（包括零声母）、78 个韵母。澄海方言的语音特点如下：（1）符合“古无轻唇音”和“古无舌上音”的特点。中古明、微母字读 b，疑母字读 g；（2）无韵尾-m、-p，也无韵尾-n、-t，这些韵尾悉数并入了-ŋ、-k；（3）连读变调的规律有别于汕头话和潮州话。

林伦伦、陈小枫（1996）的《广东闽方言语音研究》对粤东闽语、粤西闽语和中山闽方言岛的语音系统进行了记录，并对粤东闽语分支方言——汕头话、潮州府城话、揭阳榕城话及澄海话的内部语音差异进行了比较。该书所记录的这几个分支方言，其声母均为 18 个（包括零声母），调类均为平上去入各分阴阳且归派一致，只在调值上有所差异。韵母方面差异略大，除了韵母数量不同（汕头 84 个，潮州 90 个，揭阳 85 个，潮阳 90 个，澄海 78 个）之外，还有元音开口度不同、入声韵尾不同、同一韵母辖字不同等诸多差异。

徐馥琼（2010）的博士论文《粤东闽语语音研究》描写了粤东闽语的语音面貌，并分析了各分支方言点之间的异同。徐文将粤东闽语分为潮汕片、潮普片和汕尾片。揭阳方言归属于潮汕片，有 8 个声调、18 个声母（包括零声母）、84 个韵母。其声母、调类与潮汕片方言相同，不同处仍是韵母。

张燕芬（2022）的《广东揭阳（榕城）方言同音字汇》记录了揭阳方言的音系并整理了字汇。该文所记揭阳方言有 8 个声调、18 个声母（包括零声母）、80 个韵母。

综合来看，以往总结的现代潮汕方言音系中声母和调类的数量是完全相同的，只有三点不同：（1）有一个浊辅音声母的记法不同，有记作 z 的（黄家教、詹伯慧、李永明、蔡俊明、张盛裕、林伦伦),也有记作 dz 的(董同龢);(2) 声调音值不尽相同;(3) 韵母数量不同。造成韵母数量不同的主要原因是潮汕方言内部的语音差异性,汕头、澄海、潮州、揭阳各地的韵母数量和具体音值都不完全一致。此外,可能还存在发音人之间的个体差异问题。除了董同龢(1959)、徐馥琼(2010)和张燕芬(2022)对发音人情况做了简要介绍外,其他论著均未交代发音人情况,因此,我们也无从得知他们的发音人背景以及发音人数量等信息。

董同龢(1959),蔡俊明(1976,1991),林伦伦、陈小枫(1996),徐馥琼(2010)和张燕芬(2022)均对揭阳方言的语音系统有所记录,我们将这几项研究成果进行对比,具体情况如表 3-1 所示:

表 3-1　揭阳方言声韵调数量四家对比表

学者	声母	声调	韵母	备注
董同龢(1959)	18	8	59	包括零声母
蔡俊明(1976,1991)	17	8	85	不包括零声母
林伦伦、陈小枫(1996)	18	8	85	包括零声母
徐馥琼(2010)	18	8	84	包括零声母
张燕芬(2022)	18	8	80	包括零声母

3.2　揭阳方言的声调

3.2.1　声调例字

表 3-2　声调例字表

调类	调类代号	调值	例字	调类	调类代号	调值	例字
阴平	1	33	诗分蹲吞孙	阳平	2	55	云时泽仇涛
阴上	3	42	粉笨滚准笋	阳上	4	35	便健匠道象
阴去	5	212	世替记炸附	阳去	6	22	豆事字示轿
阴入	7	2	叔曲铁植黑	阳入	8	5	白读宅石涉

3.2.2 声调说明

本书所记调值根据台湾清华大学语音实验室所提供的实验数据①而定。调类代号：阴平—1，阳平—2，阴上—3，阳上—4，阴去—5，阳去—6，阴入—7，阳入—8。揭阳榕城方言中大部分字的调类与中古时期的调类（平上去入）保持一致，但有部分中古的阳去字（全浊、次浊声母去声字）混入了阳上调中。

3.3 揭阳方言的声母

3.3.1 声母例字

表 3－3 声母例字表

p	步渡爸便八	p^h	披跑暴盆雹	b	无味描帽巫	m	妈毛妙名麻		
t	猪投打刁题	t^h	台头涛婷贴	l	农拉里来路	n	泥娘人奴娜		
ts	书只主早食	ts^h	痴出插席雀	dz	如儿惟乳裕			s	傻烧腮消刹
k	棋故家姑高	k^h	起堪钳溪夸	g	鹅牛疑魏饿	ŋ	拟涯危熬五	h	稀华胡洪学
ø	盒鞋姆爷鸭								

3.3.2 声母说明

（1）ts、ts^h、s 的发音部位与普通话 ts、ts^h、s 的发音部位不同。与开口呼、合口呼韵母相拼时，发音部位比普通话的稍后，接近于舌尖中的位置，如“枣[tso3]”“珠[tsu1]”“葱[tshaŋ1]”“川[tshuaŋ1]”“酥[sou1]”“沙[sua1]”等字；与齐齿呼韵母相拼时，发音部位接近于普通话的舌面音声母 tɕ、tɕh、ɕ，如“只[tsi3]”“者[tsia3]”“妻[tshi1]”“悄[tshiau1]”“是[si4]”“惜[sioʔ7]”等字。发音部位的差异由后面的元音所决定，因而无需分写，本书统一记作 ts、tsh、s。

（2）古全浊声母字已全部清化。浊不送气双唇音 b 与浊不送气舌根音 g 来源于古明母字、微母字和疑母字。例字如“米[bi3]”“无[bo2]”“描[bio2]”“疑[gi2]”“牛[gu2]”“鹅[go2]”等。b、g 带有鼻化色彩，发音时接近 mb、ŋg。

① 该实验由张月琴、谢丰帆两位老师主持实施，实验对象为本书作者，实验时间为 2015 年 6 月。

(3) b、l 与 m、n 在语音系统中对立分布。搭配单元音韵母使用时，b、l 后面的韵母不鼻化，如“马[be3]”“罗[lo2]”。m、n 后面的韵母则全为鼻化元音，如“暝[mẽ2]”“娜[nõ2]”；b、l 与 m、n 均可搭配复元音韵母及入声韵母，如“未[bue6]”“木[bak8]”“了[liau3]”“良[liaŋ2]”“糜[mue2]”“目[mak8]”“娘[nio2]”“诺[nap8]”。但有以下限制：第一，m 搭配齐齿呼复韵母时有局限性，仅可搭配 ia（如“名[mia]”）、iau（如“妙[miau4]”）两个复韵母。第二，b 无法搭配齐齿呼复韵母及大部分鼻音韵母。带后鼻音韵尾的韵母仅可搭配 uŋ，如“文[buŋ2]”“蚊[buŋ1]”等。

(4) 浊塞擦音 dz 主要来自中古日母字（54 字），部分来自中古喻四（以母，14 字）及其他声母。其中的阻塞成分有时不甚明显，亦可记作擦音 z。当与齐齿呼韵母相拼时，阻塞成分明显，如在“儿[dzi2]”“柔[dziu2]”“染[dziam3]”等字中；当与开口呼及合口呼韵母相拼时，阻塞成分不明显，更接近擦音 z，如“如[zu2]”“乳[zu3]”“尔[zɯ3]”“仁[zeŋ2]”等。dz 与 z 为同位音（allophones），即同一音位的两个变体，本书统一记作 dz。

(5) 边音不与鼻音相混，l、n 分立。如“来[lai2]”与“莲[nai2]”，“狼[laŋ2]”与“依[naŋ2]”（人）。有些字有 l、n 两读的情况，如“郎[nɯŋ2]白/[laŋ2]文”，应视作文白异读问题亦即语音层次问题来处理。

(6) 擦音 h 与粤语的声母 h 接近，在喉部靠后的位置。当 h 与鼻化韵母相拼时，软腭会下降，气流从口鼻同时冲出，这种鼻化效果应该是紧随其后的鼻化韵母所产生的同化作用（assimilation），如“还[hũã1]白”“横[hũẽ2]”“虎[hõũ3]”等字。

(7) 零声母字的字首带有紧喉效果的喉塞音成分，该喉塞音成分在韵头不具有辨义作用，因而略去不记。但 ʔ 用于韵尾时，应视作独立音位。

3.4 揭阳方言的韵母

3.4.1 韵母例字

表 3－4 韵母例字表

a/aʔ	饱/拍	ai	眉	au/auʔ	包/□[ka lauʔ]：掉
ã	胆	ãĩ/ãĩʔ	间/□拟声	ãũ/ãũʔ	脑/□[hãũʔ]：柴(形容)

（续表）

o/oʔ	刀/薄	oi/oiʔ	买/八	ou	布
õ	奥	õĩ/õĩʔ	底/狭	õũ	虎
i/iʔ	米/铁	ia/iaʔ	写/摘	io/ioʔ	潮/着
ĩ/ĩʔ	变/□[hĩʔ]：擤	ĩã/ĩãʔ	饼/□[hĩãʔ]：掀	ĩõ	张
		iu/iuʔ	游/□[kiuʔ]：挤	iau/iauʔ	条/雀
		ĩũ/ĩũʔ	休/□：细小	iãũ	□：揭开
e/eʔ	马/白				
ẽ/ẽʔ	井/厄				
u/uʔ	雾/嘬	ua/uaʔ	带/活	ui	肥
		ũã/ũãʔ	半/□[khã ũãʔ]：闲	ũĩ	县
		ue/ueʔ	梅/划	uai	拐
		ũẽ	关	uãĩ	挖
ɯ/ɯʔ	猪/□[kaʔ kɯʔ]：支支吾吾	ɯŋ	扛		
am/ap	南/答	aŋ/ak	房/墨		
om/op	□拟声/□拟声	oŋ/ok	公/独	ioŋ/iok	龚/育
im/ip	枕/急				
		eŋ/ek	面/蜜	ueŋ/uek	荣/域
		uŋ/uk	分/佛		
iam/iap	店/粒	iaŋ/iak	骗/若		
uam/uap	凡/法	uaŋ/uak	万/法		
m̍	唔	ŋ̍	黄		

3.4.2 韵母说明

揭阳方言的韵母共有 85 个。

(1) 元音有 i、e、a、o、u、ɯ 六个,其中有四个元音有相应的鼻化形式,即 ĩ、ẽ、ã、õ。i 有时舌位较低且较靠后,尤其是在鼻化韵中,如“鲜[tshĩ1]”“扇[sĩ5]”等字。

(2) 有学者认为潮汕方言中并无舌尖元音,但根据作者的听感,揭阳方言的 ɯ 在与舌尖前声母 ts、tsh、s 拼合时,接近舌尖元音 ɿ,如“子[tsɯ3]”“此[tshɯ3]”“史[sɯ3]”等字中的元音,读音接近于 ɿ。ɯ 变为舌尖元音有明确的条件限制,因而无须另立舌尖元音韵母 ɿ。本书统一记为 ɯ。

(3) 有开口呼、合口呼及齐齿呼韵母,没有撮口呼韵母。即没有单韵母 y 或以 y 为介音的复韵母。

(4) 鼻化韵母中,复元音的鼻化韵是全部鼻化,没有仅介音或仅韵尾鼻化的情况。本书省略了三元音复韵母的介音上的鼻化符号,如 ũãĩ,省略后写作 uãĩ。另,鼻音声母 m、n、ŋ 之后的韵母皆为鼻化韵母。为简化标注,本书一律处理为非算化韵母,如“暝[mẽ2]”只记为“暝[me2]”。

(5) 辅音韵尾中没有 n、t,只有 p、k、ʔ、m、ŋ 五种,如“十[tsap8]”“北[pak7]”“鸭[aʔ7]”“南[nam2]”“江[kaŋ1]”。入声韵中喉塞尾 ʔ 对应于中古入声韵尾的 t 和 k。

(6) 无韵母 iŋ、ik,与潮汕地区其他分支方言的韵母 iŋ、ik 相对应的韵母为 eŋ、ek。

(7) ṁ、ŋ̇ 为自成音节音,辖“唔”“黄”等字。

3.5 连读变调

揭阳方言的连读变调有二字组变调、三字组变调、四字组变调、轻声变调及句法变调等不同组合方式的声调变化。本书仅就二字组变调略做说明。

3.5.1 二字组变调

二字组变调有三种情况,可分为三组: A 组(前字变调组)、B 组(不变调组)、C 组(后字变调组)。

A 组变调分两种情况，即 A1 组（无条件变调组）和 A2 组（有条件变调组）。

A1 组：二字组的前字会发生有条件变调。即后字的调值是前字发生变调的语音条件，前字在不同声调的字前发生不同的变调。A1 组的前字包括单字调读为阴上、阴去和阴入的字。

A2 组：二字组的前字会发生无条件变调。即后字调值不作为前字发生变调的语音条件，前字在任何声调的字前都会发生相同的变调。A2 组的前字包括单字调读为阳平、阳上、阳去字和阳入的字。

B 组仅包括读为阴平的字，读为阴平的字在任何调值的字前都维持原调不变。

C 组仅包括读为阴上的字。读为阴上的字在读为阴上、阴去和阴入的字之后发生变调。

以下举例说明。例字音标后所标为具体调值，非调类代号。

A1 组（有条件变调组）：

读为阴上、阴去和阴入的字在第一组字（读为阴平、阳上、阴去、阳去、阴入的字）前发生一种变调，在第二组字（读为阳平、阴上、阳入的字）前发生另一种变调。

读为阴上的字调值为 42，在第一组字之前变调为 24，在第二组字之前变调为 35。

酒樽	tsiu42-24 tsuŋ33	肚量	tsiu42-24 liaŋ35	跑步	pau42-24 pou22
了结	liau42-24 kak2	少数	tsio42-24 siau212	惩罚	theŋ42-35 huak5
赌场	tu42-35 tĩõ55	主人	tsu42-35 dzeŋ55	喜礼	hi42-35 li42-21

读为阴去的字调值为 212，在第一组字之前变调为 42，在第二组字之前变调为 53。

背包	pue212-42 pau33	调动	tiau212-42 toŋ35	占用	tsiam212-42 eŋ22
贵客	kui212-42 kheʔ2	意思	i212-42 sɯ12	蔚蓝	ue212-53 nam55
代表	thoi212-53 piau42-21	货物	hue212-53 mueʔ5	爱情	ãĩ212-53 tsheŋ55

读为阴入的字调值为 2，在第一组字之前变调为 3，在第二组字之前变调为 5。

雪花	soʔ2-3 hue33	约会	ioʔ2-3 hue35	质问	tsioʔ2-3 muŋ22
骨骼	kukʔ2-3 keʔ2	阔气	kuaʔ2-3 khi212	阁楼	koʔ2-5 lau55
喝彩	hak2-5 tshãĩ42-21	节日	tsoiʔ2-5 dzek5	结缘	kak2-5 uaŋ55

A2 组（无条件变调组）：

读为阳平的字调值为 55，在任何调值的字前均变调为 22。

平安	pheŋ55-22 aŋ33	赔偿	pue55-22 sĩõ55	藏匿	tshaŋ55-22 nek5
回退	hui55-22 tho212	田寨	thaŋ55-22 tse22	松柏	soŋ55-22 peʔ2
云彩	huŋ55-22 tshãĩ42	庞大	phaŋ55-22 tai35	童年	thoŋ55-22 ni55

读为阳上的字调值为 35，在任何调值的字前均变调为 21。

便衣	piaŋ35-21 i33	鲍鱼	pau35-21 hɯ55	佩服	pue35-21 hok5
币种	pi35-21 tseŋ53	暴雨	pau35-21 hou35	菩萨	pho35-21 sak2
电线	tiaŋ35-21 suan212	部队	pou35-21 tui22	健康	kiaŋ35-21 kaŋ33

读为阳去的字调值为 22，在任何调值的字前均变调为 21。

避开	pi22-21 khai33	治疗	ti22-21 liau55	段落	tɯŋ22-21 loʔ5
赠品	tsaŋ22-21 pheŋ53	洞内	taŋ22-21 lai35	字帖	dzi22-21 thiap2
步数	pou22-21 siau212	座位	tso22-21 ui22	地产	ti22-21 sũã53

读为阳入的字调值为 5，在任何调值的字前均变调为 2。

刹车	sap5-2 tshia33	族人	tsok5-2 dzeŋ55	木盒	bak5-2 ap5
笛子	tek5-2 tsɯ53	独自	tok5-2 tsɯ35	白色	peʔ5-2 sek2
绝对	tsoʔ5-2 tui212	习练	sip5-2 liaŋ22	直线	tek5-2 sũã212

B 组（不变调组）：

读为阴平的字调值为 33，在任何调值的字前均不变调。

清心	tsheŋ33 sim33	今时	kim33 si55	鸡肉	koi33 nek5
根本	keŋ33 puŋ53	温润	uŋ33 dzuŋ35	鸡骨	koi33 kuk2
通告	thoŋ33 kau212	花样	hue33 ĩõ22	真实	tseŋ33 sek5

C 组（后字变调组）：

读为阴上的字调值为 42，在阴上字、阴去字及阴入字之后变调为 21。

喜礼	hi42-35 loi42-21	代表	thoi212-53 piau42-21	率领	tsuk2-5 nia42-21

3.5.2 二字组变调规律表及变调说明

表 3－5 二字组变调规律表

<table>
<tr><td colspan="4" rowspan="3"></td><td rowspan="3">单字调调值</td><td colspan="8">后字(C 组前字)</td></tr>
<tr><td>阴平</td><td>阳平</td><td>阴上</td><td>阳上</td><td>阴去</td><td>阳去</td><td>阴入</td><td>阳入</td></tr>
<tr><td>33</td><td>55</td><td>42</td><td>35</td><td>212</td><td>22</td><td>2</td><td>5</td></tr>
<tr><td rowspan="8">前字</td><td rowspan="7">A 组</td><td rowspan="3">A1 组</td><td>阴上</td><td>42</td><td>24</td><td>35</td><td>35</td><td>24</td><td>24</td><td>24</td><td>24</td><td>35</td></tr>
<tr><td>阴去</td><td>212</td><td>42</td><td>53</td><td>53</td><td>42</td><td>42</td><td>42</td><td>42</td><td>53</td></tr>
<tr><td>阴入</td><td>2</td><td>3</td><td>5</td><td>5</td><td>3</td><td>3</td><td>3</td><td>3</td><td>5</td></tr>
<tr><td rowspan="4">A2 组</td><td>阳平</td><td>55</td><td colspan="8">22</td></tr>
<tr><td>阳上</td><td>35</td><td colspan="8">21</td></tr>
<tr><td>阳去</td><td>22</td><td colspan="8">21</td></tr>
<tr><td>阳入</td><td>5</td><td colspan="8">2</td></tr>
<tr><td colspan="2">B 组</td><td>阴平</td><td>33</td><td colspan="8">33</td></tr>
<tr><td>后字</td><td colspan="2">C 组</td><td>阴上</td><td>42</td><td>42</td><td>42</td><td>21</td><td>42</td><td>21</td><td>42</td><td>21</td><td>42</td></tr>
</table>

变调说明：

（1）A1 组的阴上字、阴去字和阴入字有条件变调，与后字调值的高低相关。当后字为中低调(33、35、212、22、2)时，产生一种变调；当后字为高调(55、53、5)时，产生另一种变调。

（2）变调后产生了四种新调值：24、53、21、3，这几种调值不在原有的八种调值之内。

3.6 董同龢 1959 年所记揭阳方言音系与当代揭阳方言音系之比较

董同龢先生 1959 年发表在“中央研究院”历史语言研究所集刊三十周年纪念专号上的《四个闽南方言》，整理、描写了厦门、晋江、龙溪、揭阳四地的音系，并比较了四地音系的异同。这篇文章开创了方言比较研究的先河，可谓方言历史音韵研究的奠基之作。梅祖麟先生(2000)[478-479] 在《中国语言学的传统与创新》中指出，董同龢先生的这篇文章是汉语方言学的里程碑，其特点有三：（1）方言调查工作从记录故事开始，不使用字表；(2) 开始了闽语比较的研究，其所用材料有"精审的本字的考证"；(3) 明确指出闽语中一字多音的现象不是简单地用"说话音(白读)""读书音(文读)"所能解释的，这种观念是罗杰瑞(1979)研究闽语时代层次的源头。

自《四个闽南方言》首次对揭阳方言的语音系统做了较为系统的研究后，再无其他论著针对揭阳方言做过类似的研究。从董同龢先生所记音系来看，彼时之揭阳音系与今日之揭阳音系在声母、声调上相同，但在韵母上差别甚大。

董同龢(1959)所记揭阳音系的发音人为王兆昆，揭阳客洞人，台湾大学法学院学生，年龄不详。其所记揭阳音系如下。

3.6.1 声母 18 个，包括零声母①

p	笔盘步饭	ph	破蓬鼻缝	b	蜜文米马	m	目面妹麻		
t	刀除洞中	th	铁头读虫	l	六林鳞李	n	梁娘人肉		
k	瓜桥县枝	kh	客骑气区	g	月元芽外	ŋ	砚银难遇	h	夏兄岸王
ts	煮钱石书	tsh	猜柴贼深	dz	热字而如	s	四神山斯		
∅	姨下乌碗								

3.6.2 韵母 59 个

a/aʔ	饱/拍	ai	眉	au/auʔ	包/□[ka lauʔ]：脱落
ã	胆	ãĩ	间		
o/oʔ	刀/薄	oi/oiʔ	买/八	ou	布
i/iʔ	米/铁	ia/iaʔ	写/摘	io/ioʔ	潮/着
ĩ	变	ĩã/	饼	ĩõ	张
		iu	游	iau/iauʔ	条/雀
e/eʔ	马/白				
ẽ	井				
u	雾	ua/uaʔ	带/活	ui	肥
		ũã	半	ũĩ	县
		ue/ueʔ	梅/划	uai	拐

① 原文有的声母所列例字不足 4 个，本书据原文附录例字增补至 4 个。原文送气符号记为 '，如 p'、t'、k'、ts'，为方便比较，本书将送气符号统一记为 h，如 ph、th、kh、tsh。

		ũẽ	关	uãĩ	樣
ɯ	猪				
am/ap	南/答	aŋ/ak	房/墨		
		oŋ/ok	公/独		
im/ip	枕/急				
		eŋ/ek	面/蜜		
		uŋ/uk	分/佛		
iam/iap	店/粒	iaŋ/iak	骗/若		
		uaŋ/uak	万/法		
m	□不	ŋ̍	糖		

说明(据原文整理,1959)[898-902]:① 辅音韵尾中没有-n(t)、-m(p)、-ŋ(k)的对立。② o 为比较单纯的圆唇后中元音,对应于厦门、晋江、龙溪的 ɔ。oŋ 相当于这三地的 ɔŋ。③ ɯ 包括两个音值不同但成分互补的同位音:在 ts、tsh、dz、s 后面为舌尖元音[ɿ],在其他声母之后是展唇的后中元音[ɤ]。④ 复元音 oi 是厦门、晋江、龙溪没有的。oi、oiʔ 在音类上相当于这三个方言的一部分的 e、eʔ(龙溪)或 ue、ueʔ(厦门,晋江)。⑤ ui 韵的 u 与 i 之间有相当明显的过渡音[ŏ]。⑥ ẽ 不见于厦门和晋江,跟龙溪的 ẽ 相当,ũẽ 在龙溪没有。⑦ ãĩ 是厦门、晋江、龙溪没有的。uãĩ 的字很少,大致相当于厦门的一部分 uãĩ 和晋江、龙溪的 uĩ。⑧ eŋ(k)相当于龙溪的 iŋ(k),包括了厦门和晋江的 iŋ(k),in(t)。

3.6.3 单字调 8 个

阴平	[44]	书	阴上	[42]	看	阴去	[212]	去	阴入	[21]	铁
阳平	[55]	头	阳上	[24]	老	阳去	[22]	找	阳入	[4]	白

董同龢(1959)所记揭阳音系与当代揭阳音系的主要区别在于韵母的数量:所记揭阳方言韵母仅有 59 个,而本书所记揭阳方言韵母有 85 个之多。这种差异对原始闽语构拟、上古音构拟和其他闽语相关研究会有显著的影响,相关问题有待进一步的研究。

| 第四章 |

揭阳方言中古声母今读特点及语音层次[①]

① 本章节部分内容曾发表于《揭阳方言中古全浊声母今读分析》(黄瑞玲 2017a)一文中。

4.1 中古全浊声母字

对闽方言中古全浊声母字今读送气清音和不送气清音兼有，分化条件不清晰的原因，前人多有探讨。李如龙、邓享璋(2006)归纳过三类解释：(1) 由原始闽语的不同声母类别造成；(2) 由外来方言横向作用所致；(3) 由闽语自身叠置的历史层次造成。第一种解释是由罗杰瑞(1985)提出的，他认为原始闽语有三套浊的塞音和塞擦音：(1) b、d、g；(2) bh、dh、gh；(3) -b、-d、-g，因而浊声母字在闽语各区的今读三分为送气清音、不送气清音及带浊流的响音(或零声母)。陈忠敏(2013b)曾指出，罗氏所构拟的第三套浊音的演变结果只见于建阳话和建瓯话，再无其他闽区方言之例证可考，且从跨语言角度来看，难以在世界上其他语言中找到共性。因而，浊声母三套说仍需斟酌。第二种解释与第三种解释其实并不矛盾，闽方言的历史层次，除了自身演化的结果，肯定还有外来方言接触演变的结果。换言之，闽方言内部发展以及闽方言与其他方言的接触所形成的变化，正是闽方言形成不同历史层次的原因。

本书先介绍揭阳方言中古全浊声母今读的整体情况，再讨论相关文白异读现象。通过分析文白异读中的语音层次，来寻求中古全浊声母字在揭阳方言中的演变规律。

周长楫(1981)统计了厦门方言中 498 个中古全浊声母字的情况：平声字方面，送气音与不送气音的数量不相上下；仄声字方面，读送气音的仅为少数。李如龙(1985)将属于古並定澄从崇群等声母的 40 个口语常用字置于福建 6 个方言点进行比较，得出其中约有四分之一的字在今闽方言多数点读为送气清音的结论。并且，李如龙(1985)和周长楫(1992)都指出，如果以文白读区分的话，一般表现为白读送气，文读不送气。

本书所分析的中古全浊声母字均来自《方言调查字表》修订本(1981)，共有 874 个中古全浊声母字，其中有 14 个字未调查到读音。① 除去此 14 个字，加上 51 组两读字或多音字(共 101 个音节)及 80 组文白异读字(共 172 个音节)，共计有 1133 个音节。874 个中古全浊声母字在揭阳方言中有 871 个字

① 当时未查到读音的字为：並母：鞴、葩、埻；定母：秳、藋、簟；从母：褯、牸、赗；澄母：苎、椽；崇母：茬；匣：镬、荥。

已清化，有三字例外，一为並母的“钹”，读为[buaʔ]；另两字为从母的“字”与邪母的“寺”，此二字均为止开三之韵去声字，在整个潮汕闽语区中声韵调相同，俱读为[dzi]。“字”“寺”的声母在闽语区大多数方言的文读和白读中表现为清化的塞擦音（厦门、福州、建瓯）、擦音（厦门、福州）或边音（厦门）。“钹”“字”“寺”在潮汕闽语中读为不送气浊声母字，疑为中古浊声母字演变为清声母字过程中的罕见留存。

4.1.1 中古全浊声母字的演变：清化与分化

我们将 11 个中古全浊声母分为塞音、塞擦音及擦音三类进行整理。

表 4－1 全浊声母塞音音节数统计表

古声母	並				澄				从				崇				奉			
音节数	120				65				2				1				17			
今声母	p		p^h		t		t^h		t		t^h		t		t^h		p		p^h	
音节数	68		52		45		20		2		0		1		0		8		9	
声调	平	仄	平	仄	平	仄	平	仄	平	仄	平	仄	平	仄	平	仄	平	仄	平	仄
音节数	21	47	36	16	13	32	13	7	1	1	0	0	1	0	0	0	3	5	7	2
百分比	31	69	69	31	29	71	65	35	50	50	0	0	100	0	0	0	38	62	78	22

古声母	定				群				船				禅				匣											
音节数	157				87				2				2				3				1				30			
今声母	t		t^h		k		k^h		t		t^h		t		t^h		p		p^h		t		t^h		k		k^h	
音节数	97		60		42		45		2		0		2		0		2		1		1		0		23		7	
声调	平	仄	平	仄	平	仄	平	仄	平	仄	平	仄	平	仄	平	仄	平	仄	平	仄	平	仄	平	仄	平	仄	平	仄
音节数	22	75	47	13	7	35	36	9	1	1	0	0	1	1	0	0	1	1	0	0	1	0	0	0	8	15	5	2
百分比	23	77	78	22	17	83	80	20	50	50	0	0	50	50	0	0	50	50	0	0	100	0	0	0	35	65	71	29

表 4-2　全浊声母塞擦音音节数统计表

古声母	定				从				邪				澄			
音节数	1				82				9				23			
今声母	ts		ts^h		ts		ts^h		ts		ts^h		ts		ts^h	
音节数	0		1		53		29		2		7		15		8	
声调	平	仄	平	仄	平	仄	平	仄	平	仄	平	仄	平	仄	平	仄
音节数	0	0	1	0	16	37	26	3	0	2	2	5	2	13	8	0
百分比	0	0	100	0	30	70	90	10	0	100	29	71	13	87	100	0
古声母	崇				船				禅				匣			
音节数	24				7				17				2			
今声母	ts		ts^h		ts		ts^h		ts		ts^h		ts		ts^h	
音节数	12		12		6		1		9		8		1		1	
声调	平	仄	平	仄	平	仄	平	仄	平	仄	平	仄	平	仄	平	仄
音节数	0	12	10	2	2	4	1	0	1	8	5	3	0	1	0	1
百分比	0	100	83	17	33	67	100	0	11	89	62	38	0	100	0	100

表 4-3　全浊声母擦音音节数统计表

古声母	並		从		邪		澄		崇	
音节数	1		1		37		1		5	
今声母	h		s		s		s		s	
声调	平	仄	平	仄	平	仄	平	仄	平	仄
音节数	0	1	0	1	19	18	0	1	0	5
百分比	0	100	0	100	51	49	0	100	0	100
古声母	船		禅		奉		匣			
音节数	15		59		43		147			
今声母	s		s		h		h			
声调	平	仄	平	仄	平	仄	平		仄	
音节数	3	12	26	33	13	30	75		72	
百分比	20	80	44	56	30	70	51		49	

根据表4－1，揭阳方言今读清塞音的中古全浊声母有並、澄、从、崇、奉、定、群、船、禅、匣，其中以並、澄、定、群、匣为主。在487个清塞音音节中，送气音节为194个，占40%，不送气音节为293个，占60%；根据表4－2，揭阳方言今读清塞擦音的中古全浊声母有定、从、邪、澄、崇、船、禅、匣，其中以从、澄、崇、禅为主。在165个清塞擦音音节中，送气音节为67个，占41%，不送气音节为98个，占59%。根据表4－3，揭阳方言今读清擦音的中古全浊声母有並、从、邪、澄、崇、船、禅、奉、匣，其中以邪、船、禅、奉、匣为主。读为清擦音的音节数共有309个。此外，今读有鼻音声母ŋ的是中古声母匣母，今读有零声母的中古声母是邪母、奉母和匣母。根据表4－1和表4－2的分析，我们得出了与之前不同的结果。清塞音及清塞擦音音节共计652个音节，送气音节有261个，占清塞音及清塞擦音音节总数的40%。换言之，以塞音、塞擦音的送气与否来看揭阳方言中古全浊声母的分化情况的话，送气音占了40%，已有将近一半的数目。杨秀芳（1989）对闽语的“浊母清化层次分析”的研究情况进行过总结，结论为“清化后不论平仄，多数读不送气音，少数读送气，其分化条件不清”。但根据以上调查，揭阳方言清化后送气音已经接近不送气音，表现为40%（送气）：60%（不送气）。即便只考察並、澄、从三母中292个清塞音及清塞擦音的情况，也可以看到此三母的送气清塞音已达43%。

全浊声母字的演变方式可归结如下：

（1）清化与分化

中古全浊声母全部清化了。全浊擦音声母清化为清擦音，全浊塞音、塞擦音声母清化为清塞音、清塞擦音。但全浊塞音、塞擦音清化后多有送气与不送气之分，且各个声母清化后送不送气与文白异读之间的关系不大相同。我们将清化类型总结如下：

第一种，清化后白读不送气而文读送气。如定母白读t-而文读th-。第二种，清化后文白读送气与不送气兼具。如澄母字白读t-、th-而文读ts-、tsh-；崇母字文白读俱读ts-、tsh-；群母字文白读俱读k-、kh-。第三种，文读音平声送气仄声不送气。作为受官话系统影响的一个层次，这种情况在全浊声母中普遍可见。並母、定母、从母、澄母、崇母、群母均有此层次。

（2）脱落

发生声母脱落现象的中古声母主要是匣母（25字）。匣母字的零声母字主要用于白读音中，常与其文读声母h-形成文白声母相配的格局。我们推测匣母字的零声母形成时期较早，至少应比受官话系统影响的文读声母h-早许多。

（3）个别浊音遗留

在全浊声母字的今读声母中，出现了个别浊音声母。如並母的 b-（“钹”）、从母的 dz-（“字”）和邪母的 dz-（“寺”）。

4.1.2　全浊声母的今读特点及语音层次

下声母今读表统计说明：

（1）涉及文白异读或多音字的，如文白读声母（或异读声母）相同且音韵地位相同，则只记一字，如帮母字“变”，文读为[piaŋ6]，白读为[pĩ6]，例字表中只记于帮母 p-声母处，不再另做说明。

（2）开合口和等按中古音韵地位排列，而今读声母和今读平仄按现代揭阳方言填入。如“辫”字，並母开口四等上声字，在揭阳方言中读为[pĩ1]，统计时记入並母开口四等中 p 声母平声的位置。

（3）《方言调查表》中有两种音韵地位，但在揭阳方言中仅有一种读音形式的字，按其音韵地位记录两字或三字。如“并”与“並”，分属帮母梗开三劲韵和並母梗开四迥韵，但今读俱为[peŋ4]，统计时在帮母今读表及並母今读表中均有记录。

（4）如文白读声母（或异读声母）不同或音韵地位不同，则将该字记于所属的不同声母处，并用小括号加以说明。如来母字“烂”二音，读[laŋ4]及[nua6]，分记于声母 l 和声母 n 的例字表中，并用小括号说明。声母 l-：烂（灿~）；声母 n-：烂（破~）。又如“番”，按字表两处不同的音韵地位分记于敷母和滂母处，敷母 h-：番（~茄）；滂母 ph-：番（~禺）：有三个或三个以上读音的字，如三个读音中有两个读音同声母，另一读音不同声母，则同声母的读音只注其中一音的语义。如澄母字“重”四音，读[taŋ4]/[toŋ4]/[teŋ2]/[thoŋ2]，前三个读音记在声母 t-中，只记“重”一字，加注释（~量），以区别于声母 th-中的“重”（~阳）。

（5）有的多音字（包括文白字）是无法再组词的单音节词汇、量词、姓氏，这类字会在小括号中直接说明语义，无省略号。如章母字“支”二音，读[tsĩ1]和[ki1]，分记于声母 ts-及声母 k-的例字表中。声母 ts-：支（~行）；声母 k-：支（量词）。括号中的词如为方言词，则在冒号后另加注释，如“苗（虾~：虾皮）”。在有文白异读的字中，尽量选择词义上或音类上的最小对立对进行记录。如知母字“张”二音：[tĩõ1]及[tsiaŋ1]，此两种读音均可用于“张开”一词中，[tĩõ]白读而[tsiaŋ]文读，表中分注于声母 t 和声母 ts 的“张”均加注为（~开）。

（6）取自《揭阳方言口语字表》的字，前加* 号注明。

4.1.2.1 並母与奉母

（1）並母

表 4-4 並母字今读表

中古声母	今读	平仄	开口一等	开口二等	开口三等	开口四等	合口一等	合口二等	合口三等	合口四等	合计
並	p	平		爬琶杷牌簰棚爿排安~	琵枇脾~胃便~宜平~面坪草~	辮瓶花~ *甁小瓦罐	培陪赔婆河~：地名盘菜~ *阫~墙：屋后厚墙				66
		字数		8	6	3	6				
		小计	23								
		仄	暴泊薄厚~ *瓿小瓮	耙罢稗败鲍拔棒白帛	敝币弊毙避备篦辨辩汴别弼病被~动	陛	部步捕埠佩背焙叛勃饽薄~荷仆奴~曝~光 *哺咀嚼 *跋摔倒				
		字数	4	9	14	1	15				
		小计	43								
	pʰ	平	袍旁螃朋	跑刨庞彭膨排~场	皮疲瓢贫频凭评脾~气平~安坪草~	屏萍瓶花~ *骿~离：肋骨	蒲菩裴盆篷蓬脯胸~婆老~盘~旋 *帕颔~：围巾				51
		字数	4	6	11	4	10				
		小计	35								
		仄	抱傍	雹蚌~埠 *瀑~泡：起泡	鼻鳔辟被棉~	鐾	簿伴拌瀑仆风尘~~曝~日：晒太阳				
		字数	2	3	4	1	6				
		小计	16								
	b	平		*龅~牙			钹				2
		字数		1			1				
		小计	2								
	h	仄		蚌河~							1
		字数		1							
		小计	1								

表 4-5　並母字文白异读表

序号	例字	白读音	词汇	文读音	词汇
1	婆	po2	河婆地名	phua2	老婆
2	排	phai2	排场	pai2	排场
3	脾	pi2	脾胃	phi2	脾气
4	盘	pũã2	底盘	phuaŋ2	盘旋
5	平	pẽ2	平面	pheŋ2	平安
6	坪	pẽ2	草坪	pheŋ2	草坪
7	瓶	paŋ2	花瓶	pheŋ2	花瓶
8	被	phue4	棉被	pi4	被动
9	仆	pok8	奴仆	phok7	风尘仆仆
10	稗	phõĩ6	稗植物	pi5	稗官
11	脯	pou3	肉脯、果脯	phou3	胸脯
12	蓬	phaŋ2	蓬寮棚屋	phoŋ2	蓬勃
13	薄	poʔ8	薄荷、厚薄	po2	薄荷
14	蚌	paŋ4	蚌埠	hoŋ2	蚌

据表 4-4，可知並母清化后主要读 p-或 ph-且都与开口一二三四等及合口一等拼合，拼合的字数大致相等。另，读不送气声母 p-的主要是仄声，而读送气声母 ph-的主要是平声。但平声读不送气及仄声读送气的字仍占据着一定的比例。从文白读词汇来看，读不送气音声母的主要是白读词汇，在例字 1—12 中，除了"排""被""稗"，其他例字基本上是读声母 p-的用于白读词汇，读声母 ph-用于文读词汇。由此可知，並母有两个声母层次是分离的，白读 p-而文读 ph-，这两个层次无平仄之分，在平声与仄声中均有体现。

较为特别的是"被"字，在"被动"一词中读[pi4]可看作是平送仄不送规律的体现，但在"棉被"中读[phue4]则不符合我们的层次预设。鉴于"被"[phue4]在土人感中有着明显的白读倾向，我们检视了平仄表中的送气字，发现除了"被"之外，还有不少字同样有明显的白读倾向。由此推测白读音可能还有一个读送气的层次。此外，"钹"与未被《方言调查字表》收录的並母字"鲍"同样读浊声母 b-，我们将 b-视作古声母遗留层。

表 4－6　並母字今读声母层次表

层次	声母今读	备注
一	b	白读；古声母遗留
二	p（主）、ph	白读；不分平仄
三	p、ph（主）	文读；平送仄不送

（2）奉母

表 4－7　奉母字今读表

中古声母	今读	平仄	开口一等	开口二等	开口三等	开口四等	合口一等	合口二等	合口三等	合口四等	合计
奉	h	平							符扶翡凡烦繁矾防芙~蓉缝裁~		33
		字数							10		
		小计	10								
		仄			负阜复妇~女				釜腐辅附范犯乏伐筏罚愤忿份佛凤服伏栿复俸逢父渔~饭吃~		
		字数			4				23		
		小计	23								
	p	平							肥房冯* 蹯骹~：脚面		9
		字数							4		
		小计	4								
		仄			妇新~				吠缚父阿~饭食~		
		字数			1				4		
		小计	5								
	p^h	平			浮				帆藩坟豮芙~蓉缝裁~		7
		字数			1				6		
		小计	7								
	Ø	平							焚		1
		字数							1		
		小计	1								

表 4-8　奉母字文白异读表

序号	例字	白读音	词汇	文读音	词汇
1	父	pe4	阿父	hu4	渔父
2	妇	pu4	新妇	hu4	妇女
3	饭	puŋ/pɯŋ6	食饭	huaŋ4	吃饭
4	芙	phu2	芙蓉	hu2	芙蓉
5	缝	phoŋ2	裁缝	hoŋ2	裁缝

非敷奉微四母都是三等字,这批三等字是从帮滂並明四母中分化而来的。据刘广和(1994),唐代北方有西北方音与中原方音两大方言,从汉译佛经的特点来看,当时反映中原方音的义净译音奉微与並明仍然不分,而反映西北方音的不空译音则已经分开。在闽南方言中,中古轻唇音声母从重唇音声母中分化出来的时间较官话方言迟许多。直至今日,轻唇音声母字在闽南方言中还有重唇读法。

揭阳方言的奉母字今读就有与並母字相同的重唇声母 p-、ph-,不过,这部分字如今只占少数,大部分字已读 h-。从表 4-8 来看,p-、ph-与 h-之间的语音层次对应很明显,p-、ph-为白而 h-为文。擦音 h-与官话系统的轻唇音 f-相对应,李新魁(1997)谈道:"这种读音,应是唐代以后接受中原汉语读书音的结果",而这个声母,"可能不是 p→f→h 的结果",也就是没有经过轻唇音阶段,由重唇直接演变为擦音。这种推测是有道理的。由方言接触引起的语音演变,通常不是将语音特征生搬硬套地悉数移入,而是在本地音系找到与之相近的特征类型,使之符合原有语音系统的语音特征。但是,由于语言演变的多样性,我们还不能因此排除其他的演变途径。徐馥琼(2012)揭示了粤东闽语潮普片方言存在一套唇齿音声母的事实,并以陆丰市甲子方言为例,对这套新生的唇齿音声母进行了描写。这套声母包含了清不送气塞擦音 pf-、清送气塞擦音 pfh-、浊不送气塞擦音 bv-及鼻音 ɱ-,如奉母字"芙"读[pfu],"妇"读[pfu],这一事实的确为汉语语音史上重唇向轻唇演化曾经历唇齿塞擦音提供了旁证。反观揭阳方言中非敷奉三母的擦音 h,在历史上也可能经历过塞擦音阶段,即:

b→p→pf→f→h

表 4－9　奉母字今读声母层次表

层次	声母今读	备注
一	p、ph	白读;不分平仄
二	h(主)	文读;不分平仄

4.1.2.2　定母：文白同读

表 4－10　定母字今读表

<table>
<tr><th>中古声母</th><th>今读</th><th>平仄</th><th>开口一等</th><th>开口二等</th><th>开口三等</th><th>开口四等</th><th>合口一等</th><th>合口二等</th><th>合口三等</th><th>合口四等</th><th>合计</th></tr>
<tr><td rowspan="12">定</td><td rowspan="6">t</td><td>平</td><td>逃萄藤台烛~桃杨~堂课~唐~山塘彩~：地名</td><td></td><td></td><td>题蹄条甜亭庭空地</td><td>屠同铜筒图~画团~圆臀~部涂~一面：涂了一脸</td><td></td><td></td><td></td><td rowspan="6">87</td></tr>
<tr><td>字数</td><td>8</td><td></td><td></td><td>6</td><td>8</td><td></td><td></td><td></td></tr>
<tr><td>小计</td><td colspan="8">22</td></tr>
<tr><td>仄</td><td>怠殆道稻盗导淡但蛋荡宕达铎踱舵特邓代世~大~黄：药名</td><td></td><td>地</td><td>弟第递簟碟牒蝶谍电奠殿锭垫定笛敌狄糴调音~佃~农</td><td>惰垛杜肚度渡踱队兑段缎椴沌钝遁突夺洞独牍犊毒断~绝盾矛~动~力</td><td></td><td></td><td></td></tr>
<tr><td>字数</td><td>19</td><td></td><td>1</td><td>20</td><td>25</td><td></td><td></td><td></td></tr>
<tr><td>小计</td><td colspan="8">65</td></tr>
<tr><td rowspan="6">t^h</td><td>平</td><td>驮驼苔淘潭谭涛陶谈棠螳糖腾謄疼痰桃~花堂~皇唐~山塘池~台~面</td><td></td><td></td><td>提啼填调~和庭~院</td><td>徒途屯豚饨桐童瞳侗图意~团~圆臀~部涂糊~</td><td></td><td></td><td></td><td rowspan="6">53</td></tr>
<tr><td>字数</td><td>21</td><td></td><td></td><td>5</td><td>13</td><td></td><td></td><td></td></tr>
<tr><td>小计</td><td colspan="8">39</td></tr>
<tr><td>仄</td><td>澄待代~表沓一~纸</td><td></td><td></td><td>叠停廷蜓艇挺佃~作</td><td>囤读动勿~：别碰</td><td></td><td></td><td></td></tr>
<tr><td>字数</td><td>4</td><td></td><td></td><td>7</td><td>3</td><td></td><td></td><td></td></tr>
<tr><td>小计</td><td colspan="8">14</td></tr>
</table>

表 4－11　定母字文白异读表

序号	例字	白读音	词汇	文读音	词汇
1	庭	tĩã2	空地	theŋ2	庭院
2	佃	tãĩ6	佃农	thiaŋ2	佃作
3	团	tũã2	团圆	thuaŋ2	团圆
4	代	to6	世代	thoi5	代表
5	坛	tũã2	天坛	thaŋ2	天坛
6	图	tou2	图画	thu2	意图
7	弹	tũã2	弹琴	thaŋ2	弹琴
8	臀	tiaŋ4	臀部	thuŋ2	臀部
9	桃	to2	杨桃	tho2	桃花
10	唐	tɯŋ2	唐山	thaŋ2	唐山
11	塘	tɯŋ2	彩塘地名	thaŋ2	池塘
12	调	tiau6	音调	thiau2	调查
13	堂	tɯŋ2	课堂	thaŋ2	堂皇
14	涂	tou2	涂一面涂了一脸	thu2	糊涂
15	台	tai2	烛台	thai2	台湾
16	殿	tãĩ6	宫殿	tiaŋ4	殿后
17	断	tɯŋ4	断绝	tuaŋ4	断绝
18	跌	tiʔ8	跌价	tiak7	跌价
19	苔	thi2	青苔	thai2	苔藓

根据表 4－10，定母字今读声母为 t-和 th，t-和 th-均与开口一、四等及合口一等字拼合。但读声母 t-的主要为仄声字，而读声母 th-的主要为平声字。其清化后平送仄不送的倾向较之並母字更为明显。

在表 4－11 中，大部分例字白读声母为 t-，文读声母为 th-，其中“团”“坛”“弹”“臀”“唐”等字在语音上虽没有构成最小语音对立组的条件，但都使用于语义完全相同的词汇中，仅在使用时有“读书音”与“口语音”之别，这一点从声母与韵母的搭配上也有明显体现，主要用于口语中的鼻化音韵母只与白读声母 t-相搭配。我们先将此类字的声母分出两个层次，白读层次声母 t-和文读层次声母 th-。

"殿"的文白异读主要与韵母及声调相关，是浊去字的后起文读层读为阳上调的体现。而其文读音与白读层声母发生杂配，应与平送仄不送的规律有关。此规律在"断""跌""苔"等字中同样适用。"堂"的白读声母 t-与白读韵母 ɯŋ 相配时用于偏文读色彩的词汇"课堂"中，而文读音既可用于文读词汇"堂皇"中，亦可用于白读词汇"堂兄"中。

表 4－12　定母字今读声母层次表

层次	声母今读	备注
一	t(主)	白读；不分平仄
三	t、th(主)	文读；平送仄不送

4.1.2.3　从崇邪相混

（1）从母

表 4－13　从母字今读表

<table>
<tr><th>中古声母</th><th>今读</th><th>平仄</th><th>开口一等</th><th>开口二等</th><th>开口三等</th><th>开口四等</th><th>合口一等</th><th>合口二等</th><th>合口三等</th><th>合口四等</th><th>合计</th></tr>
<tr><td rowspan="12">从</td><td rowspan="6">ts</td><td>平</td><td>层才秀~槽猪~曾~经</td><td></td><td>疵慈磁樵晴餈糍粑钱有~情亲~：亲戚</td><td>脐前齐整~</td><td>丛矬矮~</td><td></td><td>泉全~鱼：一整条尾</td><td></td><td rowspan="6">61</td></tr>
<tr><td>字数</td><td>4</td><td></td><td>8</td><td>3</td><td>2</td><td></td><td>2</td><td></td></tr>
<tr><td>小计</td><td colspan="8">19</td></tr>
<tr><td>仄</td><td>皂造杂暂錾脏昨柞赠在健~载满~藏西~</td><td></td><td>籍自字噍就渐捷集践饯贱疾尽匠嚼静靖净藉籍辑专~</td><td>剂截荠~葱：荸荠</td><td>坐座罪族</td><td></td><td>聚绝</td><td></td></tr>
<tr><td>字数</td><td>12</td><td></td><td>21</td><td>3</td><td>4</td><td></td><td>2</td><td></td></tr>
<tr><td>小计</td><td colspan="8">42</td></tr>
<tr><td rowspan="6">ts^h</td><td>平</td><td>材财裁曹惭蚕残才秀~槽~具藏隐~</td><td></td><td>潜秦墙餈~粑瓷~碗钱有~情亲~ * 眥目~毛：眼睫毛</td><td>齐整~</td><td>存矬矮~</td><td></td><td>从全~部</td><td></td><td rowspan="6">27</td></tr>
<tr><td>字数</td><td>10</td><td></td><td>8</td><td>1</td><td>2</td><td></td><td>2</td><td></td></tr>
<tr><td>小计</td><td colspan="8">23</td></tr>
<tr><td>仄</td><td>凿贼</td><td></td><td>辑专~</td><td>荠荸~</td><td></td><td></td><td></td><td></td></tr>
<tr><td>字数</td><td>2</td><td></td><td>1</td><td>1</td><td></td><td></td><td></td><td></td></tr>
<tr><td>小计</td><td colspan="8">4</td></tr>
</table>

（续表）

中古声母	今读	平仄	开口一等	开口二等	开口三等	开口四等	合口一等	合口二等	合口三等	合口四等	合计
从	s	仄				寂					1
		字数				1					
		小计	1								
	dz	仄			字						1
		字数			1						
		小计	1								

表 4－14　从母字文白异读表

序号	例字	白读音	词汇	文读音	词汇
1	荠	tsĩ2	荠葱荸荠	tshi2	荸荠
2	瓷	tsĩ2	□ka□lo 瓷糍粑	tshɯ2	瓷粑
3	齐	tsoi2	整齐	tshi2	整齐
4	情	tsĩã2	亲情	tsheŋ2	亲情
5	全	tsɯŋ2	全鱼整条鱼	tshuaŋ2	全部
6	辑	tsip7	专辑	tship7	专辑
7	矬	tso2	矮矬	tsho2	矮矬
8	才	tsai2	秀才	tshai2	秀才
9	槽	tso2	猪槽	tshau2	槽具
10	钱	tsĩ2	有钱	tshiaŋ2	有钱

根据表 4－13 和表 4－14，可看到从母今读除了有清塞擦音 ts-和 tsh-之外，还出现了擦音 s-（“寂”）和浊塞擦音 dz-（“字”）。dz-是从母早期曾读浊塞擦音的残余物质，这种类型的残余现象与並母的“钹”“龅”读 b-一样，应来自同一个历史层次。

“寂”[sok7]的声母读 s-，其弱化路径有两种可能：① dz>z>s；② dz>z>ts>s-。考虑到揭阳方言从母字今读声母以塞擦音为主，读擦音 s-的仅有一字，s-应由塞擦音 ts-脱落塞音而来，属于语音系统内部个别例外音变。

《颜氏家训・音辞篇》中讲“南人以钱为涎，以石为射，以溅为羡，以是为舐”，反映了南北朝时期南方言从邪相混、船禅相混的语音特点。“以钱为涎”“以溅为羡”是指从与邪同，“以石为射”“以是为舐”是指禅与船同。在粤语和平话中，从邪不分是重要的音韵特点。（侯兴泉 2012）此特点在吴语区同样是普遍现象（孙宜志 2018）。揭阳方言中的邪母主要读擦音，但有12个字读成塞擦音（同从母）。

从母字的今读声母有很明显的文白层次对应规律，例字1—10中，明显体现为白读音ts-，文读音tsh-。一些最小对立对的文白之分同样明显，如“才”读[tsai]只用于口语中。但读tsh-的同样有白读音。如“钱”读[tshiaŋ]即为旧白读，已不为新生代所熟知，此为部分旧白读在层次互竞中处于弱势地位的表现。读声母tsh-的口语词还有“眥”字，“目眥毛”表示“眼睫毛”，“眥”[tshi]和“钱”[tshiaŋ]一样，其声母为旧白读声母。

此外，根据表4－13，从母字表现出平送仄不送的倾向，这一点与前文分析的並母、定母相同。

表4－15　从母字今读声母层次表

层次	声母今读	备注
一	dz	白读；古声母遗留
二	ts（主）、tsh	白读；从邪相混
三	ts、tsh（主）	文读；平送仄不送

（2）崇母

表4－16　崇母字今读表

中古声母	今读	平仄	开口一等	开口二等	开口三等	开口四等	合口一等	合口二等	合口三等	合口四等	合计
崇	ts	仄		乍寨铡栈铡炸	骤状			撰	助		10
		字数		6	2			1	1		
		小计	10								
	ts^h	平		查豺巢谗馋	愁床				雏崇锄~地		12
		字数		5	2				3		
		小计	10								
		仄		柴浞							
		字数		2							
		小计	2								

（续表）

中古声母	今读	平仄	开口一等	开口二等	开口三等	开口四等	合口一等	合口二等	合口三等	合口四等	合计
崇	s	仄		镯	士仕柿俟事故~						6
		字数		1	5						
		小计	6								
	t	平							锄~头		2
		字数							1		
		小计	1								
		仄			事无~：无关						
		字数			1						
		小计	1								
	ŋ	平			岑						1
		字数			1						
		小计	1								

表 4－17　崇母字文白异读表

序号	例字	白读音	词汇	文读音	词汇
1	事	tai6	无事无关	sɯ6①	事情
2	锄	tɯ6	锄头	tsho2	锄草
3	状	tsɯŋ6	告状	tsuaŋ4	状态
		tso6	状元		

“照二归精说”由黄侃（1964）提出，“由精而变者，曰庄；由清而变者，曰初；由从而变者，曰床；由心而变者，曰邪，曰疏”。即上古声母中原无庄组，中古的庄、初、崇、生四母，由上古声母中精组四母——精、清、从、心演化而来。揭阳方言中庄组字大体读同了精组字，崇母读 ts-、tsh-、s-与从母相同。异读表中的例字 3 与韵母的时间层次相关而与声母无关。例字 1、2 的白读声母俱为 t-，与文读声母 s-、tsh-相对应，应为早期层次。

① “事情”的“事”在短语结构“无事”中亦可读 sɯ，且此声母可替换为 h，在“无乜事”中读作[hɯ]。

表 4－18　崇母字今读声母层次表

层次	声母今读	备注
一	t	白读;不分平仄
二	ts、tsh	白读;从崇相混
三	s	文读;从崇相混
四	ts(主)、tsh	文读;平送仄不送

（3）邪母

表 4－19　邪母字今读表

中古声母	今读	平仄	开口一等	开口二等	开口三等	开口四等	合口一等	合口二等	合口三等	合口四等	合计
邪	s	平			邪斜辞词祠详祥泅		苏酥		随旬循巡旋~风松~柏		46
		字数			8		2		6		
		小计	16								
		仄			似祀嗣袖习袭夕谢感~象印~像肖~席酒~		素诉塑嗉		絮序叙绪续遂隧穗殉诵讼俗续旋~吃~做颂歌~		
		字数			11		4		15		
		小计	30								
	ts^h	平			囚寻				徐		9
		字数			2				1		
		小计	3								
		仄			饲橡象大~像~样席酒~				颂~衫：穿衣服		
		字数			5				1		
		小计	6								
	ts	平							旋头~		3
		字数							1		
		小计	1								
		仄			巳谢姓氏						
		字数			2						
		小计	2								

（续表）

中古声母	今读	平仄	开口一等	开口二等	开口三等	开口四等	合口一等	合口二等	合口三等	合口四等	合计
邪	Ø	平			涎						2
		字数			1						
		小计	1								
		仄			羡						
		字数			1						
		小计	1								
	dz	仄			寺						1
		字数			1						
		小计	1								

表 4－20　邪母字文白异读表

序号	例字	白读音	词汇	文读音	词汇
2	颂	tsheŋ6	颂衫穿衣服	soŋ4	歌颂
3	象	tshĩõ4	大象	siaŋ4	印象
4	席	tshioʔ8	酒席	siaʔ8	酒席
5	谢	tsia6	姓	sia6	感谢
6	旋	tsɯŋ2	头旋	suaŋ2	旋风
7	松	saŋ1	轻松	soŋ1	轻松
		seŋ2	松柏	soŋ2	青松

根据表 4－19 和表 4－20，邪母字的主体层声母为 s-且主要与三等字拼合。邪母同样出现了古声母遗留层，也就是滞后于语音演变的声母层次。体现为“寺”读[dzi]。

邪母读 ts-、tsh-归于从邪相混层。从邪相混时原为 dz-，后逐渐出现了 dz>z>ts/tsh 的分化。读为 ts-、tsh-的邪母字，在揭阳方言今读中都用于白读词汇①中，这从另一侧面反映出从邪相混的时间比邪母后来独立读-s 的时间更早。也就是说，文

① 需要注意的是这些字中的“席”字，土人感认为“席”读[siaʔ]为白话音而读[tshioʔ]为书面音，从邪母字文白声母的系统性来看，实际上与土人感正好相反。之所以会有[siaʔ]为白话音的印象，是旧文读的衰落所致。

读声母 s-是后期伴随着文读系统进入揭阳方言的。李新魁(1997)[364-368] 甚至认为，结合潮州方言中一些擦音字读塞擦音的情况来看，上古时期或无擦音声母，擦音声母均是演变而来的。

“涎”“羡”二字读零声母，与邪母字的来源有关。黄侃的古音十九组中不包含邪母，即邪母字原归心母，后始独立；钱玄同在《古音无“邪纽”证》中根据谐声关系指出邪母字“应归定纽者几及十分之八”；冯蒸先生(2010a)将不同学者对邪母的研究总结为“邪母上古来自喻四加 j 说(李方桂 1971、梅祖麟 1981)”及“《切韵》邪母开合口来源不同说(蒲立本 2000、李方桂 1976、郑张尚芳 1984)”。这两种学说主要阐明邪母的来源，其在上古时期主要和喻四、舌音、喉音谐声。据朱声琦(1998)，“涎”“羡”在南北朝时期才进入邪母。揭阳方言将“涎”“羡”读为零声母，且此现象同样见于部分闽语分支方言中，或可说明“涎”“羡”所保留的声母特征早于南北朝时期。

表 4－21　邪母字今读声母层次表

层次	声母今读	备注
一	dz	白读；古声母遗留
二	Ø	白读；邪母字古来源
三	ts、tsh	白读；从邪相混
四	s(主)	文读；不分平仄

4.1.2.4　澄母：塞音滞后音变

表 4－22　澄母字今读表

中古声母	今读	平仄	开口一等	开口二等	开口三等	开口四等	合口一等	合口二等	合口三等	合口四等	合计
澄	t	平		茶	池潮绸肠沉~默陈姓氏尘灰~长~短场排~				除储厨锤千~百炼重~复		47
		字数		1	9				5		
		小计	15								
		仄		绽择宅撞~来~去：乱逛	雉赵召兆纣宙蛰侄秩直值瞪郑掷治~安阵一~风丈~人：岳父着附~				苎箸坠仲逐轴篆住居住传自~重轻~		
		字数		4	18				10		
		小计	32								

（续表）

中古声母	今读	平仄	开口一等	开口二等	开口三等	开口四等	合口一等	合口二等	合口三等	合口四等	合计
澄	t^h	平			持筹澄惩呈程沉~~重：很重陈~列				槌虫锤铁~传~达重~阳		20
		字数			8				5		
		小计	13								
		仄		蛇	痔治~鱼：杀鱼尘筅~：大扫除				柱滞* 缒在绳索上绑物往下放		
		字数		1	3				3		
		小计	7								
	ts	平			稠						12
		字数			1						
		小计	1								
		仄		棹锃浊泽撞冲~	稚仗杖阵一~风丈~夫				住居~		
		字数		5	5				1		
		小计	11								
	ts^h	平		搽	驰迟橙朝~代长~短场排~						8
		字数		1	6						
		小计	7								
		仄		橙							
		字数		1							
		小计	1								

表 4－23　澄母字文白异读表①

序号	例字	白读音	词汇	文读音	词汇
1	尘	thuŋ2	筅尘	teŋ2	灰尘
2	锤	thui2	铁锤	tui2	千锤百炼

① “长”另可读[tsiaŋ]用于“长幼”中，“朝”另可读[tsiau]用于“朝气”中，这两种读音均归知母，已列于知母字例字表中。

（续表）

序号	例字	白读音	词汇	文读音	词汇
3	治	thai2	治鱼杀鱼	ti6	治安
4	沉	thim2	沉沉重很重	tim2	沉默
5	长	tɯŋ2	长度	tshiaŋ2	长度
6	场	tĩõ2	排场	tshiaŋ2	排场
7	阵	tsuŋ2	一阵风	teŋ6	一阵风
8	撞	toŋ2	撞来撞去乱逛	tsuaŋ4	冲撞
9	传	tɯŋ6	自传	tuaŋ6	自传
10	丈	tɯŋ6	一丈布	tsiaŋ4	丈夫
		tĩõ4	姑丈		
		tio2	丈人岳父		

澄母字主要是三等字。今读有两种类型的声母：t-、th-和 ts-、tsh-。两者数量较为悬殊，据表 4－22，t-、th-类声母有 67 字，ts-、tsh-类声母有 20 字。澄母字的声母主体层读 t-、th-，体现了揭阳方言的音韵结构中仍有大量存古现象。自清代学者钱大昕在《十驾斋养新录》中提出“古无舌上音”说之后，后代学人多有以现代方言的语音证据来证实此条规律者。在闽语区，端知不分的现象很普遍，陈章太、李如龙（1991）[197] 指出闽中永安、三元和沙县方言“古知彻澄今读多为 t、th”。李新魁（1997）[360] 亦言：“潮语对知组字的读音，证明前代学者关于舌头、舌上不分的论断是正确的……（中原汉语的舌头、舌上音）在汉魏时期以后，两者发音的分歧越来越大，这主要是知组声母从 tj>ȶ，到了唐末宋初，[ȶ]又进一步变为[tɕ]（后又更进一步变为[tʂ]），两者的差别越来越大。而潮语对舌上音声母的念法，正保存汉魏时期以前的读音，那时它尚读为[tj]，与[t]音很接近，后代的潮语竟把它们混同一类了。”

从表 4－23 来看，例字 1 至 4 的白读声母为 th-，文读声母为 t-，但我们尚不能据此认为 t-为文而 th-为白，因其他例字有 t-声母指向白读的情况，且今读表中读 th-声母的字也见于文读字音（如“持”“筹”“惩”“槌”等）。根据上古音中舌头舌上不分的语音规则，我们认为澄母的白读声母层中有 th-也有 t-，但二者有时间上的参差。

澄母字今读声母 ts-、tsh-有平送仄不送的趋势，说明澄母字的文读声母受到了权威方言浊母清化规律的影响，我们将之归为文读层。

表 4－24　澄母字今读声母层次表

层次	声母今读	备注
一	th(主)、t	白读;不分平仄
二	ts、tsh	文读;平送仄不送

4.1.2.5　船禅相混

(1) 船母

表 4－25　船母字今读表

<table>
<tr><th>中古声母</th><th>今读</th><th>平仄</th><th>开口一等</th><th>开口二等</th><th>开口三等</th><th>开口四等</th><th>合口一等</th><th>合口二等</th><th>合口三等</th><th>合口四等</th><th>合计</th></tr>
<tr><td rowspan="21">床船</td><td rowspan="6">s</td><td>平</td><td></td><td></td><td>神乘绳</td><td></td><td></td><td></td><td></td><td></td><td rowspan="6">15</td></tr>
<tr><td>字数</td><td></td><td></td><td>3</td><td></td><td></td><td></td><td></td><td></td></tr>
<tr><td>小计</td><td colspan="8">3</td></tr>
<tr><td>仄</td><td></td><td></td><td>射麝示葚剩蚀实~在食日~</td><td></td><td></td><td></td><td>顺述赎术艺术</td><td></td></tr>
<tr><td>字数</td><td></td><td></td><td>8</td><td></td><td></td><td></td><td>4</td><td></td></tr>
<tr><td>小计</td><td colspan="8">12</td></tr>
<tr><td rowspan="6">ts</td><td>平</td><td></td><td></td><td>蛇</td><td></td><td></td><td></td><td>船</td><td></td><td rowspan="6">7</td></tr>
<tr><td>字数</td><td></td><td></td><td>1</td><td></td><td></td><td></td><td>1</td><td></td></tr>
<tr><td>小计</td><td colspan="8">2</td></tr>
<tr><td>仄</td><td></td><td></td><td>舐舌实密~食~饭:吃饭</td><td></td><td></td><td></td><td>秫</td><td></td></tr>
<tr><td>字数</td><td></td><td></td><td>4</td><td></td><td></td><td></td><td>1</td><td></td></tr>
<tr><td>小计</td><td colspan="8">5</td></tr>
<tr><td rowspan="6">t</td><td>平</td><td></td><td></td><td></td><td></td><td></td><td></td><td>唇</td><td></td><td rowspan="6">2</td></tr>
<tr><td>字数</td><td></td><td></td><td></td><td></td><td></td><td></td><td>1</td><td></td></tr>
<tr><td>小计</td><td colspan="8">1</td></tr>
<tr><td>仄</td><td></td><td></td><td></td><td></td><td></td><td></td><td>盾</td><td></td></tr>
<tr><td>字数</td><td></td><td></td><td></td><td></td><td></td><td></td><td>1</td><td></td></tr>
<tr><td>小计</td><td colspan="8">1</td></tr>
<tr><td rowspan="3">ts^h</td><td>平</td><td></td><td></td><td>塍</td><td></td><td></td><td></td><td></td><td></td><td rowspan="3">1</td></tr>
<tr><td>字数</td><td></td><td></td><td>1</td><td></td><td></td><td></td><td></td><td></td></tr>
<tr><td>小计</td><td colspan="8">1</td></tr>
</table>

表 4-26 船母字文白异读表

序号	例字	白读音	词汇	文读音	词汇
1	实	tsak8	密实密密麻麻	sek8	实在
2	食	tsiaʔ8	食饭吃饭	siʔ8	日食

船禅相混在慧琳《一切经音义》时代已经发生。(黄淬伯 1931)[14-20] 据船禅母今读表,现代揭阳方言船母字和禅母字主要为开口三等字及部分合口三等字且声母 s-都是主体层,这与李新魁(1979)所言现代潮州方言船禅不分是相符的。① 而船禅二母的上古及中古音值是同是异,学界存在异议,共分三派:

(1) 船禅同源,上古音值相同。李新魁(1979)[65] 认为"从古到今船和禅实际上没有对立,合为一类",李方桂(2015)[15] 认为"床禅两母有同一来源"。

(2) 船母为塞擦音,禅母为擦音。仅高本汉构拟的《切韵》音系持此说。

(3) 船母为擦音,禅母为塞擦音。据冯蒸先生(2010b):"高本汉构拟《切韵》的床三(船)母是塞擦音,禅(常)母是擦音。陆志韦 1947、蒲立本 1962、邵荣芬 1982 均认为事实恰恰相反,即禅母是塞擦音,船母是擦音。并主张把禅母和船母的位置互换。施向东 1983 用玄奘梵汉对音证明了禅母全部对 j,不夹杂一个船母字。此说与上古音系相符合。"郑张尚芳(2013)[49] 提道:"改禅母为 dj-或 gj-、glj-,而将异读多念喻四的船母拟为更近喻四的 hlj-,这样还可与非鼻音来源的书母 hlj-清浊相对。白一平也写禅母为 dj-、而写船母为 L-(又是用大小写来与喻四 l-作视觉而非听觉的区别)。"

总体来看,以往的研究从分不从合,且一般认为禅母为塞擦音而船母为擦音。我们先对船禅母的揭阳方言逐一分析,再来讨论二者的原声母音值。

观察表 4-25,可知船母字数量不多,所记 25 字中有 15 字读为擦音 s-,另有 7 字读 ts-,1 字读 tsh-和 2 字读 t-。在表 4-26 中,例字 1 和例字 2 的白读音声母为 ts-,文读音为 s。那么,相对声母 s 而言,声母 ts-的时间层次会更早些吗?因例字有限,我们唯有检视这两个声母的全部例字,才能得出哪个声母相对更早的结论。我们将读-s 和读 ts-的字结合词汇列记如下:

① 需要注意的是,李新魁先生(1979)[63] 所举潮州方言例子有误。李先生讲"食"与"蚀"在《切韵》系统中同属一小韵,但"食"的声母读为 ts 而"蚀"的声母读为 s,认为这是"字音发展不平衡的结果"。字音发展不平衡的情况自然是随处可见的,但"食"在潮汕方言中除了声母读为 ts 用于"食物"、"食饭"(吃饭)等词汇中,在"日食"一词中还有读为 s 的情况,即"食"有一个声母层次与"蚀"是完全相同的。

s　神~仙乘~客绳草~射~手麝~香示告~葚桑~剩~余蚀侵~实~在食日~顺~利述讲~赎~罪术艺~

ts　蛇船渡~舐~：舔实密~：密密麻麻食~饭：吃饭秫~米：糯米

从词汇来看，声母读 ts-的层次要更古早些。我们再看船母字中的另一个塞擦音声母 tsh-，此声母仅辖“塍”一字。张盛裕（1979）[250] 谈到潮阳方言中船母字读 tsh-时，认为或是受了普通话的影响。如果声母 ts-早于声母 s-，同为塞擦音的 tsh-是否也会早于 s 且并非普通话影响所致？或许我们可以在读 tsh 的例字“塍”中找到答案。《说文》释“塍”：“稻中畦也。从土，朕声”，《广韵》注“食陵切”。“塍”表“田地”义至今仍用于闽语区中，但因字形较为复杂，后闽语区以训读字“田”代“塍”，揭阳方言即将“田”［thiaŋ］读作［tshaŋ］，如今“田”的本音在揭阳方言中反而遗失了。在保留了复杂的文白异读的闽方言中，文白的主要区分常常体现在词汇上。越简单越生活化的词汇读音越白，反之，越复杂越书面化的词汇读音越文。中国的农耕文明历史悠久，“塍”是与民众的存活息息相关的词汇，因而保留了较早时间层次声母信息的可能性是很大的。此外，其反切（食陵切）也为我们提供了一个线索，“塍”在某个历史阶段，至少在《广韵》时期，其声母是读同“食”的。“食”的白读声母为塞擦音 ts-，“塍”则读为送气的 tsh-，仍需解释。

船母字读塞音 t-（“盾”“唇”二字），到底是内部音变还是语音接触触发的音变？根据小学堂网站，此二字在其他闽语方言中的声母读音如表 4－27 所示：

表 4－27　“盾唇”二字闽地读音表

例字	厦门	潮州	福州	建瓯
盾	t	t	t	t
唇	t	t	s	Ø/s

在海南闽语中，精庄章组声母塞化为 t 很常见，船母字在各个海南闽语次方言中有多字读 t 的现象，但这是受海南岛北部语言临高话的影响下发生音位重组时的链变（chain shift）结果。（辛世彪 2005）相比之下，其他闽语区精庄章组声母罕见读为声母 t，船母字读 t 的现象也是比较零散的，如“盾”“唇”二字。同时，我们很难说海南闽语影响了内陆闽语的声母演变。海南闽语自内陆闽语迁移散播而去，

在海南岛生根发芽的过程中多次受到海南岛少数民族语言的冲击与影响，后囿于经济基础、文化影响力等多方面的因素，于海南本地自成一格，并未对内陆闽语产生突出影响。因此，揭阳方言或内陆闽语的船母字读 t-有几种可能性：第一，早期层次，古壮侗语底层；第二，语音系统内部演变结果，t-由塞擦音 ts-脱落擦音而来；第三，读同其他中古声母字。通过调查对比，我们认为应属于第三种情况，无需另立层次。船母字“唇”原为“脣”，《说文解字》注：“脣，口耑也。从肉辰声……食伦切”，简化为“唇”后读同了章母表“惊也”的“唇”（章母字读 t-另文再议）。“盾”则是读同了定母字的“盾”。

王临惠（2004）认为，汉语方言中船禅二母有突出的擦音化现象，船禅二母的清化过程即为擦音化过程，且这种音变极有可能是从仄声字开始的。从表 4－28 来看，船禅二母读 s-的均为主体层，且均以仄声字为主。

表 4－28　船母字今读声母层次表

层次	声母今读	备注
一	ts（主）、tsh	白读；船禅相混
二	s	文读；船禅相混

（2）禅母

表 4－29　禅母字今读表

中古声母	今读	平仄	开口一等	开口二等	开口三等	开口四等	合口一等	合口二等	合口三等	合口四等	合计
禅	s	平			佘匙时鲥韶蟾辰晨尝裳偿承丞城诚成~功盛~满禅~宗常经~				殊垂谁纯莼醇		60
		字数			19				6		
		小计	25								
		仄			社是氏豉视嗜侍恃绍邵受授寿甚肾慎尚殖植誓~言涉干~什~么拾~取上~策盛丰~石~榴禅~让				署竖睡瑞熟淑属树~立		
		字数			27				8		
		小计	35								

（续表）

中古声母	今读	平仄	开口一等	开口二等	开口三等	开口四等	合口一等	合口二等	合口三等	合口四等	合计
禅	ts	平			成~人：成为大人						10
		字数			1						
		小计	1								
		仄			十勺誓咒~：赌咒什~锦拾数字上~面石~头				薯蜀		
		字数			7				2		
		小计	9								
	ts^h	平			仇雠酬臣						9
		字数			3						
		小计	3								
		仄			市售芍涉~水：踩水常时~				树~木		
		字数			5				1		
		小计	6								

表 4－30　禅母字文白异读表

序号	例字	白读音	词汇	文读音	词汇
1	上	tsĩõ4	上面	siaŋ4	上策
2	拾	tsap8	拾数字	sip8 白	□khioʔ 拾节俭
3	折	tsiʔ8	折断	siʔ8 白	折本
4	石	tsioʔ8	石	sioʔ8 白	石榴
5	誓	tsua6	咒誓	si6	誓言
6	树	tshiu6	树木	su4	树立
7	涉	tshiap8	涉水踩水	siap8	干涉
8	什	tsap8	什锦	si4	什么
9	成	tsĩã2	成人成为大人	seŋ2	成功
		sĩã2	抽成		
10	常	siaŋ2	反常	tshiaŋ2	时常
		sĩõ2	经常		

禅母字与船母字一样,都是三等字(开合口),声母的主体层都是擦音 s-,同时也有塞擦音 ts-、tsh-两种声母。区别在于:(1)禅母字数量多(禅母 78 字、船母 25 字);(2)禅母字中读送气塞擦音 tsh-有 9 字,而船母字仅有"塍"1 字;(3)禅母字无 t-声母。

禅母字的数量,是船母字的三倍有余。这或许能够说明施向东(1983)的"玄奘音"材料中没有船母字对应梵语 j-并非是船禅有别,而是船母字数量太少所致。那么,船禅二母在上古音系统中究竟有别还是无别?哪个读擦音,哪个读塞擦音,还是俱读同一声母?

从表 4-30 来看,禅母字的文白读声母似乎是 ts-、tsh-与 s-之间的交替。例字 1 至 10 显示,ts-、tsh-声母全用于白读词汇中。但例字 1 至 4 及例字 10 的声母 s-则不用于文读词汇中。例如:例字 2"拾"用于口语词"□khioʔ 拾"中表节俭;例字 3"折"读[siʔ]用于"折本"一词中、例字 4"石"读[sioʔ]用于"石榴"一词中、例字 9"成"读[sĩã]用于"抽成"一词中以及例字 10"常"的[sĩõ]与[siaŋ],都是白读用法。与此同时,例字 5 至例字 8 以及例字 9 的"成"读[seŋ]都是文读词汇。

这种同一声母混杂了文白词汇的情况使我们产生猜测,禅母字的声母 s-是否有不同的来源?一层较早而另一层较晚?还是说发生了声母的词汇扩散,文读声母扩散到白读词汇中,因此发生了声文韵白的杂配现象?从表 4-29 来看,声母 s-所管辖的 60 个字主要还是应用于文读词汇中,应用于白读词汇中的仅是少数。但我们依然推测 s-来自两个不同的时代层次,原因在于,白读词汇中读 s-声母的虽少,却都是口语词中的核心词汇,都不是会因文读层的冲刷而轻易发生声母更替的字。

表 4-31 禅母字今读声母层次表

层次	声母今读	备注
一	ts/s、tsh	白读;船禅相混
二	s(主)	文读;船禅相混

如此看来,在揭阳方言中,禅母字比船母字多出一个白读声母 s-,假如此声母来自中古,则高本汉的构拟或有成立的可能性。但我们知道粤东闽语的文读系统基本来自中古,而中古禅母文读已经是 s-了,白读 s-显然不可能与之共同承袭自一个时代,只能来自更早期的层次。假如 s-来自上古,则其层次势必要早于塞擦音 ts-、tsh-的层次。但从词汇情况来看,可能性不大。比较合理的解释是,s-为塞擦音 ts-层的擦音化,因而比 ts-层晚又比文读的 s-层早。在揭阳方言中,来自最早期的 ts-层在禅母中

有19字,在船母中有8字。这种分布在整个粤东闽语区大致相同。(据徐馥琼2010)[74-75] 遗憾的是,依靠这些材料,想要拟定船禅的起始音值仍是不足的。

4.1.2.6 群匣相混

(1) 群母

表4-32 群母字今读表

中古声母	今读	平仄	开口一等	开口二等	开口三等	开口四等	合口一等	合口二等	合口三等	合口四等	合计
群	k	平			岐棋旗桥球				裙颧~骨		44
		字数			5				2		
		小计	7								
		仄			茄技妓轿舅咎柩旧妗及件杰键健腱仅近极剧屐窘~迫忌禁~强勉~竞~争				巨拒距具惧跪柜倦掘掘共局橛量词		
		字数			24				13		
		小计	37								
	k^h	平			奇骑祁鳍其期祈乔侨荞求钳琴禽擒虔乾掮勤芹擎鲸强~大				癯渠瞿逵葵拳权群狂琼穷颧~骨		44
		字数			23				12		
		小计	35								
		仄			臼俭徛忌忌日窘~迫竞~争				菌倔橛~子		
		字数			6				3		
		小计	9								
	n	平			裘						1
		字数			1						
		小计	1								
	ts^h	平			仇姓氏						1
		字数			1						
		小计	1								

表 4-33　群母字文白异读表

序号	例字	白读音	词汇	文读音	词汇
1	忌	khi6	忌忌日	ki4	禁忌
2	徛	khia4	徛站立	ki4	徛站立
3	橛	khiak7	橛子	kueʔ8	橛量词
4	颧	khuaŋ2	颧骨	kuaŋ2	颧骨
5	强	khiaŋ2	强大	kiaŋ3	勉强
6	窘	khuŋ3	窘迫	kioŋ3	窘迫

“《切韵》系统群母限于三等，一、二、四等无群母”（李荣 1965），①从今读表看来，这批中古三等字读清塞音 k-和 kh-有明显的与官话浊母清化规律相同的倾向，平声读为送气的 kh-而仄声读为不送气的 k-。再看文白层次，例字 1 和例字 2 白读声母为 kh-文读声母为 k-，例字 3 至 6 则难以分出文白。张盛裕（1979）[251] 将潮阳方言的群母字的声母区分为两个层次：白读 k-文读 kh-；不分文白读的 k-和 kh-。检视表 4-32，k-和 kh-的字数相同且各自统辖着一批白读音及一批文读音，并非只有白读音才能出现声母 k-。

群母字还有两个字的声母比较特殊，一个是表姓氏的“仇”[tshiu2]，一个是表棉衣的“裘”[niu2]。表姓氏的“仇”读[tshiu2]是与禅母的“仇（雠）”混同了。张盛裕（1979）[251] 认为表棉衣的“裘”在潮阳方言中读声母 h-是例外，曾南逸（2013a）则从语音对应、辞书释义、书证三个方面论证了闽南方言中表“冬衣”之意且读为[hiu]的本字应为“襦”而非“裘”。我们同意曾南逸的观点，认为“裘”并非本字。值得注意的是，“襦”在闽南各地（如泉州、厦门、漳州、潮州等地）声母基本读 h-，但在揭阳读 n-。

表 4-34　群母字今读声母层次表

层次	声母今读	备注
一	k（主）、kh	白读；群匣相混
二	k、kh	文读；平送仄不送

① 李荣（1965）《从现代方言论古群母有一、二、四等》一文认为，《切韵》系统的群母只有三等字，但古群母则是一二三四等俱全。古群母中的一二四等字后于切韵时代散落于匣母、见母、溪母及疑母中。

(2) 匣母

表 4－35　匣母字今读表

中古声母	今读	平仄	开口一等	开口二等	开口三等	开口四等	合口一等	合口二等	合口三等	合口四等	合计
匣	h	平	河何孩豪壕毫侯瘊函韩酣痕杭恒咳荷~花号呼~含~糊寒~冷行银~航~空*颏下~：下巴*餱从粥中捞米粒成为干饭	霞瑕遐虾谐鞋闲衡咸少长~集衔~接降投~*桁屋梁*绗以长针在衣服上粗缝		奚兮嫌贤弦形型刑陉	狐壶回茴魂馄桓浑簧皇蝗弘鸿虹和~气胡二~瓠~瓜红红~红~：红红的洪~水	华坏槐淮还环横~直宏~大		携畦玄悬~挂	141
		字数	23	13		9	19	8		4	
		小计	76								
		仄	贺祸候亥害撼銲翰很鹤恨号~数后王~合~伙汗流~	厦暇骇械蟹效限苋辖核项巷幸杏下~令夏姓氏/春~校学~狭~窄峡三~学~习行品~		系协现	互户沪护汇会缓混晃或惑斛和~面换金不换：植物	铧桦坏幻患宦获横蛮~		惠慧眩穴	
		字数	15	21		3	14	8		4	
		小计	65								
	Ø	平	喉荷~花				湖完丸胡姓氏红~色洪姓氏				25
		字数	2				6				
		小计	8								
		仄	盒旱后后来*颔脖子	馅匣下底~解会学学习			皖活镬换交~	画话划	萤		
		字数	4	5			4	3	1		
		小计	17								
	k	平	猴含~水寒~着：冻着了	咸甜~衔叨行~为						悬高	18
		字数	3	3						1	
		小计	7								
		仄	合~伙汗流~	下低解姓氏狭~窄峡三~			汞绘~图	滑猾		县	
		字数	2	4			2	2		1	
		小计	11								

（续表）

中古声母	今读	平仄	开口一等	开口二等	开口三等	开口四等	合口一等	合口二等	合口三等	合口四等	合计
匣	k^h	平		茎				宏用于人名			4
		字数		1				1			
		小计	2								
		仄					溃			迥	
		字数					1			1	
		小计	2								
	p	平					瓠~瓜				1
		字数					1				
		小计	1								
	ŋ	平		肴淆							2
		字数		2							
		小计	2								
	t	平					禾				1
		字数					1				
		小计	1								
		仄		舰							1
		字数		1							
		小计	1								
	ts	仄		洽							1
		字数		1							
		小计	1								
	p^h	平	航~空								1
		字数	1								
		小计	1								

表 4－36 匣母字文白异读表

序号	例字	白读音	词汇	文读音	词汇	白读音	词汇
1	荷	o2	荷花	ho2	荷花	ho5	薄荷
				o4	负荷		
2	红	aŋ2	红色			hoŋ2	红[aŋ2]红红[aŋ2]红红红的
3	狭	oiʔ8	狭狭窄	hiap8	狭窄		
4	学	oʔ8	学学习	hak8	学习		
5	洪	aŋ2	姓氏	hoŋ2	洪水		
6	胡	ou2	姓氏	hu2	二胡		
7	换	ũã6	交换			huaŋ5	金不换植物
8	下	e4	顶下上下	hia4	下面	ke4	悬下高低
		e6	一下			he4	下物件红白喜事送东西
9	瓠	pu2	瓠瓜	hu4	瓠瓜		
10	航	phaŋ2	航空	haŋ2	航空		
11	汗	kũã6	流汗	haŋ5	流汗		
12	含	kam2	含水	ham2	含糊		
13	糊	kou2	糨糊	hu2	糊涂		
14	衔	kã2	衔叨	ham2	衔接		
15	咳	ka1	咳嗽	hai4	咳嗽		
16	悬	kũĩ2	悬高	hiaŋ2	悬挂		
17	合	kap7	合合伙	haʔ7	合作	hap8	合合上
18	寒	kũã2	寒着冻着	haŋ2	寒冷		
19	宏	khueŋ2	用于人名	hoŋ2	宏大		

中古匣母只有一二四等，无三等。而"群母只出现于三等，两者互补"（潘悟云 1997）[15]。它是全浊声母中来源很广、今读声母层次也很复杂的一个中古声

母。在揭阳方言匣母今读统辖字数最多的三个声母 h-、Ø-、k-中，一二四等韵开合口的位置都有 h-；Ø-声母字的平声字中只有一等韵字，仄声字则有一二四等韵字；k-声母字分布在一二四等韵中，但平声字只出现于开口一二等韵及合口四等韵中。

罗常培（2012）早已指出全浊声母擦音清化早于塞音和塞擦音。从姜永超（2018）使用贝叶期分析对古钞本《玉篇》的全浊声母清化现象进行分析的结果来看，南朝时期的匣母便有清化倾向，且其清化概率大于其他全浊声母。同时，匣母还有两种清化方向，一为塞音方向（清化概率为 0.24%），一为擦音方向（清化概率为 0.7%）。这与匣母字的上古来源相关。曾运乾（1933）首先在《喻母古读考》中提出中古音声纽喻三与匣应合二为一，一般认为此两者的源头声母的上古音读为 ɣ-（冯蒸 2010a）。邵荣芬（1991）将上古匣母字分为两类：匣$_1$ 与匣$_2$。匣$_1$ 同群母，读 g-；匣$_2$ 同云母，读 ɣ-。潘悟云（1997）则将上古匣母的两个来源拟作 *g-（与群母谐声）及 *ɢ-（与云母谐声）。①

我们先来观察表 4－36。除了“下”出现了三个声母 h-、Ø-、k-之外，其他例字的读音都在两个声母之间进行交替。但是，声母的文白现象错综复杂，并不存在统一、严整的一对一的对应规则。一共有四种声母对应方式：第一，Ø-对 h-；第二，p-、ph-对 h-；第三，k-、kh-对 h-。张盛裕（1979）[251-252] 将潮阳方言的 k-、kh-、Ø-归为白读声母而 h-归为文读声母。从揭阳方言的情况来看，对应关系恐怕要更为复杂些。

在第一种对应关系中（Ø-对 h-），零声母字大多为白读音，声母 h 多管辖文读音。但也存在一些相反的情况，如例字 1“荷”读零声母用于文读词汇“负荷”中；例字 7“换”，h-白 Ø-白；例字 9“下”读[he4]时为白读音。第二种对应关系（p-、ph-对 h-），p-、ph-用于白读音，h-用于文读音。第三种对应关系（k-、kh-对 h-），仅有例字 17“合”读[hap8]算作白读音，其他例字均为 k-、kh-用于白读音而 h-用于文读音。

通过以上分析，我们做出基本推断如下：

第一，h-主要对应于新文读层，但可能也有来自白读或旧文读的层次；

第二，Ø-、k-主要对应于白读层，可能因为有不同的来源或文白杂配，才会出现一些亦文亦白的情况。

第三，p-、ph-、k-、kh-四种声母都处于白读层中。

① 郑张尚芳（2012）[176] 与之观点相同。

联系表 4－35 来看，k-、kh-也有用于文读音的情况，如“溃”“迥”二字。可列如表 4－37 所示：

表 4－37　匣母字声母文白层分布表

声母	文读层	白读层
h	✓	偶见
Ø	偶见	✓
p		✓
ph		✓
k	偶见	✓
kh	偶见	✓

除去 p-、ph-只见于白读层，其他声母都有掺杂来自其他层次的成分。陶寰(2018)[339] 谈到云母归匣实际上有两个不同的层次，云匣同读 h-是上古层的遗留，同读 Ø-则是中古以后的同音现象。揭阳方言中匣母的 h-和 Ø-既有上古层也有中古层，云母的 h-为上古层，云母的 Ø-仅有中古层。

万波(2009)[196-197] 使用吴语、赣语等方言材料进行论证，认为匣母演变为零声母并未经过清化阶段，演变路径应为 * ɦ->j->Ø-。我们认为揭阳方言匣母零声母字同样未经过读清擦音 h-的阶段，否则便与早期的 h-混同了。根据云匣二母的声母分布情况，我们将二者的分化关系绘图如下：

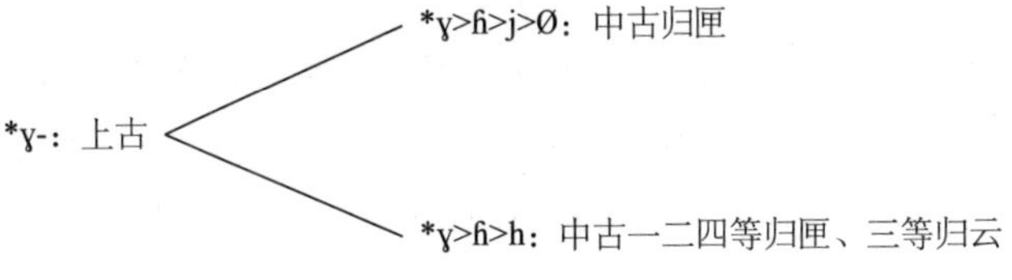

图 4－1　云匣母分化关系图

我们依照冯蒸先生(2010a)归纳的诸位前贤的意见，将云匣二母未分化前的辅音拟为 * ɣ-。* ɣ-发生了演化，演变为 h-与 Ø-。到了中古时期，云匣分化，古读 Ø-的字归匣，古读 h-的一二四等字归匣，三等字归云。中古的匣母由文读系统另引进一个 h-，云母另引进一个 Ø-，形成了云匣相混且层次错杂的局面。即：匣母：Ø-白、h-白、h-文；云母：h-白、Ø-文。

表 4-38　匣母字今读声母层次表

层次	声母今读	备注
一	h、Ø	白读;云匣相混
二	k、kh	白读;群匣相混
三	p、ph、t	白读;不分平仄
四	h(主)	文读;不分平仄

4.1.3　小结:二次清化后的文白并存

中古的並、定、澄、群四母是否为送气浊塞音历来有争议。由前文可知,揭阳方言的並、定、澄、群四母清化后呈现出不同的情况,我们无法依据此四母的今读声母给出明确的答案,即确定並、定、澄、群原为送气浊塞音还是不送气浊塞音。由于全浊声母未能呈现出统一的清化规律,我们不得不思考罗杰瑞(1985)的构拟是否需要更正。罗杰瑞(1985)[108] 设想原始闽语有三套不同的浊塞音,即不送气浊塞音 b-、d-、g-,送气浊塞音 bh-、dh-、gh-和弱化不送气浊塞音-b-、-d-、-g-。第三套弱化形式的浊音因建阳话中浊母清化后有读作带浊流的响音声母及零声母而构拟,本身并不适用于绝大多数的闽方言。假如撇开这套浊音不谈,前两套浊塞音声母是否正是原始闽语的真实情况?能否用以解释今日闽地浊母清化呈现出送气与否并无语音条件的情况?

另一种解释是方言接触带来的参差不齐的清化结果。(余霭芹 1982;李如龙 1985;平田昌司 1988;张光宇 2003;王福堂 2004 等)丁邦新(2007)[189] 认为根据梵汉对音的材料,汉语全浊的並母字从晋至隋为 b-,唐之后为 bh-。闽语情况是早期白读层 p-、ph-、b-加上晚期白读层 p-、ph-、bh-演化的结果,清化演变后即成为 p-、ph-、p-、ph-,早晚期混杂在了一起。陶寰(2018)在前人的研究基础上提出了一种新的设想,即共同吴闽语时期曾经历过一次浊音清化,全浊声母变为送气音清声母。之后在北方汉语的影响下,吴语出现了清音返浊现象,而闽语只有部分字发生了返浊现象,这部分字此后再次经历了浊音清化,变成了不送气清声母。吴语则没有出现第二次的浊音清化,因而在第一次浊音清化带来的一些演变残迹(如匣母字清化为 x-/h-)之外,其他全浊声母依旧保留浊音。陶文详细论证了这种假设的可能性,并谈到"共同吴闽语浊音清化可能早在汉代便已经发生,因为阴阳对转在汉以后很难找到例子",这使我们联想到闽语的喉塞音韵尾问题。闽语中既有入声韵尾-p、-t、-k(揭阳方言只有-p、-k,无-t),又有喉塞韵尾-ʔ。与其他方言不同的是,闽语的喉塞韵尾-ʔ 并非全由文读层的-p、-t、-k 弱化而来,从词汇管辖情况来看,大部分喉塞韵尾 ʔ 的词汇年代远远早于-p、-t、-k 韵尾。陶寰(2018)[336] 认为这"反映的很可能是闽方言早期的自身演变,而且这个演变早于官话。因为今天闽南方言的文读层中-m、-n、-ŋ、-p、-t、-k 与中古音存在比较严整的对应关系,应该是官话渗透的结果"。从我们对揭阳方言入声韵尾的研究结果来看(详参 5.2),这种解释是有道理的。

同时,我们还应注意到,揭阳方言甚至整个粤东闽语另有一个浊母清化的层次有别于其他闽语分支方言。杨秀芳(1982)早已注意到潮州方言中这个有别于厦门、漳州等闽南次方言的层次,该层次特征是:部分全浊声母字的分化出现了平送仄不送的分化条件,这是"晚近由浊母有条件清化后的文读系统借进来的"。她将这一层称作"新文读层",以区别于"白读层"和"文读层"。曾南逸(2015)认为潮州方言平声字今读塞音、塞擦音多数读送气少数读不送气与权威方言的影响有关,徐馥琼(2016)认为粤东闽语的全浊声母清化后在文白两个系统中有不同的表现:"白读系统以不送气为主,但送气与不送气都存在;文读系统则表现出'平送仄不送'的倾向,这是移植了北方官话清化类型的结果。"从前文对揭阳方言全浊声母的分析来看,以上几种观点都未能很好地解释潮汕方言浊母清化的今读类型。潮汕方言在浊母清化这一点上确实有别于其他闽南方言,但潮汕方言的层次系统并不能分为"白读层+文读层+新文读层",在晚近文读层的冲刷下,部分旧文读已逐渐归于白读范畴,沉淀为新的白读形式。我们可以将之归为"大白读层"。"大白读层"中送气与不送气兼具且不分平仄的特点与其他闽南方言是相同的,表现出来的很可能是陶寰(2018)的研究结果。除此之外,潮汕方言在权威方言的影响下,部分旧文读开始表现出平送仄不送的分化特点,成为有别于其他闽方言的新形式文读层。

陶寰(2018)假设闽语的入声韵尾弱化与浊母清化在汉代之前都曾发生过,后受官话系统影响清音返浊,①且文读系统中带入了-m、-n、-ŋ、-p、-t、-k 韵尾,有别于白话系统中的鼻化韵母及塞音韵尾-ʔ。之后浊音声母跟随官话系统于宋元之间发生的浊音清化的大趋势再次发生清化,而入声韵尾的弱化、合并、脱落等

① 本书所讲的"返浊""返尾"并非自然音变,而是由于语言接触而造成的音变。因结果与早期的浊音声母及入声韵尾一致,故称作"返浊""返尾"。

演变则进展缓慢，从而出现了今日整个语音系统层次错落、多方并持的结果。浊母两次清化的结果有异，一次送气而另一次不送气，因此送气音与不送气音共处于同一系统之中。平送仄不送的分化特点是在第二次清化后才发生的，且应发生在宋代闽人入潮之后。我们将揭阳方言全浊声母的演变过程及语音层次列如表 4－39 所示：

表 4－39　全浊声母历时演变表

来源	上古	中古	近现代
底层	** b-、d-、g-	* ph-、th-、kh-	ph-、th-、kh-白
语言接触		* b-、d-、g-	p-、t-、k-白
			ph-、th-、kh-平声，文
			p-、t-、k-仄声，文

表 4－40　全浊声母语音层次总表

中古声母	白读层					文读层	
	一	二	三	四	五	一	二
並	b		ph	p			p、ph
定			th	t			t、th
从	dz	t	tsh	ts			ts、tsh
邪	dz	Ø	tsh				s
澄			th	t			ts、tsh
崇			tsh	ts		s	ts、tsh
船			tsh	ts			s
禅			tsh	ts	s		s
群			kh	k			k、kh
奉			ph	p			h
匣		h、Ø	kh	k			h

这两个表能够很好地说明全浊声母今读所呈现出来的错综复杂的情况，但我们仍有一个疑问：在並母、定母等中古声母的今读中，白读音读不送气比白读音读

送气要常用许多，为何要将读送气音的白读层设为更古早的层次，亦即第一次浊音清化之后的层次？我们假设有这样的可能性存在：在语言演变的过程中，始终有两种不同的状态在不断地角力。在均衡状态中易往不均衡状态发展，在不均衡状态中又有新的力量将各方拉扯到较为均衡的状态之中。与其他汉语方言中浊母清化所呈现的较为均衡的状态相比，揭阳方言中浊母清化的结果，恰是不均衡状态的明显体现。第一次浊母清化之后的结果，在群母、澄母等声母中有较多地保留，而並母、定母等声母则更多地保留了第二次浊母清化之后的结果，因而虽然都是白读层，却是来自不同历史年代的白读层。

此假设的前提在于，並母、定母等声母中应存在送气与不送气两类白读层且其送气层应早于不送气层。但有一些反例仍是难以解释的。例如定母的“庭”两读，白读为[tĩã2]，为单音节名词，指院子里的空地或某建筑物门口的空地；文读为[theŋ2]，用于“庭院”“法庭”等文读词汇中。单音节的“庭”用于指空地或庭院由来已久，如《诗经・伐檀》中的“不狩不猎，胡瞻尔庭有县貆兮”，又如《国语・晋语五》中的锄麑“触庭之槐而死”。揭阳方言中的“庭”白读音读为不送气声母 t-并保留古义，很难说是中古之后的产物。而其文读音读为送气声母 th-并用于现代文读词汇中，也无法得出此音义早于中古的结论。如何解释这些反例，仍有待进一步的研究。

4.2　中古次浊声母字

中古次浊声母有明、微、泥(娘)、来、日、疑、喻云、喻以共八个。揭阳方言次浊声母字的演变，可概括为以下几个特点：(1) 泥来半混；(2) 日以半混；(3) 明疑半浊。以下逐个说明。

4.2.1　泥来半混①

董同龢先生(丁邦新编 1974)[277] 早已指出厦门方言中的 b-、l-、g-和 m-、n-、ŋ-是互补分布的音位，可两两归并。陈章太、李如龙(1991)[132] 也认为，以厦门方言为代表的闽南方言的泥来母今读混而不分。在与福建闽南语同出一源的潮汕闽南语

① 本节主要内容曾以《揭阳闽方言中泥来母的语音层次及其分混特征》为题发表于《中国方言学报》(2022 年第 9 期)。

中,泥来母却是分中有混,混中有分的关系。本书以潮汕地区的揭阳方言为研究对象,厘析泥来母的语音层次并探究二者的分混特征。

4.2.1.1 泥(娘)母

表 4-41 泥母字今读表

中古声母	今读	平仄	开口一等	开口二等	开口三等	开口四等	合口一等	合口二等	合口三等	合口四等	合计
泥娘	n	平	挪南男能难~易 *孥儿女	拿铙挠	尼黏娘	鲇拈年	奴脓侬				50
		字数	6	3	3	3	3				
		小计	18								
		仄	哪那乃耐奈脑纳捺诺恼烦~难患~	奶闹热~ *搙抓握	纽扭聂镊匿蹑	泥念茶捻捏溺	糯努怒暖嫩		女		
		字数	11	3	6	6	5		1		
		小计	32								
	l	平	囊			宁安~	啰内		浓		11
		字数	1			1	2		1		
		小计	5								
		仄	曩恼烦~	闹~热	你赁租~	宁~可					
		字数	2	1	2	1					
		小计	6								
	dz	仄			腻酿赁租~	尿					4
		字数			3	1					
		小计	4								

表 4-42 泥母字文白异读表

序号	例字	白读音	词汇	文读音	词汇
1	恼	lo3	烦恼	nau3	烦恼
2	闹	lau2	闹热热闹	nau6	热闹
3	奶	ni4	食奶吃奶	nai3	奶奶
4	脓	nãŋ2	流脓	loŋ2	化脓

（1）泥母字读 n-。表 4－41 显示，泥母字文读音声母主要是 n-，再加上 n-所辖一读字字音基本都是文读音的特点，可确认 n-的文读身份。不过，例 4“脓”的白读音声母也是 n-，n-内部会否存在层次叠加问题？在与揭阳相邻的潮州地区，“脓”的文白读声母俱为 l-，可见揭阳的“脓”读 n-未必是白读层，因此我们转向观察 n-所辖一读字字音。泥母读 n-的一读字中，有几个字音出现于高频使用的白读词汇中：如：“年[nĩ2]～□[koi]：年景；～期：跨年的时间段”“孥[nõũ1]～囝：孩子”“侬[nãŋ2]人”“搙[nãk8]抓取”等。此外，“年”在揭阳方言中虽仅有一读，但在潮州地区有 h-文 n-白的对立。（北京大学中文系语言学教研室 2003）“年”的读音及上述几个白读字音可作为泥母的 n-内部有层次对立的补充证据，从 n-中析出一个辖字较少的白读层。

（2）泥母字读 l-。表 4－42 中例 1—3 出现了 l-白 n-文的对立，该对立能否成立，需结合韵母和声调两种音类的层次特征以及非异读字的情况进行考察。

文白异读字：例 1“恼”的字音为[lo3]白[nãũ3]文：“恼”的声调不具层次辨别作用，揭阳方言豪韵字中-o 白-au 文系统对立，“恼”的韵母-o 属白读层；例 2“闹”的字音为[lau2]白[nãũ6]文：韵母都是文读，声调为阳平和阳去，次浊去声字读阳去为潮汕闽语的白读层声调，说明“闹”的文读字音有不同层次的音类杂配问题。次浊去声字读阳平少见，不具层次区别意义。

一读字：“啰[lo1]”，韵母为文读，声调不分文白；“你[lɯ3]”，读同日母字“汝”，需剔除；“内[lai4]”，读同止摄开口三等之韵字“里”的白读音，需剔除；“囊[laŋ3]”“攮[laŋ3]”，韵母为文读，声调不辨文白；“农[loŋ2]”“浓[loŋ2]”，韵母为文读，声调不分文白。

这批字的声调不分文白，韵母主要来自文读层。例 1 的“恼”韵母来自白读层，说明具有文白异读的“恼”的文白字音的对立可能由韵母引起。此外，“恼、闹”在厦门片和潮汕片都有两读声母，厦门的“恼”及另一泥母字“脑”在声调上的对立表现为 l-文 n-白，（北京大学中文系语言学教研室 2003）正好与揭阳相反。结合“闹热”“哪吒”两词在汉语史文献中的出现时间晚于中古的情况（据北京大学 CCL 古代汉语语料库）来看，揭阳方言泥母字读 l-应由文读层的 n-演化而来，非独立型层次。

（3）泥母字读 dz-。读 dz-的四字，存在两种可能性来源：第一，语言接触；第二，内部音变。泥母读 dz-字数较少，可联系方言内部其他中古声母读 dz-的情况来考察。揭阳方言中读 dz-的字音共有 78 个，主要出现于中古日母（52 字）、以母（14

字）中，散见于泥母（4 字）、庄母（2 字）和从、心、邪、知、章、晓各母（均为 1 字）中。除了日母读 dz-的字有语言接触的可能性之外，其他各母的 dz-从辖字来看明显都与语言接触无关。与此同时，揭阳方言的 dz-还存在音位变体 z-，dz-、z-之间存在互补分布关系（complementary distribution），其分布规则为：

R1：dz-/_[+主元音 i，+介音 i]

R2：z-/_[-主元音 i，-介音 i]

"腻、尿、酿、赁"的声母实际音值为："尿酿赁"：dz-；"腻"：z-。由于 dz-/z-无对立关系，不具辨义作用，本书统一记作 dz-。揭阳方言中泥母读 dz-的字在其他闽语分支方言中的读音参表 4－43：①

表 4－43　揭阳方言读 dz-的泥母字在闽语区的读音表

例字	闽南			莆仙		闽东		闽北	
	厦门	漳浦	揭阳	仙游	莆田	古田	福清	松溪	建瓯
腻	li	dzi	dzɯ	li	ti	ni	nia/ne	nie	nɛ/ni
酿	liɔŋ/nŋ	dziaŋ	dziaŋ	tsyøŋ	tsyɒŋ	nyøŋ	nyoŋ	naŋ	naiŋ
赁		dzim	dzim/leŋ	tsiŋ				ieiŋ	
尿	lio/liau	dzio/dziau	dzio	lieu	tiau	niau	nieu	nio	niau

厦门将这四字悉数读同来母字，漳浦和揭阳一致，俱读 dz-。闽东、闽北读 n-，偶见声母脱落。莆仙有读同来母的层次，也有异于其他地区的层次（ts-/t-），读 ts-（仙游："酿、赁"；莆田："酿"）或许是由 dz-清化而来的，之后 ts-的擦音脱落，余塞音 t-（莆田："腻"）。揭阳方言读 dz-的泥母字在闽语区未能保持一致，在普通话中也不读浊擦音，更像是系统内部音变。揭阳方言的以母曾经历汉藏语共有的音变规则 l->lj->j->ʑ->z-[此音变规则由潘悟云先生（2008）提出]（或直接由 l-到 z-）中的演变，再由 z-生出条件变体 dz-，（黄瑞玲 2020）我们推测泥母中 dz-的演变路径与以母类同，音变路径为：n->l->lj->j->ʑ->z->① z-/_[-i]；② dz-/_[+i]。该音变发生于中古全浊声母字清化之后，因而未与从母发生清化前的 dz-相混。

① 表中有的地区有两种读音，即有文白异读，这些异读体现为韵母的交错而与声母无关，故未特意注明文白。

泥母字今读声母有三种，dz-为后期音变，n-为异层叠加声母（文读为主，白读为辅），l-由文读层的 n-演变而来。

表 4－44　泥母字今读声母层次表

层次		今读声母
一	白	n-
二	文	n-主
		l-
		dz-

4.2.1.2　来母

表 4－45　来母字今读表

中古声母	今读	平仄	开口一等	开口二等	开口三等	开口四等	合口一等	合口二等	合口三等	合口四等	合计
来	l	平	罗锣箩来劳捞牢唠楼搂耧兰拦栏廊狼琅愣郎侍~*醪液体浑浊*薐菠~：菠菜*阆~~：空旷、空荡荡	*蹓逃跑	篱璃梨厘狸燎流刘留榴硫琉林临连联邻鳞磷良凉陵凌菱淋~漓离~别量数~粱高~*摎掺杂	犁黎聊辽撩怜灵零铃伶拎翎*膋猪~：猪油*寮以稻草或廉价材料搭就的屋子*鯬三~：鲥鱼的别称	骡螺腡卢炉芦鸬雷鸾仑笼聋论~语*瘥 koŋ~：晕乎乎的*昽瞳~：天欲明*砻磨掉稻壳的工具		庐驴伦沦陇轮隆		208
		字数	22	1	29	15	16		7		
		小计	90								
		仄	老涝篓漏陋腊蜡拉懒瘌朗浪落烙骆酪洛络肋勒赖依~烂灿~辣~椒乐快~	攋	例厉励履利痢李里理鲤吏疗柳溜镏廖猎檩立笠粒辇列烈裂吝亮谅辆略掠栗力令离~开半寸荔~枝燎火~眉毛两~个*霤~母槽：屋檐上引水排水的长槽*路~团婿：相女婿	礼丽瞭料尥练链另历了隶~书*劙劈、砍	裸瘰摞鲁橹虏卤路赂露鹭偏累乱捋拢弄禄卵男阴论议~		吕稆旅虑滤缕屡垒类泪恋律劣六陆陇垅绿录累~积/连~率效~		
		字数	24	1	40	14	20		21		
		小计	118								

（续表）

中古声母	今读	平仄	开口一等	开口二等	开口三等	开口四等	合口一等	合口二等	合口三等	合口四等	合计
来	n	平	蓝篮郎新~ *啉特指喝酒的动作		廉镰帘梁淋浇量测量粱高~ *臁骹~：小腿前部	莲					29
		字数	4		8	1					
		小计	13								
		仄	漤览揽榄滥缆赖依~烂破~	冷	敛殓领岭荔~果：荔枝两银~	楝	卵蛋				
		字数	8		6	1	1				
		小计	16								
	t	仄	辣辣			隶~书	鹿				3
		字数	1			1	1				
		小计	3								
	th	仄	癞								1
		字数	1								
		小计	1								

表 4－46　来母字文白异读表

序号	例字	白读音	词汇	文读音	词汇
1	量	nĩõ2	量测量	liaŋ4	数量
2	粱	nĩõ2	高粱	liaŋ2	高粱
3	两	nĩõ3	银两	liaŋ3	两个
4	赖	nãĩ4	依赖	lua6	倚赖冤枉
5	荔	nai4	荔果荔枝	li4	荔枝
6	郎	nɯŋ2	新郎	laŋ2	侍郎
7	烂	nua6	破烂	laŋ4	灿烂
8	淋	nam2	淋浇	lim2	淋漓

（续表）

序号	例字	白读音	词汇	文读音	词汇
9	隶	ti4	隶书	li4	隶书
10	辣	tuaʔ8	辣	luaʔ8/laʔ8	辣椒
11	懒	tũã4	懒	laŋ3	懒
12	礼	loi3	无礼没礼貌	li3	礼貌
13	黎	loi2	黎姓	li2	黎明
14	里	lai4	里畔里面	li3	里面
15	狸	lai2	狐狸	li2	狐狸
16	利	lai6	利锋利	li4	锋利
17	鸬	lou2	鸬□tuŋ 鸬鹚	lu2	鸬鹚
18	留	lau2	留落来留下	liu2	留下
19	流	lau2	流水	liu2	流水
20	肋	laʔ7	肋腻不整洁	lek8	肋骨
21	栗	lak7	厚栗栗子	liak8	栗子

来母的声母主体层是 l-（215 个字音），另有声母 n-（29 个字音）、t-（4 个字音）和 th-（1 字）。读 l-的字分布在除了合口二、四等的其他各等中，读 n-的字主要分布在开口一三等中。读 th-的仅有"癞"一字，用于"癞□[thai ko]麻风病"一词中，疑非本字。l-、n-、t-三种声母互有文白关系，详见表 4－45。

来母字声母中的文白读，是一对多的关系：l-对 l-、n-、t-。文读的声母只有 l-，这一层次应不早于《切韵》时期，与之相对应的 l-、n-、t-则是早于中古的层次。

（1）来母字读 t-。据郑张尚芳（2003）[43]："来母在高、王、李的系统中都跟现代、中古一样拟为 l-，似乎几千年不变。但这不能解释闽北 s-、乡话 z-、dz-、白语 ɣ-/h 及 j/ç（<zi）这类对应。台语中布依语 r->z-/s，壮语 r->ɣ-都属于 r-母的常见变化现象而非 l-母。古汉越语也是 r-而非 l-。"来母的上古音值拟作 *r-或可解释闽语来母 s-声的问题，但该如何解释闽语来母 t-声的问题？

罗杰瑞（2005）举了几个闽语中来母 t-声的例子："鲤"（建瓯、镇前、大田、永春）、"蛎"（福州）、"懒"（福州、厦门、建瓯、镇前）和"鹿"（潮州、揭阳）。李新魁

(1997)[368] 认为,来母读 t-的例子虽不多,却有可能表示上古时期的来母字为复辅音声母 * dl-或 * ld-。从表 4 – 46 来看,揭阳中几个读 t-的来母字(隶、辣、懒)中有两个具有明显的文白对应关系,“辣、懒”读 t-都只用于口语,[①]反之,读 l-时用于书面语。结合表 4 – 46 及前人研究来看,来母读 t-应是中古之前的产物,属白读层。至于能否据此构拟来母的上古音值或共同闽语音值,本书不做探讨。

(2) 来母字读 n-。读 n-的字除了在表 4 – 46 中呈现出明显的白读特征外,仅有一读或虽有异读但不构成文白对立的字基本都有白读色彩。如异读字“榄”“卵”,“榄”: nã 橄榄/nãm 榄仁;“卵”: nəŋ 鸡卵鸡蛋/laŋ 卵男性生殖器。两字四音均为高频使用的白读音,其中有三个字音声母为 n-。综合来看,来母读 n-具白读身份,属早期层次。

(3) 来母字读 l-。表 4 – 46 中具有 l-对 l-的文白字音,有可能是: 第一,声母为异层同读。白读层的 l-与文读层的 l-发生相混;第二,声母同为文读层。即: l-为文读层声母,字音上的对立由韵母导致,与声母无关。表 4 – 46 中的“礼、黎、狸、鸬、留、流”等字的文白字音均为最小对立对,体现为文白韵母的交替。例如,“礼、黎”为齐韵开口四等字,-oi 白-i 文,这种对立是潮汕闽语齐韵开口四等字的规则性对立,如“蹄: toi2 白/thi2 文”“齐: tsoi2 白/tshi2 文”等。“礼、黎”的白读字音的基本特征由韵母带来,声母 l-或许不是文白字音对立的原因。

我们倾向于认同第一种解释,即 l-为异层同读,原因有二: 第一,除了有文白对立的字音外,来母读 l-的一读字中,也有一些主要用于口语中的方言字音,如“la 膋猪油,laŋ 卵男性生殖器,lioʔ 略相亲,loiʔ 笠老土、□koi 笠斗笠”等;第二,来母读 n-的字大多是阳声韵字,潮汕闽语有一批阳声韵字在中古之前演变为鼻化韵,由于闽南方言中有“鼻化韵只搭配鼻音声母”的音系规则,这部分来母字出现了从口音声母到鼻音声母的转换,而来母中未发生鼻化音变的韵母,应维持原声母不变。亦即是说,在受到文读系统的冲击之前,来母的白读声母中有 l-和由 l-演变而来的 n-,文读的 l-进入之后,与白读的 l-互混,共同构成了来母的主体声母层。因此,来母的 l-中既有文读层,也有白读层,l-为跨层音类。

来母字有四种今读声母: l-、n-、t-、th-,th-仅一字,暂先剔除;t-为古音遗留层,归白读;l-为主体层声母且主要用于文读,杂有少量白读;n-为早期白读层,混入泥母。

① “隶”读 t-一般也只用于口语,但由于“隶”在《集韵》中有徒对切,不宜将之与“隶”的另一声母 l-看作文白异读关系,而应视为异读关系。

表 4-47　来母字今读声母语音层次表①

层次	声母今读	备注
一	l- n- t-	白读
二	l-(主)	文读

(3) 小结

泥来母相混的字数不多,两者都有今读 n-、l-的字音,但其层次属性有异。

来母白读层有两种声母,除了有少量早期的 l-之外,还有少量受鼻化韵影响所出现的鼻音声母 n-。泥母白读层只有 n-,文读层有 n-和部分由 n-去鼻化而来的 l-。关于闽南方言次浊声母中的"去鼻化音变"运动[m-、n-、ŋ->b-、l-(d-)、g-],连金发(Lien 2000)、徐馥琼(2010)、徐宇航(2018a;2018b)等学者都发表过精彩的见解,但潮汕闽语的泥母读 l-是否在这一系统音变的范围内呢?我们发现潮汕闽语区内部有少量泥母字的声母不大一致,有几个在揭阳方言中读 n-的泥母阳声韵字,在汕头濠江区和潮州湘桥区有读 l-的情况,这能否说明潮汕闽语也曾经历泥母字的去鼻化音变,只是未能成功?

徐馥琼(2010)认为:粤东闽语(包括潮汕闽语)中 n-、l-声母的关系跟 m-、b-之间,ŋ-、g-之间的关系并不完全相同,n-、l-主要跟语音的历史层次及其相混趋势有关。基于本书对泥母字的分析,我们认同这一判断。首先,潮汕闽语泥母读 l-的字与厦漳泉闽语并不一致,后者的鼻音声母不与阳声韵、入声韵搭配,n-、l-原则上是互补分布的,而前者 n-、l-对立,分布格局基本一致,不存在遇到阳声韵、入声韵时鼻音声母需去鼻音的问题,n-仍可与阳声韵、入声韵字组配。从整个音系的格局来看,潮汕闽语的 m-、n-、ŋ-,都是如此,与 b-、l-、g-呈对立态势,虽然这种对立由于鼻音声母和口音声母之后的韵母有鼻化与非鼻化的区别而不能算作百分之百的对立,但仍明显有别于厦漳泉闽语中两者互补分布的面貌。潮汕闽语中有几个阳声韵字出现声母分布上的参差,无法证明泥母处在去鼻化音变的进程中,只能说明 n-、l-在阳声韵尾字中具有较易相混的特点;其次,潮汕闽语的 l-与厦漳泉闽语的 l-

① 闽北的来母字有一个突出的现象:即有一个特别的层次读 s-,这一点有别于其他闽方言及其他汉语方言。前贤多认为与来母在上古为复辅音有关。(梅祖麟,罗杰瑞 1971;罗杰瑞 2005;郑张尚芳 2012 等)因与揭阳方言来母字的层次无关,此处暂不探讨。

的实际音值有所区别。罗常培(1956)在《厦门音系》中指出,厦门的 l-“是舌尖中,带音的边音。但是舌头极软,用力极松,两边所留的通气空隙很小,听起来并不像北平的[l]音那样清晰,几乎有接近[d]音的倾向”,杨秀芳(1991)和竺家宁(1999)也有类似的见解。胡方(2005)通过声学分析,证实厦门话中 b-、g-、l-的声学特性实际上是 mb-、ŋg-、nd-。厦门闽语次浊声母的去鼻化音变是成套进行的,m-、n-、ŋ-在口元音前演化为带有鼻冠音色彩的浊塞音 mb-、ŋg-、nd-,两套音位可归并为一套。而潮汕闽语的 l-与 d-区别较大,来自中古明(微),疑母的 b-、g-的实际音值与厦门方言也有区别。粤东闽语的 b-、g-,“有的表现为鼻冠音,有的显示出内爆音的特点,也有比较典型的浊音,有的前段为浊音、后段清化,总之,不一而足”(徐馥琼 2010)[108]。这说明潮汕闽南语与福建本土闽南语的次浊声母不仅在读音层次、读音类型和演变方向上有区别(Lien 2000;徐馥琼 2010;徐宇航 2018a,2018b),在具体音值(声学特性)上也不尽相同,而这种音值上的差异或可反作用于音节结构的演变。

汉语方言中 n-与 l-之间的交替音变具有一定的普遍性,据张光宇(2019)[592]:

> [n]与[l]交替。舌尖鼻音与舌尖边音常发生交替,这主要源于两者听觉上非常相似:与元音相邻时两者都显示突然断裂,图谱如此,振幅也是这样;两者都维持浊音,音高不受影响;两者在图谱上都有反共鸣的频率。汉语方言常见的“泥来不分”,就是舌尖鼻音与边音的交替。

n-、l-的交替常见,意味着揭阳地区泥母由 n-演变为 l-,未必与福建闽南地区系统化的去鼻化音变运动有关。而揭阳方言泥来母读 n-、l-存在异层同读的现象,是毋庸置疑的事实,其语音层次分混特征如图 4-2 所示:

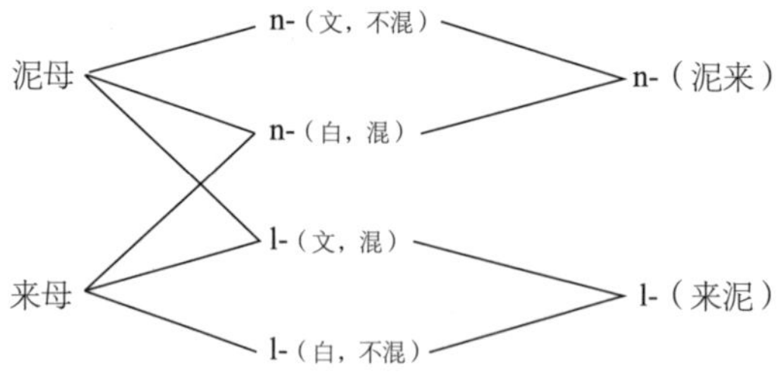

图 4-2 泥来母语音层次演变图

泥母的 n-有文白两层,后期产生了文读层的 l-;来母的 l-有文白两层,早期由于阳声韵演变来的鼻化韵的影响发生了声母的口鼻转换,遗留下白读层 n-。泥来二母的分混特征可总结为：泥来总体不混；白读层中有少量来母混入泥母，文读层中有少量泥母混入来母。

福建本土闽南语中由鼻音声母组成的音节结构只有 NṼ，无 NṼN、NṼC，潮汕闽南语则既有 NṼ，也有 NṼN、NṼC，这种由于语音演变带来的音节结构上的重大差异，导致两地鼻音声母中的语音层次大不相同。从本书的层次分析结果来看，揭阳方言的泥来母在中古之前和中古之后都有过相混的痕迹（早期来母入泥，晚期泥母入来），但两者的今读主体层声母均与汉语普通话保持着较为严整的对应关系：泥母读 n-，来母读 l-。

4.2.2 日以半混①

在汉语方言中，同为中古次浊声母的日母字和以母（喻四）字的来源与演变模式颇为复杂，这从日以母字在各方言中所呈现出来的各种不同发音部位和发音方法的辅音声母可窥一二。本书要考察的揭阳方言，是潮汕闽南语的分支方言，其日以母字在共时语音系统中有一系列多来源于多层次的声母，且有部分日以母字混读为浊音声母 dz-（日母 52 字，以母 14 字）。浊音声母 dz-究竟是存古层还是创新层？日母的 dz-与以母的 dz-有何区别？

4.2.2.1 日母

表 4－48　日母字今读表

中古声母	今读	平仄	开口一等	开口二等	开口三等	开口四等	合口一等	合口二等	合口三等	合口四等	合计
日	dz	平			儿而饶桡柔揉壬然人仁穰仍扔瓤瓜~任姓氏燃~烧				如儒戎绒茸		54
		字数			16				5		
		小计	21								
		仄			惹尔饵扰纴入热刃认韧日壤攘嚷若弱绕围~/~线耳~朵染~色任责~忍~耐让~步二二贰贰				乳孺芮润闰冗辱褥汝人称代词		
		字数			24				9		
		小计	33								

① 本节主体内容曾以《揭阳方言日母和以母的语音层次及其混读浊音声母的性质》为题发表于《语言与文化论丛》第二辑（邢向东主编，中国社会科学出版社，2020）。

（续表）

中古声母	今读	平仄	开口一等	开口二等	开口三等	开口四等	合口一等	合口二等	合口三等	合口四等	合计
日	n	平			瓤瓜~						7
		字数			1						
		小计				1					
		仄			染~色忍忍耐让让步、忍让二二贰贰				软肉猪~		
		字数			5				2		
		小计				5					
	h	平			燃~火：烧火						3
		字数			1						
		小计				1					
		仄			耳耳朵 * 箬树~：树叶						
		字数			2						
		小计				2					
	l	仄							蕊汝人称代词		2
		字数							2		
		小计				2					
	b	仄							肉烧~粽		1
		字数							1		
		小计				1					

日母字主体层读 dz-(52 字)，字数最多。其余声母有 n-(7 字)、h-(3 字)、l-(2 字)、b-(1 字)。

据冯蒸先生(2010)[16]："《切韵》的日母，高本汉 1915 构拟作 ȵʑ-、不很明确的认为后期官话音(如早期北京话)是 ʐ，但 ʐ 是全浊擦音，非次浊音。王力 1979 确定日母是一个卷舌闪音 ɽ，1983 又认为是 ɻ，朱晓农 1982 也提出类似看法。"日母字在现代汉语方言中的今读声母基本可以分成两大类：一类是鼻音声母，一类是浊擦音声母。高本汉(1940)将中古日母拟作 ȵʑ-应是希望能够兼顾两者。但此举遭到了一些质疑，潘悟云（2000）[52]认为，在《切韵》系统中，仅有日母拟作复辅音，不符合音系结构的规则性。项梦冰（2006）同意此观点，认为 ȵʑ-的构拟方案误用了晚期的音变材料，并从客家话日母字的今读层次出发，将中古日母构拟为 ȵ-。项文认为，一些方言日母字今读零声母是由于 ȵ-发生了声母脱落，而浊擦音声母则是 i 介音发生擦化的结果，因而才会有鼻音与浊擦音两类不同的声母。许慧娟（2016）不认同 ȵʑ-和 ȵ-的两种构拟结果，而是利用音韵规律、谐声串联及方言比较等方法论证中古日母字直接源自上古舌根浊塞音合口三等（即 *gh-或 *g-、*gh-兼有），并认为方言中读 h-、x-、ɦ、ɣ-是语音演变的结果。

综合前贤的讨论来看，日母字今读声母在方言中的演变关系，是构拟中古和上古日母字音的关键。而合理的构拟，能为我们厘清语音层次提供依据。以下先来观察揭阳方言日母字的文白异读情况。

表 4－49　日母字文白异读表

序号	例字	白读音	词汇	文读音	词汇
1	忍	nuŋ3	忍忍耐	dzeŋ3	忍耐
2	让	nio6	让让步	dziaŋ3	让步
3	瓤	nɯŋ2	瓜瓤	dziaŋ3	瓜瓤
4	染	ni3	染色	dziam3	染色
5	汝	lɯ3	你	dzu3	你
6	燃	hia2	燃火烧火	dziaŋ2	燃烧
7	耳	hi4	耳耳朵	dzɯ3	耳朵

白读声母有 n-、l-、h-三种，均与文读声母 dz-相对应。日母字读 n-，联系汉语方言的情况和“娘日归泥说”来看，应是中古音阶段的产物；日母字读 l-只辖两字：“蕊”“汝”。“蕊”在闽语区除了少数方言点（闽东福清、柘荣读为 n-；闽北崇安读为 h-）外，基本都读 l-。“汝”在闽语区很多方言点也读 l-，但异读情况比“蕊”复杂（闽南漳浦 l-、dz-两读；莆仙仙游、莆田 t-、ts-两读；闽东区大多读 n-；闽中沙县读零声母；闽中明溪、三明读 ŋ-等）。考虑到“汝”的存古性［先秦时期起便有表“随便而亲昵”的对称代词用法，详参洪波（2010）[29-49]］与常用性（“汝”读 l-表第三人称单数

形式,白读词汇),我们将日母的 l-视为古音遗留。由于揭阳方言早期曾发生过“泥来相混”,l-可视作 n-的变体。

日母字读 h-,可能与其读 n-、l-的层次时间相近,也可能更为古早些。根据许慧娟(2016)整理的汉语方言材料来看,g>kh>h/x 的演变路径是存在的。这个演变可能发生得很早,可以说与云匣母读 h-相同,都来自上古层。

不见于表 4-49 中的白读声母还有一个 b-,仅辖一个“肉”义词。该字读浊塞音 b-在揭阳方言中只见于两个固定词汇中:“烧□粽”及“惜□肉”,[①]在其他与“肉”相关的词汇中以及“肉”单用时,都只能读[nek]。“烧□粽”是闽南地区的特色食物,潮汕地区的“烧□粽”由闽人迁入潮地时带来,如今已简省为“粽”,仅有少数老人会提到“烧□粽”。闽语日母字“肉”在闽语区的今读声母为 n-(揭阳、古田、仙游、莆田、福州、福安、宁德、建阳、松溪、建瓯)、ts-(仙游、莆田)、dz-(漳州、漳浦)、h-(南安、厦门)、l-(南安、厦门)、g-(沙县城关)、ŋ-(三明三元)、b-(揭阳、大田)。其中,声母 n-、l-、ts-、dz-、g-、ŋ-均能找到演变源头,唯有声母 b-异于寻常。曾智超(2020)指出闽南方言中的“肉”义词有两个:一为“肉”,一为声母为 b-的词(本字不明,该文暂记作“脈”)。据其引用的潮汕文献来看,十九世纪时期的潮汕方言中这两个词并存。这样看来,“烧□粽”与“惜□肉”应暂时更正为“烧脈粽”与“惜脈肉”。也就是说,b-声母与“肉”字并不相关。

在表 4-49 中,日母读 dz-似乎全是文读音,与今读声母 n-/l-、h-相对应。但据表 4-49,dz-声母所辖也辖口语词,如“二、日”。结合日母字在闽语其他方言区的读音来看,我们认为日母的 dz-属于跨层声母,主要归文读层,但也有个别读音为白读层。

表 4-50 日母字今读声母层次表

层次	声母今读	备注
一	l-/n-(主)、h-	白读;不分平仄
二	dz-	白读;不分平仄
三	dz-	文读;不分平仄

① 指娇气、吃不得苦。

4.2.2.2 以母

表 4－51 以母字今读表

中古声母	今读	平仄	开口一等	开口二等	开口三等	开口四等	合口一等	合口二等	合口三等	合口四等	合计
喻以	ø	平			耶爷夷姨饴摇谣窑姚由油游犹悠盐淫延筵羊洋烊杨阳扬疡盈赢*蛘蠹~：米中小虫				余舁移缘沿铅匀营莹融容蓉镕庸		88
		字数			28				14		
		小计	42								
		仄			也野肄已以异舀耀鹞酉莠诱柚鼬釉艳焰演样药钥跃孕亦译腋养~育痒搔~翼羽~易交~液~体				与誉预豫尹役育甬勇涌用欲浴易容~疫免~		
		字数			31				15		
		小计	46								
	dz	平							榆逾愉维惟唯遗		14
		字数							7		
		小计	7								
		仄			*趡追赶				愈喻裕锐悦允		
		字数			1				6		
		小计	7								
	s	平			蝇檐房~						4
		字数			2						
		小计	2								
		仄			翼鸡~液手~：手汗						
		字数			2						
		小计	2								

（续表）

中古声母	今读	平仄	开口一等	开口二等	开口三等	开口四等	合口一等	合口二等	合口三等	合口四等	合计
喻以	ts	平			檐~龙：壁虎						3
		字数			1						
		小计	1								
		仄			养头~：头胎痒爬~：搔痒						
		字数			2						
		小计	2								
	h	仄			叶拽						2
		字数			2						
		小计	2								
	k	平							捐		2
		字数							1		
		小计	1								
		仄							易容易		
		字数							1		
		小计	1								
	ŋ	平			阎						1
		字数			1						
		小计	1								
	l	仄							阅		1
		字数							1		
		小计	1								
	th	仄							颖		1
		字数							1		
		小计	1								
	m	仄							疫免~		1
		字数							1		
		小计	1								

以母的上古音值问题是上古音研究领域的难题。曾运乾(1933)提出了“以母归定”的学说,认为上古时期的以母跟定母关系密切。此说得到了一些学者的支持。例如姜允玉(2005)[19] 通过中山王铜器铭文中的同源词、谐声词、通假字和方言词考察了上古音的情况,他谈到以母与透母及定母的谐声频率很高,共有 3 对。并谈到因为以母和定母均属浊音,都有舌尖鼻音成分,因此会有一些音转关系。潘悟云(1984)不赞同“以母归定”说,他认为以母的上古音值为 *l-,常带有前缀 *g-、*b-的形态,“这是以母跟定母经常谐声、通假、互读的原因”。赵彤(2005)则认为,Schuessler、雅洪托夫、包拟古、郑张尚芳、龚煌城、潘悟云等人认为以母上古音值为 *l-仍需商榷,从以母复杂的谐声情况来看,适合拟作小舌清塞音加边音的复辅音 *ql-。这种构拟“可以比较合理地解释以母的谐声关系、跟以母谐声的各种声母的演变以及楚简和某些文献中某些谐声和假借现象”。

除了赵彤(2005)[12] 提到的以母的典型谐声系列(涉及以、定、澄、透、彻、船、书、邪、心等九个声母)之外,以母还与从母有渊源。1970 年现世的《诗经 · 硕人》神兽镜,显示出以母与从母上古时期的特殊关系。李学勤(1988)的《论〈硕人〉铭神兽镜》即指出,其中“夷”今作“齐”、“夷”今作“蛴”、“凄”今作“荑”都是以母与从母之间的互换。郑张尚芳(2005)在《从硕人镜“齐夷”通假谈上古精组声母的取值》一文中根据俞敏(1984)、刘广和(2001)的对音研究以及越南音“夷”读 di[zi<ði]的证据,将“夷”拟作 *ʎi/ʑi,正好与从母的“齐” *zii 相通假。

关于以母的中古拟音方案,冯蒸先生(1991)[33] 不赞成拟作零声母,认为应拟成半元音 j-,因自后汉至隋唐的梵汉对音资料表明以母是 y-,其音值便是 j-。在汉越语中的以母音值则是 ʑ(汉越语中写作 d),“[ʑ]和[j]发音部位接近,[j]在国际音标中代表半元音和擦音两个音值,尤其[j]发成擦音的时候与[ʑ]更为相似。所以我们不赞成以母拟成零声母”。尉迟治平(1985)[39] 在总结三种梵汉对音材料①的异同时,指出三种材料中的以母字对应的都是梵语中浊不送气塞擦音 j-,潘悟云(2008)[4] 同样认为中古的以母应是 *j-。②

我们再来看揭阳话以母字中的文白异读关系。

---

① 指尉迟治平(1982)《周、隋长安方音初探》中的“崛多音”、施向东(1983)《玄奘译著中的梵汉对音和唐初中原方音》中的“玄奘音”以及刘广和(1984)《唐代八世纪长安音声纽》中的“不空音”三种材料。

② 潘悟云(2008)[4] 认为上古汉语的 *l-变为中古定母 d-(一四等),中古澄母 ɖ-(二等)以及中古以母 j-(三等)。

表 4－52　以母字文白异读表

序号	例字	白读音	词汇	文读音	词汇
1	易	koi6	易容易	i4	容易
2	疫	mok8	免疫	ek8	免疫
3	痒	tsĩõ4	痒	iaŋ3	痒
4	养	tsĩõ6	头养头胎	iaŋ3	养育
		ĩõ4	养鱼		
5	翼	sek8	鸡翼鸡翅	ek8	羽翼
6	液	sioʔ8	手液手汗	ek8	液体
7	檐	tsĩ2	檐龙壁虎	siam2	房檐

以母白读声母出现了 k-、m-、ts-、s-，文读声母仅有 Ø-，可推断零声母来自于文读层。另外，“房檐”的“檐”（s-）虽与“檐龙壁虎”的“檐”（ts-）存在对立，但从 s-层声母的总体情况来看，“檐”读 s-应仍归于白读层。

一般认为，以母读塞擦音 ts-、擦音声母 s-与其上古来源相关。刘赜（1957）的《邪喻两组古读试探》通过考证得出喻邪上古关系密切且有“喻”必有“邪”，有“邪”必有“喻”的观点。黄典诚（1982）及陈章太、李如龙（1983）都曾举过闽南方言中的例子，字数虽然不多，却是闽语的一个具有一致性的特点。这种情况在南部吴语中亦有体现，这也是吴闽语曾有过密切接触的历史关系的反映。庄初升（2002）通过考证闽语平和方言白读层的几个本字，进一步证明上古时期以母与邪母关系密切。在揭阳方言中，以母读 ts-的有 3 字，分别是“檐~龙：壁虎”“养头~：头胎”“痒”；读 s-的有 4 字，分别是“绳”“檐房檐：屋檐”“翼鸡~：鸡翅”“液手液：手汗”，这些字的读音在闽南方言中大体相同，ts-、s-可俱归入早期白读层。郑张尚芳（2013）[92-92] 在讨论精组古值时谈到，与汉语相关的亲属语言史的研究表明，塞擦音声母多是后起的。我们同意此观点，将 ts-视作略晚于 s-的声母。

白读声母 k-和 m-，辖字很少。“疫”读 m-在整个闽语区仅见于潮汕片，恐为“读半边”（“殳”似“没”［mok］）或受“免［miaŋ］”声母同化。k-辖两字：“易、捐”。“易”的白读声母 k-出现于闽南潮汕片、雷州片，闽东侯官片（福州），与其文读声母 Ø-相对应；“捐”读 k-为闽语区共性，在粤语、客语、平话的大多数方言点中也读 k-。考虑到“易”读 k-的词汇性质以及“捐”在闽语区中的一致性，我们暂将 k-归入白读层。

以母读 h-的有两字，分别是“叶”“拽”。边田钢（2018）[312] 认为部分以母字上古时期应为牙喉音，是与匣母、云母同音位的 * ɦ-、* ɦw-。而南方方言中以母字若读喉擦音 ɦ-、h-或唇擦音 v-、f-，"均为 * ɦ-、* ɦw-的方音变异，是语音存古，而非创新音变"。黄玉雄(2015)[631] 同样执此见解。通过和匣母字的对比分析，我们初步判断揭阳方言中的云母字读 h-为上古遗存，但揭阳方言中以母字读 h-未必与云母字的 h-有相同来源。郑伟(2011a)[76] 结合多种汉语文献、方言及民族语的材料对以母字的演变进行分析，认为以母字除了常见 l->j->ʑ 的擦化演变之外，还可以由 l-、j-"直接擦化成 h-。l-也可能先发生舌尖化，继而清化后变 h-(l>z>s>h)，或者软腭擦化(l>ɣ)"。从以母 h-管辖的三个字中看不到任何白读层的积淀，无法直接将之归为上古遗留层。我们认为揭阳方言云以母的 h-有所不同：云母的 h-承自上古，以母的 h-则是后起的一种擦化音变。

以母字中另外三个仅辖一字的声母为 ŋ-(阎)、l-(阅)、th-(颖)。"阎"在闽语区主要有两种声母：g-与 ŋ-，此读音似同以定两母的通假有关，若以母上古音值中常带有前缀 * g-，l-脱落而 g-演化为 ŋ-，在同源方言中体现为 g-、ŋ-共存，大抵是可行的。"阅"读 l-见于闽南的潮汕方言和闽北的石陂方言中，"颖"读 th-只见于闽南潮汕片，此二字带有明显的文读色彩，而以母读 l-、th-在闽语区中不具共性，暂时剔除。

以母读 dz-的有 14 字，其中，"趟"[dziau6]为白读词汇，指"追赶"；"悦"的声母、声调虽无文白之分，但其韵母有不同的层次，读-uak 时用于"喜悦、欢悦"等文读词汇，读-uaʔ 时用于"悦着喜欢上、勿悦别闹"等白读类构式中。除此之外，其余 12 字基本上都是文读字词。dz-像是跨层声母，既可用于文读层，也偶见于白读层。从文白读的字数来看，dz-主要用于文读层，仅有 2 个白读字音，我们原本认为其跨层原因与文白读声母互相感染有关(见黄瑞玲 2020)，但从整个闽语区日以母的读音及其所辖词汇特点来看，dz-恐怕还有白读层次。

综上所述，揭阳方言以母字的今读声母主体层为 Ø-(文读层)，第二大层次为 dz-(文读层)，s-/ts-、ŋ-、k-为早期白读层，h-则是后起的音变形式。

表 4－53　以母字今读声母层次表

层次	声母今读	备注
一	s-、ts-	白读；不分平仄
二	dz-	白读；不分平仄
三	h-、dz-	内部音变，不分平仄
四	Ø-	文读；不分平仄

4.2.2.3 日以母混读浊音声母的性质

从前面两节对日以母语音层次的分析来看，揭阳方言日母字的 dz-与以母字的 dz-同为文读层声母，都是中古或中古之后的产物。所不同的是，两个 dz-的来源有别。日母的 dz-明显是在官话文读系统强势进入方言的时候引进的，属于外来层次；以母的 dz-在官话系统和广东省权威方言中都找不到接触的源头，只能是方言内部发生的语音演变。结合以母在不同的语言和方言中的变化来看，其演变符合“l->lj->j->ʑ->z-”的音变规则（潘悟云 2008）[5]，z-的变体 dz-应是后起的。

潮汕闽语中日母字和以母的 dz-，阻塞成分有时不太明显，故有学者将之记作 z-。（黄家教 1958；詹伯慧 1959；李永明 1959；蔡俊明 1976/1991；张盛裕 1981；林伦伦 1996）记作 dz-的情况主要见于董同龢（1959）的历史音韵研究的奠基之作——《四个闽南方言》中。根据我们的调查研究，揭阳方言中日以母字中的 dz-与 z-为互补分布的音位变体，其音变条件为：当韵母为 i 或韵母中出现介音 i 时，阻塞成分明显，读为浊塞擦音 dz-；当韵母不是 i 或无 i 介音时，无阻塞成分，读为浊擦音 z-。例如：

日母：dz-：柔［dziu］ 然［dziaŋ］ 任［dzim］ 惹［dzia］ 茸［dzioŋ］
z-：如［zu］ 儒［zu］ 润［zuŋ］ 辱［zok］ 褥［zok］
以母：dz-：趭［dziau］
z-：惟［zui］ 唯［zui］ 遗［zui］ 裕［zu］ 允［zuŋ］

因此，dz-与 z-可视作同位音（allophone），即同一音位的两个实际变体，为保持音系的简洁性，我们将揭阳方言中的 dz-与 z-统一记为 dz-。

4.2.3 明疑半浊①

据王力（1985/2010）在《汉语语音史》中的拟音，明母自先秦至现代都是 m-，疑母自先秦至宋代［在王力先生所构拟的历代音系中，疑母自元代起消失，并入其他声母之中。关于元代北方方言中疑母字的演变与合流，详参蒋冀骋（2007）[11-20]］都是 ŋ-。斯塔罗斯金（2010）根据罗杰瑞对原始闽语的构拟，修订构拟了原始闽语的音值。中古音中的双唇鼻音 m-对应原始闽语中的 *m-和 *mh-，中古音中的舌根鼻

① 本小节主要内容曾以《揭阳方言中明、微、疑母的语音层次》为题发表于《燕山论丛》（燕山大学文法学院中文系编，燕山大学出版社，2021）。

音 ŋ-对应原始闽语中的 *ŋ-和 *ŋh-。m-来自 *m-和 *mh-根据的是罗杰瑞的观点，即邵武方言中读 m-的字可分化为第 2 调和第 7 调。ŋ-来自 *ŋ-和 *ŋh-则因为中古读 ŋ-的字在现代闽方言中有 ŋ-和 h-(如“额”“蚁”“鱼”等字)两种不同的辅音声母。

明疑母的中古音音值，一般都记作 *m-和 *ŋ-。但也有不同的看法。冯蒸先生(2010)[15] 提道：“马伯乐 1920 构拟唐代长安音音系的明、泥、疑、日诸母均为带鼻冠音声母，即明母是 mb-，泥母是 nd-，疑母是 ŋg-，日母是 ȵdʑ-等。”陆志韦先生(1971)在《古音说略》中也列举过同类声母：“现在西北方言有的还保存这一类的声母。上古汉语很可能也是这样的。mp，mb>m，p，b；ŋk，ŋg>ŋ，k，g。nt，nd 在介音 i 之前腭化成 ȵdʑ>ȵʑ，就是《切韵》的日母，正像 ti>tɕi。”

中古的全浊声母在潮汕闽语中已经清化，各分支方言音系中的今读浊音声母 b-、g-来自中古次浊声母明、微、疑三母，揭阳方言也不例外。本书拟在剖析明、微、疑母在揭阳方言中的语音层次的基础上，探究浊音声母 b-、g-的历史来源。

4.2.3.1 明母

明母的今读声母主体层为 m-(112 个字音)，其次为 b-(34 个字音)、n-(2 个字音)、ŋ-(1 个字音)和 g-(1 个字音)。

表 4－54 明母字今读表

中古声母	今读	平仄	开口一等	开口二等	开口三等	开口四等	合口一等	合口二等	合口三等	合口四等	合计
明	m	平	毛忙芒茫	麻蟆埋茅锚蛮盲虻萌	糜縻谋矛绵棉闽民鸣明盟名弥阿~陀佛苗树~	迷眠铭 * 瞑夜晚	魔摩馍摹瞒馒门模~样 * 鳗鳗鱼				106
		字数	4	9	14	4	9				
		小计	40								
		仄	冒某茂贸莽蟒莫膜幕寞摸默	骂迈貌慢猛孟陌脉马~虎	靡美媚寐藐渺秒妙谬免勉娩缅渑面灭悯敏抿蜜皿命密~实	谜觅	墓暮慕募每妹昧满漫幔末沫没懵蠓磨石~		梦目穆牧		
		字数	12	9	23	2	16		4		
		小计	66								

（续表）

中古声母	今读	平仄	开口一等	开口二等	开口三等	开口四等	合口一等	合口二等	合口三等	合口四等	合计
明	b	平			眉楣霉描苗虾~：虾皮		梅枚媒煤磨~刀模~具* 脢~肉：猪里脊肉				33
		字数			5		7				
		小计	12								
		仄	帽亩牡拇戊母墨	码买卖卯抹麦马骑~* 昒眯眼细看、久看	庙密~实	米篾	闷木				
		字数	7	8	2	2	2				
		小计	21								
	n	平			弥~合谬						1
		字数			1						
		小计	1								
	ŋ	平			猫						1
		字数			1						

微母主体层声母为 b-（23 个字音），同时也有声母 m-（11 个字音）。

b-：无 bo｜未味 bi｜巫诬武侮鹉务雾舞文 bu｜尾未 bue｜文纹蚊闻吻 buŋ｜万亡忘妄 buaŋ｜刎 buk

m-：望白 mo｜舞白 mou｜勿 mai｜微 mui｜问 muŋ｜问晚 mŋ｜网挽 maŋ｜蔓望文 muaŋ｜物 mueʔ

从中古明微母字的今读声母所辖字音来看，声母 m-中出现了多个文读词汇中的字音，声母 b-中则仅有白读字音和无异读字音。通过对具有明确的文白异读关系的字音组的考察，可推断声母 b-主要归白读层而声母 m-主要归文读层。列表如表 4－55 所示：

表 4-55 明微母字文白异读表

序号	例字	白读音	词汇	文读音	词汇
1	马	be3	骑马	ma1	马虎
2	描	bio2	描字	miau2	描述
3	苗	bio2	虾苗虾皮	miau2	树苗
4	模	bou2	模具	mo2	模样
5	命	mĩã6	命	meŋ4	命令
6	望微	mõ6	望	muaŋ4	名望
7	密	bak8	密实	mek8	密实
8	蜜	bek8	蜂蜜	mek8	甜蜜
9	沫	bua8	泡沫	muak8	泡沫
10	免	meŋ4	免不用	miaŋ4	免礼
11	盲	me2	青盲瞎	maŋ2	盲人
12	舞微	mou3	舞狮	bu3	舞蹈

文白异读表中的声母除了有 b-白 m-文的对立之外，另有 4 字（“免、盲、盲、望”）的文白字音声母均为 m-，这能否说明声母 m-中除了有文读层之外，还存在一个白读的层次？从揭阳方言的韵、调系统来看，这几字中的韵、调层次如下：(1) 山开三仙韵的“免”声调无别，韵母有 eŋ 白 iaŋ 文的对立；(2) 梗开二耕韵的“盲”声调无别，韵母 e 属白读层，韵母 aŋ 层次不明；(3) 梗开三耕韵的“命”和宕合三阳韵的“望微”都有两种声调，揭阳方言浊声母阳去字读阳去调有文、白两种层次，读阳上调为文读层。“命”的韵母有 ia 白 eŋ 文的对立，“望”的韵母 uaŋ 只见于文读层，韵母 o 层次不明；(4) 遇合三虞韵的“舞”声调无别，声母出现了 b-文 m-白的对立，与成系统的 b-白 m-文的对立正好相反。从韵母来看，遇摄字韵母-u 文 -ou 白呈现为系统性对立，其字音上的对立可能由韵母造成，而与声母无关。在粤东闽语中，“舞”基本上都读声母 b-（徐馥琼 2010）[109-112]，揭阳方言中“舞”有 b-、m-两读，或与 mb-的分化有关。

除了文白异读表中的字音之外，无异读字和虽有异读但不具文白对立的字中也有声母读 m-而整体字音归白读层的字。例如，山开三仙韵的“面”的两种读音

meŋ(面脸)、mi(面面条)都见于白读层,又如微母字中读 m-的字音,都是白读层中的高频字音。虽然这些字音中的韵母大多归白读层,其白读特征有可能只由韵母构成,但声母 m-与这些白读韵母具有组配关系,仍是值得注意的现象。

从徐宇航(2018)[218] 所陈列的 19 世纪潮州方言明、微母字的声母来看,早期多有 m-、b-两读的字(如“眉、帽、描、庙、妙、牡”等),这批字今读声母多为 b-。徐宇航(2018)认为其中阴声韵、入声韵中的 m-、b-异读是闽南方言去鼻化音变运动造就的。在潮汕闽语中,这或许是 mb-分化为 m-、b-的条件,因此早期由 mb-中分化出来的白读层 m-,才与晚期由文读系统中进入的 m-形成层次上的参差。

“凡轻唇之音,古读皆为重唇”(钱大昕,《十驾斋养新录》卷五),汉语音韵史中微母自明母中分化出来,大约在唐宋时期(详参王力 1980;何九盈 1991 等)。揭阳方言中的明、微不分,反映的是中古之前帮组字的重唇音读法,而从明、微母的今读声母 b-与 m-所辖字音来看,b-与 m 具有多重关系,以下先从明母的音值谈起。

前文提到,王力(2010)认为明母自先秦至现代的音值都是 * m-(郑张尚芳 2013 意见同此),而马伯乐(2005)根据日译汉音、不空对音、越南译音及敦煌藏汉对译写卷等材料将唐代长安音中的明母拟为 * mb-而不是 * m-,与此意见相左。乔全生(2002)考察了山西方言中明母字的读音情况,归纳出明母早期读 mb-的证据:第一,方言残存:高本汉《中国音韵学研究》记载了近 100 年前山西三种方言将明母字读为 mb-的事实;闽语汕头话、厦门话中明母字有读 b-的现象(据高本汉 1994;李新魁 1994;林伦伦 1996;罗常培 1956 等);粤语区的四邑方言有把鼻音声母读为 mb-的现象(据李新魁 1994);20 世纪 30 年代白涤洲在陕北安塞、延川等地发现类似现象(据罗常培 1961);第二,日译汉音中共有 116 个明母字今读 b-声母(据《汉字古今中外多语语音比较字典》,1997);第三,早在唐五代时期,mb-、nd-、ŋg-等声母就已存在。因为罗常培(1961)经过对四种汉藏对音材料的分析,认为“凡明母字之不附-n 或-ŋ 收声者皆对以 'b,(注:‘'’是鼻音成素,下同)泥母字之不附-m 或-ŋ 收声者,皆对以 'd,而疑母字则不论收声是什么,一律变成 'g,这类声母的变读要算是唐五代西北方言的一种特征”。①

---

① 经查证,2012 年商务印书馆出版的罗常培《唐五代西北方音》第 187 页的内容与乔全生(2002)引用的罗常培(1961)基本一致。

根据明、微母的文白异读表来看，明、微母在揭阳方言中的今读文白读声母主要表现为b-和m-之间的交替。b-白读而m-文读，声母b-明显早于声母m-。我们无法确定明微母的上古音声母是否已经是mb-，但从前贤的研究结果（马伯乐2005；罗常培 2012；乔全生 2002）来看，一些方言明母读mb-在中古时期已经显现。在汉语方言当中，闽南话方言岛广西平南思界话①的明微母至今读为鼻冠音声母mb-，如“买[mbiai45]”“卖[mbiai33]”“麦[mbɛ32]”“庙[mban33]”等字。（李玉2011）[311] 厦门方言中的b-、g-、l-三个声母，胡方（2005）经声学实验分析，指出实际上应为鼻冠音[mb ng nd]，而不是传统印象中的浊塞音和边音。揭阳方言中明疑母读b-、g-有微弱的鼻冠音色彩，不是与思界话相同的明确的复辅音，至于其声学特征是否与厦门方言相同，则还有待通过实验去验证。从b-、m-声母的辖字情况来看，mb-或先分化为b-和m-且以b-为主，以m-为辅，一如微母字今读所示。中古之后，受到官话的影响，明母字文读声母逐渐转化为m-，而微母字读m-者大多为白读常用字，并未受到官话中微母字读音的影响。

中古全浊声母的清化一定在明、微母字发生b-、m-的分化之前，因而明、微母字的b-未与其他全浊声母的b-发生合流并清化。

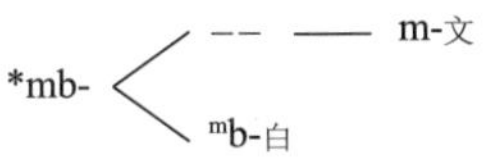

图4－3　明母音值演变图

例字6“母”读[bo]时不分文白，读[m̩]时只用于白读。② “弥”用于“阿弥陀佛”中读为[mi]，但用于“弥勒佛”则读[ni]或[mi]均可，出现了声母n与m的交替，这种交替不区别语义。因明母读n-的仅此一例，我们将之视作鼻音声母的偶发性交替。

声母n-、ŋ-、g-只见于明母，辖字甚少。n-辖“弥、谬”二字，ŋ-辖“猫”一字，g-辖“袜”一字。“弥、谬”二字在闽语区基本都读m-，揭阳读n-应为偶发性变体。“猫”读ŋ-、“袜”读g-疑似误读，其中“袜”存在另一异读声母b-，此声母无误，属白读层。由于声母n-、ŋ-、g-辖字很少且存在变读、误读的可能性，本文将之排除在明、微母的语音层次之外。

① 思界居民先祖于明末清初由福建漳州搬迁而来。（李玉 2011）[306]

② 我们将[m̩]看作音系中特殊的自成音节音，因而未在表4－54中列出。

表 4－56　明母字今读声母层次表

层次	声母今读	备注
一	b-/m-	白读;不分平仄
二	m-	文读;不分平仄

4.2.3.2　疑母

疑母字主体层声母读 ŋ-(66),另有声母 g-(23 个字音)、Ø-(11 个字音)、h-(10 个字音)、t-(1 个字音)和 kh-(1 个字音)。读音详情如表 4－57 所示:

表 4－57　疑母字今读表

<table>
<tr><th>中古声母</th><th>今读</th><th>平仄</th><th>开口一等</th><th>开口二等</th><th>开口三等</th><th>开口四等</th><th>合口一等</th><th>合口二等</th><th>合口三等</th><th>合口四等</th><th>合计</th></tr>
<tr><td rowspan="18">疑</td><td rowspan="6">ŋ</td><td>平</td><td>蛾俄熬昂呆~板</td><td>崖涯岩颜~色</td><td>宜仪严吟言银凝迎欢~</td><td>尧研</td><td>梧</td><td>顽</td><td>愚虞危原源元~旦</td><td></td><td rowspan="6">67</td></tr>
<tr><td>字数</td><td>5</td><td>4</td><td>8</td><td>2</td><td>1</td><td>1</td><td>6</td><td></td></tr>
<tr><td>小计</td><td colspan="8">28</td></tr>
<tr><td>仄</td><td>傲鳌藕鄂偶配~/~然艾~草岸海~</td><td>雅雁岳硬眼~睛</td><td>刈谊义议拟毅验俨酽业谚孽仰虐疟逆蚁蚂~</td><td>砚</td><td>五伍午悟玩</td><td></td><td>遇寓伪愿</td><td></td></tr>
<tr><td>字数</td><td>7</td><td>5</td><td>17</td><td>1</td><td>5</td><td></td><td>4</td><td></td></tr>
<tr><td>小计</td><td colspan="8">39</td></tr>
<tr><td rowspan="6">g</td><td>平</td><td>鹅</td><td>牙芽衙伢</td><td>疑牛</td><td>倪</td><td>吴蜈</td><td></td><td></td><td></td><td rowspan="6">22</td></tr>
<tr><td>字数</td><td>1</td><td>4</td><td>2</td><td>1</td><td>2</td><td></td><td></td><td></td></tr>
<tr><td>小计</td><td colspan="8">10</td></tr>
<tr><td>仄</td><td>饿碍</td><td>砑乐音~</td><td>艺</td><td></td><td>误</td><td></td><td>语御魏月玉狱</td><td></td></tr>
<tr><td>字数</td><td>2</td><td>2</td><td>1</td><td></td><td>1</td><td></td><td>6</td><td></td></tr>
<tr><td>小计</td><td colspan="8">12</td></tr>
<tr><td rowspan="6">Ø</td><td>平</td><td></td><td></td><td>迎~老爷:迎神</td><td></td><td>吾桅</td><td></td><td>娱元~宝</td><td></td><td rowspan="6">11</td></tr>
<tr><td>字数</td><td></td><td></td><td>1</td><td></td><td>2</td><td></td><td>2</td><td></td></tr>
<tr><td>小计</td><td colspan="8">5</td></tr>
<tr><td>仄</td><td>我</td><td>眼肉~:龙眼</td><td></td><td></td><td>卧杌</td><td>瓦~片</td><td>阮</td><td></td></tr>
<tr><td>字数</td><td>1</td><td>1</td><td></td><td></td><td>2</td><td>1</td><td>1</td><td></td></tr>
<tr><td>小计</td><td colspan="8">6</td></tr>
</table>

（续表）

中古声母	今读	平仄	开口一等	开口二等	开口三等	开口四等	合口一等	合口二等	合口三等	合口四等	合计
疑	h	平		颜姓氏			讹		鱼 渔* 芫~荽：香菜		10
		字数		1			1		3		
		小计	5								
		仄	艾艾草 岸堤岸	额	蚁蚂蚁			瓦厝~：瓦片			
		字数	2	1	1			1			
		小计	5								
	t	平							呆~板		1
		字数							1		
		小计	1								
	kh	平			沂						1
		字数			1						
		小计	1								

从各声母所辖字音来看，声母 ŋ-主辖文读音，偶见白读音（“研[ŋai]”），g-、Ø-、h-主辖白读音，偶见文读音（“瓦[ua]”）。声母 t-、kh-罕见，仅各辖一字。

表 4-58　疑母字文白异读表

序号	例字	白读音	词汇	文读音	词汇
1	眼	ãĩ3	肉眼龙眼	ŋaŋ3	眼睛
2	迎	ĩã2	迎老爷迎神	ŋeŋ2	欢迎
3	元	uaŋ2	元宝	ŋuaŋ2	元旦
4	艾	hĩã6	艾艾草	ŋai4	艾草
5	蚁	hia4	蚁蚂蚁	ŋi4	蚂蚁
6	岸	hũã6	堤岸	ŋaŋ4	海岸
7	瓦	hia4	厝瓦房上的瓦	ua3	瓦片

（续表）

序号	例字	白读音	词汇	文读音	词汇
8	颜	hĩã2	姓氏		
		ŋaŋ2	姓氏	ŋuaŋ2	颜色
9	研	ŋai3	研研磨	ŋiaŋ3	研究
10	倪	goi2	倪姓	ŋi2	端倪
11	蜈	ge2	蜈蚣	gou2	蜈①蚣
12	逆	geʔ8	逆	ŋek8	叛逆

赵学玲（2007）将汉语方言影疑二母的分合总结为北方型和南方型两大类型。其中，南方型又包括湘赣型、吴闽客型及粤语型。她认为潮州方言属于厦门型，即影母都读 Ø（ʔ）声母，疑母都读 ŋ（g）声母。事实上，潮汕方言的影疑母字的演变有着更为复杂的情形。影疑母除了各自有读 Ø（ʔ）和 ŋ（g）的情况，还有一部分合流的字音：疑母读 Ø 声母（11 字）与影母（172 字）相混，影疑母还有读 h-声母与晓母发生相混的字（影母 3 字；疑母 10 字）。可以说，两个中古声母之间仍有部分合流的情况，并没有完全分立。

疑母的主体层声母读 ŋ-（66 字），从异读表和今读表的情况来看，这一层是后起的文读层。第二个大层次是白读层声母 g-（23 字）。从韵摄等第中 g-声母字的分布情况来看，g-涉及开口一二三四等及合口一二三等且涉及果、假、江、止、流、蟹、遇、臻、通七个摄。但从揭阳方言今读韵母来看，g-只配洪音韵母。假如当时这部分字的韵母在闽语中已读洪音，这便应是 ŋg-发生分化之时的条件。g-声母字分布情况如下：

果开一歌韵　　鹅饿
假开二麻韵　　牙芽衙伢砑
江开二江韵　　乐
止开三之韵　　疑
流开三尤韵　　牛
蟹开三祭韵　　艺

① 此字声母读为 g-疑受声旁“吴[gou]”所影响。

蟹开四齐韵	倪
遇合一模韵	吴蜈误
遇合三鱼韵	语御
止合三微韵	魏
臻合三元韵	月
通合三钟韵	玉狱

表 4－58 中的例字“眼、迎、元”的白读层声母是零声母，原声母脱落；例字“艾、蚁、岸、瓦、颜”的白读声母是 h-，李方桂（2015）[20] 在《上古音研究》中提道：“上古清的舌根鼻音 * ŋ-，* ŋw-等也可以从晓母字跟疑母互谐得其线索，如许 xjwo：午 ŋuo，谑 xjak：虐 ŋjak……等。这类的晓母字不大跟别的舌根塞音互谐，我们可以比较的肯定说他们是从上古 * hŋ-，* hŋw-来的，可是有些晓母字不但跟疑母字谐声也跟别的舌根塞音谐声，这类的字就不能十分确定是从清鼻音来的了。”疑母除了与晓母相谐，也与浊声母匣母相谐，这一点李新魁（1997）[353] 曾有讨论。疑母字读 h-，一般认为是由鼻音声母演变而来的。张光宇（1990）[17-31] 认为古次浊声母明、泥、疑、日在闽南方言中读喉擦音 h-，经历了几个阶段的演变，即鼻音声母同化元音、鼻化韵前面的鼻音声母变为口音声母、鼻化元音口音化的过程。这几个演变阶段都跟气流有关，可称作“外流空气改道的音变”（sound change caused by switch of outgoing air channel）。王福堂（2005）[144] 认为，闽南方言中明、泥、日、疑母字的鼻音声母读成了 h-，“是一种由鼻辅音向口辅音的转化。按音理来说，鼻音声母气化后同时失去闭塞成分和鼻音成分，就成为清擦音 h”。

本书认为，揭阳方言白读层的疑母字先由 ŋg-同时分化为 ŋ-和 g-，以 g-为主。现存读 ŋ-的白读层字音少见（如“研研磨”“雅”），主要由于大部分白读层的 ŋ-已演变成了 h-。此后，又有部分 h-发生声母脱落演变为 Ø-。目前文读的 ŋ-是后起的，不在此演变链中。白读层中各声母的演变顺序如图 4－4 所示：

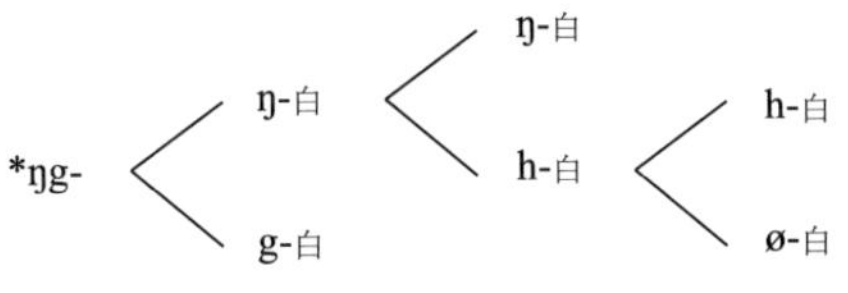

图 4－4　疑母音值演变图

声母 t-辖字仅有“呆”，应是受到了现代普通话的影响。“呆”另有异读音

[ŋai],仅出现于文读语境中,①可见“呆”的两种声母为来自不同时期的文读层,ŋ-为系统型文读,t-为罕见型文读。声母 kh-辖字仅有“沂”,在闽语区中,闽中明溪的“沂”声母为 kh-,其他地区如闽南漳浦、莆仙仙游、闽北建瓯等地的“沂”声母均读为 k-,其演变机制尚待探究。由于揭阳疑母字今读声母 t-和 kh-都仅辖一字,暂先排除在层次之外。

表 4-59　疑母字今读声母层次表

层次	声母今读	备注
一	g-、ŋ-、h-、Ø-	白读;不分平仄
二	ŋ-(主)	文读;不分平仄

4.2.3.3　小结

不明微母和疑母今读浊音声母,存在两种可能性来源:第一,鼻音浊化;第二,由早期白读层声母 mb-、ŋg-缺省 m-和 ŋ-而来。清塞音发生浊化的例子是存在的,如江西永修、德安赣语的 tɦ-、pɦ 变成 dh-、bh(朱晓农 2003)[16],陶寰(2018)也谈到了苍南蛮话中有“清音返浊”的例证以及他控音变可用于解释“清音返浊”的原因。但通过上文对明疑母语音层次的分析,我们认为揭阳方言中的明母和微母读 b-来自早期的 mb-。假如 b-是后起的浊音,其统辖的字音不应该比 m-更早,而从 b-的辖字来看,b-是早期层次而 m-应为晚期层次。疑母的 g-也是一样的问题,从以往研究及闽语疑母字 g-的读音层次来看,g-早已有之。本书认为,明、微、疑母的 g-、b-来源于早期的 mb-、ŋg-,其分化发生在中古全浊声母清化之后,因而未与来自中古全浊声母的 b-、g-发生相混并清化。

4.3　中古清声母字

4.3.1　心母、生母、书母白读层读塞擦音

清声母字心母、生母及书母全浊声母字邪母、船母和禅母一样,有读为塞擦音的声母层次。此层次在闽方言内部有较高的一致性,揭阳方言中心生书三母读为塞擦音的例子如表 4-60 所示:

---

① 如潮剧中偶有“假痴作呆[ŋai]”之说,发音人一致认为此类说法不出现于口语系统中。本书将之标作文读音,但由于没有与之对应的白读音,因此未出现于表 4-58 中。

表 4-60 心母、生母、书母读塞擦音例字表

声母	ts	tsh
心母	粹纯~	臊鳃鱼~鲜新~栖星腥须胡子笑膝醒碎髓粟粹精~
生母	率~领	生~分拴闩~门
书母	书春少多~湿路~~：路很湿折~断叔水~果	奢赊深伸~手试拭手翅鱼~

读为塞擦音的层次几乎只用于白读词汇中，通过闽南方言内部的比较，可知此层次为早期白读层。一般与擦音 s-的文读层对立，构成文白异读对立组。例如，书母字的 ts-、tsh-声母与 s-声母有以下文白词汇的对立：

表 4-61 书母字文白异读表

序号	例字	白读音	词汇	文读音	词汇
1	伸	tshuŋ1	伸手	seŋ1	伸手
2	水	tsui3	水	sui3① 白	水漂亮
3	湿	tsap7	路湿湿路很湿	sip7	湿地
4	少	tsio3	多少	siau5	少年

书面字读送气或不送气塞擦音在闽语中比较具有一致性（伍云姬，沈瑞清 2010），且书母字读不送气塞擦音主要出现于沿海闽语中。中古的书母字为擦音声母，读塞擦音与其上古来源有关。白一平（2010）在《"埶"、"势"、"设"等字的构拟和中古 sy-（书母=审三）的来源》中根据闽语的材料，对书母的语源和谐声关系进行探讨，结论为书母至少有四种上古来源：＊s. t-或＊s-t-、＊l̥-、＊n̥-和＊ŋ̊-。野原将挥、秋谷裕幸（2014）以此为基础，对其他汉语方言的书面字读音进行了研究，结果表明乡话和吴语中读作不送气塞擦音或零声母（来自＊tɕ）的书母字与闽语高度一致，形成了乡话、吴语、闽语三种方言的书母字读不送气塞擦音与上古拟音＊ST-之间的对应，并根据白一平（Baxter 1995）[395-396] 对闽语大致分化于西汉末或东汉初的时间论断，推断乡话、吴语和闽语的共同原始语应早于此时间段，即读不送气塞擦音的书母字至晚来源于西汉末或东汉初。

① "水"［sui3］为闽南方言中的口语词汇，但将其放到整个闽语的语音系统中分析，可知其声韵调皆为文读层产物。"水"用作口语词汇或与文读系统对白读音的渗透有关。

张儒、郭存礼(1991)对心母字来源做了考察,通过心母字与舌音、齿音、喉音组的通假情况进行分析,得出中古心母字有三种来源(上古心母、上古舌音、上古喉音)的结论。李新魁(1997)[364-368]列举了中古擦音声母心、邪、生、书、禅五个声母在潮汕方言中读为塞擦音的情况,并从谐声角度讨论了心母与端组和章组、书母与定母、心母与端组和精组等声母之间的谐声关系。总括而言,清声母字心、生、书等中古擦音声母,在上古时期都有多种来源。这几个声母在闽语中还留存着读塞擦音的层次,这些层次恰是对中古擦音声母的上古音特征的反映。

4.3.1.2 精庄章组合流及知组两分

表 4-62 精庄章知四组混读表

中古声母		今读声母	字数	分布
精组	精	ts	96	开合口一三等
	清	tsh	88	开口一三四等;合口一三等
	从	ts	61	
		tsh	27	
	心	tsh	14	开口一三四等;合口三等
	邪	tsh	9	开合口三等
庄组	庄	ts	30	开口二三等
	初	tsh	29	开口二三等;合口三等
	崇	ts	12	
		tsh	12	
	生	tsh	3	
章组	章	ts	90	开合口三等
	昌	tsh	35	
	船	ts	7	
	书	tsh	8	
		ts	7	
	禅	ts	10	
		tsh	8	
知组	知	ts	17	开口二三等;合口三等
	彻	tsh	5	
	澄	ts	12	

其中，除了心、生、船、邪、书、禅六母及知组的塞擦音声母不是他们的主体声母层，其他中古声母读塞擦音均为主体声母层。

中古的知庄章三母在《中原音韵》中到底是合流还是二分，一直是讨论的焦点。陆志韦(1946)首先在《释〈中原音韵〉》中提出知二和庄组是一类，知三和章组是另一类。后来蒋希文(1982)、冯蒸(1994)等学者又从不同的角度及其他近代音韵文献中指出知二庄与知三章分作两类的合理性。但罗常培(2012)、李新魁(1979)等则认为《中原音韵》中的知庄章已经合流了，知二庄与知三章的区别在于是否有介音 i，以对立互补的原则归纳音位，则无需再行区分。事实上，合流派与二分派的分歧在于音位归纳的宽严问题，而知二庄与知三章在《中原音韵》等近代韵书中仍有区别则是无疑的。正如王洪君(2014)[80] 所讲，字音有对立是根本问题，而音位处理的宽严可视研究目的的不同而改变，并无对错之分。知庄章的合流是近代音韵演变中的一个主要特征，以《中原音韵》中知庄章的分合关系为起点，可以对许多现代方言中知庄章的今读类型及演变过程进行推演。揭阳方言中知庄章组中读 ts 组的基本都是文读层，此层次自北方权威官话中借来，自然也可以《中原音韵》中知庄章的分合为依据，推断几组声母的分合过程。

与北方方言相去甚远的是，知组字除了有读为 ts-组的文读层声母以外，还有一个主体声母层读为 t-组，与端组字相同，如“桌猪追忠竹着置昼展哲”等字。t-组声母为白读层次，端知不分的现象符合清代古音学家钱大昕所讲“古无舌上音”的上古音特点。

揭阳方言中的精组，与庄章组完全合流了。精庄章知四组的/ts-、tsh-、s-/应视作音位变体，逢洪音读为 ts-、tsh-、s-，逢细音时发音则接近于北方官话中的 tɕ-、tsɕ-、ɕ-。ts-、tsh-、s-与 tɕ-、tsɕ-、ɕ-之间没有最小对立对，呈互补分布态势，在归纳音位时统一记作了/ts-、tsh-、s-/。精庄章组与知组的合流情况可简化如图 4－5 所示：

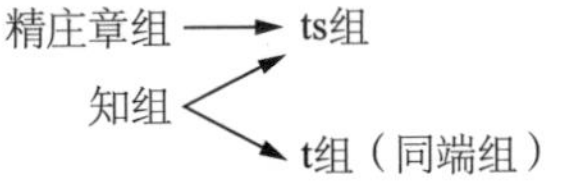

图 4－5　精庄章知四组的合流与分化图

4.3.2　章组读舌根音 k-

章组的主体层读 ts-、tsh-，与庄章知混。但章组有几个常用字读舌根音 k-、kh-的，是上古音遗存的读音特点。

章组读舌根音的例字如下：

章母读 k-：枝[ki1]栀[ki1]支[ki1]量词痣[ki5]指[ki3]动作

昌母读 kh-：枢[khu1]齿[khi3]

董同龢(1948)在《上古音韵表稿》中早已指出章组字与舌根音声母有关联，并将这些字拟为舌面中音。郑张尚芳(2012)[511] 谈道："河野六郎提出：在上古与中古之间，牙喉音在 i 介音前已经有过第一次腭化。董同龢曾为此构拟 c 组、李方桂也曾为此构拟 krj，其实它就是最早的 kj(可包括一部分 klj，但不会有李拟的 krj，因为如有抗腭化的 r 介入，像在脂真韵的重纽三等字一样，就不可能出现腭化了)。只因在他们的系统里 j 跟三等介音无别，不能区分那些在三等介音仍读见系不变的字，只好做这般安排。在我们的新说里，三等上古是无介音的短元音，中古带 ɨ，都没有带 j，两者绝对不会相混。"郑张尚芳的 j 是一种辅音性的垫介音，而非元音性介音，此构拟既可看作章组腭化的源头，又可支持三等介音后起之说，①目前看来是较为妥当的。

部分章组字上古来自 k 组，也可从谐声关系中找到证据。李新魁(1997)[355] 提出了不少章组字与见组字相通的古籍证据，如《诗经》中的"君子好逑"，"逑"通"仇"，"逑"为群纽，"仇"为禅纽，"仇"字从"九"得声，牙音字读入章组，正是音变之缘故。李小凡、项梦冰(2009)[224-225] 指出闽语有少数章组字读舌根音的情况，并谈道："就目前所见的语料，'齿'字读 k'-未见于闽方言之外的其他方言。"

4.3.3 几个读为浊音的字

在清声母字中，除了微母字的主体层声母读浊声母 b-之外，还有几个中古声母有今读浊音声母的情况。原因待考。

表 4－63 清声母字今读浊音声母例字表

中古声母	今读声母	例字
非	b	痱
敷	b	抚

① 潘悟云(2002)[52]："Pulleyblank(1962-63)最早提出三等腭介音后起的假设。郑张尚芳(1987)指出上古短元音到中古发展出腭介音，成为三等韵。他们从汉藏比较、切韵的音系结构诸方面提出很充实的证据。"

（续表）

中古声母	今读声母	例字
心	dz	玺
知	dz	转~螺丝
庄	dz	爪皱
章	dz	沼
晓	dz	吁呼~

4.4 总结

表 4－64 揭阳方言中古声母字今读声母数量表

声母	p	ph	b	m	t	th	l	n	k	kh	g	h	ts	tsh	dz	s	ŋ	Ø
帮	115	78																
滂	11	58																
並	66	51	2									1						
明			33	106				1									1	
端					88				2				3					
透					8	85												
定					87	53												
泥							11	29							4			
来					3	1	208	29										
精													96	6				
清													1	88		2		
从					2								61	27	1	1		
心												1	2	14	1	130		
邪													3	9	1	46		2
知					40	1							17	1	1	1		
彻					2	14							2	5		1		

（续表）

声母	p	ph	b	m	t	th	l	n	k	kh	g	h	ts	tsh	dz	s	ŋ	Ø
澄					47	20							12	8				
庄					1								30	3	2			
初						2							3	29				
崇					2								12	12		6	1	
生						1							1	3		33		
章					4				5				90		1	1		
昌						1				2			1	35		1		
船					2								7	1		16		
书						1		1				2	7	8		69		
禅													10	8		58		
日			1				2	6				3			54			
见								1	343	17		3					1	2
溪									9	128		5					2	
群								1	44	44				1				
疑					1					1	22	10					67	11
晓						2				8		94			1	2	1	2
匣	1	1			1			1	18	4		140	1				2	25
影				1								3						172
云												7					1	51
以				1					2			3	3		14	4	1	88
非	15	3	1									32						
敷	2	4	1									27						
奉	9	7										33						1
微			25	11							1							
小计	219	202	63	119	288	181	221	69	423	204	23	364	362	258	80	371	77	354
比例	6%	6%	2%	3%	7%	5%	6%	2%	11%	5%	1%	9%	9%	7%	2%	10%	2%	9%

观察表 4－64，可看到揭阳方言中古声母存在以下分混规律：

① 帮组和非组声母有同读为 p-、ph-的层次，轻重唇不分；

② 端组和知组有同读为 t-、th-的层次，舌头舌上不分；

③ 知组和精庄章组有同读为 ts-、tsh-的层次。精庄章组的主体层即为 ts-、tsh-，知组主体层仍为存古的 t-、th-。此外，以母也有几字读为 ts-，①此为以母的存古层；

④ 匣母有与见组声母相混为 k-、kh 的层次。见组声母的主体层即为 k-、kh，匣母主体层为 h-。另有少数章组字②也读舌根音声母；

⑤ 疑、匣、影、云、以有相混为零声母 Ø-的层次。零声母 Ø-为影、云、以三母的主体层；

⑥ 泥母和来母半混半分立。泥、来母今读声母 n-、l-发生相混，但有各自的主体层（泥母 n-来母 l-）；

⑦ 非组与疑、晓、匣、影、云、以母有相混为 h-的层次。但这些中古声母今读喉擦音声母 h-的来源各有不同，既有存古的，也有创新的；

⑧ 双唇鼻音 m-见于明（微）母中，舌根鼻音 ŋ-见于疑母；

⑨ 心、邪、生、船、书、禅相混为 s-，s-为此六母的主体层。此外，以母也有几个字③读为 s-，此为以母的存古层；

⑩ 古全浊声母字已全部清化。古次浊声母今读共有三个浊音声母 b-、g-、dz-。b-主要见于明（微）母。另有几个读 b-的字残留于帮组的並母及由帮组声母分化出来的非、敷母中。g-来自疑母，微母有一字（“袜”）读 g-，疑似例外。dz-主要见于日母和以母，但在从、心、邪、知、庄、章、晓、泥母中也有零散分布，dz-为跨层声母，分属文白两层。

---

① 分别为“檐檐龙：壁虎”、“养头养：头胎”、“痒爬痒：搔痒”三字。

② 共有七字：章母的“枝”、“栀”、“支量词”、“痣”、“指动作”及昌母的“齿”“枢”。李小凡、项梦冰（2009）[224-225] 指出闽语有少数章组字读舌根音的情况，并谈道：“就目前所见的语料，‘齿’字读 k‘-未见于闽方言这外的其他方言。”

③ 分别为“蝇”、“檐房檐”、“翼鸡翼”、“液手液：手汗”四字。

| 第五章 |

揭阳方言中古韵摄今读语音层次

5.1 中古韵摄今读层次

5.1.1 果摄字的语音层次

表 5－1 果摄字语音层次表

<table>
<tr><th colspan="2" rowspan="2">层次</th><th colspan="4">开口</th><th colspan="4">合口</th></tr>
<tr><th>韵母</th><th>韵</th><th>数量</th><th>例字</th><th>韵母</th><th>韵</th><th>数量</th><th>例字</th></tr>
<tr><td rowspan="7">白</td><td>一</td><td>a/o</td><td>歌一</td><td>2</td><td>挲阿婆</td><td>ui</td><td>戈一</td><td>1</td><td>蓑棕~</td></tr>
<tr><td rowspan="2">二</td><td>ua</td><td>歌一</td><td>5</td><td>拖歌我舵掌~</td><td rowspan="2">ue</td><td>戈一</td><td>13</td><td>菠过果火</td></tr>
<tr><td></td><td></td><td></td><td></td><td>戈三</td><td>1</td><td>瘸</td></tr>
<tr><td rowspan="3">三</td><td>ai</td><td>歌一</td><td>2</td><td>个舵阿~</td><td>ua</td><td rowspan="3">戈一</td><td>8</td><td>裸磨婆破</td></tr>
<tr><td></td><td></td><td></td><td></td><td>uã</td><td>2</td><td>颇果~然</td></tr>
<tr><td></td><td></td><td></td><td></td><td>uãĩ</td><td>1</td><td>果青~</td></tr>
<tr><td>四</td><td>io</td><td>戈三</td><td>1</td><td>茄~子</td><td>ia</td><td>戈三</td><td>1</td><td>靴</td></tr>
<tr><td rowspan="3">文</td><td>五</td><td>o</td><td rowspan="2">歌一</td><td>25</td><td>多驮左歌</td><td>o</td><td>戈一</td><td>47</td><td>波朵琐</td></tr>
<tr><td>六</td><td>a</td><td>3</td><td>他那哪</td><td></td><td></td><td></td><td></td></tr>
<tr><td>七</td><td>ia</td><td>戈三</td><td>1</td><td>茄雪~</td><td></td><td></td><td></td><td></td></tr>
</table>

5.1.1.1 歌韵

表 5－2 歌开一韵文白异读表

序号	例字	白读音	词汇	文读音	词汇
1	歌	ua	唱歌	o	唱歌
2	挲	a	挲用手轻扫抓取	o	摩挲
3	个	ai	几个	o	个体户

（1）ua、ai

从词汇信息来看，“歌”读 ua 时搭配白读的“唱”，“唱歌”读作［tshio kua］，与文读的“唱歌”［tshiaŋ ko］不同，韵母 ua 属白读层。同时，读 ua 韵的字多为白读常用字（"拖""大①""我"），"舵"读 ua 时亦为白读。据郑张尚芳（2013）[165]，歌部字白读 ua 反映了上古歌部与祭泰一样是收舌音韵尾的情况，而元音 a 在收舌条件下产生了 a>o>ua/-n-t 的裂变结果。李方桂（2015）[53] 同样指出，上古歌部与祭部、元部一样在舌尖音声母字里有合口音，韵母 ua 早在诗经时代已经产生。戴黎刚（2012）[17] 根据以往的研究（张琨 1985，1991；连金发 1998）及对闽语莆仙话果摄 ua 韵的分析，认为闽语果摄的 ua 应为上古音层。

"舵"读 ai 用于"阿舵"（船老大）一词中，同样属于早期白读层，在 30 岁以下的年轻人中已无此音。② "个"读 ai 时文白不分，应是白读音类向文读词汇的渗透所致，"个"读 o 时只用于文读词汇。郑张尚芳（2013）[165] 曾指出歌部字读 ai 来源古早："上古歌、微两部应带-l 尾，至晚期（汉代）则跟声母 l 一样经 ʎ 转化为 j。因此上古晚期的歌部、微部仍可记为 aj\ɯj，或 ai\əi。可比较泰文'歌'gaaj、'舵'daaj'尾部、'肥'puj'肥料。"在南部吴语和桂南平话中，同样可以找到一些歌韵读 ai 的字，如"多"读［tai］广丰/［ʔdai］庆元，"个"读［kai］庆元、文成、温州（郑伟 2013）[33]，又如"大"读［tai］（覃远雄 2011）[27]。郑张尚芳（1983）[115] 谈道："歌韵读 ai，和灰、泰合韵读法相同，这和一种古老的语音现象即古音学所谓歌微通转有关。"

（2）a

"挲"读 a 时为白读音，"阿"读 a 时文白不分。从"挲"读［sa］白与读［so］文时的文白对立以及"阿"读［a］③时多用作亲属称谓的词头来看，歌韵的 a 是白读音类。但这个音类是否就是在舌音韵尾前裂化出 ua 的元音 a 呢？歌韵的 a 可能有两种时代来源：1）诗经时代之前，a 裂化出 ua，与 ua 共存；2）诗经时代之后，部分读 ua 的字介音丢失，演化为-a。汪荣宝（1923）的《歌戈鱼虞模古读考》提出了一个著名的论断："唐宋之上，凡歌戈韵之字皆读 a 音，不读 o 音；魏晋以上，凡鱼虞模韵之字亦皆读 a 音，不读 u 音或 ü 音也。"李新魁（1997）[374-376] 对此表示赞同，并认为潮州话的歌韵字读 a 时保留的正是上古歌部字的音值。徐宇航（2015）[163] 认同李方桂（2015）及徐芳敏（1991）的研究结果，即歌部字读 a 是"鱼歌祭佳合流之后的

① 沈瑞清（2024）根据文献与汉语方言的情况，提出了闽语、客家话、粤语的"大"的读音很可能跟汉代淮南方言有关的观点。

② 据徐宇航（2015）[162]，"舵"在现代潮州方言中已无 ai 这个读音，但在 19 世纪的语料（Duffus 1883；Fielde 1883；Gibson 1886；Steele 1924）中均有"舵"读 ai 的记录。

③ 构词前缀"阿"另可读［o］，根据目前的调查，该变体未出现于其他潮汕分支方言点中。"阿"两读有区分亲疏远近的语用功能（［a］亲密 vs［o］非亲密），这类［o］应视作［a］之变体，不纳入语音层次的考察中。

读法，歌祭两部的本音是 ua”。我们则更赞成 ua 由 a 裂变而来的看法，即 a 在 ua 之前，裂变出 ua 之后两者并存于同一时代。桂南平话中歌韵的 a“是白读，显得较土，口语色彩很浓”（覃远雄 2011）[28]。覃文同时提到，壮语早期汉借词的果开一也读 a。（转引自张均如等 1999）[685] 可见部分果摄的 a 的存古性。不过，来自上古时期的 a 在揭阳方言中仅余“挲、阿”两字，其余读 a 的字（“他”“哪”“那”）都带有浓厚的文读色彩，这些 a 跟温州方言一样，受到了官话的影响。（郑张尚芳 1983）[113]

（3）文读层：o

例字 2-5 与 ua、a、ai 对应的文读韵都是 o，这个后起的层次是果摄字的主体韵母层。此外，果开一另有两个音类仅有一字：“驼”[thoʔ]及“可~汗”[khiok]。“驼”疑为误读，“可”读[khiok]仅用于“可汗”一词中。通过分析以及审视同一音类中仅有一读的字，我们将韵母 ai/ua/a 纳入白读层，将韵母 a/o 归于文读层。列如表 5－3 所示：

表 5－3　歌开一语音层次表

白读层	文读层
a/ua	a
ai	o

从音类数量来看，果开一歌韵字以文读音类 o 为主，上古音韵层次 a/ua/ai 仅有少量遗存。但文读音类有可能会不断地受到不同历史时期的权威方言的冲刷，而一些白读词汇的根基是十分稳固的，如“我”[ua]、“大”[tua]大细：大小、“个”[kai]几个等日常词汇，不易被外来读音层替换掉。

5.1.1.2　戈韵

表 5－4　戈合一韵文白异读表

序号	例字	白读音	词汇	文读音	词汇
1	簸	ua	簸箕	o	颠簸
4	菠	ue	菠薐	o	菠菜
5	裹	ue	裹骹垫脚	o	包裹
6	窠	ue	狗窠	o	窠臼

（续表）

序号	例字	白读音	词汇	文读音	词汇
7	果	ue	水果	ũã	果然
		ũãĩ	青果水果（白）		

（1）戈开三韵的 io、ia

戈开三韵仅有“茄”一字，读[kio]时用于表“茄子”，三等 i 介音一般被认为是中古时期才增生出来的。郑张尚芳（2013）[180] 便提到一些南方方言有文读细音、白读洪音的现象，并谈到“茄”在苏州、广州和越南音中都读洪音，“是中古才变三等的”。因此，“茄”韵母读 io 最早只能是中古时期的事情。“茄”另有一音读[kia]，用于“雪茄”的“茄”中，明显是受到近现代译自英文 cigar 的汉语普通话“雪茄”的影响。

（2）戈合一韵主体层的 o 中的层次

果合一戈韵字的文读韵与歌韵同为 o，在异读表中与 ua、ue 等白读韵母相对应，可先设定主体的文读层次 o。但例字 2 和例字 3 的读 o 都只见于口语音。“磨”在“磨擦”中读[bua]，在“挨磨推磨”中读[mo]，“婆”在“老婆”中读[phua]在“河婆”中读[po]。根据前文我们对明母字和並母字的分析，可知明母的文白声母对应为 b-（白）对 m-（文），而並母字的白读声母和文读声母都是 p-、ph-并存。那么，“磨”读[bua]不管从声母还是韵母来看都应归于白读层。除了“磨平”“磨掉”“磨白”等白读词汇中的“磨”读[bua]之外，[bua]还见于“折磨”“磨擦”等文读词汇中。“磨”声韵调虽未发生文白错配，但却以文白读的音节为单位互相侵入对方系统中，因而出现了白读音节搭配文读词汇的现象。而“挨磨”中的“磨”读[mo]，声母虽是文的，但在厦门、漳州两地中对应的是 b-。曾南逸（2023）通过论证，认为“磨、婆”二字的韵母 o 源于原始闽语的 *-a 韵，是比 ua 更早的层次。本书同意此观点，从 o 韵在闽语区中有较清晰的对应关系来看，①可将之与白读 a 韵归为一类。

（3）ui

韵母 ui 只用于“棕蓑”蓑衣一词中的“蓑”，戴黎刚（2012）[23] 认为，闽南语和莆仙话“蓑”读 ui，代表了上古心母微部字的“蓑”在闽语中的演变有别于北方方言，

① 例如，据小学堂网站，“婆”在 61 个客家方言点（分布于粤台片、汀州片、宁龙片、于信片、铜桂片、粤西片、广西客语、客语方言岛及海外客语等片区）中声母主要为 ph-（60 个点）而韵母主要为 o/ɔ（52 个点）。

即并未归入果摄，而是仍旧读同部分上古微部字（中古微韵的“气”“几”等字）。本书同意此说，韵母 ui 应归入上古层。

（4）ue 与 ua 的早晚关系及 ua 的鼻音增生

除了主体层 o 之外，ue 是数量第二多的韵母。从异读表来看，ue 与 o 存在文白对应关系，即 ue 和 ua 一样是白读层。但 ue 与 ua 孰先孰后，还得从二者的辖字看起。

ue：菠过锅倮裹果水~粿火伙货和~尚

ua：簸破婆磨摩裸科课祸和~气

“和”字有 ue、ua 两读的情况，读 ue 时用于“和尚”一词，读 ua 时用于“和气”“和平”等词中。这两读与“和”的另外两个读音（“唱和”中的“和”[ho]，“和牌”中的[hu]）相比，都是更为古早的层次。从 ue、ua 的在“和”字中的词汇分布情况来看，ue 比 ua 要更早些，这从 ue 在果合一戈韵中的辖字也可以看出。徐芳敏（1991）[398] 谈到闽南方言中漳州的二等开口有 ɛ 韵母，二等合口有 uɛ 或 uai 韵母，而一三等则没有这种情况。事实上，闽南方言中一三等韵中有读 uɛ 或 uai 的情况，比如揭阳方言的果合一戈韵字。其他闽南方言与揭阳方言这一层次相对应的音中也有类似的读音，如“裹”（漳州、大田读 ue）、“过”（漳州读 ue/o；厦门读 e 文/ua 白/o 白；漳浦读 uɛ 白/ua 文）。此类读音同时可以在闽方言其他地区（如闽北、闽东）中发现，可以说在整个闽语区具有一定的普遍性。从“过”在漳浦中的文白读音可以看出，漳浦的 uɛ 同样比 ua 要更早些，①这与我们对揭阳方言果合一戈韵中 ue、ua 之间关系的认识是一致的。此外，郑张尚芳（2012）[186] 提到，“倮”在上海话中读[kue]，②而山西平遥的“果”“火”等字也有读 uei 韵的情况，“上古 oi 是歌部 ai 的合口，歌 oi 微 ui 合韵即以此为基础”。假如合口的 ue 由 oi 演变而来，其演变结果应当早于 ua 出现的时间。③

闽南方言的鼻化韵母和塞音韵尾一样，一般可看作早期层次的特征。果合一的 ũã、ũãĩ 辖字很少，ũã 用于“颇”“果~然”中，ũãĩ 用于“果青~：水果/荔~：荔枝”中。ũã 的辖字看似文读字词，“青果/荔果”的“果”读 ũãĩ 从土人感出发则是十足的白读

① 至少土人感或记音者是这样认为的。

② 据小学堂，吴语处衢片龙衢小片的常山、江山、广丰等方言点亦有将“果”记作 ye 的记录。

③ 据戴黎刚（2012）[19]，“闽语的果摄读为 ue 类只限于合口戈韵见系字，而 ua 类分布在开口歌韵字以及合口戈韵的帮组字、端组字。两者刚好有互补的关系，所以我们认为 ua 类和 ue 类是条件音变”。从揭阳方言 ua 类和 ue 类的分布格局及文白异读情况来看，两者并非条件音变。

音，从目前的资料来看，①“果”读鼻化韵母只见于闽南方言潮汕片的方言点，其他闽语方言点均无此读法。不管是“青果”表水果还是“荔果”表荔枝，都是常见白读音。“荔枝”最早被记作“离支”出现于司马相如的《上林赋》中。② 在闽南、岭南地区，荔枝栽培历史悠久，但是否在早期即称为“荔果”呢？在粤语方言区，“荔枝”仅被称作“荔枝”，而在同样盛产荔枝的壮语、泰语地区，并无与“荔果”相近的音读。根据北京语言大学 BBC 语料库，“荔果”作为“荔枝”的别称最早见于明代的《泉翁大全集》及《物理小识》等文献中，如此看来，“荔果”当是闽地对“荔枝”的专称且可能是在中古之后才出现的。ũã 由 ua 发生鼻音增生而来，ũãĩ 则在 ũã 的基础上增生出 ĩ，两者应当都是中古后期发生于语言系统内部的演变。

表 5－5　戈合一韵语音层次表

白读层	文读层
o	—
ui	o
ue	—
ua/ũã/ũãĩ	—

（5）戈合三韵：ue、ia

果合三戈韵仅有两字：“瘸”与“靴”。“瘸”读 ue 与合口一等戈韵字相同，“靴”读 ia 在闽南方言中非常一致，有学者认为属于早期读音。（徐宇航 2015）[163] 本书同意此说。

5.1.1.3　小结

张坚（2018）[97-98] 指出果摄的“螺坐退袋”在潮安县金石镇一带读-ɤ，与-o 形成对立。曾南逸（2023）认为现代潮州方言中读［o］的果摄字有两个层次，其证据是“梭锁锣”与“螺坐退袋”在有的闽南方言（如仙游、建瓯等地）中并不相混。这类字的具体情况有待进一步研究。

果摄字虽只有开合口一三等韵且字数不多，但已呈现出各种复杂的层次，多数层次与上古音直接或间接相关。这足以看出揭阳方言作为闽南方言中的一个分支方言，其语音系统存在多来源、多层次的问题。

---

① 根据小学堂网站所提供的闽语区 40 个方言点的材料而言。

② 《上林赋》篇章：“于是乎卢橘夏熟，黄甘橙楱，枇杷橪柿，亭奈厚朴，梬枣杨梅，樱桃蒲陶，隐夫薁棣，荅遝离支，罗乎后宫，列乎北园。”

5.1.2 假摄字的语音层次

表 5－6 假摄字语音层次表

层次		开口				合口			
		韵母	韵	数量	例字	韵母	韵	数量	例字
白	一	a	麻二	6	鸦椏亚丫				
		e	麻二	34	茶加夏厦	ue	麻二	3	瓜花化
		ẽ		2	骂诈~死				
	二	ia	麻三	2	爹也				
	三	ua	麻二	2	沙麻				
			麻三	1	蛇				
文	四	ia	麻二	12	霞嘉贾痂				
			麻三	24	写遮者车				
		ĩã	麻二	2	雅假放~				
			麻三	1	且				
	五	a	麻二	18	巴芭疤霸	ua	麻二	11	蜗夸华蛙
		e	麻三	3	姐扯耶				

表 5－7 假摄字文白异读表

韵	序号	例字	白读音	词汇	文读音	词汇	白读音	词汇
麻开二	1	把	pe3	把量词	pa3	把握		
	2	爸	pe4	爸爸爸	pa2	爸爸		
	3	家	ke1	家庭	ka1	家己	khia	私家私房钱
	4	爬	pe2	爬山	peʔ7	爬悬爬高		
	5	加	ke1	加多	kia1	加法		
	6	假	ke3	真假	kia3	假如	kĩã3	假期
	7	下	e4	下脚下面	hia4	上下		
			e6	一下				
			he4	下糖送糖				
			ke4	悬下高低				

（续表）

韵	序号	例字	白读音	词汇	文读音	词汇	白读音	词汇
麻开二	8	沙	sua1	沙土	sa1	沙沙声		
	9	丫	a1	丫头	ia1	丫头		
	10	鸦	a1	乌鸦	aʔ7	鸦片		
麻开三	1	姐	tsia3	大姐	tse3	小姐		
	2	耶	e6	语气词	ia2	语气词		
麻合二	1	蜗	o1	蜗牛	ua1	蜗牛		
	2	侉	hũãĩ	侉有口音	khua1	侉有口音		
	3	瓦	hia4	厝瓦	ua3	瓦片		

5.1.2.1 果假合流层：a、ua

冯蒸先生(1989a)曾就域外译音、中古历史文献等方面对中古以来果假合流的问题进行过讨论，他认为果假二摄的合流方式有两种：一种是果变入假（后 ɑ 变入前 a）；一种是假变入果（前 a 变入后 ɑ，之后高化为 o/ɔ）。倪博洋(2015)则认为前人（王力、邵荣芬、周法高、郑张尚芳等）将中古果摄主元音拟为后 ɑ 不可靠，从对唐诗押韵情况与越南汉字音、朝鲜汉字音及侗台语中古借词等方面的考察来看，果假二摄的中古主元音都是前 a，其区别在于 r 介音的有无。不管果假二摄是因为元音相近产生的合流还是元音相同仅介音有别而产生的合流，中古时期的果假两摄都曾有过合流。

（1）麻开二韵的异源层 a 及其元音高化

中古麻韵字来自上古的歌、鱼、铎祃三部。根据郑张尚芳(2013)[246] 的《广韵》五家①韵母对照表，麻韵的中古拟音各家比较一致，可折中记为：麻开二 * a、麻开三 * ia、麻合二 * ua。

从揭阳方言麻韵异读字可看出，a 既有文读音又有白读音。检视麻开二读 a 的字（详参附录），可知 a 有两个不同的层次或来源。一个是中古晚期的语音层次（今文读层），一个是中古早期甚至是早于中古的语音层次（今白读层）。根据土人感以及麻韵与北方官话韵母系统的比较，我们将来自不同层次的韵母 a 区

① 指郑张尚芳、高本汉、王力、李荣、邵荣芬。

别如下：

晚期层次 a：巴芭疤霸欛坝把爸马拿搽渣榨诈差乍沙洒

早期层次 a：查姓家~己：自己鸦桠亚丫

代表八世纪长安音的日本汉音和代表更早期吴地读音的日本吴音所呈现出来的麻韵字读音能够帮助我们区分 a 的两个层次。潘悟云(2002)[54] 对日本吴音和日本汉音的麻韵字读音进行了对比，结果显示汉音读 a，吴音读 a、e，潘悟云(2002)[54] 谈道：“吴音的麻韵有 a、e 两种读音。这里有两种可能。一种可能是麻韵在吴地的读音为 æ，日语中没有 æ 这个音，于是分别用比较接近的 a 或 e 来对译。另一种可能是，麻韵在当时吴地不同方言中有 a、e 两种读音。因为 e 从 a 变来，它更可能反映一个接近 a 的读音 æ。不过无论是哪种情况，麻韵在当时的吴地曾有过 æ 的读音”。从表 5－7 中可以看到，在麻开二、麻开三中，e 比 ia 早，从麻开二的主体层 e 的辖字来看，e 比晚期层次的 a 要早。这个 e 对应的是由 a 变来的日本吴音中的 e，① 当时部分未变 e 的韵母 a 与韵母 e 共存于日本吴音中。到了日本汉音中，e 已经依照原路线返回，低化为 a，消失殆尽了。揭阳方言的晚期层次 a 便是此阶段官话影响的产物，即部分韵母 e 受官话影响发生元音低化的演变。韵母 a 与 e 的演变关系如图 5－1 所示：

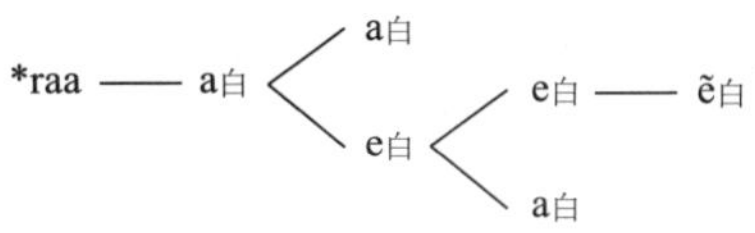

图 5－1　麻开二韵 a、e 音类演变图

麻开二韵发生元音高化之后，e 成为主体韵母层，与果摄的 a 渐行渐远。

（2）异源层：ua

从表 5－7 来看，麻合二的 ua(主体层)为文读音，对应白读音 o、ũãĩ、ia，此层次是中古之后随文读系统进入的，与果摄歌开一韵及戈合一韵的 ua 发生合流。值得注意的是，在揭阳方言中，麻合二读 ua 是文读层次，比果摄的 ua 要晚，大概是《切韵》之后才逐渐与果摄的 ua 发生合流的。麻开二“沙麻”与麻开三的“蛇”读 ua 则年代久远，从这几字在闽地读音较具一致性的情况及其词汇性质来看，麻开二与麻开三的 ua 应为早期形式。庄初升(2002)认为闽南方言中的“蛇”读音源自支韵，与支韵白

① 如“家价假牙”等字，揭阳方言和日本吴音的韵母均为 e。

读层的“纸”“倚”等字同音，亦有一定的可能性。“蛇”在处衢片吴语（江山、常山、开化等地）的韵母为 ue，反映了吴闽语早期具有共同的来源。（陶寰 2018）[338]

5.1.2.2 麻支同韵层：ia

麻开二和麻开三中的韵母 ia 有不同的层次。麻开二的 ia 是晚近由中古文读系统引进的层次，辖字基本都为文读字词。麻开三的主体层 ia 则有两种来源，其存古层与止摄支韵的 ia 关系密切。袁家骅（1983）[255] 谈道：“宕通相混，梗曾无别，豪读同歌，侯读同模，‘骑寄崎蚁’尚存上古支部故音，‘熊’口语保存上古-m 尾，唇音声母后面保存合口，都是闽南音的特点。”揭阳方言中支韵读 ia 的字共有 8 个，而麻开三读 ia 共有 27 个：

支开三：寄攲企~鹅奇~数骑~马徛站立蚁巇

麻开三：姐小~籍褯写泻卸邪斜谢爹遮者蔗车射麝奢赊舍赦佘社惹耶爷也野

支开三读 ia 的字主要来自上古歌部（“寄攲奇骑徛蚁”），支部字有“企”字。“巇”从“戲”得声，“戲”为上古鱼部字；①麻开三读 ia 的字主要来自上古鱼部，也有部分来自歌部（“爹也”）和铎部（“籍射麝惹”）。从各家的上古拟音系统中的元音的开口度以及支韵 ia 音辖字来看，ia 并非“支部故音”，而是歌部故音。② 同样来自歌部的部分麻韵字（“爹也”）先与部分歌部支韵字、鱼部的“巇”及支部的“企”同读，中古时期再与鱼部麻韵字（“写遮者车”等）合流，形成了今天麻支同韵的局面。乔全生（2010）认为晋语麻韵三等字读 a、ia 保留的是唐五代西北方音，闽语麻开三韵的 ia 则分两种：一种源于上古，一种源于中古，麻韵的 ia 均与部分来自歌部的支韵字发生了合流。③

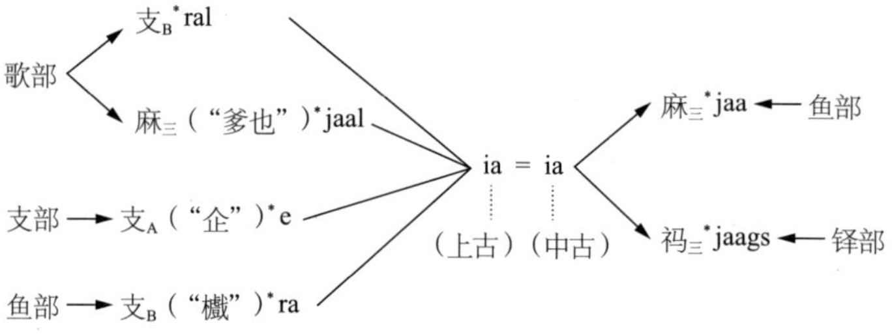

图 5－2 麻支（部分）合韵图

---

① 潘悟云（2000）[193]：“郑张尚芳的 Crǎ 相当于白一平的 * -rja，列有支韵的重纽三等，见于《说文》者实只有晓母的‘戲’字。因为字数少，几乎所有音韵学家在上古的鱼部中都不列支韵字，大概都是把这个字作为例外处理。但是‘戲’是一个很常用的字，‘戲’从‘虍’得声，‘於戲’与‘呜呼’通假，所以属鱼部是无疑的。”

② 详参郑张尚芳（2013）[230-243] 的《上古韵母四家拟音对照表》。

③ 《切韵》音系的麻三一般被拟作 ia 或近似 ia，说明麻三的 ia 至少在中古早期已经存在了。

由文读系统中借来的麻开二和麻开三的 ia 中，有三字（麻开二：雅假放~；麻开三：且）发展出了鼻化色彩。[①] 由此可见，文读系统中同样可能会出现鼻化韵母。

5.1.2.3 麻开三韵的 e、ua

麻开三的 e 辖有三字："姐扯耶"，"扯耶"都有文读色彩，且三字韵母都有"粤语的色彩"（徐宇航 2015）[164]，我们暂先设为晚近层次。麻开三的韵母 ua 仅辖"蛇"一字，但此字闽语各地读音较一致，应为早期层次。

5.1.3 遇摄字的语音层次[②]

表 5－8 遇摄字的语音层次

层次		合口			
		韵母	韵	数量	例字
白	一	ɯ	鱼三	43	书汝鱼箸
	二	ou	模一	72	肚兔涂土姑
			鱼三	2	许姓庐
			虞三	12	雨甫舞~狮脯
	三	i	鱼三	4	居生~许指示词旅於
		iu	鱼三	3	苎初正月~一梳
			虞三	4	须胡须树住珠目珠
文	四	u	模一	46	芦吾组鲁
			鱼三	22	著诸处
			虞三	88	武扶喻娱
	五	o	模一	14	慕怒悟错
			鱼三（庄组）	9	阻初楚础
			虞三	5	愚虞遇寓

---

① 土人感认为"假放~""且"为文读音，而"雅"为白读音，其实疑母字"雅"的鼻化色彩受其鼻音声母 ŋ 感染而生，应视作后期音变。此外，"雅"在文读的"优雅""雅致"等词汇中同样读作［ŋĩã3］，作为白读只见于形容词"雅"（美丽）一词中，而闽语中形容美丽的一般只用早期词汇"水"（美丽），可见"雅"用于"雅"（美丽）一词中是后起的。

② 本节主要内容曾以《揭阳方言遇摄字中的语音层次——兼论鱼虞的分混问题》为题发表于《汉字文化》2022 年第 1 期。

表 5－9　遇摄字文白异读表

韵	序号	例字	白读音	词汇	文读音	词汇	白读音	词汇
模合一	1	布	pou5	布料	pu5	分布		
	2	涂	thou2	涂土	thu2	涂料		
	3	素	sou5	味素味道	su5	朴素		
	4	孤	kou1	孤儿	ku1	孤老		
	5	呼	khou1	呼鸡唤鸡回窝	hu1	呼唤		
	6	胡	hou2	姓	hu2	胡萝卜		
	7	狐	hou2	狐狸	hu2	狐狸		
	8	虎	hõũ3	老虎	hu1	马虎		
	9	措	tshu5 文	措施	tsho5	措手不及		
	10	菩	pho4	菩萨	phu2	菩提		
	11	塑	sok7	塑料	suak7	塑造		
鱼合三	12	庐	lou2	庐山	lu2	庐山		
	13	蛆	tshɯ1	蛆	tsu	蛆虫		
	14	汝	lɯ3	汝	dzu3	汝		
	15	许	hɯ3 白	远指词	hi3 白	远指词	khou3	姓
	16	居	ki1	生居为活人准备的墓地	kɯ1	居住		
	17	於	i	于	u1	文言叹词		
	18	锄	tɯ6	锄头	tsho2	锄头		
	19	初	tshiu1	正月初一	tsho1	初次		
虞合三	20	住	tiu4	住	tsu4	住		
	21	珠	tsiu1	目珠	tsu1	珍珠		
	22	树	tshiu6	树木	su4	树立		
	23	傅	pou5	姓	hu4	师傅		
	24	夫	pou1	丈夫男人	hu1	夫妻		
	25	敷	phou1	敷粉	hu1	入不敷出		
	26	麸	phou1	麸皮	hu1	麦麸		
	27	舞	mou4	舞狮	bu3	舞蹈		
	28	雨	hou4	落雨下雨	u3	谷雨		

《切韵·序》提道:“支脂鱼虞,共为不韵”,《颜氏家训·音辞篇》也讲:“北人以庶为戍,以如为儒,以紫为姊”,可知鱼虞、支脂四韵在隋朝是分而不混的。在南北

朝时期，北人鱼虞相混，支脂也相混，与南人有别。现代的南方方言中，仍有不少方言保留着鱼虞之别和支脂之别，这在吴闽语中尤为明显。这方面的研究成果颇多，例如罗杰瑞（1983a）、秋谷裕幸（1996）、梅祖麟（2001）、潘悟云（2002，2009）、吴瑞文（2009）、陈忠敏（2003，2012）等都对吴闽语的鱼虞韵进行过探讨。

罗杰瑞（1983a）提到，鱼韵字在闽语中有两个清晰对应的时间层次，一个层次在"书鼠锯箸"等字上，共同闽语构拟为 *y；另一个层次在"苎初梳疏"等字上，共同闽语构拟为 *uə。梅祖麟（2001）[11-13] 认为前一个层次的绝对年代是秦汉，后一层次的绝对年代是南朝。原因有二：第一，"书鼠锯箸"等为基本词汇，"苎初梳疏"不是，基本词汇年代要更早些；第二，南朝时浙东盛产苎麻，可能随着移民将苎麻带到闽地，由此有了"苎"音。陈忠敏（2012）系联闽南、闽东、莆仙、闽北、闽中等代表点读音，切分出闽语鱼韵的三个读音层次并构拟出原始形式：第一层 *ue，第二层 *ɯ，第三层 *y（演变为 u）。其中第一层 *ue 为早于中古的层次；第二层的 *ɯ 为鱼虞有别层，是中古"金陵切韵"中的鱼韵读音；第三层 *y 更为晚近些，和第二层一样同属文读层。以上这些有益的讨论对本书很有启发。在现代揭阳方言中，部分模韵字与鱼虞韵字出现合流，我们将遇摄各韵集中讨论。

通过观察文白异读表，基本上可推断：

① 模韵的 ou 与 u 文白对立，ou 白 u 文。

② 鱼韵的 ɯ 有白读层，与文读 u、o 相对立。ou、i、iu 疑有白读层次。

③ 虞韵的 iu 与 u，ou 与 u 文白对立，iu 白 ou 白 u 文。

5.1.3.1 模鱼虞同读

（1）文读层：u、o

从表 5－9 来看，遇摄一三等字的文读层具有一致性，主要都是 u 韵母。这个来自文读层的韵母多与同样来自文读层的声母、声调相搭配。例如来自非母和敷母的"傅、夫、敷、麸"等字读 u 时搭配文读层声母 h；中古浊去字"住、树"等字读 u 时搭配文读层声调——阳上调。从词汇上看，读 u 韵母的字只用于书面语词汇中，可见于文读性质。模鱼虞三韵中，读为 u 韵母的数虞韵最多（主体韵母层，88 个），其次是模韵（45 个），再其次是鱼韵（22 个）。

周法高（1948）提到梵汉对音中，唐之前多用尤、侯、虞、模等韵字对译梵文的 o、u，唐代则多用虞模韵字，很少用鱼韵字，可知当时鱼韵的元音开口度不同于虞模。①

① 蒋冀骋（1997）[37] 曾谈道："鱼虞模合为一部，实则始于初唐，陆德明、玄应的反切可以证明，例证甚夥"。鱼虞模的合流，大致是唐代形成的格局。唐初可能多是虞模通用，之后鱼韵字再逐渐加入。

在鱼虞有别的南北朝诗文例中，虞模也常常通用，不与鱼同。虞模韵的 o 同 u 一样，也是文读层。

鱼韵的 o 是后期演变来的，这从鱼韵 o、u 呈互补分布状态可知。鱼韵 u 由 o 演变而来：u>o_(庄组)，其出现时间要晚于虞模韵的 o。陈忠敏(2012)在分析鱼韵字语音层次时，将鱼韵的 o 看作鱼虞文读音相混的变体，并指出这些鱼虞相混唯独庄组声母后读音不同的模式常见于南方方言中，不独为闽南语所有。

(2) 白读层：ou

遇摄的 ou 韵，可能有两种来源：

第一，内部音变。中古遇摄的鱼虞模三韵，来自上古鱼部。在郑张尚芳先生的上古六元音系统中，鱼部的上古主元音音值拟作 * a。在一个语言的元音系统中，a 是最为基本也是最为重要的一个元音。汉语音韵史上有一个重要的语音演变规律，即元音的后高化音变。主元音往后高方向演变，变至 u 或 ɯ 时便容易裂化为复合元音，上古鱼部字很可能经历过高化及裂变，出现了 a>u/ɯ>ou 的变化。从表 5-9 中 ou 与 u 相对立的情况来看，ou 属白读层；从词汇分布情况来看，ou 为古读。当 u 层随文读词汇进入语音系统时，模韵的 ou 层并未被冲刷掉，在之后的文白互竞中，ou 层占了上风，至今仍是模韵的主体韵母层①，在鱼虞中也有分布。

第二，方言接触。董忠司(1996)指出，粤语的遇摄字部分字读为 ou，潮州方言中的 ou 可能由粤语影响而来。徐宇航(2015)[168] 也提到，有人认为今日读 u 韵的“苦”及读 ou 韵的“肚”在早期粤语中互押，同读 ou 韵，后“苦”类 ou 韵字受声母影响，逐渐与 u 韵合流。同时，徐文还提到，潮州方言中的 ou 虽不见于其他闽南方言，但在闽东方言及莆仙方言中有部分字读为 ou，“ou 或与闽东方言相关，或来源于闽南方言的内部音变如 ɔ>ou”。莆仙方言中的 ou 有异读时，ou 为文读，对应的白读是 ɔ。一方面，从揭阳方言的文白异读情况来看，ou 都是白读，与莆仙方言的 ou 不在一个层次上，无法建立明确的层次对应关系。另一方面，遇摄的 ou 韵字辖字颇具白读色彩，如“雨落雨哺咀嚼乌黑色”等字，有的并非粤语口语词汇(如“乌”)，此外，潮汕闽语与早期粤语的这类 ou 未必具有接触演变的关系。

徐馥琼(2010)[225] 指出：“粤东闽语鱼韵字的-ou 音类应该是来自上古时期的层次，属于方言本身的滞后层次……是由于滞后音变使它并入到一等模韵里了。”本书认同此判断，将鱼韵的 ou 视作滞古层，早于虞模韵的 ou。至于虞模韵的 ou 是否来自方言接触，还有待研究。

---

① 模韵的“虎”读 ou 为鼻音增生。

(3) 白读层(鱼虞同读):iu

鱼韵读 iu 的有"苎初梳"三字,虞韵读 iu 的有"须胡须住树珠目珠"四字。鱼韵的 iu 便是上文提到的"苎"类字的白读音,梅祖麟(2001)判其为南朝遗音,早于《切韵》时代音。在杨耐思(1985)[111-112] 的《中原音韵音系》中,鱼虞两韵都构拟为 *iu,揭阳方言中虞韵的 iu 应早于《中原音韵》时期,因读白读音 iu 的"须胡须住树珠目珠"与文读音 u(来自中古)的"须必须住树树立珠珍珠"相对立。亦即是说,揭阳虞韵的 iu 虽晚于鱼韵的 iu,但早于中古的 u。

5.1.3.2 模鱼虞有别

(1) 白读层(鱼韵):ɯ

在唐五代西北方音汉藏对音材料中,虞韵对应的是 u,鱼韵则对应于 u、i 两种。"这说明鱼韵在这些方言中是-ɯ,藏人听来像-u 又像-i。"(潘悟云 2000)[201] 那么,鱼韵读 ɯ 至迟在唐代已出现。揭阳方言的 ɯ 对应于粤语闽语其他方言点的 ɯ,从读 ɯ 的"书鼠锯箸"(书类字)等字的词汇性质可以看出,鱼韵有别于虞韵的这个层次是早期层次。梅祖麟(2001)将此层次归为早于南朝层次"苎初梳疏"(苎类字)的秦汉时期。其断代方式,是先用历史比较法比较音读,再观察词汇性质,并配合移民材料来进行分析,吴瑞文(2009)认为"其结论相当可信"。因有移民史证据,我们同意揭阳方言中读 iu 的苎类字为南朝读音的提法,①且书类字早于苎类字。

(2) 文白混合层(鱼韵):i

曾南逸(2013)在陈忠敏(2012)、朱媞媞(2011)的基础上进行探讨,将潮州方言鱼韵字析作 ou、ɯ、u(i)三层,与泉州方言的 ue、ɯ、u 相对应。曾文认为潮汕方言中鱼韵字的 i、u 互补分布,i 出现于泥影组而 u 出现于精组及知章日组前。揭阳方言中鱼韵读 i 的辖有"居""许""於(于)""旅"几字,应归于两个语音层次。一个如曾文所言,属于与 u 互补的文读层 i,辖字为"於(于)""旅";另一个是由白读韵母 iu 丢失 u 后的 i,辖字为"居""许"。"居"读 i 用于"生居为活人修的墓"一词中,"许"读 i 用于远指词中,均为口语词汇。

(3) 特殊读音:ɯŋ

"女"字在潮汕方言中读作阳声韵[nɯŋ]或[nɯŋ],不见于其他闽南方言中,可知不大可能是上古遗留层或规则音变后的残例。林晴(2012,转引自曾南逸 2013b)提到,其读音应由[nɯ]演变而来。这种阴声韵演变成阳声韵的情况,也见于其他方言中。例如,扶绥城厢平话鱼虞韵字中,除非组及庄组字之外,都读为阳

① 揭阳方言中读 o 的苎类字为后期文读,由 u 音变而来。

声韵 ə̃ŋ，郭鑫(2016)通过结合汉语方言及民族语相关材料，说明韵母 ə̃ŋ 为自然音变结果。揭阳方言中的“女”读[nɯŋ]，也属自然音变，可视作 ɯ 韵变体。ɯŋ 既不是语音系统的底层，也并非借音层，归并在 ɯ 韵中即可。

揭阳方言遇摄字中共有五个语音层次，白读层中有 ɯ/ou(鱼)、ou(虞模)、iu/i(鱼)、iu(虞)四个层次，文读层仅有一个，读作 o/u(虞模)或 o/u/i(鱼)。白读层中鱼虞基本不混，仅有少量虞韵字混入鱼韵；文读层中鱼虞相混，主要见于韵母 u 中。

5.1.4 蟹摄字的语音层次

表 5-10 蟹摄字语音层次表

层次		开口				合口			
		韵母	韵	数量	例字	韵母	韵	数量	例字
白	一	i	咍一	3	戴白苔白鳃白	u	灰一	2	堆灰白
			佳二	2	稗奶白				
		ĩ	祭三	1	势				
			齐四	2	挤荠白				
	二	ai	齐四	4	脐西犀婿	ai	灰一	1	内
	三	o	咍一	4	胎袋代世~在	o	灰一	5	推罪块褪
		oi	齐四	20	鸡计溪契				
			咍一	2	代~表改				
			皆二	3	疥揩挨				
			佳二	7	街鞋蟹矮				
			祭三	1	艺				
		õĩ	齐四	2	底睇				
		ua	泰一	3	大~细带赖				
		ũã		1	蔡				
	四	e	皆二	1	斋	ue	皆二	1	怪无~：怪不得
			佳二	3	债钗差~事		佳二	2	卦挂~纸：扫墓
			夬二	1	寨		夬二	1	画
							祭三	6	岁缀卫税
							废三	1	秽
							灰一	30	杯辈每梅
							泰一	3	蜕最会

（续表）

层次		开口				合口			
		韵母	韵	数量	例字	韵母	韵	数量	例字
文	五	ai	咍一	42	海该耐赛	uai	皆二	7	坏乖怪怀
			泰一	11	泰奈癞蔼		佳二	2	拐歪
			皆二	20	埋拜介界		灰一	2	刽桧
			佳二	10	摆派晒懈		泰一	2	会~计绘
			夬二	2	败迈		夬二	1	快
		ãĩ	咍一	4	猜彩睬爱				
			泰一	2	盖艾文				
			佳二	3	涯崖捱				
	六	a	佳二	3	罢柴洒	ua	佳二	2	挂蛙
	七	i	齐四	42	迷米泥妻	ui	灰一	17	对堆雷碎
			祭三	17	币祭际例		泰一	1	兑
			废三	1	刈		祭三	3	脆赘鳜
							废三	3	废肺吠
							齐四	7	圭闺桂奎

表 5-11　蟹摄字文白异读表

韵	序号	例字	白读音	词汇	文读音	词汇	白读音	词汇
咍开一	1	戴	ti5	戴帽	tai5	戴帽子		
	2	苔	thi2	青苔	tai2	青苔		
	3	鳃	tshi1	鱼鳃	sai1	鱼鳃		
	4	在	to4	在	tsai4	实在		
	5	开	khui1	开门	khai1	开门		

（续表）

韵	序号	例字	白读音	词汇	文读音	词汇	白读音	词汇
泰开一	6	大	tua6	大细大小	tai4	大小		
	7	赖	lua6	倚赖赖别人	lai4	依赖		
	8	盖	khãĩ5	锅盖	kai5	覆盖	kaʔ7	盖被盖被子
	9	艾	hĩã6	艾艾草	ŋai4	艾草		
皆开二	10	疥	koi5	疥疥疮	kai5	疥疮		
	11	揩	khoi1	揩掉抹掉	khai1	揩油		
	12	挨	oi1	挨□bua2 挨近	ai1	挨打		
佳开二	13	解	koi3	解开	kai5	解姓		
	14	稗	phõĩ6	稗植物	pi6	稗官		
	15	奶	ni4	奶乳汁、乳房	nai3	奶妈		
祭开三	16	势	sĩ5	惯势习惯	si5	势力		
齐开四	17	底	tõĩ3	底部	ti3	底事		
	18	蹄	toi2	马蹄	thi2	马蹄		
	19	礼	loi3	无礼	li3	礼貌		
	20	齐	tsoi2	整齐	tshi2	整齐		
	21	荠	tsĩ2	荠□chaŋ1 荸荠	tshi2	荸荠		
	22	髻	kui5	鸡髻鸡冠	ki5	高髻		
灰合一	23	堆	tu1	一堆	tui1	堆积		
	24	推	tho1	相推	thui1	推迟		
	25	罪	tso4	得罪	tsui4	得罪		
	26	褪	thɯŋ5	褪衫脱衣服	tho5	褪色		
	27	灰	hue1（文）	灰色	hui1	灰色	hu1	大金灰纸钱烧后留下的灰

（续表）

韵	序号	例字	白读音	词汇	文读音	词汇	白读音	词汇
皆合二	28	怪	kue5	勿怪别怪罪	kuai5	怪罪		
佳合二	29	挂	kue5	挂纸扫墓	khua5	牵挂		
齐合四	30	携	hi4	携带	khui2	携带		

5.1.4.1 一二等韵合流

袁碧霞(2012)在《闽东方言开口哈韵的历史层次》一文中，梳理出闽东方言哈韵的层次，并指出闽东方言中蟹摄一二等的文读音合并，至迟在晚唐时代已开始。这一层的音值及音类特征，“都是现代北京话与汉语方言最一致且显著之处”。袁文断代引用的语音史证据如：1）晚唐五代西北方音中，灰泰合口混，哈泰开口混，二等佳皆相混，佳皆夬相混，佳韵牙音与麻二相混，齐祭韵相混(刘燕文 1998)；2）梵汉对音反映的宋初洛阳方言中，佳皆灰哈泰夬废几韵读 ai 及 uai(储泰松 1998)；3）朱翱《说文解字系传》反切的韵母系统中，哈泰韵开口合为“哈来韵”，齐祭韵合为“齐稽韵”，灰泰合口和废韵合为“灰堆韵”，少量脂微韵合口亦混入灰泰合口，佳皆夬合韵(王力 1982)；4）《蒙古字韵》中泰佳皆哈及夬韵开口，大部分入佳部[aj]，齐祭韵及哈韵部分字入支部开口[i]，灰韵、祭韵合口、齐韵合口入支部合口[ue]，佳皆夬韵合口入佳部合口[wai](郑张尚芳 1998)。从这些证据看来，蟹摄一二等韵的合流，至少是在唐代便有体现的。

(1) 开口一二等韵合流层：ai

袁碧霞(2012)析出的闽东方言一二等开口字的文读层读音为 ai，与闽南方言的文读层同样完全对应。在我们的文白异读表中，蟹摄开口一二等字(哈泰皆佳夬韵)中与白读音类对立的文读音类正是 ai。作为主体韵母层，ai 的数量远超其他白读韵母，并与止摄支脂之韵的开口字的白读层韵母 ai 发生了合流。

开口一二等字中还有 ai 的鼻化形式，读作 ãĩ，辖字如下：

哈开一：猜彩睬爱

泰开一：盖艾文

佳开二：涯崖捱

由辖字可知,韵母 aĩ 为 ai 的鼻音增生,同居文读层中。

(2) 灰合一泰合一合流层:ui、ue

从表 5-11 来看,灰合一韵中与 u、o、ɯŋ、ue 等白读韵母相对应的文读韵母是 ui,灰韵读 ui 的有 17 字,泰韵合一仅有一字("兑"),不能算是合流。但灰韵与泰韵合一的主体层韵母为 ue(30 字及 3 字),呈现出合流格局。ui 韵既是文读层韵母,灰泰韵的主体层韵母 ue 便有可能是白读韵。揭阳方言中有 ue、ui 同时出现的一个例子:

灰:ue 灰色、灰心、灰姑娘　ui 灰色　u 大金灰纸钱烧后留下的灰

从词汇分布来看,ue、ui 比 u 要晚,u 是最白的一层,其次是 ue,最后是 ui。在灰合一韵中,ue 与 ui 的音类分布区别体现在 ue 不出现于端组字之前,而 ui 无此限制。徐宇航(2015)[171] 在讨论"灰"字三层韵母时谈到 ue 韵母在泉厦方言中为文读音,在潮州方言中却是白读音,皆因潮州方言中出现了更新的文读层 ui。从 ue 的辖字来看,灰韵、泰合一韵的 ue 似乎是文读层读音,只是不如 ui 层文读色彩那么明显。我们注意到合口的皆佳夬祭废韵也有零星的读 ue 的字,为"怪无怪~:怪不得卦挂~纸:扫墓画岁白缀跟随税芮卫锐秽"等字。其中,"怪挂岁缀"几字有突出的白读色彩,主要是上古支部和月部的字,这两部字在揭阳方言中均有白读为 ue 的层次,因而将这里的 ue 归入白读层。出于系统对应性的角度考虑,我们将灰韵、泰合一韵 ue 韵也归入白读层。

据谢洁瑕(2009)的调查统计,宋代蟹摄合口字普遍有兼押支微部的情况。灰合一韵及泰合一韵押入支微部。揭阳方言中灰泰韵的 ue 为晚近并入支微部的层次,而合口的皆佳夬祭废韵的 ue 则是早期层次。

(3) 开口皆佳夬韵白读层:e

此层次与皆佳夬韵读 ue 相配,二者均为白读层次。张琨(1985)[122] 提到这些字基本上都是《切韵》庄系声母字,与之相对应的福州话读音为 ɛ/æ。

(4) 合口一二等韵合流层:uai

合口二等的皆韵、佳韵的主体韵母层为 uai,在文白异读中作为文读音与白读音 ue 相对立。韵母 uai 同时见于合口一等的灰韵和泰韵,与开口一二等的合流音 ai 相对应,是晚近的文读层音类。

5.1.4.2　齐韵

关于闽语齐韵语音层次的研究,著述颇丰。杨秀芳(1982)、张光宇(1990)、徐

芳敏(1991)、吴瑞文(2002,2014)、秋谷裕幸(2002)、陈忠敏(2006)等学者均观察、探讨过。

根据吴瑞文(2014),齐韵字在闽南方言中有三套对应的规则读音:第一类规则对应:ai,在闽南方言中表现一致,体现在“脐荔西犀婿”等字上;第二类规则对应:ue/e/oi,泉州、永春等地为ue,东山、漳州一带为e,潮汕片为oi(本书表5-11中的齐开四韵白读类字音),体现在“底蹄齐鸡”等字上;第三类规则对应:e/i,泉漳片均为e,潮汕片为i(本书文白异读表中的齐开四韵文读类字音),体现在“底蹄替齐”等字上。吴文通过系联闽东、闽北及吴语区庆元、江山等地读音,得出前两类为白读层读音,后一类为文读层读音。第二类读音(即闽南方言中的ue/e/oi)为南朝江东方言,其共同闽语形式宜拟作*-iəi,既能解释此层次在吴闽各地的演变结果,又可证明《切韵》四等字带有介音-i-。《切韵》音系构拟并非本书目的,但通过吴瑞文(2014)等学者的梳理,可了解闽南方言齐韵字的对应关系,帮助我们厘清揭阳方言中齐韵字今读韵母的层次先后关系。

(1) 齐韵入止层:i、ui

周祖谟(1966)指出:“北宋除支脂之微通用外,齐韵平上去三声及去声祭亦均与以上四韵合用不分。”蒋冀骋(1997)[68] 指出:“‘齐’入止摄应是五代、宋初之间的事。”揭阳方言齐开四韵的i是文读层,与oi、ai等白读音类相对应。并与祭开三韵、废开三韵同止摄开口的支脂之微韵的i合流。

齐合四韵的ui韵母辖有“圭闺桂奎携惠慧”等字,同齐开四韵的i同居文读层,开合对应,同时与合口灰泰夬废韵及止摄合口的支脂微的合流。

(2) 齐开四韵白读层:oi

此层次在闽南方言其他方言区对应为ue/e韵,是吴瑞文(2014)所讲的南朝江东层。在揭阳方言中与开口一二等的咍皆佳三韵发生合流。咍皆佳三韵的oi韵母同是白读层,与齐开四韵的合流应发生在早期。与此同时,咍开一韵、灰合一韵的o及泰开一的ua/ũã也同属此层。

咍开一:o　胎代世~袋在

灰合一:o　推罪块褪退

泰开一:ua　大~细带赖倚~:赖别人　ũã　蔡

我们推测此层次在揭阳方言中的起点是o,之后分为两个方向发生裂变,分化为 oi 及 ua,但仍处于同一层次中。将 o 作为起点是较为合理的,李新魁(1997)[373-374] 曾提到,潮汕方言中的咍韵中的读 o 的字是上古之部字,不带 i 尾的咍韵字保留的是上古特征。

(3) 齐开四韵旧白读层: ai

齐开四韵读 ai 的字虽少,却在闽南方言中有十分一致的表现。揭阳方言中为“脐西犀婿”四字,前人学者一般认为齐开四韵 ai 早于 oi,若白读层 oi 属于南朝江东层,那么 ai 韵便要早于南朝了,我们将其设为齐开四韵白读类早期层。

5.1.4.3 其他同读层及特殊字音

(1) 部分一二等字读同三四等字的层次: i

在揭阳方言中,部分一二等开口字读同了三四等开口字,即读齐齿呼韵母 i,字数不多,仅有以下几字:

咍开一: 戴白苔白鳃白

皆开二: 韛

佳开二: 稗文奶白

除了“韛稗”二字,其他几字在闽语中有很大的一致性,且均为常用口语词,如曾南逸(2013b)[81] 所示闽南泉厦各方言点对应表,“戴苔鳃”三字在 17 个方言点中均读为 i。袁碧霞(2012)综合分析了以下几家观点: 上古说(郑张尚芳、赵元任)、底层说(桥本万太郎)及弱化说(游汝杰),并认为此音类直接承自上古之部。从词汇性质、与文读音的对立以及闽南方言中的习惯性分类等几个方面来看,我们赞同此说,即蟹摄开口一二等字读 i 为上古之部字故音。

(2) 其他特殊读音

1) 咍开一的“开”字白读韵母为 ui,因“开”字来自上古微部,此处读同了止摄微韵字。

2) 祭开三韵的“势”及齐开四韵的“挤荠”(上古脂部字)读 ĩ,应为白读层。

3) 齐开四韵的“鐾缢”读为入声音类 ek,与其入声声旁相关,不另立层次,灰合一韵的“桅”读 ũĩ 也与其声旁“危”有关。

4) 夬开四韵的“嘬”读为 uʔ,或与祭泰夬废四韵的上古是否有辅音韵尾的问题相关。相关讨论详参冯蒸(1989b)《〈切韵〉祭泰夬废四韵带辅音韵尾说》及麦耘(1992)《〈切韵〉祭泰夬废四韵不带辅音韵尾》等文章。

5）皆开二韵的“芥”两读，ai 及 ak，疑其读 ak 时非“芥”本字。

6）佳开二韵的“罢柴洒”三字读为 a，应是文读音类。泉厦闽南语各方言点的“罢佳”等字同样读为 a，“与假摄开口二等‘马家牙’等字文读相同”（曾南逸 2013b）[83]，佳合二韵的“挂蛙”读 ua 为普通话影响层，与开口的 a 相对应。

5.1.5 止摄字的语音层次

表 5 - 12 止摄字语音层次表

层次		开口				合口			
		韵母	韵	数量	例字	韵母	韵	数量	例字
白	一	ia	支三	9	寄企~鹅骑~马蚁白				
		ua	支三	3	徙纸倚白				
		ui	脂三	2	屁白美				
			之三	1	医				
			微三	3	几白气白衣白				
		i	脂三	8	贰伊比四				
			之三	17	子白辞白李字				
		ĩ	脂三	3	鼻稚餈白				
			之三	3	耳白已以				
	二	ue	支三	3	皮被白縻粥	ue	支三	3	髓吹炊
			脂三	2	霉寐		脂三	3	衰帅葵~扇
							微三	4	尾未慰飞白
	三	ai	支三	3	知筛酾				
			脂三	8	狮眉梨屎				
			之三	7	柿使驶治白				
		ãĩ	支三	1	指				

（续表）

层次		开口				合口			
		韵母	韵	数量	例字	韵母	韵	数量	例字
文	四	ɯ	支三	10	此渍尔斯				
			脂三	12	资次自师				
			之三	26	慈史而饵				
		i	支三	64	只施是移	ui	支三	21	累睡跪委
			脂三	38	旨至器示		脂三	29	类醉位维
			之三	42	嬉意止始		微三	26	归贵挥威
			微三	11	依毅气文既	ũĩ	支三	1	毁
							脂三	1	柜
							微三	1	匪
	五					uai	脂三	1	帅

表 5－13　止摄字文白异读表

韵	序号	例字	白读音	词汇	文读音	词汇
支开三	1	皮	phue2	猪皮	phi2	调皮
	2	被	phue4	棉被	pi4	被动
	3	糜	mue2	糜粥	mi2	糜烂
	4	知	tsai1	知道	ti5	知识
	5	企	khia4	企鹅	khi4	企图
	6	奇	khia1	奇数	khi2	奇迹
	7	骑	khia2	骑马	khi2	骑马
	8	徛	khia4	徛站立	i3	徛立
	9	蚁	hia4	蚁蚂蚁	ĩ4	蚂蚁
	10	倚	ua3	倚倚靠	i3	倚靠
	11	易	koi6	易容易	i4	容易

（续表）

韵	序号	例字	白读音	词汇	文读音	词汇
脂开三	12	屁	phui5	放屁	phi4	放屁
	13	篦	peŋ5	虱篦	pi5	篦子
	14	利	lai6	利锋利	li4	利害
	15	姨	ai2	姨母亲	i2	阿姨
	16	瓷	tsĩ2	□ka1 □lo1 瓷瓷粑	tshɯ2	瓷粑
	17	师	sai1	师父	sɯ1	师父
	18	肆	si5	肆数字	sɯ5	放肆
之开三	19	狸	lai2	狐狸	li2	狐狸
	20	里	lai4	家里	li3	家里
	21	治	thai2	治杀	ti6	治理
	22	趾	tsãĩ	脚趾	tsi3	脚趾
	23	子	tsi	铳子子弹	tsɯ3	儿子
	24	辞	si2	推辞	sɯ2	辞章
	25	耳	hĩ4	耳耳朵	dzɯ3	耳朵
微开三	26	几	kui3	几个	ki1	几个
	27	气	khui5	气	khi5	气体
	28	衣	ui1	衣烧给亡人的纸衣	i1	衣服
脂合三	29	葵	khue2	葵扇	khui2	葵花
	30	帅	sue5	元帅	suai5	帅气
微合三	31	飞	pue1	飞行	hui1	岳飞

《切韵》止摄中支脂之三韵的分合关系，是汉语音韵史研究的重点议题之一。闽语研究中的相关讨论有很多，如张琨（1985）、梅祖麟（2001）、袁碧霞（2010）、徐馥琼（2010）、戴黎刚（2012）、杜佳伦（2014）、徐宇航（2015）等。本书将从止摄各韵的分与合两方面入手，捋清各个语音层次之间的先后关系。

5.1.5.1 支脂之不分

(1) 止摄开口合流层：i、ɯ、ai

止摄开口韵的主体韵母层为 i，从表 5－13 中可知，这是与 ue、ai、ia、ua 等白读韵母相对立的文读层次。与此同时，除了开口微韵字外，另一个文读层次 ɯ 作为止摄开口字的第二大层次，也与部分白读韵母发生对立，ɯ 与 i 是同一层的不同变体还是两个不同的层次？相关讨论可见以下两种观点：

第一，来自同一层次的两个变体。徐馥琼(2010)[254-261] 持此观点。徐文认为，粤东闽语中读为 ɯ(u) 的止摄字主要来自精、庄组声母，反映了中原音韵入支思韵的情况，因粤东闽语中没有与通语相对应的卷舌韵母，因而用音色相近的 ɯ(u) 来对译。杜佳伦(2014)[261-267] 认为闽语的支脂之三韵在非精庄系声母条件下文读为 i，而另一文读音(ɯ/u/y 等)只出现于精庄系声母，与 i 构成互补分布关系，"应视为同一层次的不同变体"。而止摄开口的 i 却有一文一白两个层次。杜文谈到，闽东、闽北的白读 i 不分布于支韵字。其 i 音类有两项历史层次：一是分布于支脂之三韵的非精庄系文读层次，一是分布于脂之二韵的白读层(相对应的支韵白读层为 ie，即揭阳的 ia)，这两种层次为支脂有别层。杜佳伦(2014)[280-284] 通过闽南与闽东、闽北的同源词字音比较得出闽南的脂之韵发生 ie>i 的高化音变的结论。此音变结果使得脂之的白读层混入支脂之的文读层中，因而发生了文白合流的现象。

第二，来自不同的层次。戴黎刚(2012)[65] 分析了莆仙话中止摄开口 i 音类与 o(对应于泉州话的 ɯ，福州话的 y 及揭阳话的 ɯ) 音类的历史层次，通过 o 音类与白读音类 ai、ia、i 之间的对立关系，将 o 音类定为宋代产生的文读层(刘晓南 1999)，i 音类为早于 o 音类的旧文读层。袁碧霞(2010)[105-107] 的观点与之相似。徐宇航(2015)[172-174] 对比了一百多年前的潮汕文献及潮州话今读，认为潮州话中的 i 与 ɯ 一直存在对立关系，因 i 音类辖有常见语素，可知 i 比 ɯ 早，ɯ 为最晚近的文读层。

在揭阳方言中，止摄的 ɯ 韵母除了出现于精庄系声母之后，只见于泥母与日母。i、ɯ 有文白对应关系的字词如下：

> 之开三：子：铳子子弹 i(白)　儿子 ɯ(文)；辞：推辞 i(白)　辞章 ɯ(文)；耳：耳 ĩ(白)　耳朵 ɯ(文)

这种对立只发生于脂之二韵中。在厦门方言中，与揭阳方言的层次 ɯ 对应的层次为 u，u 与 i 发生文白对立且 u 为文读音的有"死司四辞子饲"等字(袁碧霞

2010)[106]，袁文未详细说明此处作为白读 i 音类与其他文读的 i 音类有何区别，但我们从这个白读的 i 音类的辖字可以获得两个信息：第一，都是闽语常用字词；第二，都来自中古的脂支二韵。这与揭阳方言中白读 i 音类的辖字是相同的。

我们认为，揭阳方言中的 i 与 ɯ 是互补分布的，而 i 则来自两个层次。

新文读层中互补的 i 类和 ɯ 类在闽地有各种不同的变体，说明此层次仍有一定的不稳定性且其起点音值易生分裂。其音变模式如图 5－3 所示：

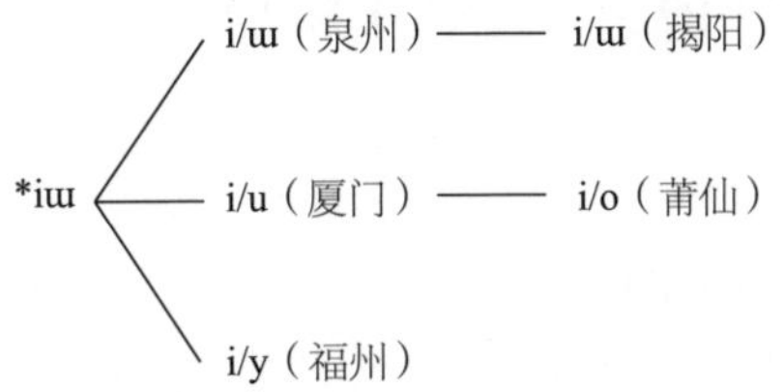

图 5－3　止摄开口字 i、ɯ 音类互补演变图

而来自白读层次的 i（闽南）/ie（闽东、闽北）音类，则代表了早期支与脂之有别的层次。揭阳方言中脂之二韵的白读音 i，与来自支脂之三韵的文读音 i 发生合流，因而仅从具体音值来看，已经难以辨析了。

通过词汇分布与语义辨析，我们择出了脂之两韵 i 类白读字群：

脂开三：i：肆四死比枇二贰伊　ĩ：鼻稚鼗白

之开三：i：子白辞白李字寺丝痔痣诗时己其棋期旗喜忌　ĩ：耳白已以

止摄开口韵中除了微韵字以外，支脂之三韵均有 ai 音类。该音类辖字均为常用字词，如"知狮眉梨屎利"等字。这类字在粤东闽语中的读音基本一致，我们同意徐馥琼(2010)[254] 的观点，即将之视作支之脂三部合韵但未与微部合流的层次，时间上晚于 ia/ua 音类。此外，支开三韵中"指"指手指义时读[tsãĩ]，为 ai 的鼻音增生。

（2）止摄合口字合流层：ui

张琨(1989)谈到，灰韵合口在厦门、潮阳读 ue，在戚林读 u(oi)，在建阳读 o，止摄合口在厦门、潮阳、戚林读 ui，在建州读 y，现在的很多方言中这两类韵母已经合流了（包括福州方言）。"因为方言混杂的原因，这四种方言材料中有许多参差不齐的地方。"（张琨 1989）[101]

从表 5－13 可知，揭阳方言止摄合口字中有 ui、ue 的对立。白读 ue 而文读 ui，如"葵飞"两字。由此可知 ui 为文读层，与止摄开口字的 i 音类相应。合口的支脂微三韵中各有一字发生 ui 到 ũĩ 的变化。

(3) 开合口同读层：ue

支开三韵和脂开三韵中有读同合口的支脂微韵的层次 ue，如“皮被糜”等常用字。李新魁(1997)[389] 指出这类字为重纽的 B 类字，与域外汉语借音(如日本、朝鲜汉字音)一样带有圆唇化色彩，因而读同了合口字音。但古屋昭弘指出(邮件交流)：日本、朝鲜汉字音中重纽 B 这类字并没有圆唇化色彩。如：重纽 A 的“比”重纽 B 的“皮”在朝鲜汉字音都是 pi，重纽 A 的“比”重纽 B 的“悲”在日本汉字音(奈良时代日语的构拟)是“比 pji”与“悲 pi”(有人构拟为“比 pi”“悲 pui”)。“皮被糜”等字的读音仍有待研究。

5.1.5.2 支脂之有别

(1) 支开三韵独有层：ia、ua

支开三韵读 ia 与假摄麻韵的 ia 合流，麻支同韵。支开三韵读 ia 的字主要来自上古歌部，在《切韵》系统中均为见系字，保留旧音或与其声母相关。此外，麻韵与支韵的 ia 音类来源层次不尽相同，详参 5.1.2.2(麻韵)。

支开三韵读 ua 所辖几字“徙纸倚”均为白读常用字，这几字读 ua 普遍见于闽南各地，如惠东、泉州、海口、海康①、漳州、电白、厦门、大田、平南、苍南、鹿港、龙岩等地。(徐馥琼 2010)[249-251] 徐馥琼认为闽南方言中的 ia 音类与 ua 音类互补，ia 音类只出现于舌根音之后，ua 音类出现于其他声母之后。从揭阳方言及闽南其他次方言的情况来看，两者确实不存在对立分布的情况。但这两个音类辖字很少，需从方言比较的角度出发去验证。我们将闽语区相关字音的白读音类列如表 5－14 所示：

表 5－14 “徙”类字及“骑”类字闽地读音表

例字	闽南		莆仙	闽东		闽北	闽中
	揭阳	厦门	莆田	福州	柘荣	崇安	沙县
徙	sua	sua	yɒ	②		sua	
纸	tsua	tsua	yɒ	thai	thia	tsyai	tsua
倚	ua	ua	uɒ	ai		jyai	

① 现雷州。

② 据袁碧霞(2010)[101]，闽东福州方言中的“徙”与“玺”字相同，文读为[sɛ]，白读为[sœ]，在整个止摄中是不合群的两种音类。袁碧霞认为此二字为文读字词，其读音特殊与社会因素相关，因此我们不取用“徙”在福州话中的白读音。与闽东方言不同的是，“徙”字在闽南方言中为日常口语词汇，读为[sua]虽然也用于文读词汇“迁徙”中，但通常是指挪动人或物的位置，如“撮花徙去外口块”(这些花搬到外面去)。

（续表）

例字	闽南		莆仙	闽东		闽北	闽中
	揭阳	厦门	莆田	福州	柘荣	崇安	沙县
寄	kia	kia	kyɒ	kie	kia		kya
骑	khia	khia	khyɒ	khia	kia		
企	khia	khia	khyɒ	kie			
蚁	hia	hia	hya	ŋie	ŋia	ŋyai	gya

从字音分类来看，这批字在闽语各地区基本上都有两种音类：

闽南揭阳、厦门：ua、ia

莆仙：ua、yɒ

闽东福州：ai、ia/ie

闽东柘荣：ia

闽北崇安：ua、yai

闽中沙县：ua、ya

闽南地区的两种音类分布十分一致，说明这类字在闽南地区出现了平衡发展的情况。其他闽语区则各有各的发展，两种音类辖字不一，闽东柘荣地区的白读音甚至仅有 ia 一种音类。对这类字追根溯源，可知“纸企”二字来自上古支部，其他字来自上古歌部。上古歌支有相混的情况，闽语区的这两种不同的音类实则是同一音类出现了不同的分化，应将之归结为同一层次的不同变体。

（2）开口脂之微韵与支韵有别层：ui

与止摄合口字的 ui 音类相异的是，开口字脂之两韵的 ui 为白读音类，辖字虽不多，却都是白读类的：

脂开三：屁白美

之开三：医

微开三：几白气白衣白

闽语中的开口字读合口音，多与上古音相关。我们将之归入上古白读层。

5.1.5.3 特殊字音

脂合三韵的“帅”除了白读音 ue 之外，还有一个文读音 uai，在整个止摄仅此一字读 uai，应是受汉语普通话的影响产生的。

5.1.6 咸摄字的语音层次

表 5－15 咸摄字语音层次表

层次		开口舒声				开口入声			
		韵母	韵	数量	例字	韵母	韵	数量	例字
白	一	ã	覃一	2	揞婴	aʔ	合一	7	喝搭踏合白
			谈一	10	柑敢三胆		盍一	3	塔腊蜡
			咸二	1	馅		洽二	5	插闸炸扱
			衔二	2	衔白衫		狎二	5	鸭押甲压白
							叶三	1	猎
							帖四	2	贴白叠白
	二	ĩ	盐三	2	染白檐白	iʔ	叶三	3	接白摺褶
			添四	2	添白拈白		帖四	2	跌白碟
文	三	am	覃一	26	贪探潭南	ap	合一	7	盒蛤鸽纳
			谈一	18	览览甘喊		盍一	3	磕榻溻
			咸二	9	陷站斩杉		洽二	5	扎眨恰掐
			衔二	8	监嵌岩舰		狎二	1	匣
		iam	盐三	38	潜渐陕闪	iap	叶三	10	捷摄涉聂
			严三	6	剑欠严俨		业三	2	劫业
			添四	14	嫌兼点店		帖四	9	帖协蝶谍
			谈一	1	暂		狎二	1	压文
			咸二	2	减咸(鹹)				

层次		合口舒声				合口入声			
		韵母	韵	数量	例字	韵母	韵	数量	例字
文	三	uam	凡三	4	泛凡犯范	uap	乏三	2	法乏
	四	uaŋ		4	泛凡犯范	uak		2	法乏
		aŋ		1	帆				

表 5-16　咸摄字文白异读表

韵	序号	例字	白读音	词汇	文读音	词汇
合开一	1	合	kaʔ7	合身	kap7 白	合□bua2 合起来
			haʔ8 白/文	合作	hap8 白	合起
谈开一	2	三	ã1	数字	sam1	三思
洽开二	3	峡	hap8	峡山	kiap7	三峡
衔开二	4	衔	kã2	动词	ham2	军衔
狎开二	5	压	aʔ7	动词	iap7	压力
盐开三	6	染	ni3	染色	dziam3	染色
	7	檐	tsĩ2	檐龙壁虎	siam2	屋檐
叶开三	8	接	tsiap7	接线	tsiʔ7	接待
	9	叶	hioʔ8	落叶	hiap8	姓氏
添开四	10	添	thĩ1	添饭	thiam1	添加
	11	拈	ni1	拈拿着	niam1	拈花
帖开四	12	跌	tiʔ8	跌价	tiak7	跌幅
	13	贴	taʔ7	贴对联	thiap7	贴纸
	14	叠	thaʔ8	一叠纸	thiap8	折叠
	15	挟	koiʔ7	挟菜	hiap8	要挟
凡合三	16	泛	huam5	广泛	huaŋ5	广泛
	17	凡	huam2	平凡	huaŋ2	平凡
	18	犯	huam4	犯罪	huaŋ4	犯罪
	19	范	huam5	师范	huaŋ5	师范
乏合三	20	法	huap7	法律	huak7	法律
	21	乏	huap9	缺乏	huak8	缺乏

5.1.6.1　开口一二等韵

（1）一二等字文读层：am/ap

与其他舒声韵摄相比，咸摄的音类明显少了许多。咸摄一二等韵覃/合、谈/

盍、咸/洽、衔/狎的文读层都是一致的阳入相配：am/ap。一般认为此层次是中古文读系统进入潮汕语音系统的晚近层次，从am/ap的辖字及文白异读的对立情况来看，am/ap应为中古层，比鼻化音类ã/aʔ晚许多。

（2）一二等字白读层：ã/aʔ

与一二等韵的文读层音类am/ap相对应的，是在一二等韵中呈系统性分布的白读层音类ã/aʔ。王洪君(1999)在《从开口一等重韵的现代反映形式看汉语方言的历史关系》一文中从韵类分合的角度观察汉语方言中一等重韵的语音形式，将各地方言的白读层分为五大类型，而闽语为第一种类型的方言，即：哈白1≠泰≠皆佳；哈白2→皆佳≠泰；覃≠谈=咸衔。此分类以《切韵》为起点发生演变，其最细分类未超出《切韵》。王洪君先生判断闽语中覃谈有别的重要依据是闽南方言中出现于谈咸衔各韵中的鼻化韵母ã未出现于覃韵中，袁碧霞(2010)[150]考察了若干种闽南各地覃韵的读音材料，仅有“含”字白读音中出现了鼻化韵母ã(泉漳片)，未敢确定“含”读ã是覃谈旧有同韵还是后起的鼻音增生现象。揭阳方言中“含”无读ã的音类，但我们在覃韵的韵摄音类列表中收有两个读ã的字，分别是“揞”与“婪”。此二字收录自李新魁、林伦伦(1992)《潮汕方言词考释》一书，其考证较为可信，转引原文考释条目如下：

> **揞**[ã1]阿柑切
>
> 揞，捂住，掩盖。如“个空个伊揞紧，勿乞水流出来(把这个洞堵死，别让水流出来)。”《广雅·释诂四》:“揞藏也。”王念孙疏证:“揞，犹揜也。……《广韵》:‘揞，手覆也。’……今俗语犹谓手覆物为揞矣。”元·乔吉《南吕一枝花·私情》:“风声儿惹起如何揞。”按“揞”字《广韵》归上声感韵，音“徒感切”(按：此处原书有误，应为“邬感切”)，潮音文读应作[am2](按：此处为潮式音标标调法，实际调类为阴上调，即本书的调类3)。文读为[am]，白读为[ã]正是潮汕话文白异读的一种规律，如“三淡柑担”等皆如是。但声调由上声读阴平，略有出入。
>
> **婪**[ã5]馅阳平(按：本书标为调类2)
>
> 婪，贪心不足，想多占财物。例“伊过贪心，底个啰爱婪(他太贪婪了，什么都想占有)。”《广韵》平声谈韵:“婪，贪妄；又一含切。”《集韵》平声覃韵:“婪，贪也，爱也。”又谈韵字潮音文读为[am]，白读为[ã]，如“柑三担蓝姓”等白读音韵母作[ã]，故“婪”音[ã5]，与“一含切”相合。

“婪”在《广韵》中归谈韵，到了《集韵》中归覃韵，与谈覃二韵的分合有关。根据麦耘(2012)[113-114]，一二等重韵如覃谈的合并“是在初唐和盛唐期间(7世纪初到8世纪中叶)逐步实现的”。从上文来看，闽南方言覃韵字中至少有三字(“揞”“婪”“含”)读为鼻音韵母ã，此韵母作为闽南方言中的白读音类，其来源或许早于中古《切韵》时期且其早期音值或有差异,但通过观察音类在现代闽南方言中呈现出来的覃谈相混迹象,可知难下覃≠谈的论断。因此,我们认为闽南方言与其他闽方言一样,覃谈咸衔四韵已经无别了。

(3) 一二等韵中的 i 介音

在开口一二等韵中,有几个零散读为三四等韵的字:

谈开一: iam: 暂

咸开二: iam: 减咸(鹹)

狎开二: iap: 压文

这几个字中,“压”为文读音,“暂”只用于文读,不得不使我们考虑加介音的这一层次是后起的层次。“减咸”二字是见系声母字,闽语中见系声母字后面的韵母 i 容易演变为介音,但结合另两字来看,这些字的 i 介音应不是内部演变而来的,而是受晚近文读层的影响而产生的。戴黎刚(2012)[84-85] 提道:“受北京话的影响,许多汉语方言咸摄二等见晓组产生了一个 i 介音的文读音层次。而白读层则保留低元音一类,和中古的 *ɐm、*am 比较接近。”我们将这几字同样归为晚近文读层。

(4) 特殊字音

1) 覃韵字“啉”(在潮汕闽语中专指喝酒的动作)为上古侵部字,读为[nim]与其声符“林”有关。此外,来母字读 n 声母为早期泥来相混的证据,n 为来母字白读音。

2) 合韵字“拉”读舒声音类 a,谈韵“坍毯”为 aŋ,咸韵的“赚”读 uaŋ 均是受到晚近官话的影响。在十九世纪潮汕方言文献(Fielde 1883)[330/576] 中“拉”读为[la],“毯”读为[thaŋ],可知这类演变最晚在一百多年前已经发生了。

5.1.6.2 开口三四等韵

(1) 三四等韵文读层: iam/iap

iam/iap 是开口三四等韵字的文读层,与中古后期文读音较为接近。但其中有一个文白读音比较特殊的字:“接”(叶开三韵)。“接”没有与其他同韵的字保持一致,即保持 iap 文 iʔ 白的文白对立模式,而是出现了相反的现象,iap 白 iʔ 文。我们先看一下“接”文白两个读音所管辖的词汇:

iap: 接索接绳子、接头、接线、接□[bua2]接在一起

iʔ: 接待、接洽、接近、接送、接吻、连接、接纳、接触、直接、接受、应接不暇、摩肩接踵、目不暇接、青黄不接、待人接物、移花接木、再接再厉

出现这种“文白颠倒”的情况有两种可能：第一，入声韵尾-p 具有存古性质，“接”的入声韵尾读音承自上古，而喉塞韵尾读音则是文读系统进入后由-p 弱化而来的；第二，出现文白错配。“接”与三四等韵其他字一样，原为 iap 文 iʔ 白，后因偶然因素出现错配，因而产生了 iap 白 iʔ 文的现象。

从揭阳方言中入声韵尾整体发展的系统性来看，第二种情况是不大可能的。我们认为文白入声韵尾畛域分明，“接”白读音出现-p 尾应为上古音少有的遗留，与之相关的问题，我们留待本章最后关于入声韵尾的一节中再行探讨。

（2）三四等韵白读层：ĩ/iʔ、aʔ

三四等韵白读层舒声韵为 ĩ，入声韵则有 iʔ 和 aʔ 两个。aʔ 出现在三等的叶韵及四等的帖韵中，从分布情况来看，二者呈现对立态势，在整个粤东闽语的分支方言中，都是 iʔ、aʔ 分立。据徐馥琼（2010）[83-85]，与揭阳一样，咸摄开口四等帖韵中 iʔ、aʔ 分立的还有汕头、澄海、南澳、潮州、饶平、潮阳、惠来、普宁肯、陆丰、海丰、汕尾等。但徐文漏记了业开三韵中的音类 aʔ，此韵中的 aʔ 虽只辖有一个“猎”字，却在闽地各方言区具有较高的一致性，在揭阳方言中与同是上古铎部的盍开一韵字“腊”同音。从这一点看来，aʔ 很可能是早于 iʔ 的一个层次。以空格（slot）拟测的眼光看，语音系统中不对称的现象是我们拟测对称现象的一个窗口。三四等韵字的白读层舒声音类除了有一个鼻化的 ĩ 之外，早先还应有一个鼻化的 ã 与入声的 aʔ 相对应。

5.1.6.3　合口三等韵的两个层次：uam/uaŋ、uap/uak

高本汉（1930）在《上古中国音当中的几个问题》中提到《切韵》音系中的咸摄合口韵仅余凡韵，使其开口韵失配，在分布上留下了空档。他推测咸摄各等在上古音中也有合口，后因咸摄向山摄归并，才使得咸摄合口韵缺失。在汉语方言中，合口韵配唇音韵尾 m、p 是极为罕见的，这与介音 u 与 m、p 搭配时的发音机制有关。目前这种搭配仅见于潮汕闽语之中。从表 5－16 来看，凡合三韵和乏合三韵有六字出现 uam/uaŋ、uap/uak 两读。潮汕闽语山摄字这一百多年发生了一个重要的音韵演变，其韵尾由-n/-t 演变为了-ŋ/-k，咸摄字合口读 uaŋ/uak 的层次应为后起层次，与山摄字发生平行演变，而其读 uam/uap 的层次则为较早层次。但因咸摄合口韵辖字文读性质明显，我们只能将 uam/uap 视作中古时期的文读层，并将 uaŋ/uak 视作更为晚近的层次。此外，凡合三韵有一个“帆”字已无合口介音，读为 aŋ，应视作 uaŋ 层后起的变化。

5.1.7 山摄字的语音层次

表 5－17 山摄字语音层次表

层次		开口舒声				开口入声			
		韵母	韵	数量	例字	韵母	韵	数量	例字
白	一	ũã	寒一	26	旦白散肝	uaʔ	曷一	8	辣撒白喝白割
			山二	3	产山盏		黠二	1	杀
			删二	1	晏		薛三	2	热白拽
			仙三	2	贱线				
	二	ãĩ	山二	6	办间白闲拣	oiʔ	黠二	3	拔白圿八
			删二	4	斑白板白版白爿		屑四	2	节白截
			先四	10	肩茧莲佃				
	三	ĩã	仙三	3	燃白团件	iaʔ	月三	2	揭歇
			元三	1	健白				
			删二	1	颜姓				
		ĩ	仙三	11	扇箭毡缠白	iʔ	薛三	5	薛折舌裂
			先四	9	天白年见白燕白		屑四	3	憋篾白铁
	四	eŋ	仙三	6	免白面碾白辇	ek	薛三	1	灭
			元三	1	轩		月三	1	揭地名
			先四	8	眼现荐匾白		屑四	2	结白噎
文	五	iam	仙三	3	蝉禅单~于	iap	薛三	1	泄
							屑四	1	捏
	六	aŋ	寒一	40	拦兰按安文	ak	曷一	6	达擦撒文喝文
			山二	20	盼扮艰限		黠二	4	札察轧擖
			删二	20	攀蛮慢删		鎋二	2	瞎辖
		iaŋ	仙三	50	连战展仙	iak	薛三	13	列烈哲设
			元三	7	建键宪献		月三	1	蝎
			先四	27	遍片填电		屑四	6	切屑洁节~妇
			寒一	2	掸刊				

（续表）

层次		合口舒声				合口入声			
		韵母	韵	数量	例字	韵母	韵	数量	例字
白	一	ũã	桓一	16	般团白满瞒	uaʔ	末一	10	末白跋活泼
	二	ɯŋ	桓一	9	段缎酸算		薛三	1	悦白
			仙三	8	全白砖软卷白				
		ũẽ	删二	1	关白	ueʔ	鎋二	1	刷
							月三	3	
	四	ũĩ	删二	1	惯白				
			先四	2					
文	六	uaŋ	桓一	39	窜唤豌玩	uak/uk	末一	8	钹沫文撮文末文
			山二	3	鳏顽幻		黠二	2	滑猾
			删二	12	撰关文弯惯文		薛三	4	劣拙阅悦文
			仙三	22	卷恋员旋文		月三	6	越粤伐罚
			元三	25	元原源喧		屑四	3	决诀穴
			先四	1					
		iaŋ	仙三	2	绢捐	iak	月三	3	撅曰厥
			元三	2	援远文				
			先四	5	犬玄悬文眩				

表 5－18　山摄字文白异读表

韵	序号	例字	白读音	词汇	文读音	词汇	白读音	词汇
寒开一	1	丹	tũã1	牡丹	taŋ1	丹心		
	2	旦	tũã5	花旦	taŋ5	元旦		
	3	坛	tũã2	天坛	taŋ2	天坛		
	4	弹	tũã2	弹琴	taŋ2	弹琴		
	5	烂	nũã6	破烂	laŋ4	灿烂		
	6	干	kũã1	豆干	kaŋ1	干燥		
	7	竿	kũã1	揭竿而起	kaŋ1	揭竿而起		
	8	杆	kũã1	一杆枪	kaŋ1	一杆枪		

（续表）

韵	序号	例字	白读音	词汇	文读音	词汇	白读音	词汇
寒开一	9	秆	kũã1	高粱秆	kaŋ3	高粱秆		
	10	鼾	hũã2	鼾打鼾	haŋ1	打鼾		
	11	寒	kũã2	寒冻	haŋ2	寒冷		
	12	旱	ũã4	干旱	haŋ3	干旱		
	13	汗	kũã6	流汗	haŋ5	流汗		
	14	安	ũã1	安心	aŋ1	平安		
	15	岸	hũã	河岸	ŋai4	岸边		
曷开一	16	撒	suaʔ7	撒盐	sak7	撒盐		
	17	喝	huaʔ7	喝咽打呵欠	hak7	喝水		
山开二	18	间	kãĩ1	一间房	kaŋ1	空间		
	19	产	sũã3	水产	suaŋ5 白	产卵		
黠开二	20	拔	poiʔ8	拔出来	puak8	拔出来		
删开二	21	斑	pãĩ1	斑点	paŋ1	斑点		
	22	板	pãĩ3	车板	paŋ3	车板		
	23	版	pãĩ3	版图	paŋ3	版图		
	24	慢	maŋ6	慢慢	muaŋ4	傲慢		
	25	晏	ũã5	日晏天黑了	aŋ5	河清海晏		
	26	颜	hĩã2	姓	ŋuaŋ2	颜色	ŋaŋ2	姓
薛开三	27	热	dzuaʔ8	热	dziak	热		
	28	别	pak7	别人	piak	分别		
元开三	29	健	kĩã6	轻健健康	kiaŋ4	健康		
月开三	30	揭	kek7	揭阳	kiaʔ7 白	揭开		
先开四	31	边	pĩ1	天边	piaŋ1	天边		
	32	扁	pĩ3	扁	piaŋ3	扁豆		
	33	天	thĩ1	天边	thiaŋ1	天边		
	34	弦	hĩ2	琴弦	hiaŋ2	琴弦		
	35	燕	ĩ5	燕鸟燕子	iaŋ1	燕国		
	36	研	ŋai3	研磨	ŋiaŋ3	研究		
	37	先	sãĩ1	先后	seŋ1	先生		

（续表）

韵	序号	例字	白读音	词汇	文读音	词汇	白读音	词汇
先开四	38	殿	tãĩ6	宫殿	tiaŋ4	殿军		
	39	佃	tãĩ6	佃农	tiaŋ4	佃农		
	40	颠	teŋ1	颠倒倒过来	tiaŋ1	颠倒		
	41	匾	peŋ3	匾额	piaŋ3	光荣匾		
屑开四	42	结	kek7	结果结果子	kak7	结果		
	43	节	tsoiʔ7	过节	tsak7	节约	tsiak7	节妇
桓开一	44	潘	phũã1	姓	phuŋ1 白	潘潲水		
	45	幔	mũã1	幔披上	muaŋ4	床幔		
	46	盘	pũã2	大盘	phuaŋ2	盘桓		
	47	团	tũã1	团圆	thuaŋ2	团圆		
	48	宽	khũã1	宽宽来慢慢来	khuaŋ1	宽松		
	49	卵	nɯŋ4	鸡卵鸡蛋	laŋ4	卵白男性生殖器		
末合一	50	钹	buaʔ8	钹乐器	puak8	钹乐器		
	51	末	buaʔ8	茶叶末	muak8	末尾		
	52	沫	buaʔ8	泡沫	muak8	泡沫		
	53	掇	toʔ8	掇拾取	tsuak7	拾掇		
	54	撮	tshoʔ7	一撮一些	tshuak7	撮合		
	55	活	uaʔ8	生活	kuak7 白	活活叫流水声		
删合二	56	关	kũẽ1	关门	kuaŋ1	关系		
	57	惯	kũĩ5	惯势习惯	kuaŋ5	习惯		
	58	还	hãĩ2	归还	huaŋ2	回还	hũã1/hã1	还副词
仙合三	59	全	tsɯŋ2	全鱼整条鱼	tshuaŋ2	全面		
	60	旋	tsɯŋ2	头旋	suaŋ2	旋风		
	61	转	tɯŋ3	转来回来	tsuaŋ3	旋转	dzuaŋ3	转转动
	62	传	tɯŋ6	自传	tuaŋ6	自传		
	63	穿	tshɯŋ1	穿针	tshuaŋ1	穿越		
	64	卷	kɯŋ3	一卷书	kuaŋ3	卷起来		
薛合三	65	悦	dzuaʔ8	悦着喜欢上	dzuak8	喜悦		

（续表）

韵	序号	例字	白读音	词汇	文读音	词汇	白读音	词汇
元合三	66	券	kɯŋ5	证券	kuaŋ5	证券		
	67	远	hŋ	远	iaŋ3	遥远		
	68	贩	phũã5	贩货	huaŋ4	商贩		
	69	饭	pɯŋ6/puŋ6	食饭	huaŋ4	吃饭		
先合三	70	悬	kũĩ2	悬高	hiaŋ2	悬挂		
	71	渊	iaŋ 文	深渊	uaŋ1	渊源		
屑合四	72	缺	khiʔ7	缺嘴兔唇	khueʔ7	缺失		

山摄是四等俱全、开合俱全的一个中古韵摄。从表 5－18 来看，山摄字的文白异读字数很多，但异读音类则是有限的。例如寒开一韵，文白异读例字共有 14 个，但异读音类只有两个：白 ũã 文 aŋ。此外，从声韵调搭配规则及语义层面来看，由这两个音类构成的文白异读对立，基本上都是最小对立组，即声同调同及词义同，仅有韵母音类不同而已。可以说，在山摄寒韵字中，韵母音类是两个不同时间层次的最大区别特征。

5.1.7.1　白读层

（1）开口一二三等韵及合口一等韵中的上古白读层：ũã/uaʔ

一二三等韵中的白读层 ũã/uaʔ 呈现出不对等的情况，舒声韵母 ũã 远远多于入声韵母 uaʔ，这既与舒声字数量较多有关，也与舒入的不平衡发展有关。鎋开二韵中已无 uaʔ 音类，仅有文读类的 ak 及 aʔ（1 字），从“铡”字的文读性质来看，“铡”读 aʔ 应是由 ak 弱化-k 韵尾而来的，与旧白读 uaʔ 无关。

曷开一韵读 uaʔ 字数较多，分别为“獭汏辣撒割葛渴喝”8 字。从辖字及字词日常义来看，基本上都是旧读，仅有两字的喉塞韵尾可疑：“獭”“渴”。水獭多见于云贵、广东等地，东晋的志怪小说《搜神记》讲过“大苍獭”于“吴郡无锡”变作美貌妇人的故事，“獭”读 uaʔ 恐是古已有之；在潮汕方言中，表示“口渴”义的日常词汇以“喉□［ta1］”（喉咙发干）表示，“渴”一般只用于文读词汇中，如“口渴”“渴望”。但“渴”的字义自《诗经》时代已存在，如《诗经 · 君子于役》中的“君子于役，苟无饥渴”。因此，我们怀疑揭阳方言中的“渴”读［khuaʔ］亦是古音，不能看作是由 uak 弱化而来的文读音。

上古的歌祭元部字在闽语中读为合口的 ua 是闽语的一个重要特征，揭阳方言山摄一二等韵读 ua/uaʔ 的符合此特征。我们检查了山摄读 ũã/uaʔ 的字，除了开口的一二等韵之外，还有开口三等仙韵的两个字，这批字全部来自上古元部和上古月部，如表 5－19 所示：

表 5－19　山摄今读 ua/uaʔ 音类来自上古元月部字表

舒入	上古	中古	例字	白读	词汇	文读	词汇
舒声字	元	山开一寒	丹	tũã	牡丹	taŋ	丹青
			旦	tũã	花旦	taŋ	元旦
			单	tũã	单人		
			滩	thũã	海滩		
			摊	thũã	摊位		
			炭	thũã	灰炭炭		
			坛	tũã	天坛	thaŋ	天坛
			弹	tũã	弹琴		
			烂	nũã	糜烂	laŋ	灿烂
			散	sũã	散开		
			伞	sũã	降落伞		
			干	kũã	豆干	kaŋ	相干
			竿	kũã	揭竿而起		
			杆	kũã	旗杆	kaŋ	栏杆
			秆	kũã	秸秆	kaŋ	高粱秆
			肝	kũã	猪肝		
			赶	kũã	赶市赶集		
			岸	hũã	河岸	ŋãĩ	岸边
			鼾	hũã	鼾打鼾	haŋ	鼾声
			寒	kũã	寒冷	haŋ	寒冷
			旱	hũã	干旱	haŋ	干旱
			汗	kũã	流汗	haŋ	汗颜
			安	ũã	安心	aŋ	保安
			鞍	ũã	马鞍		
			案	ũã	破案		
		山开二山	盏	tsũã	茶盏		
			山	sũã	大山		
			产	sũã	生产	suaŋ	产卵
		山开二删	晏	ũã	晏天色晚	aŋ	晏子
		山开三仙	线	sũã	电线		
			贱	tsũã	轻贱		

（续表）

舒入	上古	中古	例字	白读	词汇	文读	词汇
入声字	月	山开一曷	獭	thuaʔ	水獭		
			辣	luaʔ	辣椒		
				laʔ	辣椒		
			撒	suaʔ	撒盐	sak	撒娇
			割	kuaʔ	割草		
			葛	kuaʔ	姓氏		
			渴	khuaʔ	渴望		
			喝	huaʔ	喝哂打呵欠	hak	喝彩

这种情况主要出现在闽南方言和闽北方言中。除了山摄之外，果假蟹三摄也有类似情况。郑张尚芳（2013）[165] 谈道："闽语方言元月部开口字今白读元音读 ua（'寒割舌带'），这是 a 在收舌条件下 a>o>ua/-n-t 裂化的结果。"吴瑞文（2012）[214] 亦谈道："我们认为早在共同闽语的阶段，* -an/ * -at 这对韵母就有相当强的元音分裂倾向。也就是：a>ua/_{n,t}。"无论 ua 是由 o 裂化而来还是由 a 裂化来，-n/-t 韵尾的字在上古时期有裂化倾向且裂化为 ua 是可以肯定的。

（2）开口二四等韵中的白读层：ãĩ/oiʔ

二等山韵/黠韵读 ãĩ/oiʔ 的有 6 字/3 字，四等先韵/屑韵读 ãĩ/oiʔ 的有 10 字/2 字，从辖字及词义来看，当属早期层次。此处将舒声韵 ãĩ 与入声韵 oiʔ 相配的原因在于，揭阳方言的舒声韵 ãĩ 是由 õĩ 发生主元音低化演变而来的，而与之相配的 oiʔ 却未发生演变，因而造成了这种舒入不对称的现象。揭阳方言中虽已没有读为韵母 õĩ 的字，但山摄二等韵及四等韵中读 ãĩ 的这批字，在邻近的潮州方言中却是读 õĩ 的。潮州方言 õĩ/oiʔ 相配，未见演变迹象。

（3）开口三四等韵中的白读层：ĩã/iaʔ、ĩ/iʔ

ĩ/iʔ 分布在开口三等仙/薛韵中和开口四等先韵/屑韵中，ĩã 主要分布在仙开三韵，在元开三韵中辖有一字（"健白"），在删开二韵中也辖有一字（"颜姓"）。iaʔ 只出现在月开三韵中。从同时拥有 ĩã 音类及 ĩ 音类的仙开三韵来看，两者呈现出互补分布的情况。ĩã 只出现于日母字及见组字之后，ĩ 则出现于其他声母之后。我们推测 ĩ 由 ĩã 失落元音 ã 而来。

（4）开口三四等韵中的白读层：eŋ/ek

开口三四等韵中有一个读为 eŋ/ek 的层次，与开口三四等韵的文读层 iaŋ/iak 相差甚大。从辖字来看，都是较为常用的白读音。例如否定词“免”，白读形式为［eŋ3］，用于日常否定，其文读形式为［miaŋ3］，用于“免礼”“免税”等词汇中。此层次在山摄字文读层发生-n/-t>-ŋ/-k 的演变时白读层跟着参与了韵尾演变，即由 en/et>eŋ/ek。

（5）开口三四等韵中的特殊层次：-m/-p

山摄开口三四等韵中的仙/薛韵和屑韵出现了-m/-p 韵尾，是一个特殊现象。这种韵尾只可能有两种来源：存古或创新。我们先来看看这套韵尾的辖字。

仙开三韵：iam：蝉文/白禅单~于

薛开三韵：iap：泄

屑开四韵：iap：捏

我们再看一下《十九世纪潮汕方言词典》中这几字的潮州音旧读：

表 5－20　山摄-m/-p 韵尾字 19 世纪读音表

例字	音韵地位	读音	页数
蝉	山开三仙韵	siam2	480
禅	山开三仙韵	sien2	484
		sien4	485
泄	山开三薛韵	siap8	481
捏	山开四屑韵	niap7	403
		niap8	404

与现代潮州方言相比较，十九世纪中这几字的读音仅有“禅”字不同，即发生了-n>-ŋ 的演变，其他几字均与今日潮州方言一致。可知山摄的-m/-p 在一百多年前的潮州方言中已经出现了。另外，揭阳方言的“禅”韵尾与潮州方言有异，未必是新近产生的变化。从揭阳方言与潮州方言的音系格局的异同来看，这种变化可能早在一百多年前甚至更久远之前便已存在了。这几字的特殊读音，是否只存在于潮汕闽语中？还是同样存在于其他闽语中以及其他汉语方言中呢？

表 5－21　山摄"蝉"类字闽地读音表

例字	闽南							莆仙区		闽东		闽北	
	揭阳	潮州	澄海	海丰	厦门	晋江	漳州	莆田	仙游	福州	宁德	建阳	松溪
蝉	siam 文	sieŋ	siaŋ	siaŋ	siɛn 文	sian	sian	ɬɛŋ	ɬɛŋ	sieŋ		sieiŋ	tsaŋ
	iam 白				tsun 白								iɪŋ
禅	siam		siaŋ		siɛn 文	sian	sian	ɬɛŋ	ɬɛŋ			sieiŋ	
					sĩ 白	siam							
单~于	siam				siɛn								
泄	siap		siak	siak	siɛt 文	siat	siap	ɬia	ɬia	sieʔ	sik	sie	sie
					tshuaʔ 白		tshuaʔ 白		ɬɛʔ				
捏	niap	niek	niak	niap	liap 文	nĩʔ	liap 文	niaʔ	nieʔ	nieʔ	nep	nie	
					nĩʔ 白		nĩʔ 白	na					

表 5－22　山摄"蝉"类字各地读音表

例字	揭阳	梅县	广州	阳江	苏州	扬州	合肥	太原
蝉	siam 文	sam	ʃim	ʃim	zø	tɕʰiẽ		
	iam 白							
泄	siap	siɛt	ʃit	ɬit7	ɕiɪʔ	ɕieʔ	ɕiɒʔ	ɕieʔ
							ɕyɒʔ	ɕie 文
捏	niap	ȵiap	nip	nip	ȵiɒʔ	lieʔ	liɐʔ	nieʔ
					ȵiaʔ			

从以上两个表看，"蝉"类字在闽语中的读音是最为特殊的。"蝉"和"捏"在梅县、广州和阳江都有-m/-p 音读音，但"泄"字读-p 韵尾仅见于闽语区。"泄"和"捏"在其他方言点虽仍有不少保留着塞音韵尾情况，但韵尾-t 是山摄字的中古读音，喉塞韵尾则可能是-t 的弱化形式，与-p 没有关系。"蝉"字在闽语区仅有潮汕闽语有收-m 韵尾的情况，却在粤语和客家方言中有类似的形式，这让我们怀疑潮汕闽语"蝉"类字的-m/-p 韵尾是从粤语或客语中借来的。借来之后再类推至"禅""单~于"等字中，"捏"在多地有收-p 韵尾的情况，大概早于-m 尾。而"泄"字的特

殊读音，则可能是潮汕闽语内部的特殊演变或由是“捏”类推而来的演变。根据以上分析及相关辖字的语义，我们暂将-m/-p 韵尾层归于中古早期层文读层，介于上古白读层与中古晚期文读层之间。

（6）合口一三等舒声韵中的白读层：ɯŋ

从表 5－18 中仙合三韵的异读情况可知，ɯŋ 是相对于 uaŋ 而言更早的层次。这个层次没有与之相对应的入声音类，与其主元音为 ɯ 有关。

（7）合口二四等韵中的白读层：ũĩ

该层次辖字虽然不多，却都是常用字。有“悬高县惯势：习惯”三字。此层次与开口韵中的 ĩ 音类相配，均为早期白读层。

（8）合口二三等韵中的白读层：ue/ueʔ

合口二三等韵中的 ue/ueʔ 也是白读层。但 ue/ueʔ 在现代揭阳方言中的保存情况不太一样。ue 仅辖有删开二韵中的一个“关”字，ueʔ 辖字较 ue 多，共有 7 字。

5.1.7.2 文读层

（1）开口一二三四等韵的文读层：aŋ/ak、iaŋ/iak

潮汕方言山臻摄字的-n/-t 韵尾演变为-ŋ/-k 韵尾自一百多年前逐渐发生（林伦伦 2005b），经过演变之后的山臻摄字文读层韵尾与通江宕梗曾五摄无异。山摄主元音为 a，从语音系统的整体格局来看，山摄字并入了主元音同样为 a 的宕摄字和江摄字中，三者的文读层没有区别，主要的区别在于白读层读音。在山摄开口一二等字，文读层的 aŋ/ak 几乎都是主体层读音。唯有曷开一韵的白读音类 uaʔ（8 字）多于文读音类 ak（6 字），这种现象有可能是两种情况造成的：第一，原有的白读音类基础坚固，难以被后进的文读音类所替代；部分文读音类弱化为喉塞韵尾-ʔ，与原有的白读音韵尾-ʔ 发生混淆。根据上文的分析，应属第一种情况。开口三四等韵的文读层 iaŋ/iak，与开口一二等韵的 aŋ/ak 的区别在于介音的有无。aŋ/ak 和 iaŋ/iak 处在同一个层次上，是原中古系统中的 an/at 和 ian/iat 的规则性语音演变。

（2）合口一二三四等韵的文读层：uaŋ/uak（uk）

合口一二三四等韵中，可以说基本上都合流了。主体层为 uaŋ/uak 对应，排列整齐。只有几个例外。先合四韵的主体层韵母为 iaŋ，uaŋ 音类仅辖一字（“渊文”）；黠合二韵和鎋合二韵则没有读 uak 的音类。黠合二韵的 uk 类韵母或是类推来的，如“滑猾”等字有自“骨”类推来的可能性，末合一韵的“脱捋”二字以及月合三韵的“掘”字读 uk 同此（古屋昭弘先生赐教）。“滑猾”在闽语各片区均有读为 uat 的情况，部分闽语方言点也读为 ut（这些地方不像潮汕闽语发生过-n/-t>-ŋ/-k 演变，仍保留着“滑猾”二字的-t 尾）。

（3）合口三四等韵中的文读层：iaŋ/iak

合口三等的仙韵在 iaŋ 韵母，元/月韵中存在 iaŋ/iak 类韵母，合口四等先韵也有 5 字读 iaŋ。从辖字及词义来看，都是文读层，iaŋ 类可能与 uaŋ 类是同一层次。

5.1.7.3 特殊字音

合口一等桓韵字中有两字读为 aŋ，分别是“卵”与“攒”。“攒”读为［tsaŋ］明显是受晚近汉语普通话影响而产生的，“卵”读为［laŋ］表男性生殖器义则是旧读。至于“卵”为何读［laŋ］，仍有待考证。

5.1.8 通摄字的语音层次

表 5－23 通摄字语音层次表

层次		合口舒声				合口入声			
		韵母	韵	数量	例字	韵母	韵	数量	例字
白	一	im	东三	1	熊				
	二	aŋ	东一	33	东铜筒从	ak	屋一	4	曝白木读独白
			冬一	4	冬脓白侬白松白		沃一	1	毒沃白
			东三	5	梦虫枫冯		屋三	5	目幅腹六
			钟三	3	峰重白缝白				
	三	eŋ	东一	1	翁姓	ek	屋一	2	秃鹿
			东三	4	宫众白铳弓		屋三	8	竹叔熟菊
			钟三	13	供钟种用		烛三	10	
文	四	oŋ	东一	45	攻控烘哄	ok	屋一	15	扑族速禄
			冬一	9	统农宗宋		沃一	4	笃督酷沃文
			东三	13	崇充忠雄		屋三	14	缩祝淑肃
			钟三	23	封峰奉从		烛三	12	属束触嘱
		ioŋ	东三	5	绒躬穷融文	iok	屋三	8	畜郁育掬
			钟三	17	茸恭涌文拥		烛三	2	欲文浴文

表 5-24 通摄字文白异读表

韵	序号	例字	白读音	词汇	文读音	词汇
东合一	1	篷	phaŋ2	篷寮	phoŋ2	船篷
	2	蠓	maŋ3	蠓蚊子	moŋ2	蠓虫
	3	董	taŋ3	姓	toŋ3	董事长
	4	同	taŋ2	同学	thoŋ2	胡同
	5	桐	taŋ2	桐油树	thoŋ2	梧桐
	6	动	thaŋ4	动碰	toŋ4	运动
	7	笼	laŋ2	灯笼	loŋ3	笼罩
	8	公	kaŋ1	有公受过精	koŋ1	公司
	9	蚣	kaŋ1	蚜蚣	koŋ1	蜈蚣
	10	功	kaŋ1	唱功	koŋ1	唱功
	11	空	khaŋ1	空心	khoŋ1	空心
	12	孔	khaŋ1	孔团小孔	khoŋ3	孔子
	13	红	aŋ2	红色	hoŋ2	红红①红红的
	14	翁	aŋ1	翁丈夫	oŋ1	老翁
	15	蒙	mou2	启蒙	moŋ2	启蒙
屋合一	16	独	tak8	孤独孤僻	tok8	孤独
冬合一	17	脓	naŋ2	流脓	loŋ2	化脓
	18	侬	naŋ2	侬人	loŋ2	你侬我侬
	19	松	saŋ1	轻松	soŋ1	轻松
沃合一	20	沃	ak7	沃花浇花	ok7	肥沃
东合三	21	中	taŋ1	辇中正中间	toŋ1	中央
屋合三	22	陆	lok8	陆续;姓	lek8	陆地

① 该形容词一般需要叠用,即用作“红红红红红红的”,读为[aŋ hoŋ aŋ hoŋ]。

（续表）

韵	序号	例字	白读音	词汇	文读音	词汇
钟合三	23	陇	leŋ2	地名	loŋ2	河陇
	24	涌	eŋ3	水涌波浪	ioŋ3	汹涌
	25	缝	phaŋ6	缝团小缝	phoŋ2	缝纫机
烛合三	26	浴	ek8	洗浴洗澡	iok8	沐浴

5.1.8.1 文读层

（1）一三等韵同读的文读层：oŋ/ok

潘悟云(2000)[208-209] 认为上古的侯、屋、东三部对应藏语的 o、og、oŋ，同时也有对应 u、ug、uŋ 的情况。闽语中的通摄字文读层，闽东方言主元音为 u，闽南方言主元音为 o，或许都与通摄字的上古音有关。上古音中的东部字，根据郑张尚芳(2013)[234] 的拟音表，郑张尚芳拟为 *ooŋ，王力拟为 *oŋ，①高本汉和李方桂拟为 *uŋ，各家拟音中的东部字主元音非 o 即 u，与汉语方言的今读不无关系。郑张尚芳(2013)[161] 谈到，上古收-ŋ 尾的各部中的元音直至今天变化都不太大，这是因为闭尾韵中的元音是受阻元音或受限元音(checked vowel)，与开尾韵中的自由元音或开放元音(free vowel)不同，这种元音受到闭尾韵的限制，变化很慢。闽语中受外来文读层次影响而产生的 oŋ/ok 与 uŋ/uk 两套音类，虽非固有读音，却展现了汉语语音史中通摄字早期某个阶段或某些阶段的历史读音。

（2）三等韵文读层：ioŋ/iok

通摄三等东钟韵的有另一个有介音 i 的文读层 ioŋ，与之相配的屋烛韵入声音类为 iok。此层次与 oŋ/ok 相同，都是晚近层次，两者在分布上有互补关系，见组和晓组为 ioŋ/iok，其他声母为 oŋ/ok。

5.1.8.2 白读层

（1）与宕江摄合流的一三等韵白读层：aŋ/ak

在表 5－24 中，文白关系最明显的即是白读 aŋ/ak 与文读 oŋ/ok 之间的对立。这种对立遍及通摄的一三等韵，层次特征十分突出。据杜佳伦(2014)[238] 的调查整

① 王力(2008)[111] 认为，东韵起初读 * oŋ，到了东汉以后出现了元音高化，读为 * uŋ。上古时期东阳的主元音虽不同(东 oŋ 阳 aŋ)，却经常发生合韵。东汉之后由于东韵的主元音发生变化，东阳逐渐分离，不再合韵。

理，闽南方言通摄一三等韵中都有读有 aŋ/ak 的层次，此层次与闽东方言中的 œŋ（或 øŋ 或 øyŋ）/œk（或 øk 或 øyk）相对应，都是闽语通摄字的白读层次。

揭阳方言通摄这个白读层次与宕摄一等字、江摄发生了合流。但宕江摄的 aŋ/ak 音类是晚近文读层，与通摄一三等韵白读层发生合流也应是晚近的事情。

（2）一三等韵中的白读层：eŋ/ek

闽南方言中通摄三等韵都有一个读为 eŋ（或 iŋ）/ek 或（ik）的白读层次。在表 5－24 中，我们观察到揭阳方言的 eŋ/ek 与文读音类 oŋ/ok 有对立关系，但与同是白读层的 aŋ/ak 比较，则看不出孰先孰后。从整体的音类分布格局来看，两者呈对立分布状态，不是内部演变关系。屋合三韵中的“陆”字有三个字音：ok（陆续）、ek（陆地）、ak（数字），已知 ok 为文读层，ek（陆地）与 ak（数字）两相比较，ak 似乎应早于 ek。但仅凭一个字音难下论断，我们再去查看了闽东闽北等地的语音材料，发现此层次在闽东、闽北中无对应白读层。（杜佳伦 2014）[220] 也就是说，同是白读层，aŋ/ak 类白读层在闽语各地中较有稳固性。而 eŋ/ek 则是仅见于闽南方言的一个白读层次，其出现时间很可能在 aŋ/ak 之后。此外，其他闽南方言中通摄的 eŋ/ek 音类仅出现于三等韵中，潮汕闽语的该音类在一等韵中也有所体现。

5.1.8.3 特殊字音

（1）东合三韵中的 ã

通摄字的鼻化韵母很少，这体现出通摄字阳声韵尾具有很大的稳定性。“中”字的韵母 ã 为连读语流音变结果，即“中［taŋ］”与“央 ŋ”同音兼并的结果（taŋ33 ŋ̍33→tã33）。

（2）“熊”字读 im

李熙泰（1982）发表过《厦门方言的“熊”字》一文，谈到厦门方言中的“熊、雄、终”三字的白读韵母均为 im，因而提出了一个假设，即这些字本来就有东韵及侵韵两读。这几字在揭阳方言中，仅“熊”字有读 im 的情况且不分文白读法，其本音是否有东侵韵两读还有待考证。但“熊”读 im 为古读是无疑的，李新魁（1997）[383] 谈道：“朝鲜汉字音读熊为［kom］，①日本汉语借音读为［kuma］，②也表示古代收［-m］的韵尾。古音学家推定熊字上古时归入侵部，后来转入蒸部，李方桂先生拟此字的

① 古屋昭弘先生赐教：汉字音是 ung。kom 是固有词（有可能是汉语借音）。

② 刘勋宁先生赐教：日语音读（汉语借音）是［yuu］，训读（日语固有说法）是［kuma］。有人认为这个训读可能是早期借音。

音为[gwjəm],高本汉拟为[giam],其韵尾是[-m],声母在群纽。潮语声母念为[h]的阳调,就是从上古的群纽变来的。潮语读此字为[-m],反映了先秦时代的读音”。有鉴于此,我们将 im 定为上古白读层。

5.1.9 中古十六摄揭阳方言今读音类总表

表 5 – 25 中古十六摄揭阳方言今读音类总表

摄	开合	韵	等	韵母											
				1	2	3	4	5	6	7	8	9	10	11	12
果	开	歌	一	o	ua	a	ai	oʔ	iok						
				25	5	5	2	1	1						
		戈	三	io	ia										
				1	1										
	合	戈	一	o	ue	ua	ũã	a	u	ui	ũãĩ	oʔ			
				47	13	8	2	1	1	1	1	1			
			三	ue	ia										
				1	1										
假	开	麻	二	e	a	ia	ua	ĩã	ẽ	eʔ	ã	aʔ	ẽʔ		
				34	24	12	2	2	2	2	1	1	1		
			三	ia	e	ua	io	ĩã	ẽ						
				26	3	2	1	1	1						
	合	麻	二	ua	a	ue	o	ia	ũãĩ	uaʔ					
				11	2	2	1	1	1	1					
遇	合	模	一	ou	u	o	õũ	ok	uak						
				72	46	14	1	1	1						
		鱼	三	ɯ	u	o	i	iu	ou	ɯŋ	ẽ				
				43	22	9	4	3	2	1	0				
		虞		u	ou	o	iu	ɯ	iau	i	uk				
				88	12	5	5	2	2	1	1				

（续表）

摄	开合	韵	等	韵母											
				1	2	3	4	5	6	7	8	9	10	11	12
蟹	开	咍	一	ai	o	ãĩ	i	oi	ue						
				42	4	4	3	2	1						
		泰		ai	ua	ãĩ	ue	ĩã	ũã	aʔ					
				11	3	2	1	1	1	1					
		皆	二	ai	oi	i	e	ak							
				20	3	1	1	1							
		佳		ai	oi	a	e	ãĩ	i	ia	o				
				10	7	3	3	3	2	1	1				
		夬		ai	e										
				2	1										
		祭	三	i	oi										
				17	1										
		废		i											
				1											
		齐	四	i	oi	ai	ĩ	ek	ui	ue	õĩ				
				42	20	4	2	2	1	1	2				
	合	灰	一	ue	ui	o	u	uai	ai	iu	ɯŋ	i	ũĩ		
				30	17	5	3	2	1	1	1	1	1		
		泰		ue	uai	ui	ua								
				3	2	1	1								
		皆	二	uai	ue										
				7	1										
		佳		uai	ue	ua									
				2	2	2									
		夬		uai	ue	uʔ									
				1	1	1									
		祭	三	ue	ui										
				6	3										
		废		ui	ue										
				3	1										
		齐	四	ui	i										
				7	2										

（续表）

摄	开合	韵	等	韵母											
				1	2	3	4	5	6	7	8	9	10	11	12
止	开	支	三	i	ɯ	ia	ĩ	ue	ua	ai	oi	ɯŋ	ui	iaʔ	ãĩ
				64	10	9	5	3	3	3	2	1	1	1	1
		脂		i	ɯ	ai	ĩ	ui	ue	eŋ	ãĩ				
				46	12	8	4	3	2	1	1				
		之		i	ɯ	ai	ĩ	e	ui	ãĩ					
				59	26	7	3	1	1	1					
		微		i	ui	a									
				11	3	1									
	合	支		ui	ue	ũĩ									
				21	3	1									
		脂		ui	ue	uai	u	iu	ũĩ						
				29	3	1	1	1	1						
		微		ui	ue	i	ũĩ								
				26	4	3	1								
效	开	豪	一	au	o	iu	ou	iau	a	ãũ	õ				
				58	37	2	2	2	2	2	1				
		肴	二	au	a	iau	ã	iãũ	ũã	ãũ	ak				
				40	18	8	3	2	1	1	1				
		宵	三	iau	io	au	iu	ĩã							
				67	25	3	1	1							
		萧	四	iau	io	au	ĩõ	a							
				31	4	2	1	1							
流	开	侯	一	au	ou	o	õũ	ua	a	m					
				36	21	2	2	1	1	1					
		尤	三	iu	u	au	iau	ou	ĩũ	õũ	ok				
				82	15	9	5	4	3	1	1				
		幽		iu	ĩũ	ou									
				4	2	1									

（续表）

摄	开合	韵	等	韵母											
				1	2	3	4	5	6	7	8	9	10	11	12
咸	开	覃/合	一	am	ã	im	ãĩ								
				26	2	1	1								
				ap	aʔ	a									
				7	7	1									
		谈/盍		am	ã	aŋ	iam								
				18	10	2	1								
				ap	aʔ										
				3	3										
		咸/洽	二	am	iam	uaŋ	ã								
				9	2	1	1								
				ap	aʔ	iap	oiʔ								
				5	5	4	2								
		衔/狎		am	ã										
				8	2										
				aʔ	ap	iap									
				5	1	1									
		盐/叶	三	iam	iaŋ	ĩ	eŋ								
				38	2	2	1								
				iap	iʔ	ioʔ	aʔ								
				10	3	2	1								
		严/业		iam											
				6											
				iap	iak	iam									
				2	1	1									
		添/帖	四	iam	ĩ										
				14	2										
				iap	iʔ	aʔ	iak	oiʔ							
				9	2	2	1	1							
	合	凡/乏	三	uam	uaŋ	aŋ									
				4	4	1									
				uap	uak										
				2	2										

（续表）

摄	开合	韵	等	韵母											
				1	2	3	4	5	6	7	8	9	10	11	12
深	开	侵/缉	三	im	am	eŋ									
				42	6	3									
				ip	ap	iap	oiʔ	ek							
				17	4	2	1	1							
山	开	寒/曷	一	aŋ	ũã	iaŋ	ãĩ								
				40	26	2	1								
				uaʔ	ak										
				8	6										
		山/黠	二	aŋ	ãĩ	ũã	iaŋ	uaŋ	eŋ						
				10	6	3	1	1	1						
				ak	oiʔ	uaʔ	uak								
				4	3	2	1								
		删/鎋		aŋ	ãĩ	uaŋ	ũã	ĩã							
				20	4	3	2	1							
				ak	aʔ										
				2	1										
		仙/薛	三	iaŋ	ĩ	eŋ	ĩã	iam	aŋ	ũã	i				
				50	11	6	3	3	2	2	1				
				iak	iʔ	uaʔ	ak	ek	iap						
				13	5	2	1	1	1						
		元/月		iaŋ	aŋ	eŋ	ĩã								
				7	1	1	1								
				iaʔ	iak	ak	ek								
				2	1	1	1								
		先/屑	四	iaŋ	ãĩ	ĩ	eŋ	aŋ							
				27	10	9	8	3							
				iak	iʔ	ak	ek	oiʔ	iap	ua					
				6	3	2	2	2	1	1					

（续表）

摄	开合	韵	等	韵母											
				1	2	3	4	5	6	7	8	9	10	11	12
山	合	桓/末	一	uaŋ	ũã	ɯŋ	aŋ	uŋ	o	oŋ	ĩã				
				39	16	9	2	1	1	1	1				
				uaʔ	uak	oʔ	uk	ak							
				10	8	3	2	1							
		山/黠	二	uaŋ											
				3											
				uk	uãĩ										
				2	1										
		删/鎋		uaŋ	ãĩ	ũẽ	ũĩ	ũã							
				12	1	1	1	1							
				uaʔ	ueʔ										
				1	1										
		仙/薛	三	uaŋ	ɯŋ	uŋ	eŋ	iaŋ	ĩ	ou	ŋ	ũã			
				22	8	2	2	2	2	1	1	1			
				uak	iʔ	oʔ	uaʔ	ueʔ							
				4	3	2	1	1							
		元/月		uaŋ	ɯŋ	ŋ	iaŋ	ũã	uŋ	aŋ	ãĩ				
				25	4	2	2	2	1	1	1				
				uak	ueʔ	iak	uk								
				6	3	3	1								
		先/屑	四	iaŋ	ũĩ	uaŋ									
				5	2	1									
				uak	ueʔ	iʔ									
				3	2	1									

（续表）

摄	开合	韵	等	韵母											
				1	2	3	4	5	6	7	8	9	10	11	12
臻	开	痕	一	eŋ	uŋ	iaŋ									
				6	2	1									
		真臻/质栉	三	eŋ	iaŋ	aŋ	uŋ								
				56	11	5	5								
				ek	iak	ak	ioʔ								
				18	6	5	1								
		殷/迄		eŋ											
				9											
				iak	ẽ	ek	eʔ								
				1	1	1	1								
	合	魂/没	一	uŋ	ɯŋ	iaŋ	o	ŋ							
				50	4	1	1	1							
				uk	uak	ok									
				10	2	1									
		谆/术	三	uŋ	eŋ	ioŋ	uaŋ								
				30	4	1	1								
				uk	ek										
				13	1										
		文/物		uŋ	uk										
				32	2										
				uk	ueʔ										
				5	1										

（续表）

摄	开合	韵	等	韵母											
				1	2	3	4	5	6	7	8	9	10	11	12
宕	开	唐/铎	一	aŋ	ɯŋ										
				56	17										
				ak	oʔ	ok	a	uaʔ	auʔ	aʔ	eʔ	ap	o	ou	
				13	12	9	2	1	1	1	1	1	1	1	
		阳/药	三	iaŋ	ĩõ	ɯŋ	uaŋ	aŋ	io	ŋ	oŋ	a	o		
				80	51	10	4	3	3	2	1	1	1		
				iak	ioʔ	iaʔ	ok	iauʔ							
				19	6	2	1	1							
	合	唐/铎	一	uaŋ	ɯŋ	ŋ									
				11	2	2									
				ak	uak	ek	ueʔ								
				3	1	1	1								
		阳/药	三	uaŋ	aŋ	eŋ	uŋ	o	ŋ						
				21	9	1	1	1	1						
				uak	ak	ioʔ									
				1	1	1									
江	开	江/觉	二	aŋ	ɯŋ	oŋ	uaŋ	eŋ	ĩõ						
				17	3	3	3	2	1						
				ak	ok	oʔ	uak	uʔ	auʔ						
				11	10	6	2	1	1						
曾	开	登/德	一	eŋ	aŋ	oŋ									
				20	5	1									
				ek	ak	iok									
				10	4	1									
		蒸/职	三	eŋ	aŋ	ioŋ	ueŋ	ĩã							
				27	2	2	1	1							
				ek	iak	ak	iʔ								
				25	3	3	2								
	合	登/德	一	oŋ											
				1											
				uek	ok										
				2	1										
		职	三	uek											
				1											

（续表）

摄	开合	韵	等	韵母											
				1	2	3	4	5	6	7	8	9	10	11	12
梗	开	庚/陌	二	ẽ	eŋ	aŋ	ĩã								
				19	13	4	1								
				eʔ	ek	ẽʔ	iaʔ	aʔ	oʔ	a					
				8	3	3	2	1	1	1					
		耕/麦		eŋ	ẽ	aŋ	ueŋ								
				9	6	2	1								
				eʔ	ek	ẽʔ	uk	iaʔ	aʔ						
				8	3	2	1	1	1						
		庚/陌	三	eŋ	ĩã	ẽ	iaŋ								
				23	8	4	1								
				ek	iaʔ										
				3	2										
		清/昔		eŋ	ĩã	ẽ	aŋ	ueŋ							
				20	20	9	1	1							
				ek	iaʔ	ioʔ	ia	eʔ	ã						
				13	8	4	4	1	1						
		青/锡	四	eŋ	ĩã	ẽ	aŋ								
				39	8	7	2								
				ek	iaʔ	eʔ	ak	ok	iak	aʔ	oʔ	iʔ			
				12	3	3	1	1	1	1	1	1			
	合	庚/陌	二	uaŋ	ũẽ										
				1	1										
				iak											
				1											
		耕/麦		oŋ	ueŋ										
				1	1										
				uek	ueʔ										
				1	1										
		庚	三	ioŋ	ueŋ	ĩã									
				3	2	1									
		清/昔		ueŋ	eŋ	uŋ	ĩã								
				3	1	1	1								
				o̜k	iaʔ										
				1	1										
		青	四	ueŋ											
				3											

（续表）

摄	开合	韵	等	韵母											
				1	2	3	4	5	6	7	8	9	10	11	12
通	合	东/屋	一	oŋ	aŋ	ou	eŋ	ĩã							
				45	33	1	1	1							
				ok	ak	ek									
				15	4	2									
		冬/沃		oŋ	aŋ										
				9	4										
				ok	ak										
				4	1										
		东/屋	三	oŋ	ioŋ	aŋ	eŋ	uaŋ	ã	ĩũ	ĩõ	im			
				13	5	5	4	2	1	1	1	1			
				ok	ek	iok	ak	uk	uaʔ						
				14	8	8	5	1	1						
		钟/烛		oŋ	ioŋ	eŋ	aŋ								
				23	17	14	3								
				ok	ek	iok	uak								
				12	10	2	1								

5.2 中古入声韵尾字的语音层次

揭阳方言具有-p、-k、-ʔ 三种类型的入声韵尾。潮汕几大分支方言（汕头方言、潮州方言、揭阳方言）失去入声韵尾-t 及与之相配的阳声韵尾-n，是近百年来发生于音节结构中的重大变化。在《汕头音义字典》中，潮汕方言仍有-n/-t 韵尾，而在李永明（1959）《潮州方言》中，-n/-t 尾已并入-ŋ/-k 尾。潘家懿（1996）、吴芳（2013）、徐宇航（2015）等学者指出，粤东闽语（包括潮汕闽语）山臻摄舌尖辅音韵尾的演变与主元音的高低有关，主元音为低元音 a 的韵母，其韵尾率先由-n/-t 演变为-ŋ/-k，演变规则为-n>-ŋ/a_和-t>-k/a_，之后引发了连锁反应，an/at、ian/iat、uan/uat、in/it、un/ut 按先后顺序演变为对应的-ŋ/-k 韵尾。（吴芳 2013）

一般认为（如吴瑞文，林英津 2007；栗华益 2018 等），在闽语各次方言中，闽北、闽中无塞音韵尾；闽东多数方言及蒲仙方言仅有-ʔ 尾；闽南方言文读层为-p、-t、-k 尾，白读层为-ʔ 尾，少数点无-t 尾（如潮汕片潮州方言）或无-t、-p 尾（如潮汕片澄海方言）。但我们在方言调查中注意到，潮汕方言的-p、-k 尾并非只有文读层，不管是百年来一以贯之的-p、-k 尾，还是由-t 演变而来的-k 尾，都有用于白读字音中的情况。此类现象有两种逻辑上的可能性，第一种：声韵调三种音类发生文白错配。即本该搭配白读类入声韵尾的声母、声调与文读类入声韵尾发生了错配；第二种：语音层次问题。即现有的-p、-k 尾并非只见于文读层，同样也见于白读层。第一种推测具有一定的偶然性，无法从中抽取规则。第二种推测则有悖于我们对闽南语入声韵尾的基本认识。

陶寰（2018）对闽语全浊声母清化后送气与否无语音条件的现象提出了一种假设："共同吴闽语时期经历过一次浊音清化，变成送气清声母。此后在北方汉语的影响之下，吴语重新产生了浊声母；而闽语只有部分字变成了浊声母，这部分字此后经历了第二次浊音清化，变成不送气清声母。"这给了我们一个重要的启示。假设闽语的全浊声母在中古之前已经历过一次清化，同时期的-m/-p、-n/-t、-ŋ/-k 三套韵尾可能大部分都已鼻音化、弱化为-Ṽ/-ʔ 一套韵尾，这种演变使韵尾发生了大规模的合并，并使-ʔ/-Ṽ 成了闽南方言白读层的重要标志。早期层次中残留下的小部分-m/-p、-n/-t、-ŋ/-k 韵尾，则与中古时期通过接触进入闽语文读系统的-m/-p、-n/-t、-ŋ/-k 混在了一起。如此一来，也就符合上述第二种推测的情况了。

本节内容基于以上假设，以揭阳方言入声韵尾为研究对象，分析其中的语音层次并力图重现其演变模式，为闽语语音层次研究提供有益的思考。

5.2.1 揭阳方言入声字今读情况

5.2.1.1 今读情况

本书依据《方言调查字表》修订本中涉及的入声字进行了调查。共计调查了 525 字，调查字音 591 个（包括文白异读字、非文白异读多音字及特殊读音字）。基本情况如下：

入声调泾渭分明，清入字基本读阴入，浊入字（全浊及次浊）基本读阳入。

咸深摄入声字共调查了 85 个，共计 100 个字音。深摄除"笠"字读为［loiʔ］之外，其他入声字均为-p 尾。咸摄的 75 个字音中，读-p 尾的有 47 个字音，读-ʔ 尾的有 28 个字音，-p 尾字音与-ʔ 尾大约是六比四（-p ∶ -ʔ）的比例。读为-ʔ 尾的字音以清入字为主，但有一定比例的浊入字。

山臻摄的-t 尾已经消亡。所调查的 146 个字有 161 个字音。臻摄除了"质"［tsioʔ］、"乞"［kʰeʔ］、"物"［mueʔ］三个字音带有-ʔ 尾外，其他字音均并入了-k 尾。山摄字读-k 尾的字音有 61 个，读-ʔ 尾的字音有 39 个，其比例大约也是六比四（-k ∶ -ʔ）。读为-ʔ 尾的字音分布杂乱，其分布不以中古的声母、开合口等为条件。

通江曾三摄除少数几个字（以清入字为主）读为-ʔ 尾外，其他字均为-k 尾。宕摄合口字基本上读为-k 尾，开口字不以声母清浊或等为条件，一部分读为-k 尾，另一部分读为-ʔ 尾。宕摄中读为-k 尾的字音共有 37 个，读为-ʔ 尾的字音共有 19 个，-k 尾大约占了七成。梗摄是-ʔ 尾字音最多的一个摄，83 个字音中有 48 个读为-ʔ 尾，-ʔ 尾字音约占全摄字音的七成。特别是其中的清入字及全浊入字，读为-ʔ 尾的字音都比读为-k 尾的字音要多。

总体看来，深通江曾四摄基本上都使用中古入声韵尾，臻摄则悉数合并到-k 尾中。咸宕梗三摄出现了两分局面，一部分与中古韵尾相同，一部分演变为-ʔ 尾。山摄也是两分的局面，但山摄是已经经历过演变的两分，其-t 尾悉数消失，六成的字音合并到了-k 尾中，四成的字音演变成了-ʔ 尾。综合潮汕方言一百多年来的音系演变情况看来，-t 尾变成了-k 尾，另外有一部分入声韵尾在逐步弱化，有的甚至舒声化了。

5.2.1.2 读音表

表 5－26 深摄入声字读音表①

韵摄	清浊		调类	p 韵尾				字数	ʔ 韵尾				字数
咸摄	清		阴入	答 tap	合 kap*	蛤 kap	榻 t^{h}ap	20	搭 taʔ	拓 taʔ	塔 taʔ	押 aʔ	16
				扎 tsap	眨 tsap	恰 k^{h}ap	掐 k^{h}ap		插 ts^{h}aʔ	裌 koiʔ	甲 kaʔ	胛 kaʔ	
				接 tsiap*	妾 tshiap	摄 niap	靥 iap		鸭 aʔ	接 tsiʔ	摺 tsiʔ	褶 tsiʔ	
				帖 t^{h}iap	贴 t^{h}iap	压 iap	劫 kiap		怯 k^{h}iaʔ	跌 tiaʔ	挟 koiʔ*	合 kaʔ*	
				塌 t^{h}ap*	溻 t^{h}ap	磕 k^{h}ap*	法 huap*						
			阳入	夹 kiap	磕 k^{h}ap*	塌 t^{h}ap*	合 hap*	6	踏 taʔ	合 haʔ*			2
				胁 hiap	挟 hiap*								
	浊	全浊	阴入					0					0
			阳入	杂 tsap	盒 ap	狭 hiap*	洽 tsiap	13	沓 taʔ	闸 tsaʔ	炸 tsaʔ*	狭 oiʔ*	5
				匣 ap	捷 tsiap	涉 siap	协 hiap		叠 t^{h}aʔ*				
				叠 t^{h}iap*	牒 tiap	蝶 tiap	谍 tiap						
				乏 huap*									
		次浊	阴入	聂 niap	镊 niap	蹑 niap	苶 niap	4					0
			阳入	纳 nap	叶 hiap	业 ŋiap		3	叶 hioʔ	蜡 laʔ	镴 laʔ	猎 laʔ	5
									腊 laʔ				

① 多音字后加“ * ”号表示。

（续表）

韵摄	清浊		调类	p 韵尾				字数	ʔ 韵尾				字数
深摄	清		阴入	辑 ts^{h}ip	涩 siap	执 tsip	汁 tsap	11					0
				湿 sip	急 kip	级 kip	给 kip						
				泣 k^{h}ip	吸 k^{h}ip	揖 ip							
			阳入										
	浊	全浊	阴入	辑 ts^{h}ip				1					0
			阳入	集 tsip	习 sip	袭 sip	十 tsap	8					0
				什 tsap *	什 sip *	及 kip	拾 sip						
		次浊	阴入					0					0
			阳入	立 lip	粒 liap	入 zip		3	笠 loiʔ				1
合计								70					30

表 5-27　山臻摄入声字读音表

韵摄	清浊		调类	k 韵尾				字数	ʔ 韵尾				字数
山摄	清		阴入	萨 sak	擦 ts^{h}ak	喝 hak	歷 k^{h}iak	35	獭 t^{h}uaʔ	割 kuaʔ	葛 kuaʔ	渴 k^{h}uaʔ	22
				札 tsak	察 ts^{h}ak	瞎 hak	辖 hak		八 poiʔ	杀 suaʔ	薛 siʔ	铁 t^{h}iʔ	
				哲 tiak	彻 t^{h}iak	撤 t^{h}iak	浙 tiak		节 tsoiʔ *	钵 puaʔ	阔 k^{h}uaʔ	刷 sueʔ	
				设 siak	节 tsak *	切 ts^{h}iak	屑 siak		雪 soʔ	说 sueʔ	哕 ueʔ	缺 k^{h}ueʔ	
				结 kak	洁 kiak	泼 p^{h}uak	掇 ts^{h}uak		撒 suaʔ *	撮 ts^{h}oʔ *	撇 p^{h}uaʔ	刮 kuaʔ *	
				脱 t^{h}uk	括 kuak	聒 kuak	豁 hak		刮 kueʔ *	血 hueʔ			
				拙 ts^{h}uak	发 huak	诀 kuak	鐍 kiak						
				撒 sak *	撮 ts^{h}uak *	擖 k^{h}ak	蜇 tiak						
				厥 k^{h}iak	决 kuak	轧 tsak	憋 pek						
				楔 siak *	楔 k^{h}iak *								
			阳入					0	折 tsiʔ				1
	浊	全浊	阴入	辙 t^{h}iak	橛 k^{h}iak *			2					0
			阳入	达 tak	拔 buak *	别 piak	杰 kiak	8	拔 boiʔ *	铡 tsaʔ	舌 tsiʔ	截 tsoiʔ	9
				掘 kuk	伐 huak	筏 huak	罚 huak		活 uaʔ	绝 tsoʔ	钹 buaʔ	橛 kueʔ *	
									夺 tok				
		次浊	阴入	劣 luak	阅 luak	曰 uak *	曰 iak *	4	抹 buaʔ	拽 ts^{h}uaʔ *	抹 buaʔ		2
			阳入	灭 mek	列 liak	烈 liak	热 ziak	12	辣 luaʔ	裂 liʔ	篾 biʔ		6
				末 muak	沫 muak	孽 ŋiak	捋 luk		袜 gueʔ *	袜 mueʔ *	页 hioʔ		
				悦 zuak	越 uak	粤 uak	穴 huak						

（续表）

韵摄	清浊		调类	k 韵尾				字数	ʔ 韵尾				字数
臻摄	清		阴入	笔 pek	必 pek	匹 p^{h}ek	七 ts^{h}ek	29	质 tsioʔ	乞 k^{h}eʔ *			2
				悉 sek	膝 ts^{h}ek	瑟 sek	虱 sak						
				失 sek	室 sek	吉 kek	乙 ek						
				一 ek *	讫 ŋiak	乞 k^{h}ek *	不 puk						
				卒 tsuk	骨 kuk	窟 k^{h}uk	忽 huk						
				恤 suk	率 tsuk *	出 ts^{h}uk	蟀 suk						
				桔 kek	佛 huk *	屈 k^{h}uk	焌 ts^{h}uk						
				黢 ts^{h}uk									
			阳入	毕 piak	一 tsek *	漆 ts^{h}ak	戌 suk	4					0
	浊	全浊	阴入	秩 tiak	倔 k^{h}uk			2					
			阳入	弼 piak	疾 tsek	侄 tiak	实 sek	12					0
				勃 puak	突 tuk	饽 puak	术 suk						
				述 suk	秫 suk	佛 huk *	掘 kuk						
		次浊	阴入	杌 uk	勿 buk *			2					0
			阳入	密 bak *	密 mek *	栗 liak *	栗 lak *	9	物 mueʔ				1
				日 zek	逸 ek	没 mok	律 luk						
				率 luk *									
合计								120					41

表 5-28　宕江曾梗通摄入声字读音表

韵摄	清浊		调类	k 韵尾				字数	ʔ 韵尾				字数
宕摄	清		阴入	博 p^{h}ak	作 tsak	各 kak	郝 hak	14	托 t^{h}oʔ	索 soʔ	阁 koʔ	削 siaʔ *	8
				恶 ak	爵 tsiak	雀 ts^{h}iak	鹊 ts^{h}iak		约 ioʔ	郭 kueʔ	泊 poʔ *	胳 keʔ	
				削 siak *	酌 tsiak	却 k^{h}iak	霍 k^{h}ak						
				藿 k^{h}ak	蜇 tiak	绰 ts^{h}iak	廓 kuak						
				劐 hak	镢 k^{h}iak								
	浊	全浊	阴入	芍 tsiak	柞 tsak *	嚼 tsiak	勺 tsiak *	4					0
			阳入	鹤 hok	缚 pak	凿 ts^{h}ak		3	薄 poʔ	着 tioʔ	泊 poʔ *	勺 ts^{h}iaʔ *	4
		次浊	阴入	钥 iak	跃 iak			2	烙 luaʔ *				1
			阳入	莫 mok	寞 mok	烙 lok *	络 lok	14	膜 moʔ	落 loʔ	骆 loʔ	掠 liaʔ	6
				乐 lak *	鄂 ŋak	若 ziak	弱 ziak		药 ioʔ	略 lioʔ *			
				虐 ŋiak	疟 ŋiak	籆 uak	酪 lok						
				略 liak *	镬 uak								

（续表）

韵摄	清浊		调类	k 韵尾				字数	ʔ 韵尾				字数
江摄	清		阴入	剥 pak	朴 pʰok	捉 tsʰok	觉 kak	10	驳 poʔ	桌 toʔ	卓 toʔ	琢 toʔ	5
				角 kak	朔 sok	确 kʰak	壳 kʰak		啄 toʔ				
				搉 kʰak	戳 tsʰok								
			阳入	涿 tok				1					0
	浊	全浊	阴入	浞 tsʰok	镯 tsʰok			2					0
			阳入	雹 pʰak	浊 tsuak	学 hak *		3	学 oʔ *				1
		次浊	阴入					0					0
			阳入	岳 ŋak				1	乐 gauʔ *				1
曾摄	清		阴入	北 pak	得 tek	德 tek	则 tsek	24	克 kʰioʔ	织 tseʔ	职 tseʔ		3
				塞 sak	刻 kʰek	黑 hek	逼 pek						
				即 tsiak	鲫 tsek	息 sek	熄 sek						
				媳 sek	忆 ek	侧 tsʰek	测 tsʰek						
				色 sek	识 sek	式 sek	饰 sek						
				抑 ak	忒 tʰek	饬 tʰek	啬 sek						
			阳入	亿 ek	稙 sek			2					
	浊	全浊	阴入	殖 sek	植 sek			2					0
			阳入	墨 bak	默 mek	特 tek	贼 tsʰak	8	蚀 siʔ				1
				直 tek	值 tak	食 tsiak	极 gek						
		次浊	阴入					0					0
			阳入	肋 lek	勒 lek	匿 nek	力 lak	7					0
				域 huek	翼 sek *	翼 ek *							
梗摄	清		阴入	迫 pek	魄 pʰek	擘 pʰek	革 kek	21	百 peʔ	柏 peʔ	伯 peʔ	拍 pʰaʔ	31
				碧 pʰek	戟 kek	脊 tsek	昔 sek		拆 tʰiaʔ	格 keʔ	客 kʰeʔ	赫 hẽʔ	
				斥 tsʰek	适 sek	释 sek	劈 pʰek *		吓 hẽʔ	蹟 tsʰeʔ	檗 peʔ	摘 tiaʔ	
				踢 tʰak	剔 tʰak *	剔 tʰek *	戚 tsʰek		责 tseʔ	策 tsʰeʔ	册 tsʰeʔ	隔 keʔ	
				锡 siak	析 sek	击 kʰek	激 kek		扼 ẽʔ	轭 ẽʔ	壁 piaʔ	僻 pʰiaʔ	
				吃 ŋiak					积 tseʔ	迹 tsiaʔ	惜 sioʔ	只 tsiaʔ	
									赤 tsiaʔ	尺 tsʰioʔ	益 iaʔ	璧 piaʔ	
									劈 pʰoʔ *	滴 tiʔ	绩 tseʔ		
			阳入	的 tek	嫡 tek			2	栅 tsaʔ				1
	浊	全浊	阴入	核 hek *	夕 sek	寂 sok	辟 pʰek	4					0
			阳入	泽 tsek	核 huk *	获 huek	笛 tek		白 peʔ	帛 peʔ	择 toʔ	宅 tʰeʔ	11
				敌 tek	狄 tek				剧 kiaʔ	屐 kiaʔ	席 tsʰioʔ	籴 tiaʔ	
									划 ueʔ	石 tsioʔ *	石 sioʔ *		
		次浊	阴入					0					0
			阳入	逆 ŋek	亦 ek *	译 ek	易 ek	8	陌 meʔ	额 hiaʔ	麦 beʔ	脉 meʔ	5
				液 ek	腋 ek	觅 mek	溺 nek		历 leʔ				

（续表）

韵摄	清浊		调类	k 韵尾				字数	ʔ 韵尾				字数
通摄	清		阴入	卜 pok*	扑 $p^{h}ok$	醭 $p^{h}ok$*	秃 $t^{h}ek$*		宿 suaʔ	畜 $t^{h}io$ʔ*	粥 kioʔ*	麴 kioʔ*	
				谷 kok	屋 ok	笃 tok	督 tok		蓄 $t^{h}io$ʔ	郁 hioʔ*			
				酷 $k^{h}ok$	沃 ok*	沃 ak*	福 hok						
				幅 pak	蝠 hok	腹 pak	肃 sok						
				竹 tek	筑 tok	畜 $t^{h}ek$*	缩 sok	36					6
				祝 tsok	叔 tsek	菊 kek	麴 $k^{h}ek$*						
				郁 uk*	足 tsok	促 $ts^{h}ok$	粟 $ts^{h}ek$						
				烛 tsek	嘱 tsok	触 $ts^{h}ok$	束 sok						
				曲 $k^{h}ek$	仆 $p^{h}ok$*	秃 $t^{h}ek$	哭 $k^{h}ok$						
			阳入	卜 pok*	覆 hok	粥 tsok*	锔 kek	4					
			阴入	速 sok	淑 sok			2					0
	浊	全浊	阳入	仆 pok*	曝 $p^{h}ak$*	瀑 $p^{h}ak$	独 tok						
				读 $t^{h}ak$	牍 tok	犊 tok	族 tsok						
				斛 hok	毒 tak	服 hok	伏 hok	21					0
				复 hok	逐 tok	轴 tek	熟 sek						
				俗 sok	续 sok	赎 sok	蜀 tsuak						
				局 kek									
			阴入					0					0
		次浊	阳入	鹿 tek	禄 lok	目 mak	穆 mok						
				牧 mok	六 lak	陆 lek	肉 nek						
				育 iok	绿 lek	录 lok	辱 zok	18					0
				褥 zok	玉 gek	狱 gek	欲 iok*						
				浴 iok*	浴 ek*								
合计								213					84

从表 5－26—表 5－28 来看，揭阳方言入声字今读韵尾有几个显著特征：

1）山、臻二摄只有-k、-ʔ 尾，无-t 尾。

2）深、臻、江、曾、通五摄少有读为-ʔ 尾的字，深摄尤少，仅有 1 例字音。

3）咸、山、宕、梗四摄呈现出较为明显的两分态势，-ʔ 尾占比较高。梗摄的-ʔ

尾数量甚至超过了-k 尾。

4）-p、-k 尾与-ʔ 尾不以内外转诸摄、声母清浊、开合口等条件发生分化。

表 5 - 29　入声字特殊读音字表

摄	例字	读音			词汇	备注
		声	韵	调		
咸	拉	l	a	阴平	拉手	
	炸*	ts	a	阴去	炸弹	又读[tsaʔ]阳入
	腌		iam	阴平	腌制	
	乏*	h	uak	阳入	缺乏	又读[huap]阳入
	法*	h	uak	阴入	办法	又读[huap]阴入
	什*	s	i	阳上	什么	又读[tsap]阳入什物、[sip]阳入小布什、[sim]阳入什么，只见于老派发音人
山	捺*	n	ai	阳上	撇捺	又读[nap]阳入
	癞*	n	ai	阳上	癞狗	又读[thai]阴上癞哥，指麻风
	泄	s	iap	阳入	泄漏	
	拽*	h	i	阳上	同“曳”	又读[tsʰuaʔ]阴入
	捏	n	ip	阳入	捏	
	噎		i	阴去	噎住	
臻	勿*	m	ai	阴去	非礼勿视	又读[buk]
宕	幕	m	o	阴上	帷幕	
	摸	m	ou	阴平	摸头	
	诺	n	ap	阳入	承诺	
	错	tsʰ	o	阴去	错误	
	柞*	ts	a	阴去	柞树	又读[tsak]阴入
	昨	ts	a	阴平	昨天	
	脚	kʰ	a	阴平	脚趾	
	扩	kʰ	uaŋ	阴去	扩展	
江	饺	k	iau	阴上	饺：饺子	

（续表）

摄	例字	读音			词汇	备注
		声	韵	调		
梗	窄	ts	a	阴去	狭窄	
	籍	ts	ia	阳上	籍贯	
	掷	t	ã	阳上	掷地有声	
	炙	ts	ia	阴去	炙热	
曾	亦*		ia	阳去	亦是	又读[ek]阳入
通	醭*	b	ou	阳平		又读[phok]阴入
	曝*	p	au	阳上	曝光	又读[phak]阳入(曝日：晒太阳)
	哭*	k^h	au	阴去	哭泣	又读[k^hok]阴入
	欲*		ãĩ	阴去	欲望	又读[iok]阳入

入声字除了读为入声音节，还有读为舒声音节或明显有别于该摄其他入声字的入声音节。有舒声读法的入声字共有 9 个：拉、什、捺、拽、幕、昨、窄、藉、掷、醭、哭，约占所调查入声字的 1.5%；特殊读音字共有 5 个：乏[huak]（咸摄，又读[huap]）、法[huak]（咸摄，又读[huap]）、泄[siap]（山摄）、捏[nip]（山摄）、诺[nap]（宕摄）。此外，揭阳方言音系中另有 10 个入声韵母收-ʔ 尾，分别为：ɯʔ、uʔ、iuʔ、ĩʔ、ãĩʔ、ãũʔ、õĩʔ、ĩãʔ、ĩũʔ、ũãʔ，其所辖字均为本字不明的方言字，暂不纳入统计。

总体而言，揭阳方言中的入声字基本上都有入声读法。其中，有 361 个字音读-k 尾，170 个字音读-ʔ 尾，75 个字音读-p 尾。

5.2.1.3 入声字的语音层次

文白异读是语音层次分析的利器，关于文白异读的分析方法详参陈忠敏（2013）和王洪君（2014）等学者著作，此处不再赘述。我们将从入声韵母中的文白异读入手，观察不同层次之间的对立关系。本书以音类为基本研究单位，考察文白异读字中具有不同韵母的字。这批字主要有几种不同的文白关系：① -p、-k 文：-ʔ 白；② -ʔ 文：-p、-k 白；③ -p、-k 文：-p、-k 白；④ -ʔ 文：-ʔ 白。表 5－30 列出四种类型的文白对立项。

表 5-30　入声字文白异读表

① -p、-k 文：-ʔ 白(28 字)

夹	iap	夹层、夹带、夹道、夹缝	oiʔ	夹紧、夹□[tãĩ]夹牢
挟	iap	要挟、挟持	oiʔ	挟菜
狭	iap	狭隘、狭窄、狭路相逢	oiʔ	狭□[soiʔ]吝啬
叠	iap	折叠、堆叠、重叠	aʔ	叠堆叠
撒	ak	撒野、撒娇、撒谎、撒手	uaʔ	撒盐、撒肥
喝	ak	喝彩、棒喝、吆喝、吃喝	uaʔ	喝咽打呵欠
撮	uak	撮合、撮要、撮弄	oʔ	撮量词,如"一撮物件"(一些东西)
泼	uak	泼辣、泼皮、泼妇	uaʔ	泼泼辣、活泼
拔	uak	拔河、海拔、拔除、拔丝	oiʔ	拔将物体往外抽拉
悦	uak	喜悦、欢悦、悦耳、愉悦	uaʔ	相悦互相喜欢、相爱
橛	iak	橛子、木橛	ueʔ	橛量词,如"一橛粉笔"(一截粉笔)
热	iak	热情、热度、热爱、热销	uaʔ	热天气炎热
勺	iak	勺子	iaʔ	饭勺
骆	ok	骆驿、骆国、富骆	oʔ	骆驼
烙	ok	烙印、镀烙、炮烙、烙铁	uaʔ	烙菜炒菜
学	ak	学习、学校、学生、化学	oʔ	学学习
各	ak	各自、各人	aʔ	各人
劈	ek	劈山、劈叉、劈裂、劈雷	oʔ	劈柴、劈开
擘	ek	巨擘、擘开	eʔ	擘开
麴	ek	酒麴	ioʔ	姓氏
窟	uk	窟窿、魔窟、窟凹陷处	uʔ	窟凹陷处
略	iak	策略、省略、侵略、大略	ioʔ	略略大略
削	iak	剥削	iaʔ	削发、削价
跌	iak	跌落、跌倒	iʔ	跌价
雀	iak	麻雀、孔雀	iauʔ	麻雀、麻雀囝小麻雀
药	iak	芍药	ioʔ	食药吃药
乞	ek	乞讨、乞求、乞食乞丐	eʔ	给予义动词、被动标记
节	iak/ak	节妇/节约、礼节、节目	oiʔ	做节过节

② -ʔ文：-p、-k白（4字）

接	iʔ	接待、接受、接触	iap	接线、接□[bua]接在一起
约	ioʔ	约会、约定、大约、节约	iak	约量
积	eʔ	积累、积极、积福	ek	积□[bua]积累起来
合	aʔ	合作、合并	ap	合合合作，读[haʔ kap]
				合合起来，读[hap]

③ -p、-k文-p、-k白（15字）

结	ak	结束、结果、团结、凝结	ek	结疕结疤
别	iak	别人、告别、别针、别称	ak	别人、别事
实	ek	结实、实在、实情、密实	ak	密实
密	ek	秘密、密码、亲密、密实	a	密实
栗	iak	颤栗、栗子、栗色	ak	厚栗栗子
核	ek	核心、审核、核算、核计	uk	核果核
沃	ok	肥沃、沃野、沃土、沃润	ak	沃花浇花
畜	iok	肉畜、子畜、畜疫业、牲畜	ek	畜生
蜀	uak	蜀道、蜀汉、蜀客	ek	蜀指数字“一”
浴	iok	沐浴	ek	洗浴洗澡、浴室
峡	iap	三峡	ap	峡山地名
涉	iap	涉[siap]水	iap	涉[tshiap]水
独	ok	孤独、独立、独唱、独创	ak	孤独
陆	ok	陆续	ek/ak	大陆姓氏/数字
值	ek	值日、值班	ak	值值得、价值

④ -ʔ文：-ʔ白（2字）

刮	uaʔ	刮风、刮目、搜刮	ueʔ	刮鼎用工具去掉炒锅表面污物
缺	ueʔ	缺乏、残缺、缺少、缺席	iʔ	缺嘴兔唇

在揭阳方言中，山臻摄的-k尾由-t尾演变而来（详参李如龙，李竹青 1998；吴瑞文，林英津 2007；吴芳 2013等），可视同别处闽南方言的-t尾。以上四组文白异读字，第一组数量最多，也最为符合闽语入声韵层次的一般认识，即喉塞韵尾为白

读，其他类型的韵尾为文读。第二、三、四组对立关系则提供了非常重要的信息：揭阳方言中的-p、-k 尾并非只用于文读层中，而-ʔ 尾也不是只用于白读层中。

（1）-ʔ 尾中的语音层次

从历时角度来看，第二组的“接、约、积、合”几字中用于文读词汇的-ʔ 尾应是文读层-p、-k 尾的弱化形式。根据 Fielde（1883），“接、约”与另两字“伯、柏”都有-p/-ʔ 或-k/-ʔ 尾两种语音形式，泉漳片闽语同此且-p/-k 尾为白读形式而-ʔ 尾为文读形式。在揭阳方言中，“伯、柏”已无-k 尾形式，只余-ʔ 尾，亦即白读音消失，文读音侵入白读词汇中。“接、约、积、合”仍有两读，但文读均为-ʔ 尾。Fielde（1883）中的“积”仅记［tsek］一音，可用于“积福、积累、积年累月”等词语中，而揭阳方言中“积”用于这些词汇时只读［tseʔ］，读［tsek］时反而是白读音，如“积□［bua］积累起来”“积银攒钱”。通过观察文白字音在带“积”的词汇中的更替，可知这类字有过或有着两个层次，一层是早于中古的-p/-k 尾（白读），一层是由中古的-p/-k 尾弱化而来的-ʔ 尾（文读），个别字中文读的-ʔ 尾挤掉了白读的-p/-k 尾，如“伯、柏”二字。

第四组的“刮、缺”文白读形式俱为-ʔ 尾，在泉漳片闽语中，此二字文读为-ʔ 尾白读为-t 尾，揭阳方言中无-t 尾，白读-ʔ 尾是早期的-t>-ʔ 之后的残存物，而文读的-ʔ 尾，则是中古之后的产物，演变路径为：-t>-k>-ʔ。

（2）-p、-k 尾中的语音层次

揭阳方言的-p、-k 尾，有可能是：A. 存古型。即-p、-t、-k 尾仅有一个白读层次，后-t>-k；B. 创新型。-p、-t、-k 尾于中古时期由权威方言借入“正音”系统，后-t>-k；C. 一半存古一半创新。早期白读层遗有少数-p、-t、-k 尾，与晚期文读层的-p、-t、-k 尾相混，后共同经历了-t>-k 的演变。

A 解释难以成立，因-p、-t、-k 尾用于文读层是闽语中的普遍现象，例如上文列出的揭阳方言中第一种类型的文白对立项，-p、-k 尾用于文读，与用于白读的-ʔ 尾对立。B 解释有片面之嫌，从上文的材料来看，-p、-k 尾虽主要用于文读音，但也有用于白读音的情况。例如第二组的“接”［-iap］、“约”［-iak］、“积”［-ek］、“合”［-ap］几字，除了有文白对立的证据之外，一些相同韵尾的字如“叶姓氏”［-iap］、“杂□［lap］杂：杂的、汁、十”［-ap］等也是白读音。在第三组对立（-p、-k 文：-p、-k 白）中，-p、-k 尾自身发生了文白对立且这种对立在泉漳片闽语中体现为系统的-p、-t、-k 尾自身的文白对立。这意味着闽语中这部分用于白读词汇中的-p、-t、-k 尾（或-p、-k 尾），极可能来自早期白读层，符合 C 解释的设想。

第三组有 15 字，分别来自山、臻、梗、通、咸、曾六摄中的屑、薛、质、麦、沃、屋、烛、洽、添、职十韵。以下对这批字的语音层次进行总结。

1）山摄屑、薛韵：“结”[-ak/-ek]、“别”[-iak/-ak]。山摄读-eŋ/-ek 属开口字白读层，其辖字均为口语常用字，与其他文读层相对立。而-aŋ/-ak、-iaŋ/-iak 则属于文读层且为主体读音层。

2）臻摄质韵：“实”[-ek/-ak]、“密”[-ek/-ak]、“栗”[-iak/-ak]。臻摄的-eŋ/-ek、-iaŋ/-iak 与-aŋ/-ak 呈现出较为系统的文白对立，文读-eŋ/-ek、-iaŋ/-iak 而白读-aŋ/-ak。

3）梗摄麦韵：“核”[-ek/-uk]，梗摄中-eŋ/-ek 为文读层且为主体读音层，读-uk 的仅有“核”字，不成系统，暂先排除。

4）通摄沃、屋、烛韵：“沃”[-ok/-ak]、“畜”[-iok/-ek]、“独”[-ok/-ak]、“陆”[-ok/-ek/-ak]、“蜀”[-uak/-ek]、“浴”[-iok/-ek]。通摄中白读-aŋ/-ak 与文读-oŋ/-ok 的对立遍及一等韵和三等韵，层次特征突出。通摄读-aŋ/-ak 普遍见于闽南方言中，与闽东方言中的-œŋ（或-øŋ 或-øyŋ）/œk（或-øk 或-øyk）相对应，俱为闽语通摄字的白读层次。（杜佳伦 2014）-eŋ/-ek 在揭阳方言中与文读层-oŋ/-ok 有文白对立关系，此外，还与-aŋ/-ak 呈对立分布状态，大约是略晚于-aŋ/-ak 的白读层。

5）咸摄洽韵、添韵：“峡”[-iap/-ap]、“涉”[-iap/-iap]。咸摄中的-am/-ap、-iam/-iap 主要归文读层，与白读层-ã/-aʔ 相对立。少数字白读音为-ap、-iap（如-ap：“合杂”；-iap：“接叶”），“峡”“涉”的白读韵母正是-ap、-iap。

6）曾摄职韵：“值”[-ek/-ak]。曾摄中的-eŋ/-ek 与-aŋ/-ak 互为文白关系，文读-eŋ/-ek 白读-aŋ/-ak。如登韵的“等”文读-eŋ（等级、对等）白读-aŋ（等：等待），蒸韵的“凝”文读-eŋ（凝结）白读-aŋ（凝：冷）。

我们整理出属于文读层弱化例与白读层存古例如表 5－31 所示。

表 5－31　入声韵尾文读层弱化与白读层存古例字表

层次	入声韵母	摄	例字	层次	入声韵母	摄	例字
文读层	-aʔ	咸	合	白读层	-ap	咸	合、峡
	-iʔ	咸	接		-iap	咸	接
	-eʔ	梗	积		-ak	臻、通、曾	实、密、栗、沃、独、陆、值
	-ioʔ	约	约		-ek	山、通	结、畜、陆、蜀、浴
	-uaʔ	山	刮		-iak	宕	约
	-ueʔ	山	缺				

在 48 个出现文白对立读音的字中，有 6 字文读层出现弱化，占 48 字的 13%。有 17 字的-p、-k 尾属于早期白读层，占 48 字的 35%。其中出现了-ap、-iap、-ek、-ak、-iak 五种入声韵母，由于这些韵母同时也有文读层次且一般认为仅有文读层，使得白读层隐匿其中，难以辨析。

早期研究闽语的学者虽未指出闽语文读层中的-p、-t、-k 尾有弱化为-ʔ 尾的情况，但早已敏锐地捕捉到白读层中存在少数-p、-t、-k 尾的信息，如张盛裕（1979）、杨秀芳（1982）、李永明（1986）等。其中，杨秀芳（1982）通过对音节的细致分析，确立了四种闽南语分支方言（厦门方言、泉州方言、漳州方言、潮州方言）的文白读语音系统。其白读系统中非-ʔ 型入声韵母有以下几种：

表 5－32　闽南方言白读系统中的非-ʔ 型入声韵母表

地区	ap	iap	it	at	ut	ik	ak	ek	uk
厦门	ap	iap	it	at	ut	ik	ak		
泉州	ap	iap	it	at	ut	ik	ak		
漳州	ap	iap			ut	ik	ak		
潮州	ap	iap					ak	ek	uk

杨文所记闽南语白读型-p、-t、-k 尾的语音材料难能可贵，其优点在于分析过程中比照了同源方言的语音形式，但由于分析多以音节为单位，对文白音类杂糅现象不够重视，因而存在一定的局限性。在潮州方言的白读类入声韵母（-ap、-iap、-ak、-ek、-uk）中，通过我们对揭阳方言入声韵尾文白对立的剖析，已确认-ap、-iap、-ak、-ek 四种韵母存在于白读层中，-uk 的层次信息不易确认，原因有二：第一，潮汕片闽语入声调无文白之分。清入字读阴入，浊入字（全浊及次浊）读阳入，少有例外；第二，读-uk 的字分布在臻摄（“不卒骨窟忽恤率出蟀佛屈焌骏戌倔突术述秫掘杌勿律”）、山摄（“脱捋”）、梗摄（“核”）和通摄（“郁”）。这些字中具有文白异读形式的仅有“核”“窟”二字，其中“窟”的读音为-uk 文/-uʔ 白，“核”读-ek 文/-uk，其中的-uk 很难说一定是白读。徐宇航（2015）将潮州方言山摄的“脱”［-uk］和臻摄的“拂/佛”［-uk］三字定为白读层次，依据的是二十世纪潮汕文献与当代潮州方言的音类对应关系，十九世纪的“脱”有-uat/-ut 两读，“拂/佛”有-it/-ut 两读，潮州方言的-t>-k 且此三字的-uat、-it 读法已失，所余-uk 的读音在山臻摄中与其他偏白读层的韵母呈现出较为规则的对应关系。此论证不无道理，但“脱、拂、佛”三字主要

用于文读，且二十世纪的潮汕文献主要记录的是潮州方言音，与当时的揭阳方言音会不会存有差距？若想确立-uk 的层次身份，仍需其他佐证。目前已知-uk 有两条疑似白读层的线索：

第一，揭阳方言梗摄的"核"读[hek]文/[huk]白。声母俱为文读层的 h-，文白对立关系可能由韵母引起。

第二，潮州方言山摄的"脱"和臻摄的"拂/佛"在十九世纪潮汕文献中读为"脱"-uat 文/-ut 白和"拂/佛"-it 文/-ut 白，此三字今读皆为-uk，有可能对应十九世纪的白读形式-ut。

我们再来看揭阳方言中一读字韵母为-uk 的口语常用字词都有哪些。

骨臻合一没韵见母[kuk]：鱼骨、鸡骨

出臻合三术韵昌母[tshuk]：出入进出、出门

屈臻合三物韵溪母[khuk]：屈冤枉、枉屈冤枉

秫臻合三术韵船母[tsuk]：秫米糯米、秫□[tshoi]糯米粉

捋山合一末韵来母[luk]：捋须捋胡须、捋打骂、收拾（如"掠伊来捋收拾他"）

臻摄的几字，"骨、出、屈"的声母不辨文白，"秫"的声母属白读层。臻摄入声韵有规则对应的文白层次为-iak 文-ak 白，从整体情况来看，-uk 偏文读层。但以上几字属口语核心词，韵母-uk 是否有归白读层的可能性？在缺乏声调层次信息，声母层次信息又较为模糊的情况下，臻摄的-uk 仍是不易归类的。山摄方面，读-uk 的有"脱、捋"两字。"捋"为口语核心词，常单用，也常作为动词性成分用于动宾结构中。"捋"读-uk 用于白读字音中为山摄孤例，因而需借助对山合一末韵字的整体考察来了解情况。调查显示，揭阳方言山合一末韵中的入声韵尾与十九世纪潮汕文献的入声韵母有系统对应关系，详见表 5－33（十九世纪潮汕文献和潮州方言语料根据徐宇航 2015[185]，表中白一白二指白读类型，不是指两种层次）：

表 5－33　十九世纪文献与当代潮汕方言入声韵母对应表

例字	十九世纪潮汕文献			潮州方言			揭阳方言		
	白一	白二	文	白一	白二	文	白一	白二	文
末	uaʔ		uat	uaʔ			uaʔ		uak
活	uaʔ		uat	uaʔ			uaʔ		uak
脱		ut	uat		uk			uk	
撮	oʔ		uat	oʔ			oʔ		uak

仅看潮州方言的话，由于文读韵的失落，“脱”读-uk 可能是白读层次，也可能是文读层的-uat 失落主元音 a 再经历韵尾合并演变而来。但从揭阳方言语料可看出，潮汕方言山合一末韵中还保留着与十九世纪的-uat 相对应的层次-uak，-uk 基本上只可能来源于-ut。那么，在潮州方言和揭阳方言中，至少可确定山摄的“脱”读-uk 可归白读层。

徐宇航（2015）所梳理的当代潮州方言中具有白读性质的层次一和层次二中，带-p、-k 尾的韵母除了-uk 之外，另有-ap、-ip、-iap、-ak、-ek、-ik、-ok、-uk 等韵母，共八种。

表 5－34 当代潮州方言白读入声韵表

层次	-ap	-ip	-iap	-ak	-ek	-ik	-ok	-uk
层次一	深		深	臻、曾、通、宕、江		曾		
层次二	咸	深	咸	山	曾、梗、通	臻	梗	山、臻

揭阳方言中无韵母-ik，与潮州方言的-ik 对应的是-ek。徐文将深摄的-ip 归入层次二，因深摄层次最少（仅有两层），其本意为层次一白对层次二文，与其他诸摄的层次二不同。另一个潮州方言韵母-ok，所辖字为梗摄庚韵的“帛”，与其白读音-eʔ 对应。揭阳方言中“帛”仅有-eʔ 一读，且梗摄庚韵中无-ok 韵母，故此音不纳。至此，我们可以看到，分析方法虽有不同，但杨秀芳（1982）、徐宇航（2015）所分析潮州方言白读型入声韵母与本书有许多一致之处。

表 5－35 当代潮汕方言白读入声韵表

潮州方言	杨秀芳（1982）	ap	iap	ak	ek	uk			
	徐宇航（2015）	ap	iap	ak	ek	uk	ok	ik	
揭阳方言	本文	ap	iap	ak	ek	uk		（ek）	iak

本书所取白读层入声韵母，均有与之对应的文读层韵母，是以文白异读分析为主、参考以往的语音层次研究成果为辅所得的结果。除此之外，可能还存在其他来自早期白读层的入声韵母，对相关问题的厘析既有赖于一读字字音的分析结果，也需要其他证据的支持。限于篇幅，此处不做讨论。

5.2.1.4 小结

表 5－36　中古韵尾与揭阳方言今读韵尾对比表

韵尾	中古韵尾：-n				中古韵尾：-t			
	鼻化韵		阳声韵		-k 尾韵		-ʔ 尾韵	
山摄	山	sũã	展	tiaŋ	洁	kiak	阔	kuaʔ
	扇	sĩ	牵	kaŋ	列	liak	活	uaʔ
	前	tsãĩ	连	liaŋ	括	kuak	刷	sueʔ
	换	ũã	恋	luaŋ	哲	tiak	八	poiʔ
	……		……		……		……	
臻摄	劲	kẽ	根	keŋ	各	kak	质	tsioʔ
			恩	eŋ	术	suk	乞	k^{h}eʔ
			镇	teŋ	律	luk	物	mueʔ
			裙	kuŋ	七	ts^{h}ek		
			……		……			

发展趋势：潮汕方言中的澄海话，-m、-p 尾已经消失。但其与揭阳的发展路径未必相同，如表 5－36 中所示，揭阳的咸深摄中咸摄的喉塞尾数量较多，而深摄则不然，-p 尾可以说是很完整的，仅有一字读为喉塞尾。

李永明认为，现代潮州话山摄的-n 尾分化为两部分，一部分变-ŋ，一部分变鼻化；与-n 尾相对应的-t 尾也分成两部分：跟-ŋ 走的变成了-k，跟鼻化音走的变为喉塞。问题是，通过考察十九世纪传教士语料，当时山摄的鼻化音已普遍存在，而且是白读音，总的来看，鼻化元音是早于-n 尾存在的。

揭阳方言的入声韵尾在上古时期已经发生过一次演变，-p、-t、-k 变为喉塞，-m、-n、-ŋ 变为鼻化韵。中古时期随着文读系统的大规模改造，-p、-t、-k 和与之相配的-m、-n、-ŋ 再次回归，一直到近代，-t、-n 才发生演变并逐步向-k、-ŋ 归并，才有了今天的入声韵尾分布格局。

5.2.2 入声韵尾的演变模式

揭阳方言的入声韵中，文读层既有-p、-k 尾，也有弱化的-ʔ 尾。白读层中既有众所周知的-ʔ 尾，也有存古性更强的-p、-k 尾。文白读两个大层次内部各有两类韵尾，共计四类：

1）白读主体型韵尾：-ʔ。

2）白读滞后型韵尾：-p、-k。

3）文读主体型韵尾：-p、-k。

4）文读创新型韵尾：-ʔ。

-p、-k 尾的两个层次不具同源关系，一为白读滞后型韵尾一为文读主体型韵尾。白读滞后型韵尾早于中古，文读主体型韵尾于中古时期自权威方言借入。-ʔ 尾的两个层次同样不具同源关系，白读主体型由早期的-p、-t、-k 尾弱化而来，文读创新层的-ʔ 尾辖字较少，在中古之后由文读系统的 p、-t、-k 尾弱化而来。详参图 5－4。

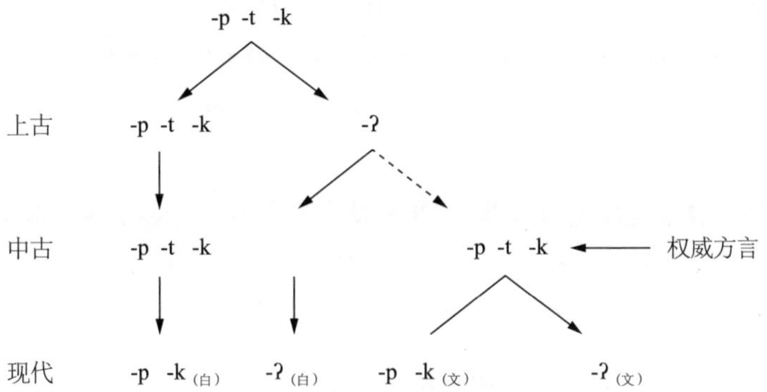

图 5－4　揭阳方言入声韵尾演变图

上古时期的入声韵尾可能是浊塞音韵尾（郑张尚芳 2013）[188]，也可能是清塞音韵尾。因两者无对立关系，拟作浊的或清的对上古的音位系统并无影响。（潘悟云 2000）[166] 我们假设其起点为清音，即-p、-t、-k 尾。揭阳方言的-p、-t、-k 尾发生过以下几个阶段的演变：

第一阶段（弱化：-p、-t、-k>-ʔ）：上古的吴闽语共同时期发生浊音声母清化时，闽语的塞音韵尾同时发生了系统性弱化，大部分演变为喉塞韵尾-ʔ，小部分保持原韵尾。

第二阶段（返古：-ʔ>-p、-t、-k）：到了中古时期，闽语受到了权威方言的强烈影响，文读系统中的全浊声母字重现浊音［即陶寰（2018）所指"返浊"概念］，大批喉塞韵尾也重获-p、-t、-k 尾，本书称之为"返尾"现象，该现象主要发生在深、臻、江、曾、通五摄。值得注意的是，中古时期闽语的返浊、返尾并非是语音系统的内部演变，而是由语言接触引起的发生于闽语文读系统中的现象。正因如此，返尾未能覆盖全部入声字,白读层中的入声字仍以喉塞韵尾为主体层,而原白读层中带-p、-t、-k 尾因此与文读层的-p、-t、-k 尾混同了。

第三阶段(合并:-p、-t、-k>-p、-k):福建本土闽南语和台湾闽南语目前都停留在第二阶段中,广东潮汕闽南语进入了第三个阶段,入声韵尾出现了合并现象。十九世纪之后,潮汕方言内部有两种入声韵尾的简化方向,一种是-p、-t、-k>-p、-k(潮州方言、揭阳方言等),原-t 尾并入了-k 尾;另一种是-p、-t、-k>-k(澄海方言),原-t 尾、-p 尾均并入-k 尾。入声韵尾的合并有三个基本特点:第一,原喉塞韵尾-ʔ 维持不变;第二,无论原-p、-t、-k 尾属于早期白读层,还是中古时期的文读层,都严格执行合并规则,有"要变一起变"的现象;第三,与-p、-t、-k 尾相配的阳声韵尾-m、-n、-ŋ 发生了配套演变。如在揭阳方言中,-t>-k 的同时发生了-n>-ŋ,在澄海方言中,-t、-p>-k 的同时发生了-n、-m>-ŋ。潘家懿(1998)[43] 将粤东闽语鼻/塞音韵尾的演变过程总结为(-m/-p、-n/-t、-ŋ/-k)→(-m/-p、-ŋ/-k)→-ŋ/-k,方向是正确的。

在第三阶段的前后,还有少数入声字发生了舒化,此演变应是晚近时期出现的,仅有 10 字,省去不表。揭阳方言入声韵的演变模式清晰之后,我们再将揭阳方言中-p、-t、-ʔ 三种韵尾的层次归属明示如表 5-37 所示。

表 5-37　揭阳方言入声韵尾时间层次表

韵尾	上古层	中古层	现代层
喉塞韵尾	-ʔ 白		-ʔ 文
例字	学[oʔ]		接[tsiʔ]
入声韵尾	-p、-k 白	-p、-k 文	
例字	涉[tshiap]/别[pak]	涉[siap]/学[hak]	

闽语中存在溢出中古《切韵》音系框架的成分可以说是学界共识,如何解释这部分例外型音类一直是研究的难点。陶寰(2018)对吴闽语全浊声母的研究,启发了本书关于闽语早期入声韵层次中存在系统性、规则性演变的推测。陶文通过吴闽语中一些残存的证据和他控音变理论,提出了闽语全浊声母存在二次清化的假设,该假设能够较好地解释现代闽语全浊声母清化后送不送气毫无规律可循的现象。闽语全浊声母若在中古前已发生过一次系统性清化,入声韵尾、阳声韵尾同样可以发生系统性的弱化演变,入声韵尾大部分弱化为喉塞韵尾,阳声韵尾大部分发

生了鼻化成分感染主要元音后再脱落的情况，这两种弱化后的语音形式随后成为了闽语白读层的主要标志。到了中古时期，全浊声母返浊、入声韵/阳声韵返尾，闽语文读系统至此成型。中古之后官话系统发生全浊声母清化、入声韵失落韵尾的演变，在闽南语文读系统中，主要经历了全浊声母清化的演变，入声韵尾和阳声韵尾都相对稳定，部分地区发生了三合二（-m/-p、-n/-t、-ŋ/-k→-m/-p、-ŋ/-k，如揭阳方言）或三合一（-m/-p、-n/-t、-ŋ/-k→-ŋ/-k）的演变，破坏了闽南语韵尾系统的平衡性。其演变模式可总结为“弱化—返古—合并/弱化”。

由于闽南语文白读系统各自的标志十分显著，在入声韵尾中体现为文读-p、-t、-k 对应白读-ʔ，以往的研究虽注意到白读层有残存的-p、-t、-k 尾（潮汕地区为-p、-k 尾），但并未明确此类韵尾的来源及其与文读层同形韵尾的关系。同时，文读层中有弱化的喉塞韵尾-ʔ，亦未见相关研究提及。本书的目标在于提出以下观点：闽南方言中的-p、-t、-k 尾与-ʔ 尾各有文读与白读两种层次，不同层次的同形韵尾混杂而居，从而造成了辨析上的困难。在揭阳方言中，-p、-t、-k 尾于十九世纪之后演变为-p、-k 尾，但层次数量以及层次来源并无变化。

沈钟伟（2007）[106-134] 在《语言转换和方言底层》一文中，探讨了南方方言的层次与底层语言之间的关系，认为闽语白读层的鼻化韵母及喉塞韵尾来自苗语的底层影响。文章从音系角度进行分析，论证了苗瑶语通过语言转换留在南方方言中的可能性。与壮侗语丰富的韵尾系统相比，苗语几乎不存在辅音韵尾系统，其鼻音韵尾实际上是鼻化元音，而其喉塞韵尾主要用以表示元音的短促，可记可不记，作者认为这一点和吴语、湘语、湖南土话、桂北平话及闽语白读层的语音系统极为相似。我们认为，早期壮侗语、古楚语等语言都在闽语中留下过痕迹（林伦伦 2015）[1-4]，此外，秦人几十万大军进入南越，不可避免地会带来语言上的接触，北方方言的影响同样不可忽略。不同语言（方言）早期在闽粤一带所发生的相竞相融，给闽语带来了深刻的影响。我们不排除早期苗语影响早期闽语的可能性，但从闽语的多源性和复杂性来看，即便苗闽有接触关系，苗语的影响恐怕也是微弱的，这一点从闽语的白读层中既存有-ʔ/-Ṽ 韵尾，又存有-m/-p、-n/-t、-ŋ/-k 韵尾即可看出。

| 第六章 |

揭阳方言中古声调今读语音层次

6.1　揭阳方言中古声调今读情况

罗杰瑞(1985)在《闽语声调的演变》提出原始闽语有四个声调,而后根据声母的不同类型(六类)发生了分化的设想。这种设想"引起极大争议,至今聚讼纷纭"(沈瑞清 2014)[296]。闽语的声调原型是否为四声,我们不得而知。总的来看,潮汕方言的声调系统与中古的声调系统对应是比较整齐的。根据徐馥琼(2010)[161-167]对粤东闽语声调总体面貌的研究,可知"粤东闽语的声调系统可分为三种类型:八调型(代表点:汕头市区)、不稳定型(代表点:潮阳棉城)、七调型(代表点:南澳云澳)"。

粤东闽语大部分地区属于八调系统,平上去入各分阴阳。在这些八调系统的方言点中,平声、入声为全清和次清读阴调,全浊和次浊读阳调;上声的全清读阴调,全浊读阳调,次浊则读归阴上;去声的读法最为特殊,全清读阴调,全浊和次浊部分读阳调部分读阴调。

揭阳方言属于典型的八调系统,以下讨论以中古的声调系统为基础框架。

6.2　浊去归上现象成因分析①

6.2.1　文献综述

潮汕闽语中的浊去归上(以下简称为"去读上")现象,是指浊去字中有一半左右读成了上声调(主要为阳上调)的现象。该现象引起了很多学者的关注,我们将前人研究成果归纳为三种主要观点。

观点一:词汇扩散

潮汕方言的去读上现象是支撑词汇扩散理论的一个重要证据。自词汇扩散理论提出以来,关于此现象的探讨层见叠出。以下选取最为重要的几篇文章详细介绍。

Cheng 和 Wang(1972)在《潮州方言声调演变:词汇扩散个案研究》(*Tone*

① 本节主体内容曾发表于《励耘语言学刊》(北京师范大学文学院编,学苑出版社,2022)题为《词汇扩散与文白层次:潮汕闽语中的浊去归上现象》。

Change in Chao-Zhou Chinese: A Study in Lexical Diffusion）一文中对潮汕方言去读上现象提出见解，他们认为无法用借用和方言混合词来解释这种现象，此现象应该是系统内部发展中间阶段的体现，亦即词汇扩散（lexical diffusion）过程的反映。这种词汇扩散的过程可以用一条类似 S 形的时间曲线来形容，两头变化缓慢而中间变化迅猛。至于为何会发生从去声到上声的词汇扩散，文章没有明确说明，只在附注中提到，根据李永明（1959）《潮州方言》中的调查，阳上字本调调值为 35，变调后调值为 21，阳去字本调及变调的调值均为 11，因两者区别较小，有合流的可能性。文章在进一步总结时，谈到了语音强度（phonetic streingth）与声调演变相关的可能性。作者认为声调演变与其他语音演变相比，其语音强度的变化是微弱的、缓慢的、线性的，而且还可观察到大量的典型性残余物质。潮州方言中出现部去读上的现象，正好反映了词汇扩散中部分已变部分未变的音变过程。

Chen 和 Wang（1975）发表了《语音演变：动因与表现》（*Sound Change: Actuation and Implementation*），再次分析了潮州方言去读上的现象，结论如同 Cheng 和 Wang（1972）：无论从中古汉语还是现代潮州方言的各种语音条件来看，都找不到制约分化的条件。同样，作者认为此现象恰好体现了词汇扩散的中间阶段，并从英语和瑞典语中找到支持性证据。

Labov（1981）在《解决新语法学派争议》（*Resolving the Neogrammarian Controversy*）中引用了 Cheng 和 Wang（1972）对潮州方言去读上现象的分析，并详述了王士元等人据此及其他证据对新语法学派的“语音渐变，词汇突变”的理论提出反驳的观点。作者以其变异派社会语言学的角度进行语音演变观察，认为词汇扩散假说是具有说服力的，的确能够说明在某些情况下是“语音突变，词汇渐变”的。与 Cheng 和 Wang（1972）等研究词汇扩散的学者不同的是，拉波夫不认为词汇扩散与新语法学派的理论是全然对立的，他认为二者体现了音变的两种不同路径。后来 Labov 在《语言变化原理：内部因素》（*Principles of Linguistic Change: Internal Factors*, 2007）[438] 中提出了不同的意见，认为词汇扩散学派不同意新语法学派规则音变的观点有失偏颇，因为从历史语言学家的角度来看，规则音变是已被证实的音变原理。

王洪君（2014）[197-223] 在《历史语言学方法论与汉语方言音韵史个案研究》中认为王士元所提出的词汇扩散理论有着重要的理论意义，该理论有助于解释历史音变中的例外，而且“比‘语音规律无例外’原则能更有弹性地说明同一类音无条件地分化为两类的情况，更好地解释语音演变的少量例外和少数生理上不具连续性的音变”。与此同时，王洪君（2014）[224] 对词汇扩散理论提出了两个问题：1）未区分音变是单音系自发性音变还是因外来音系影响导致的音变，这两种不同的音变是否会导向相同结果？两者有无区别？2）在分析潮州方言阳去调并入阳上调这种实例时，只对字音层次上的新旧异读进行了列举，未说明新旧异读在词汇层次上是否有限制。

关于第一点质疑，Cheng 和 Wang（1972）提到过，潮州方言的去读上现象既不是借用（borrowing）也不是方言混合（dialect mixture），而是系统内部自发的演变。但的确未提及如果发生借用或方言混合，是否与系统内部自发的演变有相同结果。第二点是 Cheng 和 Wang（1972）一文多受质疑之处，易家乐（Egerod 1976，1982）和丁邦新（2008）都曾就此问题发表过看法。这部分内容详见观点二。

Wang 和 Lien（1993）的《语音演变的双向扩散》（*Bidirectional Diffusion in Sound Change*）对 Cheng 和 Wang（1972）所遭受的质疑做了一个通盘的检讨与辩论，并提出了“双向扩散理论”。该文认为，潮州方言的声调系统发生互竞行为，首先因为白读系统与文读系统是属于不同层次（stratum）的系统。白读系统有八个声调，文读系统则是七个声调，文读的浊声母阳去字并入了阳上，因而少了阳去调。这两个声调系统互有影响，其中，读阳上调的字来源最为复杂，包括了全浊阳上字（文读和白读）、次浊阳上字（白读）及部分浊声母阳去字（文读）。文白读两种不同层次的系统最初各自独立，随后进入一种共生共长、互相影响、互相作用的关系。全浊去白读与全浊去文读在旷日持久的持续互动中，始终在互相渗透，使得“文白层次的界限渐渐模糊掉”。文读层和白读层的声韵调除了有纯粹的文文文和白白白两种形式之外，还有各种各样的杂配形式出现，比如白文文、文白白、文白文、白文白等配对方式。作者通过统计文白组合的杂配词数，认为文读层的势力甚强，文读的声韵多有渗透到阳去（白读调）类词汇中。作者认为阳上与阳上在逐渐融合之中，其融合是由连读调的融合所产生的类推引起的，由连读调通过词汇逐步地扩散到单字调中，最终单字调将会消失。除了潮州方言的例子，作者还提供了海康方言、闻喜方言声韵演变中的双向扩散的例证。在 Halle 和 Keyser（1971）中谈到的英文重音系统中日耳曼语来源词汇的重音规律与曼斯语来源词汇的重音规律之间的互动，认为是词汇范畴的转换导致了音段和重音的不协调，属于系统内部现象。Wang 和 Lien（1993）则认为这恰好体现了并存系统之间发生共时互动的结果，且其演变方式与潮州方言中去声与上声的演变方式极为相似。

Lien(1993)在《再谈语音演变的双向扩散》(*Bidirectional Diffusion in Sound Change Revisited*)中补充了大量基础材料,并论证汉语方言中浊上变去的音变是通过词汇扩充完成的,再进一步指出潮州方言的去读上现象实际上是南北型并存的潮州方言中的北方型(浊上变去)成分正在促成其南方型(浊上浊去分立)成分与之合流。

观点二:文白异读

词汇扩散理论提出之后遭受了一些质疑,Chang(1986);Egerod(1976,1982)、丁邦新(2008)都曾就词汇扩散的重要证据(潮州方言去读上现象)提出批评与反驳。

Egerod(1976)[108-111] 在《闽语的声调分裂》(*Tonal Splits in Min*)中提出,Chen 和 Wang(1975)的研究结果未能建立在可靠、有效的数据分析之上。Egerod(1982)[169-173] 在《论潮州方言古去声浊声母字今调类的分化》(*How Not to Split Tones — The Chaozhou Case*)一文中再次提出反对意见,认为 Cheng 和 Wang(1972)、Chen 和 Wang(1975)对潮州方言去读上现象的分析无法导出词汇扩散的结论。总括而言,易家乐(1976,1982)认为潮州方言之所以有去声读为上声的现象,是由于闽语极为丰富的历史层次造成的。沉积在内的古方言层与新进的读音层有着声调上的差异,这种声调差异的体现同时也是文白异读的体现。

丁邦新(2008)的观点与 Egerod(1976,1982)基本一致。丁邦新(2008)[257-271] 在《浅析潮州方言的声调演变》(*A Note on Tone Change in the Ch'ao-chou Dialect*)一文中对去读上这种语音演变现象只出现于潮州方言中表示怀疑,同时对 Cheng 和 Wang(1972)、Chen 和 Wang(1975)的分析数据提出质疑,他认为《汉语方音字汇》中的潮州音存在文白异读的混杂现象,据此资料统计分析是不可靠的。通过整理潮州方言的文白异读现象,丁邦新(1979/2008)推测潮州方言中阳上阳去的文读音读为同调,其调值与白读音中的阳上相同。并谈道:"通常文白两读都是同调的,只有中古浊去声的字在文言读阳上时,在白话就成为阳去了。"

杨秀芳(1982)的博士论文《闽南语文白系统的研究》指出,潮州方言新文读层的声调系统只有七个,少了阳去调。在这一层里面,浊上浊去字读同阳上调,调值为35(按:据其前后文来看,此处文中误记为53)。除此之外,另有部分浊母去声字和清母去声字读为阴上,因阴上的调值为53,与国语去声的调值51颇为接近,这部分字很可能是受国语影响而读作阴上的。

观点三：浊上变去

持浊上归去观点的学者内部有浊上归去时期的分化。高本汉(1940)虽未对此现象进行解释，但从其对汕头方言（潮汕闽语分支方言）声调的命名来看，他认为汕头方言处于浊上归去的进程中。杜佳伦(2014)持有类似观点。林伦伦(1995,2001)与岳婕(2018)则推测潮汕方言的浊上曾归去，后浊上再次分化出来读为阳上。

潮汕学者林伦伦(1995,1996,2001)多次谈到了潮汕方言中去读上的问题。林伦伦在《潮汕方言声调研究》(1995)和《澄海方言研究》(1996)中首先谈到了潮汕方言去读上的问题。林伦伦(1996)[127-136]将澄海方言（与揭阳方言同属粤东闽语）与中古音系中的声调进行比较，揭示了去声字中不管是清声母还是浊声母，都有不少读为上声的例子的语言事实。该文共调查了587个去声字，我们将其统计数值列如表6－1所示：

表6－1　澄海方言中古去声字声调今读表

中古声母		阴平	阳平	阴上	阳上	阴去	阳去	阴入	阳入
清声母		8	4	25	21	120	2	6	0
浊声母	全浊	2	20	5	98	15	92	0	2
	次浊	1	6	15	86	10	49	0	0
合计		11	30	45	205	145	143	6	2

林伦伦(1995[54],1996[128])认为上声字和去声字密切相关，并推测“浊上变去”在中古之前就已发生过，而潮汕方言保留了中古之前的旧音。同时，还列出了粤东闽语及粤西闽语中与去读上相关的语音现象：1）南澳岛云澳方言的阳上字和阳去字无论单字调还是连读调的调值均合二为一读为33；2）粤西闽语海康方言中也有接近一半的浊声母去声字读归阳上；3）粤东某些方言点的阳上字和阳去字在连读变调中调值相近或完全相同。如潮阳方言的阳上字和阳去字在连读变调中都读33，揭阳方言都读21，汕头、饶平、潮阳和登海的阳上字和阳去字在连读变调中的调值十分相近，均在21与11(或12)之间。

林伦伦在《古浊声母上声、去声字汕头话今读考察》(2001)[101-106]和《潮汕方言历时研究》(2015)[94-108]中再次指出潮汕方言有去声字读为上声的现象。与郑锦全、王士元(1972)等学者相同的是，林伦伦(2001,2015)在分析过程中也强调了一点：与读为上声的去声字的音韵地位完全相同的另一部分去声字读的仍是去声，而且从声母、韵母、等呼等方面出发都找不到去读上的内部分化条件。作者再次推测：因潮汕闽语中的一些读音反映的是六朝甚至先秦时的读音，而根据李新魁（1994）的研究，在先秦时代，“大概是原无去声”的，“洎乎魏晋，上入声多转而为去声”。（段玉裁《六书音均表》）所以中古以后的“浊上变去”现象，在中古前也曾发生过。《广韵》中许多浊声母去声字中古前可能是在上声里的，汕头话中古浊声母去读上现象，可能是这种见解的佐证。我们将其见解总结如下：

Ⅰ. 先秦时期：有平上入三声。其中，上声包括去声。

Ⅱ. 魏晋时期：有平上去入四声。浊上归去，去声从上声中分化出来。

Ⅲ. 隋唐时期：四声八调。平上去入各分阴阳。

据林伦伦（1995，1996，2001，2015）的推测，潮汕方言的去读上现象可能反映了先秦时期上声包括去声的部分语音特点。

高本汉（1994）[443-444] 最早谈到了汕头方言古去声字的分化问题，他将汕头方言的八个声调记作以下名称（见表6－2）：

表6－2　汕头方言声调分类表

第几声	相当于古音	今称
一	阴平	阴平
二	阳平	阳平
三	阴上，阳上	上
四	阴去	阴去
五	阳去一部分，甲	阳去
六	阳去一部分，乙	去
七	阴入	阴入
八	阳入	阳入

他将古清声母上声及次浊上统称为上声，去声则分作三部分：阴去、阳去（今阳上）、去（今阳去）。阴去是古清声母去声字，阳去和去的区别是阳去包括“古爆发塞擦摩擦的浊音声母字”（古浊声母上声字）。我们将其声调名称与今读声调名称列表对比如下（见表6－3）：

表 6－3　高本汉声调分类与今声调分类对照表

声调	一	二	三	四	五	六	七	八
高本汉分类	阴平	阳平	上	阴去	阳去	去	阴入	阳入
声调	一	二	三	五	四	六	七	八
今分类	阴平	阳平	阴上	阴去	阳上	阳去	阴入	阳入

可以清楚地看到,区别在于高本汉分类的第四声阴去是今分类的第五声阴去,第五声阳去是今分类的第四声阳上。高本汉将古浊上并入了阳去中,认为汕头方言“跟好些别的方言一样”,浊上变去了。但汕头方言的去声“有个特别现象”,即一部分去声从阳去中分化出来,称作“去声”(今阳去)。高先生还提道:“看不出有什么分化的规则,本地人管阳去的乙一部分字所成的调类就叫去声,比他们称为下去声(阳去声)的字少得多。”

杜佳伦(2014)[249-439] 在《闽语历史层次分析与相关音变探讨》的第四章(声母与声调历史层次)中谈到了潮汕方言去读上问题,她认为将其看作为新进文读层不太妥当。她从音韵分合关系出发去看待此现象,认为这个文读层反映的是“全浊上声与浊母去声没有分别的文读音韵系统,与漳州、闽东各地全浊上声与浊母去声同读的现象其实是一致的”。

岳婕(2018)[85-92] 赞同杜佳伦的说法,并在《从〈英汉汕头方言口语词典〉看潮汕方言“三个去声”现象》一文中进一步分析了潮汕方言中去读上的来源问题。作者整理了 1883 年出版的《英汉汕头方言口语词典》(*English-Chinese Vocabulary of the Vernacular or Spoken Language of Swatow, William Duffus*)中的 3544 个字例并进行了分析,认为词典将部分去声字与浊声母上声字同归一调并标注为“下去”(今阳上)有合理之处。即,潮汕方言去声调有三个演变层次:1)古去声字以清浊为条件各分阴阳;2)受权威方言“浊上变去”的影响,古浊上与古阳去合并为“大阳去”;3)受“来自上层的变化”影响,语音层次逐步叠加,中古去声浊声母 B 类字(白读类)保留阳去调,A 类字从大阳去中分化出来,与全浊声母上声字组成新的语音层次“下去”(阳上)。其示意图如下:

也就是说，作者认为，潮汕方言与厦门等闽南次方言一样，曾经在某个历史阶段发生过“浊上变去”，之后阳去中的文读类字与浊上字从阳去字中分离出来，读为了今天的阳上调。

在对以上四种观点的进一步总结之前，我们先来分析以下几个问题：

(1) 浊上曾经归去吗?

正如高本汉所提到的，本地人将其记作“阳去”的声调称作“下去”，当时还未有统一的调类名称。在高本汉之前，十九世纪的传教士文献显示，他们对潮汕方言的调类名称也未统一。根据岳婕(2018)[86]统计，传教士文献与传统韵书对调类的命名参差不齐，但传统韵书(如张世珍 1913)将今阳去记作与“上上”相对的“下上”，并未将部分去声归入上声中。这或许能从侧面为我们提供一些信息，即土人感认为上去有别，上声和去声的关系是：有一部分中古去声字读作了上声，而不是有一部分上声字读作了去声。

根据许彬彬(2019)的研究，在闽语区十五个方言点①中，除了潮汕闽语区的三个方言点(潮州府城、揭阳、澄海)以外，还有两个方言点(泉州晋江、三明三元)没有发生浊上归去的变化，其中，三明三元的阴去与阳去合并为去声。其他十个方言点均有浊上归去的音韵特征，浊上大多归入了阳去中，与阴去相对应，只有泉州晋江的浊上字归入浊去后与阴去合并为一个去声。

我们必须承认浊上归去是汉语方言音韵演变的一条很重要的、具有普遍性的规律，但同时要注意到方言音韵演变的不均衡性。这种不均衡性可能体现在普遍规律的发展速度快慢不一之上，也可能体现在溢出普遍规律的例外的发生。浊上归去虽然始发于中晚唐、在五代蔚为大观(许彬彬 2019；转引自蒋冀骋，吴福祥 1997)，但闽语中浊上归去的演变与官话方言并不同步。从闽语目前仍有诸多存古性音韵特征的现象来看，闽语中浊上归去的发生恐怕要比官话方言滞后许多。“次浊上与浊上同类的方言，一定曾经广泛流行于江南。现代吴语、闽语、粤语和若干边缘性的方言，都保留了这个特点。并且因为这种结构上的差异，在承受官话型浊上归去这一规律影响时，产生了不同的形态。”(何大安 2009)考虑到自闽入潮的大规模移民史发生在宋代，当时闽语很可能仍未发生浊上变去的现象。假如闽语的浊上归去发生于宋代之前，

① 作者选取的十五点为：厦门思明、漳州龙海、泉州南安、泉州晋江、潮州府城、揭阳、澄海、台北、莆田埭头、仙游城关、福州、福鼎、三明三元、建瓯、建阳谭城。

移民迁入潮汕地区时必将带来这项音韵特征。这让我们很难解答以下问题：1）福建省内的泉州晋江、三明三元为何没有浊上归去的痕迹？难道他们在浊上归去之后浊上字又彻底地从去声字中分离出来了吗？2）潮汕闽语偏处一隅，演变速度较权威方言缓慢许多，如何在十四世纪至十六世纪这几百年间使全浊上从阳去中不着痕迹地抽离出来？全浊上为何要带着部分浊去一同抽离？发生演变的诱因是什么？基于对以上问题的思考，我们认为浊上曾归去的观点需审慎看待。

我们的观点在刘晓南（1999）[137-141]《宋代闽音考》中得到了证实。刘晓南对宋代福建文人诗韵中的上去声混押的韵段进行了穷尽性钩稽，之后依据《广韵》音系统计入单字中全浊上声字的分布，得出了如下结论："宋代福建地区浊上归去演变速度甚慢，变读去声的全浊上声字微乎其微，大部分字仍处于上去兼押阶段。只押上声的全浊上声字不但字数较多，而且使用频率也很高。"也就是说，闽人大举迁入潮地时闽语的浊上尚未归去，闽地的浊上全盘归去应发生于宋代之后。

（2）先秦时期上声包括去声吗？

段玉裁在《六书音均表》中最早提出了古无去声的观点："古四声不一样今韵，犹古本音不一样今韵也。考周秦汉初之文，有平、上、入而无去。"后王力先生（1957/2008，1980/2002 等）亦主张古无去声说（去声是长入说）。周祖谟（2015）在《古音有无上去二声辨》中明确指出了段玉裁"古无去声"说的论断之误，认为上古汉语平上去入四声皆备。奥德里古尔（1987）根据越南语的声调推测上古汉语的去声为-s 尾，李方桂（2015）[32-36] 则主张将上古的去声韵尾标作-h。① 根据已有的上古音研究成果，上古上声带-ʔ 尾，②去声带-s 尾③是基本可以肯定的。考虑到去声字和上声字在上古时期的重要区别，我们将林伦伦先生的先秦古音说暂时排除在外。

---

① 在自然语言中 s 有易变 h 的可能性（闽语中多见）。李方桂先生虽未对奥德里古尔的理论表示赞同，但却用了奥氏提到的-h 尾来表示去声。

② 详参郑张尚芳（2013）[205-212]。

③ 郑张尚芳（2013）[218]："去声来自-s，从奥德里古（1954）提出以来，已有蒲立本、富励士、梅祖麟、俞敏、沙加尔等多家研究，多方面证明了其发生的机制、语言的表现和功能，应该说是比较成熟的理论，汉语语音演变史正需要这一理论来解释其变化。"

（3）去读上是调值归并吗？

Cheng 和 Wang（1972）、Wang 和 Lien（1993）及林伦伦（2001）[①]都曾提到阳上连读变调后的调值与阳去相近的问题。假如阳上因为变调后的调值与阳去的单字调相近而发生混淆导致逐渐合流，为何其他调值相近的声调未有合流？我们先来回顾一下揭阳方言的连读变调系统（见表 6－4）：

表 6－4　揭阳方言连读变调表

<table>
<tr><td colspan="4" rowspan="3"></td><td rowspan="3">单字调调值</td><td colspan="8">后字（C 组前字）</td></tr>
<tr><td>阴平</td><td>阳平</td><td>阴上</td><td>阳上</td><td>阴去</td><td>阳去</td><td>阴入</td><td>阳入</td></tr>
<tr><td>33</td><td>55</td><td>42</td><td>35</td><td>212</td><td>22</td><td>2</td><td>5</td></tr>
<tr><td rowspan="8">前字</td><td rowspan="7">A 组</td><td rowspan="3">A1 组</td><td>阴上</td><td>42</td><td>24</td><td>35</td><td>35</td><td>24</td><td>24</td><td>24</td><td>24</td><td>35</td></tr>
<tr><td>阴去</td><td>212</td><td>42</td><td>53</td><td>53</td><td>42</td><td>42</td><td>42</td><td>42</td><td>53</td></tr>
<tr><td>阴入</td><td>2</td><td>3</td><td>5</td><td>5</td><td>3</td><td>3</td><td>3</td><td>3</td><td>5</td></tr>
<tr><td rowspan="4">A2 组</td><td>阳平</td><td>55</td><td colspan="8">22</td></tr>
<tr><td>阳上</td><td>35</td><td colspan="8">21</td></tr>
<tr><td>阳去</td><td>22</td><td colspan="8">21</td></tr>
<tr><td>阳入</td><td>5</td><td colspan="8">2</td></tr>
<tr><td colspan="2">B 组</td><td>阴平</td><td>33</td><td colspan="8">33</td></tr>
<tr><td>后字</td><td colspan="2">C 组</td><td>阴上</td><td>42</td><td>42</td><td>42</td><td>21</td><td>42</td><td>21</td><td>42</td><td>21</td><td>42</td></tr>
</table>

连读变调后调值与阳去字的单字调相近的不仅有阳上字，还有阴上字在前字为阴上字、阴去字和阴入字时，单字调由 42 变为 21，与阳上字作为前字时变调为 21 是相同的。此外，阳平字作为前字发生变调时调值为 22，与阳去字单字调完全相同。连读变调后与阳去字调值相同或相近的调便有三种：阳平调、阴上调和阳上调。问题是：1）根据我们的调查，去声字（包括阴去字）读作阳平调的是 18 个，读作阴上调的为 35 字，而读作阳上调的是 153 字。去声字并非并入其中某一组，而是分化为三组，原因是什么？2）在汉语方言中因调值相近而发生调类合流的情况是存在的，但基本情况是调值相近的单字调发生归并。例如：

① 此意见为诸位先生在文中提及的附带式推测性意见，并非他们的主要研究结果。

在晋语五台片中，阴平和上声经过历时演变逐渐发生合流，如表 6－5 所示：

表 6－5　五台片各方言点的单字调系统表（转引自范慧琴 2015）

中古声调	平声		上声		去声		入声	
中古声母	浊	清	清、次浊	全浊	清	浊	清	浊
今调类	阳平	阴平	上声	去声			入声	
代县	44	213		53			22	
河曲	33	113		42			55	
偏关	33	213		52			3	
平鲁	44	213		52			34	
五台	33	313		52			32	
忻州	31	313		53			2	
神木	44	213		53			4	
子洲	33	214		51			51	
定襄	21	224	214	53			2	
原平	55	35	213	53			34	
宁武	33	223	213	52			31	
神池	334	223	213	52			34	
巴彦淖尔	33	224	214	51			5	
杭锦后旗	33	224	214	51			5	

语言的共时分布往往能够反映出语言的历时阶段。从表 6－5 来看，五台片方言已全部发生了浊上变去的语音演变，但阴平和清声母、次浊声母上声的合流仍未全部完成。从未发生合流的地区来看，除了原平之外，阴平和上声都是调值相近的屈折调，这是发生合流的前一个阶段，是合流发生的前提，也是合流发生的直接动因。后一个阶段中，从代县到子洲，阴平与上声悉数发生了合流，其合流后的调值可能是原阴平调值，也可能是原清声母、次浊声母上声的调值，还有一种可能是与这两个声调极为相近的第三个调值。

揭阳方言中浊去字读 22，若因与阳平字、阴上字和阳上字变调后的调值相同或相近(分别是22、21、21)而发生牵引式合流,为何不是阳平字、阴上字和阳上字向浊去字合流读为22,而是浊去字跑到阳平字、阴上字和阳上字中,分别读作55、42、35呢?

杨秀芳(1982)提到潮州方言去声字读阴上可能是受到了国语去声字调值的影响,恐怕不大妥当。有两个问题:第一,不同语言之间的调值一般没有太大的可比性,因其调值确立都是相对各自的声调系统而言的。汉语普通话去声的调值51与潮州方言的53(或揭阳方言的42)可以说是各自独立的;第二,如果因阴上字与汉语普通话去声调值相近而发生了去声字向阴上调转移的情况,为何转移向阴上的数量远远不如与汉语普通话调值完全不同的阳上调呢?诸如此类的问题,使我们对调值相近发生合流的推测多有疑惑,对此推测持保留意见。

根据以上分析,我们除去先贤们的推测性意见(调值合并),合并几种主要研究观点列表如下(见表6-6):

表6-6　去读上研究观点综述表

序号	观点		学者	时间	解释
1	词汇扩散	单向扩散	Cheng & Wang	1972	去声字读归阳去和阳上是语言系统内部音变发展中间阶段的体现,亦即词汇扩散(lexical diffusion)过程的反映。其中,尚未由去声演变为上声的浊去字,即是可观察到的词汇扩散过程中的典型性残余物质。
			Chen & Wang	1975	
			Labov	1981,1994/2007	潮汕闽语的去读上现象是词汇扩散学说的立论根据之一。
		双向扩散	Wang & Lien	1993	文读系统与白读系统之间的双向扩散。
			Lien	1993	
2	文白异读		Egerold	1976,1982	反对词汇扩散说。去声读为阳去和阳上体现了古方言层与新进读音层之间的差异。
			丁邦新	1979/2008	反对词汇扩散说。中古浊去字文读为阳上,白读为阳去。
			Pulleyblank	1982	赞同Egerold(1976)的观点。
			杨秀芳	1982	潮汕闽语有白读层、旧文读层和新文读层三个层次,去声读阳上的为新文读层。
			姚琼姿	2019	阳上、阳去作为连读变调前字时发生混同,导致文读浊去归上。

（续表）

序号	观点		学者	时间	解释
3	浊上归去	浊上正变去	高本汉	1915/1940	一部分阳去（阳去甲）与古浊上统称为阳去，另一部分阳去（阳去乙）称作去声。
			杜佳伦	2014	全浊上文读音韵系统与漳州、闽东等地全浊上归去相同。
		浊上曾变去	林伦伦	1995，2001	推测中古以前发生过浊上变去，且中古部分去声字在先秦时期归于上声。
			岳婕	2018	推测浊上曾经变去，后全部浊上字连同部分浊去字从去声中分化出来成为阳上。

6.2.2 揭阳方言中古去声字今读分析

6.2.2.1 去声字分类

本书的去声字调查以《方言调查字表》修定本中的去声字为基础调查范围，共调查中古去声字 890 个。潮汕地区主要分支方言（潮州方言、汕头方言、揭阳方言）在声调上仅有调值差异，在今读调类与中古调类的对应关系上，三地完全一致。（徐馥琼 2010）[97] 本书以揭阳方言（笔者母语）为潮汕闽语代表点方言进行调查，并将调查结果与《新潮汕字典》（张晓山编，广东人民出版社，2009）相对照，未发现调类差异。

法国方言地理学家 Jules Gilliéron 曾说过，"每个词都有自己的历史"。在汉语方言中，每一个字都有自己的历史。对中古去声字的演变归纳，应当建立在对每一个去声字的分析、研究之上。前贤均未对去声字进行细分，本书根据去声字在潮汕方言中的今读声调分为了三类：甲类（96 字）：今读为阴平、阳平、阴入的字和干扰字。干扰字中，有中古时期具有平去、上去、入去两读甚至三读的别义又读字，还有误读字和训读字；乙类（564 字）：今读为去声（阴去或阳去）的字；丙类（230 字）：今读为上声（阴上或阳上）的字和同义又读字。本节主要分析丙类字和乙类字。

甲类字：共 96 字。去声字今读为阴平、阳平及阴入的字共有 19 字，这些字的分布十分零散，如表 6－7 所示。

这种情况不成系统，应属偶发性现象。在 Cheng 和 Wang（1972）提供的调查表中，除了潮州方言之外，其他方言也都有去声读为平声、上声和入声的例子，我们将同样有八个声调（阴上去入各分阴阳）的温州话的去声读音总结如表 6－8 所示（包括仅读去声字的字）：

表 6－7　中古去声读为阴平、阳平及阴入例字表

中古声母		阴平	阳平	阴入
清	全清		瀵爸	缢
	次清	岔		砌
	字数	1	2	2
浊	全浊	埠翡	递遂隧麝售薯互暇	
	字数	2	8	0
	次浊	晕	忘疗酽	
	字数	1	3	0

表 6－8　温州方言中古去声字声调分布统计表

中古声母		阴平	阳平	阴上	阳上	阴去	阳去	阴入	阳入
清声母		7	0	13		323	4	2	0
浊声母	全浊	0	5	0	4	3	124	0	1
	次浊	2	3	0	1	0	127	0	0
合计		9	8	13	5	326	255	2	1

可以看到，温州话清声母去声字主要读阴去，浊声母去声字主要读阳去，但也有一些例外，有 17 字读为平声，18 字读为上声，另有 3 字读为入声。其他方言也大致如此，去声字除了读作去声之外，还有零散地读为其他声调的情况。只有粤东闽语在平声字、上声字和入声字都有规则读法的同时，出现了大量去声字读作上声的情况。

甲类干扰字主要分三部分：一种是在中古本来就有平和去、上和去、入和去两读甚至三读的，中古的去声字读为平声、上声或入声是受该字其他读法的影响而形成的，我们将之称作别义又读字，共 53 字；第二种是去声字受偏旁影响而读作平声、上声或入声的现象，称作误读字，共 19 字；第三种是训读字，共 4 字。这三种均与本书讨论的去读上现象无关，需排除在外。下面详细说明这几种干扰字的情况。除此之外，我们也注意到有些字表面上是干扰字（中古异读字），但实际上并非干扰字，具体原因下文详述。

(1) 别义又读字

这一部分字在三种干扰字中占比最高(见表6-9)。

表6-9 去声字中的别义又读字表

例字	声韵	调	中古异读	今读同
输	su	阴平	平声式朱切;去声伤遇切	平声
驮	tho	阴平	平声徒和切;去声唐佐切	
思	si	阴平	平声息兹切;去声相吏切	
和	hua	阴平	平声户戈切;去声胡卧切	
经	keŋ	阴平	平声古灵切;去声古定切	
勾	kau	阴平	平声古侯切;去声古候切	
轰	hoŋ	阴平	平声呼宏切;去声呼进切	
供	keŋ	阴平	平声九容切;去声居用切	
傍	phaŋ	阴平	平声步光切;去声蒲浪切	
瓠	pu	阴平	平声户吴切;去声胡误切	
亲	tsheŋ	阴平	平声七人切;去声七遴切	
刨	phau	阴平	平声薄交切;去声防教切	
鞘	siau	阴平	平声所交切;去声私妙切	
华~山	hua	阴平	平声户花切;平声呼瓜切;去声胡化切	
桦	hua	阴平	平声户花切;去声胡化切	
鹞	iau	阴平	平声余昭切;去声弋照切	
奔	puŋ	阴平	平声博昆切;去声甫闷切	
璇	suaŋ	阳平	平声似宣切;去声辞恋切	
横	huen	阳平	平声古黄切、户盲切;去声户孟切	
弹子~	thaŋ	阳平	平声徒干切;去声徒案切	
离	li	阳平	平声吕支切;去声力智切;去声郎计切	
膏	ko	阴平	平声古劳切;去声古到切	
单姓	siam	阴平	平声市连切;去声时战切	
盐	iam	阳平	平声余廉切;去声以赡切	
禅	siam	阳平	平声市连切;去声时战切	
虹	hoŋ	阳平	平声户公切;去声古送切;去声古巷切	
涝	lau	阳平	平声鲁刀切;上声卢晧切;去声郎到切	
凝	ŋeŋ/ŋaŋ	阳平	平声鱼陵切;去声牛餧切	
翰	haŋ	阳平	平声胡安切;去声侯旰切	
眩	hiaŋ/heŋ	阳平	平声胡涓切;去声黄练切	

（续表）

例字	声韵	调	中古异读	今读同
那	na	阴上	平声诺何切;上声奴可切;去声奴箇切	
堰	iam	阴上	上声於幰切;去声於建切;去声於扇切	
卷	kuaŋ/kvŋ	阴上	平声巨员切;上声求晚切;上声居转切;去声居倦切	
饯	tsiaŋ	阴上	上声慈演切;去声才线切	
敛	niam	阴上	上声良冉切;去声力验切	
枕	tsim	阴上	平声直深切;上声章荏切;去声之任切	
歉	khiam	阴上	上声苦簟切;上声苦减切;去声口陷切	
转	tsuaŋ/dzuaŋ/tveŋ	阴上	上声陟兖切;去声知恋切	
上	tsion/siaŋ	阳上	上声时掌切;去声时亮切	上声
瓦	ua	阳上	上声五寡切;去声五化切	
但	taŋ	阳上	平声徒干切;上声徒旱切、去声徒案切	
遁	tuŋ	阳上	上声徒损切;去声徒困切	
俸	hoŋ	阳上	平声边孔切;去声扶用切	
视	si	阳上	上声承矢切;去声常利切	
錾	tsam	阳上	平声昨甘切;平声士咸切、上声才敢切; 上声慈染切、去声藏滥切	
右	iu	阳上	上声云久切;去声于救切	
滥	nam	阳上	上声胡黤切;去声卢瞰切	
吓	henh	阴入	去声呼讶切;入声呼格切	
借	tsioh	阴入	去声子夜切;入声资昔切	
缀	tshuak	阴入	平声陟卫切;入声陟劣切	入声
觉	kak	阴入	平声古孝切;去声古岳切	
熨	uk	阴入	去声於胃切;入声纡物切	
复	hok	阳入	去年扶富切;入声房六切	
字数	53			

以上例子，都有两个或两个以上的反切，在古代当有两个或两个以上的读音。但到了现代，这些字的不同读音在许多方言中都发生了合流，只剩下一种读音了。例如，“枕”有平声（直深切）、上声（章荏切）和去声（之任切）三种反切，根据《汉语方音字汇》（北京大学中文系语言学教研室 2003）[280]，二十种汉语方言中，“枕”仅

有上声一读的有 15 种(包括潮州),仅有去声一读的有 1 种(济南),有上声和去声两种读法的有 4 种(太原、扬州、广州、阳江)。由此可见,“枕”已无平声读法,保留了上去两读的方言不多,大部分方言仅剩上声一读,中古的三种读音在今天合而为一了。那么,将此字算作揭阳方言中去声读作上声的例子,显然是不恰当的。诸如此类的例子尚有许多,此处不一一赘述。此外,还有一些例字需进行甄别,如“纬”字,止合三云母,于贵切。今读有二,[ui3](阴上)和[hui6](阳去)。[ui3](阴上)用于“经纬”“纬度”等词汇中,[hui6](阳去)特指老式缝纫机中装纱线的一个小零件。“纬”的本义为“织横丝也”(《说文解字》),可知今读阳去者为旧读,今读阴上者则是后起的。且这个后起的读音不在本书讨论的去声读为上声的现象中,而是读同了偏旁“韦”[ui3](阴上)。所以,此字的阴上读音需剔除在外,但其去声读音应加入统计。

别义又读字中,还有以下两种情况需加以注意。

第一,中古去声字中只有去声一种地位,但今音有两读。此类字多与文白层次的共存状态相关,是本书的考察重点之一。例如去声字“殿”今音两读,读[tiaŋ4](阳上)时用于“殿后”“殿军”等词汇中,此音应为受官话影响而产生的文读音;读[tain6](阳去)时用于“宫殿”“金銮殿”等在潮剧中出现频率较高的词汇中,此音在共时音读中可看作为白读音。又如:“画”,蟹合二匣母,去声胡卦切;梗合二匣母,入声胡麦节。“画”今音有三:[ue6]、[ue2]、[ueh8]。其入声地位读[ueh8],可忽略不计。去声两读[ue6]、[ue2],仍在本书考察范围内。

第二,中古去声字有平去两切、去去两切和和入去两切的字,但其中部分字没有读为去声或读同另一个音韵地位的字,而是读为其他声调。这种情况仍属本书的考察范围,不作为干扰字排除。例如:

A. 平声与去声两切字。

藏:宕开一从母字,平声昨郎切,去声徂浪切。其中,平声的“藏”读为[tshaŋ2],组词如“宝藏”“珍藏”;去声的“藏”则读作[tsaŋ4],用于“西藏”一词中。[tsaŋ4]由去声发展而来,需加入去读上之讨论。

疏:有两读,平声所助切读[so1],用于“疏远”“稀疏”“疏密”等词汇中;去声所去切读[so5],用于“注疏”一词中。“疏”的两读来源不同,语义有别,两读用于不同词汇中,不能互换读音,不可混为一谈。

誉:遇合三鱼韵以母字,平声以诸切,去声羊洳切。此两读语义相同,《广韵》一注为“称也”,一注为“称美也。又姓”。而“誉”今音仅有一个,读为[ɯ4]。

望：宕合三明母字。平声武方切，去声巫放切。两者均指“看望”。揭阳方言今读[mo5]和[muaŋ4]，[mo5]用于“看望”“希望”“望洋兴叹”等文读词汇中，也用来表张望义的“望”“望来望去”等白读词汇中；[muaŋ4]仅用于“名望”“声望”之类的词汇中(此处潮州音读[buaŋ]，声母与揭阳不同)。[mo5]应为去声旧读，因平声鲜有读为上声的情况，[muaŋ4]应与去声相关。

颂：通合三以母字。平声余封切，去声似用切。今读[soŋ4]。

异：止开三以母字。平声与之切，去声羊吏切。今读[i4]。

撞：江开二澄母字。平声宅江切，去声直绛切。今读[tsuaŋ4]。

论：臻合一来母字。平声两切，力迍切和卢昆切，去声卢困切。今读[luŋ4]。

浪：宕开一来母字。平声鲁当切，去声来宕切。今读两音：[loŋ2]、[laŋ4]。[loŋ2]只用于“浪荡”一词的白读用法中(读作[loŋ toŋ^{2}])。[laŋ4]用于“浪荡”的文读及其他词汇中。[loŋ2]多半为平声旧读，[laŋ4]则与去声有关。

量：宕开一来母字。平声吕章切，去声力让切。今读两音：[nio2]和[liaŋ4]。[nio2]一般用于白读，指量度，如“量一下”；[liaŋ4]则用于“数量”“量词”“思量”等词汇中。本书去[nio2]留[liaŋ4]。

瓠：遇合一匣母字。平声户吴切，去声胡误切。“瓠”今音两读：[hu4]与[pu2]。读为平声与其平声来源有关，读为上声则与去声相关。

尚：宕开三常母字。平声市羊切，去声时亮切。“尚”今音两读：[siaŋ4]与[sĩõ6]。《广韵》注平声“尚”为：“尚书官名”，注去声“尚”为“庶同亦高尚，又饰也，曾也，加也，佐也”。今音：[siaŋ4]既用于“尚书”一词中，又用于“高尚”“时尚”等词汇中。此读音与去声读上现象有关，后平声与上声趋同。“尚”读[sĩõ6]仅用于“和尚”一词中，应为旧读。

盛：梗开三常母字。平声是征切，去声承正切。“盛”今音两读：[seŋ2]与[seŋ4]。《广韵》注平声为“盛受也，黍稷在器也”，注去声为“多也，长也。又姓”。[seŋ2]为动词，用于“盛饭”“盛水”等白读词汇中，应来自平声。[seŋ4]则与去声相关。

B. 去声与去声两切字。

奈：此字的奴带切和奴箇切都是去声，只是一个来自蟹泰韵泥母，一个来自果摄歌韵泥母。声母不同而已，与声调无关。“奈”今读仅一音：[nai4]。

奠：山开四定母堂练切，梗开四端母丁定切，均为去声字。今读只有[tiaŋ4]。

荔：止开三来母力智切，蟹开四来母郎计切，均为去声字。今音两读：[nai4]

和[li4],俱在考察范围内。

C. 入声与去声两切字。

易:止开三支韵去声,以豉切;梗开三昔韵入声,羊易切。去声的“易”指难易之易,《广韵》注:“难易也,简易也”;入声的“易”指变易,《广韵》注:“变易,又始也,改也,夺也,转也,亦水名……”“易”今读一般有三:[i4]、[koi6]、[ek5]。[i4]用于文读词汇如“容易”“轻易”中;[koi6]为白读,指难易之易;[ek5]为变更义,用于“交易”“移风易俗”等词组中。白读[koi6]虽为去声字,但止开三支韵未见其他韵母读oi的例子,疑为训读字,暂先去除。[ek5]的读音及语义明显承袭自古入声“易”,而i4(阳上)则与去声相关。

藉,去声慈夜切,入声秦昔切。《广韵》中的去声慈夜切为动词义,指“以兰茅藉地”,此处的“藉”指卧于草具之上(参孙绰《游天台山赋》中“藉萋萋之纤草,荫落落之长松”);入声秦昔切的“藉”为形容词及姓氏,《广韵》注:“狼藉,又姓。”但今天的“藉”仅有一读,读作[tsia4],此读音既可用于形容词“藉没”中又可用于形容词“狼藉”中。其阳上读法应先与去声相关,之后再与入声读法合并。

暴:效开一豪韵去声,薄报切;通合一屋韵入声,蒲木切。揭阳方言今读有二:[pau4]和[phak8]。入声读音《广韵》释为“日干也”,此字古通“曝”,方言著作一般写“曝”而不写“暴”。由此可知本书应去[phak8]留[pau4]。

冒:去声莫报切,入声莫北切。今读为[mau4]和[mok8]。阳入读音只用于“冒顿”(汉初匈奴太子名)一词中。阳上读音只用于由“冒”组成的其他词组中,如“冒充”、“冒失”等。本书去[mok8]留[mau4]。

(2)误读字

这部分字主要受到偏旁的影响,发生了声韵调悉数读同偏旁字的情况,俗称读半边,此类情况以阴平字居多(见表6-10)。

表6-10 去声字中的误读字表

例字	声韵	调	读同偏旁	读同异体字
钐	sam	阴平	杉	
桥	thiam	阴平	添	
噍	tsiau	阴平	焦	
鞘	siau	阴平	肖	

（续表）

例字	声韵	调	读同偏旁	读同异体字
稍	siau	阴平	肖	
绢	kiaŋ	阴平	娟	
桄	kuaŋ	阴平	光	
跨	khua	阴平	夸	
综	tsoŋ	阴平	宗	
勘	kham	阴平	堪	
渗	tsham	阴平	参	
楦	suaŋ	阴平	宣	
殉	suŋ	阳平	旬	
佐	tso	阴上	左	
棌	tshãĩ	阴上	采	
迸	peŋ	阳上	并	
佑	iu	阳上	右	
并	peŋ	阳上		並
塑	suak	阴入	朔	
	sok	阴入	朔	
字数	19			

“钐、梀、综、勘、渗、楦、殉、佐、棌”等字均不是揭阳方言的日常用字，很容易读同偏旁。“并”和“並”在古代是两个字，“并”为“相从也”，又指并州，梗开三府盈切平声及界政切去声。“並”为“併也。从二立”，梗开四蒲迥切上声。汉语普通话中保留了古“并”字的两个音韵地位的不同读音，“并州”的“并”今读为阴平，保留的是古“并”字的平声地位；“合并”“并列”“比并”等其他词汇，则全部读为去声，保留的是古“并”字的去声地位。因古“並”字如今简化为“并”，在汉语普通话中其读音读同“并”的去声，二者已无区别。揭阳方言与汉语普通话不同的是，只留下古“並”字的上声读法，古“并”字的平声读法及去声读法都消失了，“并”“並”统一为一个读音：［peŋ4］。

“塑”字在揭阳方言中有两种读音：[suak7]（雕塑）和[sok7]（塑料）应是受其偏旁“朔”（入声字）所影响。在大多数方言中“塑”今读为去声，但在太原、苏州、梅县、广州等地有入声读法，其中梅县仅有入声一读，可见受偏旁影响发生误读的现象在各地都不鲜见。

以上字有的误读为偏旁，久而久之习非成是，有的则是古今字在简化过程中出现的读音合并，这两种问题都与本书谈到的去读上现象无关，因此，我们将其摒弃在外，不纳入统计数据中。

（3）训读字

训读字的音是口头读音，但与一般的白读有区别。通常讲的某字某音是文读某音是白读是有确切字源的，而训读字不是本字，有的因本字生僻而另找易写易认且语义相同或相近的字来训读，也有的是因历史年代久远而本字不明，只好拿语义相同或相近的字来填充。训读字在汉语方言中是很常见的，在闽语方言区尤为常见。张盛裕（1984）[135-145] 在《潮阳方言的训读字》中列举了潮阳方言中的几十个训读字，其中有去声字如“夜、看、糯、砌”等，都是常见的训读字。这些字与训读音牢牢捆绑，其本音反而逐渐消褪了，在我们的方言调查中，已无法调查到这些字的本音了。例如：

“夜”，假开三麻韵以母字，羊谢切，揭阳方言今读[me2]。假开三麻韵大多读 ia 韵母，以母字也没有声母读 m 的情况，“夜”读[me2]大为可疑。[me2]本字其实应为“暝”，《玉篇》释“暝”为“夜也”。“暝”有两个音韵地位，梗开四青韵明母莫经切和莫定切，一为平声一为去声。后去声音消失，仅遗平声读音。梗摄主要层韵母今读 eŋ，其中一部分字主元音后的后鼻韵-ŋ 感染主元音发生鼻化后脱落，读为 ẽ。“暝”读[me2]音义皆合。大概因为“夜”易写易认，便逐渐被用来训读“暝”。该训读字不只用于老百姓日常书写中，也用于书面作品中。如张盛裕（1984）[137] 所举例子：

> 《双认错》（潮剧选集・第一集）：“潮叔：……（白）晦，今夜大洋肚割稻，我去参加……”
>
> 《狄青山棚包公出世全歌》（潮州李春记书坊卷六）：“因此文拯回家中，常扶伊兄作园田，夜来灯下勤书史，住在西庄个静房。”

时至今日，文字记载中如用到“夜晚”义，都写“夜”。读书时如见到“夜”，都读 me2。“夜”的本音基本不见了。这个训读字主要见于潮汕地区，其他闽语区大多仍读“夜”的本音 ia，而不是以“夜”代“暝”。

“糯”，果合一戈韵泥母字，乃卧切，揭阳方言今读[tsuk8]，张盛裕(1984)[142]记载的潮阳方言中“糯”尚有读书音[no5]，今天的揭阳方言已经调查不到了。“糯”按其音韵地位来看，读[no5]不读[tsuk8]，[tsuk8]实为训读音，本字应为“秫”。“秫”为臻合三术韵船母字，食聿切，本义为“稷之黏者”，以“糯”训读“秫”后，“秫”字鲜见。

以上二例，说明训读字用的只是字音，并非本音，故不能放入统计数据中，若以此去说明去声字“夜”读阳平或“糯”读阳入，皆有误。

乙类字：共565个。其中，全清字读阴去292字，读阳去5字；次清字读阴去109字，读阳去0字；全浊字读阴去18字，读阳去71字；次浊字读阴去14字，读阳去56字(见表6-11)。

表6-11　去声读去例字表

中古声母		阴去	阳去	合计
清	全清	簸过货霸坝诈榨假架驾嫁稼价亚泻卸蔗赦舍騟化布妬做素诉嗉固锢顾雇戽恶庶恕锯注数蛀铸戍句戴再载赛概溉爱带盖拜介界芥尬疥届戒债晒制世势箅帝济细婿计继髻辈背对碓碎晦最刽桧怪挂卦岁税鳜废秽桂臂赐智翅寄戏祕泌謦庇痹四肆致至置志痣试记意既醉帅季痱贵畏慰报到倒躁灶扫告耗奥懊豹潲教校较酵窖醮笑照诏要钓吊叫斗奏嗽够构购怄富秀绣宿锈漱咒救究嗅幼暗担蘸鉴监占厌剑店浸禁窨旦赞散干汉按案扮疝谏晏变箭线战颤宪献遍见燕宴半绊锻钻算蒜贯灌罐冠唤焕涮惯眷贩劝券怨殡鬓进晋信迅镇印荫劲顿逊棍俊迅舜粪奋训当葬丧钢酱将相帐账胀壮障瘴向放况降凳镫证症胜兴应更柄敬镜映性姓正政圣钉订径冻粽送贡甕铜宋讽众嗅纵扇种~树疏注~会~计间~断观道~中射~好喜~少~年断决~	蔽闭兽栋荷薄~	406
	字数	292	5	
	小计	297		
	次清	破课怕帕铺怖吐兔醋措错库裤处去赴讣趣态贷菜慨沛太泰蔡派祭际穄替涕剃屉契配退费块蜕快脆肺譬刺屁次器弃厕气汽翠套糙炮票漂俏跳籴窍透凑扣寇副臭探欠吣炭叹灿盼骗片判窜篡串衬喷褪寸困烫抗犒炕园畅创唱倡旷胖蹭称秤庆聘磬痛控铳锉听~任空~缺		
	字数	109	0	
	小计	109		

（续表）

中古声母		阴去	阳去	合计
浊	全浊	乍絮附滞剂佩背兑篦袖泛栈患宧衅瞪锃调声~	大贺蛇谢射步度渡镀箸代袋害败敝弊毙誓逝焙队话吠避豉鼻地示嗜字牸寺饲事穗坠柜砲效轿掉豆候寿旧馅办苋贱现段缎椴换夏幻传县份巷邓赠剩病郑陷洞逗共缝一条~	159
	字数	18	71	
	小计	89		
	次浊	糯怒绘谊肄谓绕尥贸馏恋嫩泳咏	饿磨座骂砑路露误雾芋碍大卖例艺累外吏为类位未魏纬味胃帽庙尿料戊戌漏廖柚鼬釉验艳焰难面麵练链砚院万闷问璺韵运样梦用	
	字数	14	56	
	小计	70		

丙类字：今读为上声（阴上或阳上）的字及同义又读字。

丙类字共230个。去声字今读为上声的共有188字。其中，清声母读阴上19字，读阳上18字；全浊字读阴上4字，读阳上57字；次浊字读阴上12字，读阳上78字（见表6－12）。

表6－12　去声字今读上声表

中古声母		阴上	阳上
清	全清	溅佐笊稍振卷涧隘腕考勒蔼瘦	谤贝伺昼站驻建赘据系冀愧懈爆垫瘦
	次清	访唾统俏笪揿	埊净
浊	全浊	稚署慎仅	捕叛佩敝毙备暴汴币凤盗电钝导奠宕邓褯藉自就藏匠暂诵讼颂羡召棹仲宙绽助骤顺瑞侍慧会睡邵授膳具柩护坏恨溃患械惠憾行品~盛兴~校学~
	次浊	安酿殓屦缆辆偶饵议轫刃玩	茂谜孟暮慕墓募谬昧寐迈媚幔冒貌妙务蔓漫赁内奈腻佞耐虑滤鹭荔吝论浪厉励陋泪楝弄赂隶丽谅乱令亮任二贰润闰卧悟傲鳌寓遇刈义毅硬伪雁谚旺又卫猬易裕喻锐异誉耀孕预豫量数~

表 6－13　去声字字中同义又读字表

		两读									三读	
中古声母		阴平/阴去	阴平/阳去	阳平/阳上	阳平/阳去	阴上/阴去	阴上/阳去	阳上/阴去	阳上/阳去	阴去/阳去	阴平/阴上/阴去	阳平/阳上/阳去
清	全清			个		震饷	竟讳		顿粹罩	故		
	次清					趁			靠			
	字数	0	0	1	0	3	2	0	5	1	0	0
	合计	11										
浊	全浊		逗	嗣撞	阵画治		稗号	竞	饭殿状尚住	汗	哄	
	字数	0	1	2	3	0	2	1	5	1	1	0
	小计	16										
	次浊	溜					韧		妹闷命望念赖利烂芮让御艾岸愿慢			闹
	字数	1	0	0	0	0	1	0	15		0	1
	小计	18										

丙类字中的同义又读字有 42 字，其中又读主要集中在阳上、阳去两读中（21 字）（见表 6－14）。

表 6－14　去声字阳上、阳去两读表

声母	例字	阳上	阳去	例字	阳上	阳去
全浊	饭	huaŋ	puŋ/pɯŋ	殿	tiaŋ	tãĩ
	状	tsuaŋ	tsɯŋ	尚	siaŋ	sĩõ
	住	tsu	tiu			
次浊	妹	mue	mue	闷	buŋ	buŋ
	命	meŋ	mia	望	muaŋ	mo
	念	niam	niam	赖	nai	lua
	利	li	lai	烂	laŋ	nua
	芮	dzue	dzue	让	dziaŋ	nio
	艾	ŋai	hĩã	岸	ŋai	hũã
	愿	ŋuaŋ	ŋuaŋ	御	gɯ	gɯ
	慢	muaŋ	maŋ	闹	nau	nau

6.2.2.2 对丙类去声字的分析

我们首先对丙类字在中古去声字中的占比数进行了统计(见表6-15):

表6-15 丙类去声字在892个去声字中的占比数统计表

中古声母		阴上	阳上	阳上/阳去	小计	合计	占比数
清声母		19	18	4	41	212	24%
浊声母	全浊	4	57	5	66		
	次浊	12	78	15	105		

读为上声或阳上阳去两读的去声字约占所丙类去声字的四分之一。去声字今读只有上声一读的,以读阳上为主,读阴上的仅占一小部分,因此以下分析只包括去读上一读字中的去读阳上字(以下简称一读字)。另,别义又读字中只对阳上阳去两读字(以下简称两读字)进行分析。

(1) 声母

表6-16 一读字和两读字的中古声母及今读声母统计表

		中古声母	合计	今读	字数	今读	字数	今读	字数
一读字	次浊	来	20	l	18	n	1	Ø	1
		明	19	m	18	b	1		
		疑	13	ŋ	11	Ø	2		
		以	11	Ø	7	dz	3	l/t	1
		泥(娘)	6	n	2	dz	2	l	2
		日	5	dz	5				
		云	4	Ø	4				
	全浊	匣	12	h	11	kh	1		
		並	9	p	8	ph	1		
		定	7	t	7				
		从	7	ts	6	tsh	1		
		禅	7	s	7				
		澄	6	t	4	ts	1	k	1
		邪	4	s	3	Ø	1		
		崇	2	ts	2				
		船	1	s	1				
		群	1	k	1				
		奉	1	h	1				

（续表）

		中古声母	合计	今读	字数	今读	字数	今读	字数
两读字	次浊	明	10	m	上 4/去 4	b	上 1/去 1		
		疑	8	ŋ	上 3/去 1	h	去 2	g	上 1/去 1
		来	6	l	上 2/去 2	n	上 1/去 1		
		日	4	dz	上 2/去 1	n	去 1		
		泥(娘)	2	n	上 1/去 1				
	全浊	並	2	h	上 2				
		定	2	t	上 1/去 1				
		澄	2	ts	上 1	t	去 1		
		禅	2	s	上 1/去 1				
		崇	2	ts	上 1/去 1				

1）一读字的声母

一读字共 135 个，涉及 11 个全浊声母和 7 个次浊声母，涉及多个今读声母。两读字共 21 个，涉及 5 个全浊声母和 5 个次浊声母，同样涉及多个今读声母。一读字在中古韵摄中分布零散，涉及今读韵母 23 个。两读字在中古韵摄中同样呈零散式分布，阳上调涉及今读韵母 24 个，阳去调涉及今读韵母 25 个。从一读字和两读字的声母、韵母的分布情况来看，去读上字在中古音系统和现代音系统中都没有明显的分布规律，这一点与 Cheng 和 Wang（1972）对少量去声字的分析结果一致。

2）两读字的声母

阳上阳去两读字共 24 个。其中，两读声母完全相同的有 15 字。我们按中古声母和今读声母分别统计。

中古声母：A. 次浊声母：明$_5$、[①]疑$_4$、来$_3$、日$_2$、泥$_1$；B. 全浊声母：並$_1$、定$_1$、澄$_1$、禅$_1$、床崇$_1$；C. 清声母：帮$_1$、知$_1$、心$_1$、溪$_1$。

今读声母：阳上调今读声母：m$_5$、ts$_4$、ŋ$_4$、t/dz/n/l$_2$、h/s/g/kh$_1$；阳去调今读声母：m$_5$、t$_4$、n$_3$、/h$_2$、p/ts/dz/tsh/s/k/g/ŋ$_1$。

① 右下角数字指出现次数。如以/号隔开表示前后项次数相同。

（2）韵母

1）一读字的韵母

表 6－17　清声母去声字今读阳上调韵母表

音韵地位				例字	韵母														
					ɯ	iaŋ	ui	i	u	o	ai	au	aŋ	am	eŋ	ou	iu	ue	uai
清	全清	帮	宕开一宕	谤									aŋ						
		帮	蟹开一泰	贝														ue	
		见	蟹开二卦	懈							ai								
		帮	效开二效	爆								au							
		知	咸开二陷	站										am					
		心	止开三志	伺	ɯ														
		见	止开三至	冀				i											
		知	流开三宥	昼													iu		
		生	流开三宥	瘦												ou			
		见	臻开三愿	建		iaŋ													
		端	咸开四标	垫		iaŋ													
		见	蟹合二皆	坏															uai
		知	遇合三遇	驻					u										
		章	遇合三祭	赘			ui												
		见	遇合三祭	据	ɯ														
		见	止合三至	愧			ui												
	次清	穿	梗开二耕	净											eŋ				
		清	果合一过	莝						o									
小计					2	2	2	1	1	1	1	1	1	1	1	1	1	1	1
总计					18														

表 6-18　全浊声母去声字今读阳上调韵母表

音韵地位		例字	韵母																		
			i	eŋ	iaŋ	oŋ	au	iu	ui	u	ɯ	am	ia	ue	aŋ	uŋ	iau	uaŋ	o	ai	ou
並	效开一豪	暴					au														
定		盗					au														
定		导					au														
从	咸开一阚	暂										am									
匣	咸开一覃	憾										am									
定	宕开一宕	宕													aŋ						
从		藏													aŋ						
匣	臻开一恨	恨		eŋ																	
澄	效开二效	棹					au														
匣	效开二肴	校					au														
澄	山开二裥	绽		eŋ																	
匣	蟹开二怪	械																		ai	
匣	梗开二映	行		eŋ																	
禅	梗开三劲	盛		eŋ																	
从	宕开三漾	匠			iaŋ																
並	止开三寘	被	i																		
从	止开三至	自									ɯ										
禅	止开三志	侍									ɯ										
並	止开三脂	备	i																		
从	流开三宥	就						iu													
澄		宙						iu													
澄		柩						iu													
崇		骤																			ou
禅		授						iu													
並	蟹开三祭	敝	i																		
並		毙	i																		
並		币	i																		

（续表）

音韵地位		例字	韵母																		
			i	eŋ	iaŋ	oŋ	au	iu	ui	u	ɯ	am	ia	ue	aŋ	uŋ	iau	uaŋ	o	ai	ou
並	山开三线	汴			iaŋ																
邪	山开三线	羡			iaŋ																
禅	山开三线	膳			iaŋ																
从	假开三禡	褯											ia								
从	假开三禡	藉											ia								
澄	效开三笑	召															iau				
禅	效开三笑	邵															iau				
定	山开四霰	电			iaŋ																
定	山开四霰	奠			iaŋ																
匣	蟹开四霁	系	i																		
定	曾开四嶝	邓		eŋ																	
並	遇合一暮	捕								u											
匣	遇合一暮	护								u											
並	蟹合一队	佩												ue							
匣	蟹合一队	溃							ui												
並	山合一换	叛																uaŋ			
匣	蟹合一泰	会												ue							
定	臻合一慁	钝														uŋ					
匣	山合二谏	患																uaŋ			
船	臻合三稕	顺														uŋ					
禅	止合三寘	瑞							ui												
禅	止合三寘	睡							ui												
崇	遇合三御	助																	o		
群	遇合三遇	具								u											
並	通合三送	凤				oŋ															
澄	通合三送	仲				oŋ															

（续表）

音韵地位		例字	韵母																		
			i	eŋ	iaŋ	oŋ	au	iu	ui	u	ɯ	am	ia	ue	aŋ	uŋ	iau	uaŋ	o	ai	ou
邪	通合三用	诵				oŋ															
邪	通合三用	讼				oŋ															
邪	通合三用	颂				oŋ															
匣	蟹合四霁	慧							ui												
匣	蟹合四齐	恨		eŋ																	
小计			6	6	6	5	5	4	4	3	2	2	2	2	2	2	2	2	1	1	1
合计			58																		

表 6－19　次浊声母去声字今读阳上调韵母表①

音韵地位		例字	韵母																			
			i	o	ɯ	ai	u	au	uaŋ	ue	iaŋ	ui	aŋ	eŋ	uŋ	iau	iu	im	e	ueŋ	ou	oŋ
明	流开一候	茂						au														
来	流开一候	陋																			ou	
明	效开一号	冒						au														
疑	效开一号	傲						au														
疑	效开一号	鳌						au														
泥	蟹开一泰	奈				ai																
泥	蟹开一代	耐				ai																
来	宕开一宕	浪											aŋ									
明	效开二效	貌						au														
明	梗开二映	孟												eŋ								
疑	梗开二诤	硬																	e			
明	蟹开二夬	迈				ai																
疑	山开二谏	雁											aŋ									
来	梗开三劲	令												eŋ								

① “荔”字两读，因而 78 字有 79 个读音。

（续表）

音韵地位		例字	韵母																			
			i	o	ɯ	ai	u	au	uaŋ	ue	iaŋ	ui	aŋ	eŋ	uŋ	iau	iu	im	e	ueŋ	ou	oŋ
来	宕开三漾	谅									iaŋ											
来		亮									iaŋ											
来		量									iaŋ											
来	蟹开三祭	厉	i																			
来		励	i																			
疑		刈	i																			
明	效开三笑	妙														iau						
以		耀														iau						
明	流开三幼	谬															iu					
明	止开三至	寐								ue												
明		媚	i																			
泥		腻			ɯ																	
以		隶	i																			
日		二	i																			
日		贰	i																			
疑	止开三未	毅	i																			
疑	止开三寘	义	i																			
以		易	i																			
以	止开三志	异	i																			
疑	山开三线	谚											aŋ									
泥	深开三沁	赁																im				
日		任																im				
来	臻开三震	吝									iaŋ											
云	流开三宥	又															iu					
以	曾开三证	孕																		ueŋ		
明	蟹开四霁	谜	i																			
来		荔	i			ai																
来		丽	i																			

（续表）

音韵地位		例字	韵母																			
			i	o	ɯ	ai	u	au	uaŋ	ue	iaŋ	ui	aŋ	eŋ	uŋ	iau	iu	im	e	ueŋ	ou	oŋ
泥	梗开四径	佞												eŋ								
来	山开四霰	楝				ai																
来	臻合一慁	论													uŋ							
疑	果合一过	卧		o																		
明	蟹合一队	昧								ue												
泥		内				ai																
明	山合一换	幔							uaŋ													
明		漫							uaŋ													
来		乱							uaŋ													
来	通合一送	弄																				oŋ
明	遇合一暮	暮		o																		
明		慕		o																		
明		墓		o																		
明		募		o																		
来		鹭					u															
来		赂					u															
疑		悟		o																		
明	遇合三遇	务					u															
疑		寓		o																		
疑		遇		o																		
以		裕					u															
以		喻					u															
来	遇合三御	滤			ɯ																	
来		虑			ɯ																	
来		豫			ɯ																	
以		誉			ɯ																	
以		预			ɯ																	
明	臻合三愿	蔓							uaŋ													

（续表）

音韵地位		例字	韵母																			
			i	o	ɯ	ai	u	au	uaŋ	ue	iaŋ	ui	aŋ	eŋ	uŋ	iau	iu	im	e	ueŋ	ou	oŋ
日	臻合三稕	润													uŋ							
日		闰													uŋ							
来	止合三至	泪										ui										
疑	止合三寘	伪										ui										
云	止合三未	猬										ui										
云	宕合三漾	旺							uaŋ													
云	蟹合三祭	卫								ue												
以		锐								ue												
小计			14	8	6	6	5	5	5	4	4	3	3	3	3	2	2	2	1	1	1	1
合计			79																			

一读字韵母所见中古韵摄：多见于中古止摄、遇摄与蟹摄。止摄三等韵：至$_{10}$、寘$_{4}$、未$_{2}$、志$_{3}$；遇摄一等韵：暮$_{9}$，三等韵：遇$_{7}$、御$_{6}$、队$_{2}$、祭$_{2}$；蟹摄一等韵：泰$_{3}$、队$_{2}$、代$_{1}$，二等韵：卦$_{1}$、夬$_{1}$、皆$_{1}$，三等韵：祭$_{7}$、废$_{1}$，四等韵：霁$_{5}$。其他韵摄的分布较为零散。

今读韵母：去读上字涉及 23 个今读韵母①：i$_{20}$、iaŋ$_{12}$、au$_{11}$、ɯ/o/eŋ$_{10}$、u/ui$_{9}$、ai$_{8}$、iu/ue/uaŋ$_{7}$、aŋ/oŋ$_{6}$、uŋ$_{5}$、iau$_{4}$、am$_{3}$、ou/ia$_{2}$、im$_{2}$、uai/e/ueŋ$_{1}$。

2）两读字的韵母

中古韵摄：蟹摄一等韵：泰$_{2}$、队$_{1}$，三等韵：祭$_{1}$；遇摄三等韵：虞$_{2}$；宕摄三等韵：阳$_{2}$。其他韵摄的分布较为零散。阳上调今读韵母 24 个：uaŋ$_{5}$、iaŋ/ai$_{3}$、au/ue/uaŋ$_{2}$、i/u/ɯ/ui/aŋ/eŋ/iam$_{1}$。阳去调今读韵母 25 个②：ɯŋ$_{3}$、ua/ue/uŋ$_{2}$、o/ɯ/ai/ia/io/iu/ui/ou/aŋ/uaŋ/iam/ã/ãĩ/ĩã/ĩõ/ũã$_{1}$。“妹/念/芮/愿/闷/御”五字同声同韵，仅声调有读为阳上和阳去的区别。

从韵母的分布情况来看，一读字与两读字均未有明显的分布规律。

① 153 字共 154 个读音。“荔”在“荔枝”中文读音为［li4］，白读音为［nai4］，因同为阳上调，故不作为两读字处理。

② “饭”字读阳去调有两个韵母。

（3）丙类字和乙类字的声韵层次

1）丙类字的声韵层次

第一，声母的层次归属。一读字共涉及中古声母27个。除去9个只有一字的声母和5个所辖去读上字无文白之分的声母（帮、崇、並、定、从），有11个声母（来、明、疑、以、日、云、匣、禅、邪、见、知）今读为文读层的声母，1个声母（澄）今读主要为白读层声母（与其他全浊声母相较而言，潮汕闽语中古澄母字的声母演变较为缓慢。其今读主体层声母主要为t-、th-，文读层声母ts-、tsh辖字不多）。21个两读字中阳上阳去调声母相同的有12对，声母不同的有8对，声母既同又异者（“闹”）1对。声母如相同则多属文读层，声母如不同则上声文读而去声白读。

第二，韵母的层次归属。两读字中读阳去调的字音出现了五个鼻化韵母（ã、ãĩ、ĩã、ĩõ、ũã），与此同时，鼻化韵母不见于两读字读阳上调的音节中和一读字音节中，由于鼻化韵母主要出现于闽语白读层，文读层鼻化韵辖字极少，我们推断一读字的韵母属于文读层而两读字的韵母有层次分化：读阳上调的韵母归文读层；读阳去调的韵母有白读和文读两种层次。

闽语的韵母层次复杂，从历时角度看，多有一个韵母跨越几个时间层次的情况。为排除文白杂配造成的韵母分层失误，在结合韵摄整体层次划分的同时，需对整个字音所属的词汇性质（土人感中的文白读）做二次验证，这一步对于声母归属的验证同样有意义。我们以一读字中的通摄字为例来说明。

一读字中的通摄字共有6个：凤仲通合三送/诵讼颂通合三用/弄通合一送，这几字今读韵母都是oŋ，根据通摄字语音层次表来看，通摄字今读oŋ归文读层。再来看这几字应用于词汇中的情况：凤~凰、~冠、仲~裁、~春、诵朗~、~读、讼诉~、~词、颂歌~、赞~、弄~假成真、捉~。这些词汇均不用于日常口语中，结合声韵的层次归属来看，可知一读字中的通摄字属文读层，未有文白杂配问题。

根据以上验证方法，我们逐字分析了一读字声韵中的语音层次，发现除了个别字（“二邓”）文白不分外，其余字均归属文读层。

2）乙类字中浊去读去字的声韵层次

杨秀芳（1982）早就对浊去读阳去的字中隐藏着文白两种层次有所揭露，但后来的研究未能重视这一点。事实上，对乙类字中的文读层次的挖掘，有利于厘清扩散式音变与文白层次对立的根本问题。已知两读字中有部分字为文白异读对立组且读阳去的字为白读音，那么浊去读去字中一定有白读层，我们只需再用语音层次分析法来确认浊去读去字中是否有文读层。通过逐字分析，确认部分浊去读去字仅用于文读层词汇中,例如“乍一惊一~、絮棉~、滞~后、栈客~、肄~业、砚~台、宦官~”等字,其声母、韵母以及词汇层面的文读色彩都十分明显。

(4) 小结

乙类字中有文读层和白读层,丙类字中读上声调的字仅有文读层,这给了我们一个重要的启示:浊去读上的音变只发生于文读层中,浊去字白读层并未参与此项演变。由于至今没有厘清这两种声调之间的层次关系与演变关系,才会产生词汇扩散派与文白异读派之间的严重分歧。丙类字中的两读字应分为两类,一类是文白异读关系字,一类是词汇扩散中的文读层两读字,如表6-20、表6-21所示:

表6-20 丙类两读字文白对立组

声母	例字	阳上	阳去	例字	阳上	阳去
全浊	饭	huaŋ	puŋ/pɯŋ	殿	tiaŋ	tãĩ
	状	tsuaŋ	tsɯŋ	尚	siaŋ	sĩõ
	住	tsu	tiu			
次浊	命	meŋ	mia	望	muaŋ	mo
	利	li	lai	赖	nai	lua
	艾	ŋai	hĩã	烂	laŋ	nua
	慢	muaŋ	maŋ	让	dziaŋ	nio
	闹	nau	lau	岸	ŋai	hũã

表6-21 丙类两读字词汇扩散组

声母	例字	阳上	阳去	例字	阳上	阳去
次浊	妹	mue	mue	闷	buŋ	buŋ
	念	niam	niam	御	gɯ	gɯ
	芮	dzue	dzue	愿	ŋuaŋ	ŋuaŋ
	闹	nau	nau			

文白对立组中的对立体现在声韵调多个方面,且阳上调与阳去调的字音应用于文白读不同词汇中。例如,“饭”在潮汕闽语揭阳音今读有[puŋ6]白、[pɯŋ6]白、[huaŋ4]文三种,两种白读音在口语词组中常见,如“食饭、煮饭、炒饭”等,文读音

[huaŋ4]仅见于书面语中，口语中不会出现。在我们所接触的十九世纪文献中，“饭”的读音仅有[pɯŋ6]（未注文白）一种。从旧音与新音之间的连续性来看，旧音[pɯŋ6]应为今白读音[pɯŋ6]/[puŋ6]的前身，当时可能已有文读音但未收录，也可能仍未出现文读音。也就是说，今读的[huaŋ4]并非由旧读的[pɯŋ6]转变而来，两者之间不存在演变关系。[huaŋ4]可能来自：a. 未收入文献的旧音[huaŋ6]；b. 晚近时期与权威方言接触后产生的新音。

词汇扩散组中的词汇均为最小对立对，声韵相同而调类不同。这部分字均为次浊去声字，结合次浊去声字演变为阳上调的字数较多的情况来看，此项音变很可能是从次浊去声字中率先发起的。表中除了“妹”不分文白之外，其他几字的文读色彩浓厚。假设仅有文读层浊去字产生扩散式音变由阳去调转移至阳上调，在音变过程中类推至个别不分文白的字（如“妹”）和小部分文读层清声母字，而白读层阳去调浊去字维持原貌不变，便能同时解释浊去归上中的音变问题与文白对立问题。例如，“饭”的[pɯŋ6]/[puŋ6]与[huaŋ6]为文白对立组，而“闹”的[nau6]与[nau4]为词汇扩散组，此二例较好地呈现了音变与层次的两种问题。“闹”为效开二肴韵泥母字，声母 n 文 l 白，韵母 au 为文读（与肴韵的白读韵母 a 相对立），其文读音用于以下词汇中：

[nau6]文：热闹、闹市、闹情绪、闹事

[nau4]文：戏闹、胡闹、吵闹、闹市、闹情绪、闹事

文读音[nau6]与[nau4]在词汇中用作后字时泾渭分明，如“热闹[nau6]”与“戏闹[nau4]”差异明显，但在词汇中用作前字时受连读变调影响，实际调值完全一样，阳去调为 22>21，阳上调为 35>21，由于“闹”读[nau]的单字调既有阳去也有阳上，用作词汇前字的“闹”既可归于阳去调也可归于阳上调中。Wang 和 Lien（1993）、姚琼姿（2019）等学者均提到连读变调的趋同使阳去字窜调至阳上的问题，此处不再赘述。[nau6]与[nau4]体现的正是词汇扩散音变的过程，[nau6]为音变中的剩余物质，而[nau4]作为新进读音占领了更多的文读词汇。在[nau6]消亡后，音变即告完成，[nau4]便可成为唯一的文读层字音。

6.2.3 一百多年来潮汕方言去声字的声调演变及发展趋势

6.2.3.1 历时音变

岳婕（2018）所调查的《英汉汕头方言口语词典》（Duffus 1883）和姚琼姿

(2019)所调查的《汕头话读本》(Lim 1886)中均已出现大量去读上字。本书穷尽性地调查了另一本经典文献——《汕头话音义词典》中的去声字,[①]并加上 Duffus(1883)、Lim(1886)中的丙类、乙类去声字的调类读音,组成十九世纪潮汕闽语文献读音组,将之与现代潮汕闽语的丙类、乙类去声字相对照。在十九世纪文献材料的声调名称和材料取舍上,本文做法如下:

第一,根据徐宇航(2015)[108]"19 世纪语料描写的声调系统与今天方言的'平分阴阳,四声八调'系统,在类型上没有区别",但当时记录的调类名称与今用名称不同。Fielde(1883)、Duffus(1883)和 Lim(1886)将阳去调称作"下去"或"去声",将阳上调称作"下上"或"下去",为方便比较,本书统称为阳去调、阳上调。

第二,Lim(1886)为口语教材,所收字数不及 Fielde(1883)和 Duffus(1883)两部词典多,此外有一些字虽有字音,但本字和声调均无法确定。如"撞"在"尔晓撞只否书中注释:Can you play billiards""咱来撞喜要就好书中注释:Let us simply play (a game) for pleasure"两句中注音为[thɯŋ6],存在疑非本字和疑为连读变调两种问题。经逐字核对,我们认为 Lim(1886)中仅能取用个别本字清楚且注音为单字音的字,作为 Fielde(1883)和 Duffus(1883)的补充。

第三,整理过程中刨去古今声韵相异的字,仅留下声调有阳去阳上的区分且语义相同的最小对立对。

表 6-22 十九世纪闽语文献与今潮汕闽语中浊去字的读音差异

序号	例字	十九世纪闽语文献			现代潮汕闽语
		Fielde(1883)	Duffus(1883)	Lim(1886)	
1	闷	阳去	阳去	—	阳去/阳上
2	御	阳去	阳去/阳上	—	阳去/阳上
3	念	阳去/阳上	阳去	阳去/阳上	阳去/阳上

① 在 891 个去声字中,有 117 个去声字未调查到读音。这批字为:榨、粹、饯、藏西~、匠、锃、综、噍、䆘、怖、讣、泌、鹭、涝、馏、廖、摞、滤、疗、蔡、渗、灿、窟、蹭、棌、溉、尬、鳜、构、观道~、劲、桄、逛、竞、供~养、冀、沛、遍、愣、蔼、佩、箅、爆、汴、迸、毙、鞴、币、替、屉、涕、赚、炭、趁、扽、驮、颖、榛、桧、焊、焕、讽、哄、桦、饷、讳、缢、嗜、隧、潲、邵、瘦、渗、涮、宋、嗦、钐、汽、毅、喂、涴、痱、祷、宙、锻、椴、宕、邓、订、郑、藿、釉、泳、咏、赁、纴、刃、韧、酿、柠、贰、楝、齉、缆、漫、璺、嬎、褯、刈、鏊、揿、吣、誉、騇、瞖、笪、谚。此外,有的字字典中虽有,但注的是训读音,例如"溅"记作[phuŋ5]、"睡"记作[uk8],这种字不收录;还有在字典中有音义俱合但无其字的字,如"濽"音[tsaŋ2],字典中误写作"淋";"恨"音[heŋ4],字典中误写作"憎",这种读音也不收录。

（续表）

序号	例字	十九世纪闽语文献			现代潮汕闽语
		Fielde(1883)	Duffus(1883)	Lim(1886)	
4	闹	阳上	阳去	—	阳去/阳上
5	愿	阳去/阳上	—	—	阳去/阳上
6	芮	—	—	—	阳去/阳上
7	又	阳去	阳上	—	阳上
8	倦	阳上	阳去	—	阳上
9	弄	阳上	阳去	—	阳上
10	妹	阳去	阳去	阳去	阳上
11	二	阳去/阳上	阳去	阳去	阳上

表6－22中例字分为三种：第一种是旧读有阳去一读或阳上阳去两读的，今读为阳去阳上两读，如1—5的“闷、御、念、闹[nau]、愿”；第二种是旧读未有语音记载，今读为阳上阳去两读的，如6的“芮”；第三种是旧读有阳去一读或阳上阳去两读的，今读只有阳上一读的，如7—11中的“又、倦、弄、妹、二”。这11个字基本只用于文读词汇，只有“妹、二”不分文白，口语中常见。

从词汇扩散理论的角度来看，第一种和第二种字是正处于音变过程中的字，从十九世纪至今由阳去一读变为阳去阳上两读，或由十九世纪的阳上阳去两读延续至今。“芮”在十九世纪文献中虽无记录，其阳上调读法应当也是后起的。第三种字是完成了音变过程的字。最初只有去声，中间曾有过阳去和阳上两读的阶段，音变完成后，今读只剩阳上。如设浊去字读阳去调为 $W_{去}$，浊去字读阳上调为 $W_{上}$，此项音变可总结为：$W_{去}>W_{去}+W_{上}>W_{上}$。起初仅有 $W_{去}$一读，中间阶段出现了 $W_{去}$、$W_{上}$两读，最后 $W_{去}$消褪，仅余 $W_{上}$一读。如表6－23所示：

表6－23　浊去字的词汇扩散过程

	$W_{去}$	$W_{去}+W_{上}$	$W_{上}$
未变(早期)	闷御念闹愿芮又倦弄妹二		
变化中(十九世纪至今)		闷御念闹愿芮	
已变(现代潮汕闽语)			又倦弄妹二

这部分字的字数虽不多，却完全符合词汇扩散的理论预设。我们由此推断在十九世纪之前，浊去字文读层的声调曾以词汇扩散的方式由阳去调演变为阳上调。在演变最为迅猛的时期，去读上曾类推至个别不分文白的词汇中并类推至小部分清去字中，使去读上字中混杂了个别白读层字音和37个清去字。从十九世纪至今，可以看到由阳去演变为阳上并不再读阳去的字仅有“又倦弄妹二”几字，“闷御念闹愿”几字始终有阳上阳去两种不同的读音，未能完成音变。总的来看，潮汕闽语阳去调的辖字与阳上调的辖字未有明显变化，说明这项音变至迟在十九世纪便已由于某种或某些因素的干扰发生了中断，难以继续。

张坚(2018)对两种潮州正音材料①进行了研究，其中的“潮州话‘正音’声调与中古调类比较表”引起了我们的注意。从表6－24来看，正音材料中的潮州声调与中古的四声八调对应较为严整，但有两处异常情况：第一，次浊上读归阴去；第二，全浊去和次浊去出现调类分化，部分读归阳去，部分读归阳上。这两种异常情况与今天潮汕方言的声调格局是相符的。表6－24中为我们提供了去读上的数据。

表6－24　十九世纪潮州正音材料中的去声字调类与中古调类比较表②

	阴平	阳平	阴上	阳上	阴去	阳去	阴入	阳入
全清去	3/104		4/104	7/104	82/104	1/104	7/104	
次清去	1/25	1/25			23/25			
全浊去	2/48	1/48	1/48	13/48	7/48	22/48		2/48
次浊去		1/50	3/50	24/50	2/50	20/50		

张坚(2018)未提及去声字中出现的去上两读的情况，我们将表6－24中读作阳上调的去声字视作一读字。除了次清去之外，全清去、全浊去和次浊去都有读作阳上的情况，尤其是次浊去，读阳上的字数已反超读阳去的字数。可以看到，这两种正音材料的情况与Fielde(1883)大致相同，都已出现大量去声字读作上声的现象。

---

① 据张坚(2018)[201]，这两种潮州正音材料为：(1) John C. Gibson, *A Swatow Index of the Syllabic Dictionary of Chinese*. Swatow: English Presbyterian Mission Press; 1886. (2) John Steele. *The Swatow Syllabary with Mandarin Pronunciations*(《潮正两音字典》). Shaŋhai: Presbyterian Mission Press, 1909. 又John Steele. *The Swatow Syllabary with Mandarin Pronunciations*(《潮正两音字典》). Swatow: English Presbyterian Mission Press, 1924. 2.

② 斜杠前为出现字数，斜杠后为总字数。加阴影部分为本书主要关注的内容。

6.2.3.2 共时差异

在共时语音系统中，浊去字的两读现象与历时文献有何不同？为此我们调查了揭阳市不同年龄段不同性别的发音人，举例如表 6－25 所示：

表 6－25 揭阳方言中古去声两读字的代际差异读音表

例字	分组	A 组		B 组		C 组		D 组	
	姓名	ZYQ	WJS	WMR	HYY	HQY	HYS	HSH	LZX
	年龄	85	73	54	54	38	38	15	14
	性别	女	男	女	女	男	女	女	男
殿	tiaŋ^4	tiaŋ^4	tiaŋ^4	tiaŋ^4	tiaŋ^4	tiaŋ^4	tiaŋ^4	tiaŋ^4	tiaŋ^4
	tãĩ^6	tãĩ^6	tãĩ^6	tãĩ^6	tãĩ^6	tãĩ^6	tãĩ^6	×	×
岸	ŋai^4	ŋai^4	ŋai^4	ŋai^4	ŋai^4	ŋai^4	ŋai^4	ŋai^4	ŋai^4
	hũã^6	hũã^6	hũã^6	hũã^6	hũã^6	hũã^6	hũã^6	×	×
住	tsu^4	tsu^4	tsu^4	tsu^4	tsu^4	tsu^4	tsu^4	tsu^4	tsu^4
	tiu^6	tiu^6	tiu^6	tiu^6	tiu^6	×	×	×	×

“殿、岸、住”四字的阳去调读音在 D 组发音人中已经没有了，同时，“住”的阳去调读音在 C 组发音人中也调查不到了。表 6－25 中所呈现的两种字音的对立不仅仅是声调的对立，更是文白异读的对立。其文读音与白读音分别应用于不同的语言环境和词汇之中。例如：

殿	tiaŋ^4	文：殿军、殿后
	tãĩ^6	白：佛殿
岸	ŋai^4	文：岸边、河岸、海岸线
	hũã^6	白：田岸田埂
住	tsu^4	文：住宅、居住、住宿
	tiu^6	白：住①

两读字中部分阳去调的逐渐消失，与部分方言词汇淡出日常生活有关。例如：“田岸”（田埂）中的“岸”读[hũã6]，但“田岸”远离今日年轻人的生活，这种读音便渐渐消亡了。而这类字的文读音形式，如“海岸”中的“岸”[ŋai4]，则保留了下来。

① 口语中更为常用的居住义词汇为“徛”（住），“住”仅有小部分老年人会用。

这种由代际传承所造成的共时系统中的语音差异,所反映的也是一种历时差异现象。该现象既见于浊去字的白读层中,也见于清去字(如"罩:[tsao]文:笼罩;[tã]白:蚊罩")以及其他调类字的白读层中,在潮汕闽语区、福建闽语区均有所反映。

6.3 结语

我们今天所看到的浊去字两种声调之间的对立,主要还是文白层次之间的对立,发生于文读层的扩散式音变基本上已经中断了。这个问题可以从两个方面得到解释:第一,从一百多前的文献 Fielde(1883)、Duffus(1883)、Lim(1886)的字音与今天的潮汕方言字音对比来看,词汇扩散仅见于文读层且字数极少;第二,目前在去声字读去声的 564 个字(即本文的乙类字)中,浊声母字有 159 个,其中不仅有白读层字音,还有文读层字音。文读层字音指仅用于文读词汇,在口语中罕见或不用的字音,其声母、韵母以及词汇层面的文读色彩都十分明显。而从前文分析可知,浊去字若读上声(包括一读字和异读字),都是文读层字音。去读上现象中所包蕴的扩散式音变问题与文白层次问题关系可归纳如下:

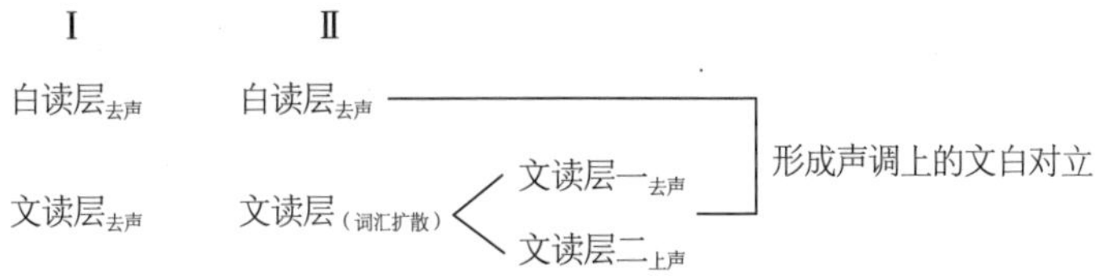

在第一个阶段中,文读层与白读层的去声字均读为去声,两者的文白对立关系体现在声母和韵母上;到了第二个阶段,文读层发生了扩散式音变,由去声转读上声,这项音变与潮汕闽语一部分全浊声母清化后平送仄不送的层次一样,出现于晚近时期,但至迟在一百多年前发生了中断,其结果是:a. 未能顺利音变的文读层去声字仍读去声;b. 已变读上声的文读层与仍读去声的白读层形成了声韵调几个方面的明显对立,从而引起了研究者的关注。

在本书表 6-22 中,存在上去两读的文读层去声字有"妹、念、闹、芮、愿、闷、御"几字,由于这些字的声母和韵母均为文读性质或文白不分(如"妹"),并不突出,但这才是共时平面词汇扩散未完成的证据。反观那些声母和韵母中存在文白对立的字音,其声调上的对立与词汇扩散无关,仅与文白异读相关。

共时音系中去声字白读层字音的失落，与官话方言的冲击以及时代词汇的更替都有关系。假如去声字白读层字音悉数失落，去声字文读层中部分读去声的字也变读为上声，那么潮汕闽语中这场浊去归上的演变，结果便与汉语方言中浊上归去的演变殊途同归了。但总体而言，闽语的白读层基础坚实，一些常用字词不易被文读字音取代。同时，文读层中音变中断后那些尚读去声的文读字音，是否仍有变读上声的可能性，也还有待观察。

闽语的层次问题，往往是揭开闽语音韵问题谜底的关键。层次明晰之后，语言演变的事实也会慢慢浮出水面。

参 考 文 献

[明]王士性:《广志绎》,北京:中华书局 1981 年版。
[清]段玉裁:《六书音均表》。
[清]黄谦:《汇音妙悟》,1800。
[清]刘业勤编:《揭阳县志》,1779。
[清]周硕勋纂修:《潮州府志》,1762。
奥德里古尔:越南语声调的起源,载中国社会科学院民族研究所语言室编《民族语文情报资料集》(第 7 集),冯蒸译,袁家骅校,1987 年。
白一平(Baxter W H.):"执"、"势"、"设"等字的构拟和中古书母 sy-(书母 = 审三)的来源,载张显成主编《简帛》第五辑,上海:上海古籍出版社 2010 年版。
北京大学中文系语言学教研室:《汉语方音字汇》第二版,北京:语文出版社 2003 年版。
边田钢:牙喉音来源之以母及其上古音值,《语言科学》2018 年第 3 期。
蔡俊明:《潮语词典》,台北:台湾三民书局 1976 年版。
蔡俊明:《潮州方言词汇》,香港:学海出版社 1991 年版。
陈家麟:有关古代揭阳及其相关的几个问题,《汕头大学学报》1994 年第 2 期。
陈筱琪:《闽南西片方言音韵研究》,上海:中西书局 2019 年版。
陈泽平:《福州方言研究》,福州:福建人民出版社 1998 年版。
陈章太,李如龙:论闽方言的一致性,《中国语言学报》1983 年第 1 期。
陈章太,李如龙:《闽语研究》,北京:语文出版社 1991 年版。
陈忠敏:吴语及其邻近方言鱼韵的读音层次——兼论《切韵》鱼韵的音值,载北京大学汉语语言研究中心《语言学论丛》编委会编《语言学论丛》第二十七辑,北京:商务印书馆 2003 年版。
陈忠敏:有关历史层次分析法的几个问题,载浙江大学汉语史研究中心编《汉语史学报》第五辑，上海：上海教育出版社 2005 年版。

陈忠敏：论吴语衢州片方言齐韵的今韵母读音层次，载浙江大学汉语史研究中心编《汉语史学报》第六辑，上海：上海教育出版社 2006 年版。

陈忠敏：汉语演变的一中心多层次说及其历史层次比较法，载浙江大学汉语史研究中心编《汉语史学报》第七辑，上海：上海教育出版社 2008 年版。

陈忠敏：论闽语鱼韵的读音层次——兼论层次分析法与层次比较的方法，载复旦大学汉语言文字学科《语言研究集刊》编委会编《语言研究集刊》第九辑，上海：上海辞书出版社 2012 年版。

陈忠敏：《汉语方言语音史研究与历史层次分析法》，北京：中华书局 2013a 年版。

陈忠敏：也谈历史比较法与历史层次分析法——回应秋谷裕幸、韩哲夫《历史比较法和层次分析法》，载北京大学汉语语言学研究中心《语言学论丛》编委会编《语言学论丛》第四十七辑，北京：商务印书馆 2013b 年版。

陈忠敏，庄初升，陶寰：历史层次分析法与汉语发展史观三人谈，载复旦大学汉语言文字学科《语言研究集刊》编委会编《语言研究集刊》第十九辑，上海：上海辞书出版社 2017 年版。

储泰松：梵汉对音与中古音研究，《古汉语研究》1998 年第 1 期。

戴黎刚：《闽语的历史层次及其演变》，复旦大学博士学位论文，2005 年。

戴黎刚：历史层次分析法——理论、方法及其存在的问题，《当代语言学》2007 年第 1 期。

戴黎刚：《闽语的历史层次及其演变》，北京：中国社会科学出版社 2012 年版。

邓晓华，王士元：古闽、客方言的来源以及历史层次问题，《古汉语研究》2003 年第 2 期。

丁邦新编：《董同龢先生语言学论文选集》，台北：食货出版社 1974 年版。

丁邦新：北京话文白异读和方言移借，载钟荣富、刘显亲、胥嘉陵，等编《门内日与月：郑锦全先生七秩寿庆论文集》，台北："中央研究院"历史语言研究所 2006 年版。

丁邦新编：《历史层次与方言研究》，上海：上海教育出版社 2007 年版。

丁邦新：《中国语言学论文集》，北京：中华书局 2008 年版。

董同龢：四个闽南方言，载"中央研究院"历史语言研究所集刊委员会编《中研院历史语言研究所集刊》第 30 本(下册)，台北："中央研究院"历史语言研究所 1959 年版。

董同龢:《汉语音韵学》,北京:中华书局 2001 年版。

董同龢:上古音韵表稿,载国立中央研究院历史语言研究所集刊委员会编《国立中央研究院历史语言研究所集刊》专刊重印本第十八本第一分册,上海:商务印书馆。

董忠司:试论潮州话-ou 韵的形成,载詹伯慧,李如龙,张双庆主编《第四届国际闽方言研讨会论文集》,汕头:汕头大学出版社 1996 年版。

杜佳伦:《闽语历史层次分析与相关音变探讨》,上海:中西书局 2014 年版。

杜晓萍:[-m]尾字所反映的闽南方言的历史层次,《古汉语研究》2006 年第 1 期。

范慧琴:晋语五台片阴平和上声分合及其演变,《语文研究》2015 年第 3 期。

冯蒸:中古果假二摄合流性质考略,《古汉语研究》1989a 年第 4 期。

冯蒸:《切韵》祭泰夬废四韵带辅音韵尾说,《湖南师大社会科学学报》1989b 年第 6 期。

冯蒸:《尔雅音图》音注所反映的宋初零声母——兼论中古影、云、以母的音值,《汉字文化》1991 第 1 期。

冯蒸:《尔雅音图》音注所反映的宋代知庄章三组声母演变,《汉字文化》1994 年第 3 期。

冯蒸:二十世纪汉语历史音韵研究的一百项新发现与新进展(上),《汉字文化》2010a 年第 5 期。

冯蒸:二十世纪汉语历史音韵研究的一百项新发现与新进展(下),《汉字文化》2010b 年第 6 期。

高本汉:上古中国音当中的几个问题,赵元任译,载国立中央研究院历史语言研究所集刊委员会编《国立中央研究院历史语言研究所集刊》第一本第三分册,1930 年。

高本汉:《中国音韵学研究》,赵元任,罗常培,李方桂译,上海:商务印书馆 1994 年版。

郭伟川:秦平百越与五岭考论——兼论揭岭及古揭阳县治的相关问题,中国历史文献研究会编《历史文献研究》第三十辑,上海:华东师范大学出版社 2011 年版。

郭鑫:也谈扶绥城厢平话鱼虞韵的音变,《民族语文》2016 年第 3 期。

韩哲夫:回应陈忠敏对于《历史比较法和层次分析法》的回应,载北京大学汉语语言学研究中心《语言学论丛》编委会编《语言学论丛》第五十一辑,北京:商务印书馆 2015 年版。
何大安：澄迈方言的文白异读，载“中央研究院”历史语言研究所集刊委员会编《中研院历史语言研究所集刊》第 52 本第 1 分册，台北：“中央研究院”历史语言研究所 1982 年版。
何大安：《规律与方向：变迁中的音韵结构》，北京：北京大学出版社 2004 年版。
何大安：“浊上归去”与现代方言，载何大安著《汉语方言与音韵论文集》，台北：文盛彩艺事业有限公司 2009 年版。
何九盈：《上古音》，北京：商务印书馆 1991 年版。
洪波：《汉语历史语法研究》，北京：商务印书馆 2010 年版。
侯精一：《现代汉语方言概论》，上海：上海教育出版社 2002 年版。
侯兴泉：论粤语和平话的从邪不分及其类型，《中国语文》2012 年第 3 期。
胡方：论厦门话[mb ŋg nd]声母的声学特性及其他，《方言》2005 年第 1 期。
黄淬伯：慧琳一切经音义反切考，载国立中央研究院历史语言研究所集刊委员会编《国立中央研究院历史语言研究所专刊之六》，1931 年。
黄典诚：闽南方言中上古音残余，《语言研究》1982 年第 2 期。
黄典诚：中古鼻音声母在闽音的反映——为第 18 届国际汉藏语言学会而作，《厦门大学学报》1986 年第 4 期。
黄桂：《潮州的社会传统与经济发展》，南昌：江西人民出版社 2002 年版。
黄家教：潮州方音概说，《兰州大学学报》1958 年第 1 期。
黄金文：《方言接触与闽北方言演变》，台北：台湾大学出版委员会 2001 年版。
黄侃：《黄侃论学杂著》，北京：中华书局 1964 年版。
黄瑞玲：揭阳方言中古全浊声母今读分析，《东方语言学》2017a 年版。
黄瑞玲：揭阳方言的否定形式及否定结构，载复旦大学汉语言文字学科《语言研究集刊》编委会编《语言研究集刊》第十九辑，上海：上海辞书出版社 2017b 年版。
黄瑞玲：揭阳闽语日母和以母的语音层次及其混读浊音声母的性质，载邢向东主编《语言与文化论丛》第二辑，北京：中国社会科学出版社 2020 年版。
黄瑞玲：揭阳方言遇摄字中的语音层次——兼论鱼虞的分混问题，《汉字文化》2022a 年第 1 期。
黄瑞玲：揭阳闽方言中泥来母的语音层次及其分混特征，载全国汉语方言学会《中国方言学报》编委会编《中国方言学报》第九期，北京：商务印书馆 2022b 年版。

黄瑞玲：词汇扩散与文白层次：潮汕闽语中的浊去归上现象，载北京师范大学文学院主办《励耘语言学刊》第36辑，北京：学苑出版社2022c年版。
黄瑞玲：揭阳闽语入声韵尾的语音层次及其演变模式，《现代中国语研究》第24期，2022d。
黄挺：《潮汕文化源流》，广州：广东高等教育出版社1997年版。
黄玉雄：粤语喻母字中的喉擦音声母，《语言科学》2015年第6期。
姜永超：古钞本《玉篇》全浊声母的贝叶斯分析，《语言研究》2018年第2期。
姜允玉：中山王铜器铭文中的音韵现象初探，《古汉语研究》2005年第1期。
蒋冀骋：《近代汉语音韵研究》，长沙：湖南师范大学出版社1997年版。
蒋冀骋，吴福祥：《近代汉语纲要》，长沙：湖南教育版社1997年版。
蒋冀骋：《回回药方》阿汉对音与元代汉语北方话的疑母，《汉语学报》2007年第1期。
蒋希文：从现代方言论中古知庄章三组声母在《中原音韵》里的读音，《中国语言学报》，1982年第1期。
揭阳县志编纂委员会编：《揭阳县志》，广州：广东人民出版社1993年版。
李荣：方言里的文白异读，《中国语文》1957年第4期。
李荣：从现代方言论古群母有一，二，四等，《中国语文》1965第5期。
李方桂：《上古音研究》，北京：商务印书馆2015年版。
李蓝：文白异读的形成模式与北京话的文白异读，《中国社会科学》2013年第9期。
李如龙：厦门话的文白异读，《厦门大学学报》1963年第2期。
李如龙：中古全浊声母闽方言今读的分析，《语言研究》1985年第1期。
李如龙，邓享璋：中古全浊声母字闽方言今读的历史层次，《暨南学报》2006年第3期。
李如龙，李竹青：潮州方言二百年间的演变——曼谷版《汉英潮州方言字典》研究，载李如龙著《方言学应用研究文集》，长沙：湖南师范大学出版社1998年版。
李熙泰：厦门方言的“熊”字，《方言》1982年第1期。
李小凡，项梦冰：《汉语方言学基础教程》，北京：北京大学出版社2009年版。
李新魁：论《切韵》系统中床禅的分合，《中山大学学报》1979年第1期。
李新魁、林伦伦：《潮汕方言词考释》，广东人民出版社1992年版。
李新魁：《广东的方言》，广东人民出版社1994年版。
李新魁：《李新魁音韵学论集》，汕头大学出版社1997年版。

李学勤：论“硕人”铭神兽镜，《文史》第三十辑，1988 年。
李永明：《潮州方言》，北京：中华书局 1959 年版。
李永明：从今南方诸方言推测古入声韵尾脱落的过程，载《湘潭大学学报》1986 年第 S2 期。
李玉：思界话与厦门话鼻化韵、鼻尾韵的对应关系及古音痕迹，载四川大学汉语史研究所编《汉语史研究集刊》第十四辑，成都：四川大学出版社 2011 年版。
栗华益：汉语方言入声韵尾演变研究述评，载安徽大学汉字发展与应用研究中心编《汉语言文字研究》第二辑，上海：上海古籍出版社 2018 年版。
连金发：建瓯方言中的互竞韵母系统，载曹逢甫，西槙光正编《台湾学者汉语研究文集》，天津：天津人民出版社 1998 年版。
林宝卿：闽南方言声母白读音的历史语音层次初探，《古汉语研究》1998 年第 1 期。
林伦伦：试论潮汕方言形成的历史过程，《汕头大学学报》1988 年第 1 期。
林伦伦：潮汕闽语声调研究，《语文研究》1995 第 1 期。
林伦伦：《澄海方言研究》，汕头：汕头大学出版社 1996 年版。
林伦伦：古浊声母上声、去声字汕头话今读考察，《汕头大学学报》2001 年第 1 期。
林伦伦：潮汕方言口语词保留古音摭拾，《暨南学报》2005a 年第 2 期。
林伦伦：从《汕头话口语语法基础教程》看 120 年前的潮州话音系，《语言科学》2005b 年第 2 期。
林伦伦：《潮汕方言历时研究》，广州：暨南大学出版社 2015 年版。
林伦伦，陈小枫：《广东闽方言语音研究》，汕头：汕头大学出版社 1996 年版。
刘丹青主编：《新中国语言文字研究 70 年》，北京：中国社会科学出版社 2019 年版。
刘广和：唐代八世纪长安音声纽，《语言研究》1984 年第 2 期。
刘广和：《大孔雀明王经》咒语义净跟不空译音的比较研究，《语言研究》1994 年增刊。
刘晓南：《宋代闽音考》，长沙：岳麓书社 1999 年版。
刘新中：《海南闽语的语音研究》，北京：中国社会科学出版社 2006 年版。
刘勋宁：陕北清涧方言的文白异读，《中国语文》1983 年第 1 期。
刘勋宁：文白异读与语音层次，《语言教学与研究》2003 年第 4 期。
刘赜：邪喻两纽古读试探，《武汉大学人文科学学报》1957 年第 2 期。
刘燕文：敦煌写本字宝、开蒙要训、千字文的直音、反切和异文，载《语苑撷英》编辑组编《语苑撷英——庆祝唐作藩教授七十寿辰学术论文集》，北京：北京语言文化大学出版社1998年版。
陆志韦：释《中原音韵》，《燕京学报》1946年第31期。
陆志韦：《古音说略》，台北：学生书局1971年版。
罗常培：《厦门音系》，北京：科学出版社1956年版。
罗常培：唐五代西北方音，北京：商务印书馆2012年版。
罗杰瑞：*Chronological Strata in Min Dialects*（闽语词汇的时代层次），《方言》1979年第4期。
罗杰瑞：原始闽方言的声母，海牡译，《音韵学通讯》1983a年第4期。
罗杰瑞：闽语里的古方言字，《方言》1983b年第3期。
罗杰瑞撰：闽语声调的演变，张惠英译，《中南民族学院学报》1985年第4期。
罗杰瑞：闽北方言的第三套清塞音和清塞擦音，《中国语文》1986年第1期。
罗杰瑞：*Voiced initials in Shyrbei*（石陂话的浊声母），载丁邦新，余霭芹编《李方桂先生纪念论文集——语言变化与汉语方言》，台北："中央研究院"语言学研究所筹备处2000年版。
罗杰瑞：闽方言中的来母字和早期汉语，《民族语文》2005年第4期。
马伯乐：《唐代长安方言考》，聂鸿音译，北京：中华书局2005年版。
马重奇：20年来闽方言研究综述，《东南学术》2011年第1期。
麦耘：《切韵》"祭泰夬废"四韵不带辅音韵尾，《中山大学学报》1992年第4期。
麦耘：汉语语音史上"中古时期"内部阶段的划分——兼论早期韵图的性质，载麦耘《著名中年语言学家自选集·麦耘卷》，上海：上海教育出版社2012年版。
梅祖麟：中国语言学的传统与创新，载"中央研究院"历史语言研究所编《学术史与方法学的省思》（中央研究院历史语言研究所七十周年研讨会论文集），2000年。
梅祖麟：现代吴语和"支脂鱼虞，共为不韵"，《中国语文》2001年第1期。
梅祖麟：闽语"與、"浴"两字阳调h-声母的来源——比较方言中所见的*gl-复辅音，《方言》2007年第4期。
梅祖麟，罗杰瑞：试论几个闽北方言中的来母s-声字，《清华学报》1971年第9卷。
梅祖麟，杨秀芳：几个闽语语法成分的时间层次，载"中央研究院"历史语言研究所集刊委员会编《中央研究院历史语言研究所集刊》第66卷，台北："中央研究院"历史语言研究所1995年版。

倪博洋：中古果假合摄考——兼谈取消中古 ɑ 元音构拟的假想，《古汉语研究》2015 年第 1 期。

潘家懿：海丰方言三十年来的演变，《方言》1996 年第 4 期。

潘家懿：鼻/塞韵尾的消变及其粤东闽语模式，《语言研究》1998 年第 4 期。

潘家懿，郑守治：粤东闽南语的分布及方言片的划分，《台湾语文研究》2010 年第 1 期。

潘悟云：非喻四归定说，《温州师专学报》1984 年第 1 期。

潘悟云："囡"所反映的吴语历史层次，《语言研究》1995 年第 1 期。

潘悟云：喉音考，《民族语文》1997 年第 5 期。

潘悟云：浙南吴语与闽语中鱼韵的历史层次，第六届闽语方言国际研究会论文，1999 年。

潘悟云：《汉语历史音韵学》，上海教育出版社 2000 年版。

潘悟云：中古汉语方言中的鱼和虞，载潘悟云《著名中年语言学家自选集 · 潘悟云卷》，合肥：安徽教育出版社 2002 年版。

潘悟云：汉语方言的历史层次及其类型，载石锋，沈钟伟主编《乐在其中：王士元先生七十华诞庆祝文集》，天津：南开大学出版社 2004 年版。

潘悟云：藏文的 ɕ-与 ʑ-，《民族语文》2008 年第 4 期。

潘悟云：吴语鱼韵的历史层次，《东方语言学》2009 年第 1 期。

平田昌司：闽北方言"第九调"的性质，《方言》1988 年第 1 期。

桥本万太郎：现代吴语的类型学，《方言》1979 年第 3 期。

乔全生：晋方言麻韵三等字演变史，《中国方言学报》2010 年第 5 期。

乔全生：山西南部方言称"树"为[po]考，《中国语文》2002 年第 1 期。

秋谷裕幸：闽语における鱼韵について，《中国文学研究》第 22 期，1996 年。

秋谷裕幸：闽语和其它南方方言的齐韵开口字，载丁邦新，张双庆编《闽语研究及其与周边方言的关系》，香港：香港中文大学出版社 2002 年版。

秋谷裕幸：闽北区方言的阴调浊声母字考察——兼评白一沙上古新系统，载北京大学汉语语言学研究中心《语言学论丛》编委会编《语言学论丛》第五十六辑，北京：商务印书馆 2017 年版。

秋谷裕幸：原始闽北区方言里的 *ə，《语言暨语言学》2019 年第 3 期。

秋谷裕幸，韩哲夫：历史比较法和层次分析法，载北京大学汉语语言学研究中心《语言学论丛》编委会编《语言学论丛》第四十五辑，北京：商务印书馆 2012 年版。

秋谷裕幸,野原将挥：闽语中来自 *m.r-和 *ŋ.r-的来母字,《辞书研究》2022 年第 5 期。
邵荣芬：匣母字上古一分为二试析,《语言研究》1991 年第 1 期。
沈瑞清：罗杰瑞教授著作目录,《东方语言学》2012 年第 2 期。
沈瑞清：闽北石陂方言声调的音系表达——兼论其“清浊对立”的语音性质,《方言》2014 年第 4 期。
沈瑞清：早期邵将方言响音声母的声调演变——重访罗杰瑞先生的“邵武假说”,载复旦大学汉语言文字学科《语言研究集刊》编委会编《语言研究集刊》第二十一辑,上海：上海辞书出版社 2018 年版。
沈瑞清：闽南语的去鼻化音变与原始沿海闽语的清鼻音,《语言暨语言学》2023 年第 3 期。
沈瑞清：“大”音演变的新思考,《语言学论丛》2024 年第 1 期。
沈钟伟：语言转换和方言底层,载丁邦新主编《历史层次与方言研究》,上海：上海教育出版社 2007 年版。
施向东：玄奘译著中的梵汉对音和唐初中原方音,《语言研究》1983 年第 1 期。
斯塔罗斯金：《古代汉语音系的构拟》,上海：上海教育出版社 2010 年版。
孙寒冰主编：《榕城镇志》,揭阳：榕城镇地方志编纂办公室 1990 年版。
孙宜志：试析吴语从邪崇澄船禅母今读塞擦音和擦音现,《中国语文》2018 年第 6 期。
孙顺：《原始闽北语的重新构拟及演变》,北京大学博士学位论文,2016 年。
覃远雄：桂南平话古果假两摄字的今读音,《方言》2011 年第 1 期。
陶寰：吴闽语云、匣母的读音和闽语全浊声母的清化,《中国语文》2018 年第 3 期。
陶燠民：《闽音研究》,北京：科学出版社 1956 年版。
万波：《赣语声母的历史层次研究》,北京：商务印书馆 2009 年版。
汪荣宝：歌戈鱼虞模古读考,《国学季刊》1923 年第 1 期。
王福堂：闽北方言弱化声母和“第九调”之我见,《中国语文》1994 年第 6 期。
王福堂：汉语方言语音的演变和层次(修订本),北京：语文出版社 2005 年版。
王福堂：汉语方言语音中的层次,载北京大学汉语语言学研究中心《语言学论丛》编委会编《语言学论丛》第二十七辑,北京：商务印书馆 2003 年版。
王福堂：原始闽语中的清弱化声母和相关的“第九调”,《中国语文》2004 年第 2 期。

王福堂：文白异读和层次区分，《语言研究》2009年第1期。
王洪君：文白异读与叠置式音变——从山西闻喜方言的文白异读谈起，载北京大学汉语语言学研究中心《语言学论丛》编《语言学论丛》第十七辑，北京：商务印书馆1992年版。
王洪君：从开口一等重韵的现代反映形式看汉语方言的历史关系，《语言研究》1999年第1期。
王洪君：文白杂配与析层拟测，载何大安等主编《山高水长——丁邦新先生七秩寿庆论文集》(《语言暨语言学》专刊外编之六)，台北："中央研究院"语言学研究所2006年版。
王洪君：兼顾演变、推平和层次的汉语方言历史关系模型，《方言》2009年第3期。
王洪君：层次与断阶——叠置式音变与扩散式音变的交叉与区别，《中国语文》2010年第4期。
王洪君：《历史语言学方法论与汉语方言音韵史个案研究》，北京：商务印书馆2014年版。
王力：朱翱反切考，《龙虫并雕斋文集》第三册，北京：中华书局1982年版。
王力：《汉语史稿》，北京：中华书局2008年版。
王力：《汉语语音史》，北京：商务印书馆2010年版。
王临惠：论山西方言崇船禅三母的擦音化现象，《语文研究》2004年第3期。
尉迟治平：论隋唐长安音和洛阳音的声母系统——兼答刘广和同志，《语言研究》1985年第2期。
吴芳：《粤东闽语前后鼻音韵尾类型研究》，广州：暨南大学出版社2013年版。
吴瑞文：论闽方言四等韵的三个层次，《语言暨语言学》2002年第1期。
吴瑞文：共同闽语 *y 韵母的构拟及相关问题，《语言暨语言学》2009年第2期。
吴瑞文：论山摄开口字在共同闽语中的演变与层次，《中国语言学集刊》2012年第6卷第1期。
吴瑞文：从比较闽语的观点论南朝江东方言齐韵的拟测，《东方语言学》2014年第1期。
吴瑞文：论祭、支两韵在闽语中的分合关系及其拟测，载郑伟主编《边界方言的语音与音系演变论文集》，上海：中西书局2016年版。
吴瑞文，林英津：闽语方言辅音韵尾今读的历史分析，《中国语言研究》2007年第1期。

伍云姬，沈瑞清：《湘西古瓦乡话调查报告》，上海：上海教育出版社 2010 年版。
项梦冰：客家话古日母字的今读——兼论切韵日母的音值及北方方言日母的音变历程，《广西师范学院学报》2006 年第 1 期。
谢洁瑕：宋代河南诗词用韵灰韵系、泰韵合口字的演变，《古汉语研究》2009 年第 2 期。
谢留文：汉语方言研究 70 年，载刘丹青主编《新中国语言文字研究 70 年》，北京：中国社会科学出版社 2019 年版。
辛世彪：海南闽语精庄章组声母的塞化与底层语言的影响，《民族语文》2005 年第 1 期。
邢向东：从几种语法现象透视晋语对元白话的继承和发展，《语言暨语言学》2018 年第 3 期。
徐芳敏：《闽南厦漳泉次方言白话层韵母系统与上古音韵部关系之研究》，台湾大学博士学位论文，1991 年。
徐馥琼：《粤东闽语语音研究》，中山大学博士学位论文，2010 年。
徐馥琼：粤东闽语甲子方言重唇合口字的轻唇化，《中国语文》2012 年第 2 期。
徐馥琼：粤东闽语古全浊声母的清化，《中国方言学报》2016 年第 6 期。
徐通锵，王洪君：说“变异”——山西祁县方言音系的特点及其对音变理论研究的启示，《语言研究》1986 年第 1 期。
徐通锵：《历史语言学》，北京：商务印书馆 2008 年版。
徐宇航：《潮州方言一百多年来的语音演变与层次变迁》，香港中文大学博士学位论文，2015 年。
徐宇航：《潮州方言一百多年来的音韵演变》，北京：商务印书馆 2018a 年版。
徐宇航：潮州方言鼻音声母——规则、演变、层次，《中国语文》2018b 年第 6 期。
许彬彬：闽南方言全浊上声字的地理分布问题，《厦大中文学报》2019 年第 6 辑。
许慧娟：论汉语方言日母字的历时演变，《清华学报》2016 年第 4 期。
杨耐思：《中原音韵音系》，北京：中国社会科学出版社 1985 年版。
杨秀芳：《闽南语文白系统的研究》，台湾大学博士学位论文，1982 年。
杨秀芳：论汉语方言中全浊声母的清化，《汉学研究》1989 年第 2 期。
杨秀芳：《台湾闽南语语法稿》，台北：大安出版社 1991 年版。
姚琼姿：潮汕方言古浊声母去声字今读考察及分析，《语言科学》2019 年第 5 期。
姚荣松：闽方言特征词层次试探，载何大安等编《山高水长：丁邦新先生七秩寿庆论文集》,台北:“中央研究院”语言学研究所 2006 年版。
野原将挥,秋谷裕幸:也谈来自上古*ST-的书母字,《中国语文》2014 年第 4 期。
游汝杰:吴语蟹摄一二等不带一尾是否上古音遗存,第四届国际吴语学术研讨会论文,2006 年。
游汝杰,周振鹤:《方言与中国文化》,上海:上海人民出版社 1986 年版。
余霭芹:遂溪方言里的文白异读,载“中央研究院”历史语言研究所集刊委员会编《“中央研究院”历史语言研究所集刊》第五十三本,1982 年。
袁碧霞:《闽东方言韵母的历史层次》,浙江大学博士学位论文,2010 年。
袁碧霞:闽东方言开口咍韵的历史层次,载复旦大学汉语言文字学科《语言研究集刊》编委会编《语言研究集刊》第九辑,上海:上海辞书出版社 2012 年版。
袁家骅:《汉语方言概要》,北京:文字改革出版社 1983 年版。
岳婕:从《英汉汕头方言口语词典》看潮汕闽语“三个去声”现象,《方言》2018 年第 1 期。
詹伯慧:潮州方言,载中国语文杂志社编《方言和普通话丛刊》第二本,北京:中华书局 1959 年版。
张琨:论比较闽方言,《语言研究》1985 年第 1 期。
张琨:再论比较闽方言,《语言研究》1991 年第 1 期。
张光宇:《切韵与方言》,台北:台湾商务印书馆 1990 年版。
张光宇:《闽客方言史稿》,台北:南天书局 2003 年版。
张光宇:《汉语语音发展史:历史语言学的理论与实践》,台北:台湾商务印书馆 2019 年版。
张坚:潮州方言的“正音”与新文读层次,《汉学研究》2018 年第 3 期。
张坚:两种新发现的早期潮州方言文献音系的性质,《开篇》编辑部编《中国语学研究·开篇》(日本),2018 年第 36 卷。
张静芬:《闽南方言的历史比较及语音构拟》,厦门:厦门大学出版社 2022 年版。
张儒,郭存礼:心母三源,《山西大学学报》1991 第 2 期。
张盛裕:潮阳方言的文白异读,《方言》1979 年第 4 期。
张盛裕:潮阳方言的语音系统,《方言》1981 年第 1 期。
张盛裕:潮阳声母与《广韵》声母的比较(一),《方言》1982a 年第 1 期。
张盛裕:潮阳声母与《广韵》声母的比较(二),《方言》1982b 年第 2 期。
张盛裕:潮阳声母与《广韵》声母的比较(三),《方言》1982c 第 3 期。

张盛裕：潮阳方言的训读字，《方言》1984 年第 2 期。
张晓山编：《新潮汕字典》，广州：广东人民出版社 2009 年版。
张均如等：《壮语方言研究》，成都：四川民族出版社 1999 年版。
张燕芬：广东揭阳（榕城）方言同音字汇，《方言》2022 年第 4 期。
张燕芬，林亦：《广西平乐闽方言研究》，广西师范大学出版社 2009 年版。
张振兴：漳平（永福）方言的文白异读（一），《方言》1989a 年第 3 期。
张振兴：漳平（永福）方言的文白异读（二），《方言》1989b 年第 4 期。
张振兴：漳平（永福）方言的文白异读（三），《方言》1990 年第 1 期。
张世珍：《潮声十五音》，汕头：汕头图书报石印社 1913 年版。
赵彤：以母的上古来源及相关问题，《语言研究》2005 年第 4 期。
赵学玲：汉语方言影疑母字声母的分合类型，《语言研究》2007 年第 4 期。
赵元任：《现代吴语的研究》，北京：商务印书馆 2011 年版。
曾南逸：闽南方言“裘 hiu”之本字考释，《语文研究》2013a 年第 1 期。
曾南逸：《泉厦方言音韵比较研究》，北京大学博士学位论文，2013b 年。
曾南逸：潮州方言古浊塞音、塞擦音今读之统计分析，《语言学论丛》第 52 辑，商务印书馆 2015 年版。
曾南逸：潮州方言果摄合口一等的读音层次，第八届中国语文青年学者论坛论文，2023 年。
曾运乾：喻母古读考，《安徽大学月刊》1933 年第 4 期。
曾智超：闽南方言“肉”义词的分布与演变，载铃木博之，远藤光晓编《中国语言地理研究论文集》，2021 年。
郑伟：闽语、侗台语给予义“与”字的音韵层次及年代问题，《语言科学》2008 年第 3 期。
郑伟：探索不同材料所反映的汉语以母字的音变，《语言研究》2011a 年第 4 期。
郑伟：吴语音韵史中白读音的保守与创新——以虞韵[*iu]、鱼韵[*i]的两项变化为例，《语言科学》2011b 年第 1 期。
郑伟：《吴方言比较韵母研究》，北京：商务印书馆 2013 年版。
郑张尚芳：温州方言歌韵读音的分化和历史层次，《语言研究》1983 年第 5 期。
郑张尚芳：浦城方言的南北区分，《方言》1985 年第 1 期。
郑张尚芳：上古韵母系统和四等、介音、声调的发源问题，《温州师范学院学报》1987 年第 4 期。

郑张尚芳：蒙古字韵所代表的音系及八思巴字一些转写问题，载《李新魁教授纪念文集》编辑委员会编《李新魁教授纪念文集》，北京：中华书局 1998 年版。
郑张尚芳：《上古音系》，上海：上海教育出版社 2003 年版。
郑张尚芳：汉语方言异常音读的分层及滞古层次分析，台湾“中央研究院”第三届国际汉学会议（语言组）论文，2000 年。
郑张尚芳：从硕人镜“齐夷”通假谈上古精组声母的取值，载董琨，冯蒸主编《音史新论——庆祝邵荣芬先生八十寿辰学术论文集》，北京：学苑出版社 2005 年版。
郑张尚芳：《郑张尚芳语言学论文集》（上、下），北京：中华书局 2012 年版。
郑张尚芳：《上古音系》，上海：上海教育出版社 2013 年版。
郑至君，郭必之：原始闽语鼻音声母的构拟问题，载丁邦新等主编《汉语研究新貌：方言、语法与文献——献给余霭芹教授》，香港：吴多泰中国语文研究中心 2016 年版。
周法高：玄应反切考，载“中央研究院”历史语言研究所集刊委员会编《中央研究院历史语言研究所集刊》第 20 本，1948 年。
周长楫：中古全浊声母在厦门话里的读法再证，《厦门大学学报》1981 年第 4 期。
周长楫：中古韵部在闽南话读书音里的分合：兼论陈元光唐诗诗作的真伪，《语言研究》1996 年增刊。
周长楫：再论古全浊声母在厦门话的分化，载梁东汉等编《第二届闽方言学术研讨会论文集》，广州：暨南大学出版社 1992 年版。
周祖谟：《问学集》，北京：中华书局 1966 年版。
周祖谟：《古音有无上去二声辨》，太原：山西人民出版社 2015 年版。
朱声琦：邪母古读考，《山东师大学报》1998 年第 3 期。
朱媞媞：《广韵》中鱼韵在闽南方言里的读音层次，《福建师范大学学报》2011 年第 6 期。
朱晓农：从群母论浊声和摩擦——实验音韵学在汉语音韵学中的实验，《语言研究》2003 年第 2 期。
竺家宁：《台北话音档》，上海：上海教育出版社 1999 年版。
庄初升：闽语平和方言中属于以母白读层的几个本字，《语文研究》2002 年第 3 期。
中国社会科学院语言研究所：《方言调查字表》，上海：商务印书馆 1981 年版。
Baxter W H. *Pre-Qieyun Distinctions in the Min Dialects*. 载曹逢甫、蔡美慧主编《第一届台湾语言国际研讨会论文选集》，1995 年。

Chang Kuang-yu. *Comparative Min Phonology*, Ph. D Dissertation. University of California, Berkeley, 1986.

Chen M, Wang W S-Y. Sound Change: Actuation and Implementation, *Language*, 1975 (51).

Chen M. Cross-Dialectal Comparison: A Case Study and Some Theoretical Considerations. *5th International Conference on Sino-Tibetan Language and Linguistic Studies*, Ann Arbor, Michigan, October 20-21, 1972.

Cheng Chin-Chuan, Wang W S-Y. Tone Change in Chaozhou Chinese: A Study of Lexical Diffusion. In Kachru B B. *et al.* (eds.) *Papers in Linguistics in Honor of Henry and Renee Kahane*. Urbana, IL: University of Illinois, 1972.

ClaireB. *Linguistic Field Work: A Practical Guide*. Cambridge: Cambridge University Press, 2008.

Duffus W. *English-Chinese Vocabulary of the Vernacular or Spoken Language of Swatow*. Swatow: English Presbyerian Mission Press, 1883.

Egerod S. Tonal Split in Min, *Journal of Chinese Linguistics*, 1976(4).

EgerodS. *How Not To Split Tones — The Chaozhou Case*,《方言》1982 年第 3 期。

Fielde A. M. *A Pronouncing and Defining Dictionary of the Swatow Dialect, Arranged According to Syllables and Tones*. Shanghai: American Presbyterian Mission Press, 1883.

Gibson J C. *A Swatow Index of the Syllabic Dictionary of Chinese*. Swatow: English Presbyterian Mission Press, 1886.

Halle M, Keyser S J. *English Stress: Its Form, Its Growth, and Its Role in Verse*. New York; Evanston; London: Harper & Row, Publishers, 1971.

Lien C. Bidirectional Diffusion in Sound Change Revisited, *Journal of Chinese Linguistics*, 1993(21): 255-276.

Lien C. Denasalization, Vocalic Nasalization and Related Issues in Southern Min: A Dialectal and Comparative Perspective. In Memory of Professor Li Fang-kuei: *Essays of Linguistic Change and the Chinese Dialects. Language and Linguistics Monograph Series Wl*, Taipei: Institute of Linguistics, "Academia Sinica", 2000.

Lim Hiong Seng. *Handbook of the Swatow Vernacular*. Singapore: "Kon Yew Hean" Press, 1886.

Labov W. Resolving the Neogrammarian Controversy. *Language*, 1981(57).

Labov W. *Principles of Linguistic Change: Internal Factors*(语言变化原理：内部因素). 北京：北京大学出版社 2007 年版。

Norman J. The Proto-MinFinals，载台北"中央研究院"编印《中央研究院国际汉学会议论文集——语言文字组》，1981 年。

Pulleyblank E G. Review of the Lexicon in Phonological Change, *Journal of Chinese Linguistics*, 1982(10).

Steele J. *The Swatow Syllabary with Mandarin Pronunciations*. Shaŋhai: Presbyterian Mission Press, 1909; Swatow: English Presbyterian Mission Press, 1924.

Wang W S-Y, Lien C. Bidirectional Diffusion in Sound Change. In Charles J. (ed.) *Historical Linguistics: Problems and Perspectives*. London and New York: Longman Group UK Ltd., 1993.

附　　录

附录一　揭阳方言中古清声母今读情况表

<table>
<tr><th>中古声母</th><th>今读</th><th>平仄</th><th>开口一等</th><th>开口二等</th><th>开口三等</th><th>开口四等</th><th>合口一等</th><th>合口二等</th><th>合口三等</th><th>合口四等</th><th>合计</th></tr>
<tr><td rowspan="12">帮</td><td rowspan="6">p</td><td>平</td><td>帮崩</td><td>巴芭疤包胞班斑颁扳邦浜</td><td>碑卑悲膘彪鞭编彬宾槟冰兵标招~* 裨增长衣服;增益、补充</td><td>萹边蝙~蝠</td><td>波菠杯般搬锛奔~跑</td><td></td><td></td><td></td><td rowspan="6">115</td></tr>
<tr><td>字数</td><td>2</td><td>11</td><td>14</td><td>3</td><td>7</td><td></td><td></td><td></td></tr>
<tr><td>小计</td><td colspan="8">37</td></tr>
<tr><td>仄</td><td>贝保堡宝报榜谤北</td><td>把霸坝爸拜摆饱豹扮八板版绑剥驳百柏伯迫迸檗擘~开爆~炸</td><td>蔽彼俾臂比秕泌秘鐅庇痹表禀变别鳖殡鬓笔毕必逼丙秉柄饼并壁贬~值</td><td>闭箅扁匾憋壁</td><td>簸补布辈背半钵拨本不卜</td><td></td><td></td><td></td></tr>
<tr><td>字数</td><td>8</td><td>23</td><td>30</td><td>6</td><td>11</td><td></td><td></td><td></td></tr>
<tr><td>小计</td><td colspan="8">78</td></tr>
<tr><td rowspan="6">p^h</td><td>平</td><td>褒</td><td></td><td>标~准</td><td>蝙~蝠</td><td></td><td></td><td></td><td></td><td rowspan="6">15</td></tr>
<tr><td>字数</td><td>1</td><td></td><td>1</td><td>1</td><td></td><td></td><td></td><td></td></tr>
<tr><td>小计</td><td colspan="8">3</td></tr>
<tr><td>仄</td><td>博</td><td>爆烹饪方法擘巨~</td><td>鄙碧贬~值</td><td>遍</td><td>跛谱绊锛奔~跑</td><td></td><td></td><td></td></tr>
<tr><td>字数</td><td>1</td><td>2</td><td>3</td><td>1</td><td>5</td><td></td><td></td><td></td></tr>
<tr><td>小计</td><td colspan="8">12</td></tr>
<tr><td rowspan="6">滂</td><td rowspan="6">p^h</td><td>平</td><td>滂烹* 雱~霈:丰盛</td><td>泡抛攀胖</td><td>披丕飘篇偏* 摽扔掉</td><td>批姘拼~凑* 剸削</td><td>颇铺胚坯潘喷</td><td></td><td></td><td></td><td rowspan="6">58</td></tr>
<tr><td>字数</td><td>3</td><td>4</td><td>6</td><td>4</td><td>6</td><td></td><td></td><td></td></tr>
<tr><td>小计</td><td colspan="8">23</td></tr>
<tr><td>仄</td><td>沛剖* 霈雱~:丰盛</td><td>怕帕派炮盼襻胖朴拍魄* 奅虚大</td><td>譬屁票骗匹聘僻漂~亮品~德* 疕结~:结疤</td><td>撇劈</td><td>破普浦配判泼扑醭* 粕渣滓</td><td></td><td></td><td></td></tr>
<tr><td>字数</td><td>3</td><td>11</td><td>10</td><td>2</td><td>9</td><td></td><td></td><td></td></tr>
<tr><td>小计</td><td colspan="8">35</td></tr>
</table>

（续表）

中古声母	今读	平仄	开口一等	开口二等	开口三等	开口四等	合口一等	合口二等	合口三等	合口四等	合计
滂	p	平		钯扳			坡玻拚* 嗌吹				11
		字数		2			4				
		小计	6								
		仄			漂~白品人~* 愊~过火：愤怒	拼~命	怖				
		字数			3	1	1				
		小计	5								

中古声母	今读	平仄	开口一等	开口二等	开口三等	开口四等	合口一等	合口二等	合口三等	合口四等	合计
非	h	平							肤跗付赋非风疯封飞岳~夫丈~分~开方~法肪脂~		32
		字数							13		
		小计	13								
		仄			否				府腑俯匪榧法粉废奋倣讽福蝠复贩~卖发~芽放~开反~面傅师~		
		字数							19		
		小计	19								
	p	平							枫夫丈~飞~行分~开方~形肪膂~：板油		15
		字数							6		
		小计	6								
		仄			富				斧幅粪腹脯杏~发~芽放~开反~面傅姓氏		
		字数							9		
		小计	9								

（续表）

中古声母	今读	平仄	开口一等	开口二等	开口三等	开口四等	合口一等	合口二等	合口三等	合口四等	合计
非	p^h	平							藩		3
		字数							1		
		小计	1								
		仄							甫贩~货：进货		
		字数							2		
		小计	2								
	b	仄							痱		1
		字数							1		
		小计	1								
敷	h	平							敷俘妃翻芬妨纷丰峰锋孵~小鸡麸~皮番~茄芳~香		27
		字数							14		
		小计	14								
		仄			副				赴讣肺泛佛仿彷访覆拂费花~捧~场		
		字数			1				12		
		小计	13								
	p^h	平							蜂芳香		4
		字数							2		
		小计	2								
		仄							殕捧~场		
		字数							2		
		小计	2								
	p	平							孵~鸡团		2
		字数							1		
		小计	1								
		仄							费姓氏		
		字数							1		
		小计	1								

（续表）

中古声母	今读	平仄	开口一等	开口二等	开口三等	开口四等	合口一等	合口二等	合口三等	合口四等	合计
敷	b	仄							抚		
		字数							1		
		小计	1								

中古声母	今读	平仄	开口一等	开口二等	开口三等	开口四等	合口一等	合口二等	合口三等	合口四等	合计
端	t	平	多刀叨兜耽担丹单登灯当~时*		丢	低堤刁貂雕掂颠丁钉铁~	都堆端敦墩东冬				87
		字数	11		1	9	7				
		小计	28								
		仄	戴带祷岛倒斗抖陡答搭党胆掸旦凳镫得德当~作笪谷~：用来圈稻谷的粗竹席			底抵帝岛钓吊点店跌典顶鼎订的滴嫡钉~住*碇锚	朵躲剁堵赌肚对碓短锻掇顿扽董懂冻栋笃督断决~*咄叱责				
			20			18	21				
		小计	59								
	ts	平					餵油~：油饼				3
		字数					1				
		小计	1								
		仄				鸟	蠹~虫：蛀虫				
		字数				1	1				
		小计	2								
	k	仄	到				妒				2
		字数	1				1				
		小计	2								

（续表）

中古声母	今读	平仄	开口一等	开口二等	开口三等	开口四等	合口一等	合口二等	合口三等	合口四等	合计
透	t^h	平	拖他胎滔偷掏头贪坍滩摊汤台~州坛天~弹~琴			梯挑添天厅汀听~见	推通熥				84
		字数	15			7	3				
		小计	25								
		仄	态太泰讨套敨透豆逗拓毯塔榻溻坦檀炭叹獭倘躺烫托忒*			体替屉剃涕跳粜舔桥腆铁帖踢剔贴张~听~其自然*睇看	妥椭唾土吐兔腿退蜕疃脱褪桶捅痛秃统*腯矮~矮~：又矮又胖				
		字数	24			17	18				
		小计	59								
	t	平	投坛天~弹~琴								8
		字数	3								
		小计	3								
		仄	贷踏诞			贴~对联*模坚实、结实					
		字数	3			2					
		小计	5								

中古声母	今读	平仄	开口一等	开口二等	开口三等	开口四等	合口一等	合口二等	合口三等	合口四等	合计
精	ts	平	灾栽遭糟簪脏		资姿咨兹滋焦蕉揪尖歼煎津浆精晶睛将~来*腈~肉：瘦肉*揂拉绳索使聚拢	笺	租尊棕鬃宗钻动词*樽瓶子		遵踪纵~横		96
		字数	6		19	1	7		3		
		小计	36								
		仄	赞濽葬作增憎则曾姓氏		姐借祭际穄紫姊子梓醮酒接浸剪箭溅尽进晋蒋奖桨酱爵即鲫井积迹脊将大~雀麻~*饗白~：味淡	挤济荐节绩	祖组做最攒撙卒总粽综钻工具		醉足纵放~		
		字数	8		33	5	11		3		
		小计	60								

（续表）

中古声母	今读	平仄	开口一等	开口二等	开口三等	开口四等	合口一等	合口二等	合口三等	合口四等	合计
精	ts^h	仄	澡躁		剿雀麻~		纂		嘴		6
		字数	2		2		1		1		
		小计	6								
清	ts^h	平	猜操餐仓苍搓~洗参~加		雌锹缲秋鞦签侵迁枪清亲~近	妻千青蜻	粗催崔村聪匆葱囱		趋皴蛆孑孓		88
		字数	7		11	4	8		3		
		小计	33								
		仄	锉莝彩采睬菜棌蔡草糙凑惨灿擦错蹭		且笪此刺次悄俏愀妾寝辑浅七漆抢鹊请亲~家	切戚* 瀌~水：冷水	醋措错窜撮忖寸猝* 脞肉~：肉末* 厝房子		取娶趣脆翠焌皴促		
		字数	16		18	3	10		8		
		小计	55								
	s	平	搓~丸：搓丸子				氽				2
		字数	1				1				
		小计	2								
	ts	平							蛆孑孓		1
		字数							1		
		小计	1								

中古声母	今读	平仄	开口一等	开口二等	开口三等	开口四等	合口一等	合口二等	合口三等	合口四等	合计
心	s	平	腮骚三珊桑丧婚~鳃鱼~* 挲用手轻扫抓取		些斯厮撕私司丝思消宵霄硝销修羞心仙辛新薪箱厢襄镶相互~	西犀萧箫先	蓑梭唆酸孙松轻~		需虽绥宣嵩荀须必~		130
		字数	8		25	5	6		7		
		小计	51								

（续表）

中古声母	今读	平仄	开口一等	开口二等	开口三等	开口四等	合口一等	合口二等	合口三等	合口四等	合计
心	s	仄	赛嫂叟嗽伞撒萨磉嗓搡索塞扫~地/~帚散鞋带~了/分~丧~失		写泻卸徙赐死四肆伺小鞘秀绣锈癣线薛泄信讯悉想螽削息熄媳省性姓惜昔宿星~鲜~有相~貌*囟额~：囟门	洗细婿屑锡析*筅竹~：竹丝制作的清洁工具	锁琐算蒜损逊送速宋	岁几~	选雪笋榫迅戌恤肃怂宿寄~*鈒铰~：旧时用来锁门的金属搭扣		
		字数	15		36	7	9	1	11		
		小计	79								
	ts^h	平	臊鳃鱼~		鲜新~	栖星腥			须胡子		14
		字数	2		1	3			1		
		小计	7								
		仄			笑膝	醒	碎		髓粟粹精~		
		字数			2	1	1		3		
		小计	7								
	ts	平	憎								2
		字数	1								
		小计	1								
		仄							粹纯~		
		字数							1		
		小计	1								
	dz	仄			玺						1
		字数			1						
		小计	1								
	h	仄						岁几~			1
		字数						1			
		小计	1								

（续表）

中古声母	今读	平仄	开口一等	开口二等	开口三等	开口四等	合口一等	合口二等	合口三等	合口四等	合计
知	t	平			爹蜘沾珍征知~识张~开				猪蛛追忠株~连中当~		40
		字数			7				6		
		小计	13								
		仄		桌卓琢啄涿摘罩蠓~：蚊帐	智致置肘昼展哲蜇镇帐账胀~大着~衣涨~水* 諮~tih8：啰嗦				著竹筑转~里：回家中射~		
		字数		7	15				5		
		小计	27								
	ts	平		站桩	贞朝~气张~开				诛株一~树		17
		字数		2	3				2		
		小计	7								
		仄		札罩笼~	知~道长生~胀~气涨~潮				拄驻注转旋~		
		字数		2	4				4		
		小计	10								
	ts^h	仄							缀点~		1
		字数							1		
		小计	1								
	dz	仄							转~螺丝		1
		字数							1		
		小计	1								
	s	仄			稙						1
		字数			1						
		小计	1								
	t^h	仄							冢		1
		字数							1		
		小计	1								

（续表）

<table>
<tr><th>中古声母</th><th>今读</th><th>平仄</th><th>开口一等</th><th>开口二等</th><th>开口三等</th><th>开口四等</th><th>合口一等</th><th>合口二等</th><th>合口三等</th><th>合口四等</th><th>合计</th></tr>
<tr><td rowspan="24">彻</td><td rowspan="6">t^h</td><td>平</td><td></td><td>撑</td><td>超抽蛏*黐~胶：黏黏乎乎</td><td></td><td></td><td></td><td></td><td></td><td rowspan="6">14</td></tr>
<tr><td>字数</td><td></td><td>1</td><td>4</td><td></td><td></td><td></td><td></td><td></td></tr>
<tr><td>小计</td><td colspan="8">5</td></tr>
<tr><td>仄</td><td></td><td>牚拆</td><td>丑畅饬逞耻~笑趁~钱</td><td></td><td></td><td></td><td>畜</td><td></td></tr>
<tr><td>字数</td><td></td><td>2</td><td>6</td><td></td><td></td><td></td><td>1</td><td></td></tr>
<tr><td>小计</td><td colspan="8">9</td></tr>
<tr><td rowspan="6">ts^h</td><td>平</td><td></td><td></td><td>痴</td><td></td><td></td><td></td><td>椿</td><td></td><td rowspan="6">5</td></tr>
<tr><td>字数</td><td></td><td></td><td>1</td><td></td><td></td><td></td><td>1</td><td></td></tr>
<tr><td>小计</td><td colspan="8">2</td></tr>
<tr><td>仄</td><td></td><td>戳</td><td>耻羞~</td><td></td><td></td><td></td><td>宠~爱</td><td></td></tr>
<tr><td>字数</td><td></td><td>1</td><td>1</td><td></td><td></td><td></td><td>1</td><td></td></tr>
<tr><td>小计</td><td colspan="8">3</td></tr>
<tr><td rowspan="3">s</td><td>仄</td><td></td><td></td><td></td><td></td><td></td><td></td><td>褚姓氏</td><td></td><td rowspan="3">1</td></tr>
<tr><td>字数</td><td></td><td></td><td></td><td></td><td></td><td></td><td>1</td><td></td></tr>
<tr><td>小计</td><td colspan="8">1</td></tr>
<tr><td rowspan="6">ts</td><td>平</td><td></td><td></td><td>侦</td><td></td><td></td><td></td><td></td><td></td><td rowspan="6">2</td></tr>
<tr><td>字数</td><td></td><td></td><td>1</td><td></td><td></td><td></td><td></td><td></td></tr>
<tr><td>小计</td><td colspan="8">1</td></tr>
<tr><td>仄</td><td></td><td></td><td>趁~机</td><td></td><td></td><td></td><td></td><td></td></tr>
<tr><td>字数</td><td></td><td></td><td>1</td><td></td><td></td><td></td><td></td><td></td></tr>
<tr><td>小计</td><td colspan="8">1</td></tr>
<tr><td rowspan="3">t</td><td>仄</td><td></td><td></td><td>*扶~人：以手弹打他人</td><td></td><td></td><td></td><td>褚~衣</td><td></td><td rowspan="3">2</td></tr>
<tr><td>字数</td><td></td><td></td><td>1</td><td></td><td></td><td></td><td>1</td><td></td></tr>
<tr><td>小计</td><td colspan="8">2</td></tr>
</table>

（续表）

中古声母	今读	平仄	开口一等	开口二等	开口三等	开口四等	合口一等	合口二等	合口三等	合口四等	合计
照庄	ts	平		渣斋抓争筝睁	辎邹簪榛臻庄装			髽			30
		字数		6	7			1			
		小计	14								
		仄		榨债笊斩蘸眨盏札窄责诈奸~炸~弹	滓绉壮				阻		
		字数		12	3				1		
		小计	16								
	ts^h	平		查							3
		字数		1							
		小计	1								
		仄		捉	侧						
		字数		1	1						
		小计	2								
	dz	仄		爪	皱						2
		字数		1	1						
		小计	2								

中古声母	今读	平仄	开口一等	开口二等	开口三等	开口四等	合口一等	合口二等	合口三等	合口四等	合计
穿初	ts^h	平		叉杈抄钞铛搀差~不多钗金~	疮差参~参~差				初		29
		字数		8	3						
		小计	11								
		仄		岔炒吵插察铲踖策册	厕衬闯创测			篡	楚础揣		
		字数		9	5			1	3		
		小计	18								

（续表）

中古声母	今读	平仄	开口一等	开口二等	开口三等	开口四等	合口一等	合口二等	合口三等	合口四等	合计
穿初	ts	仄		栅* 扱挽起、卷起				*嘬~奶：吃奶			3
		字数		2				1			
		小计	3								
	t^h	平		窗钗金~							222
		字数		2							
		小计	22								
审生	s	平		沙纱梢捎杉衫山删牲笙甥双成~生学~*鉎锈	师狮搜飕森馊霜孀筛~选参人~*酾~酒：倒酒			闩门~	梳蔬衰疏~远		33
		字数		14	11			1	4		
		小计	30								
		仄		洒晒稍潲钐产杀疝朔省双~生*欶~蔗汁：吸吮甘蔗中的汁	使史驶瘦漱涩瑟虱爽色啬			傻涮刷	所帅蟀缩疏注~数动词/名词率~领		
		字数		12	11			3	7		
		小计	33								
	ts^h	平		生~分				拴闩~门			3
		字数		1				1			
		小计	2								
		仄			渗						
		字数			1						
		小计	1								
	ts	仄							率~领		1
		字数							1		
		小计	1								
	t^h	平			筛~米						1
		字数			1						
		小计	1								

附录

（续表）

中古声母	今读	平仄	开口一等	开口二等	开口三等	开口四等	合口一等	合口二等	合口三等	合口四等	合计
照章	ts	平			遮肢脂之芝昭周舟州洲招瞻针斟毡真章樟蒸占~卜支~行正~月				诸朱珠锥专砖肫终钟盅		90
		字数			22				10		
		小计	32								
		仄			者蔗制纸止趾址志旨照诏至咒摺褶枕执汁战颤浙诊疹振掌障瘴酌质拯证症织职整政炙折~断指手~只~有;量词占~领震地~正~确				煮主注蛀铸赘拙准众祝粥肿烛嘱种~类;~树		
		字数			43				15		
		小计	58								
	t	平			征						4
		字数			1						
		小计	1								
		仄			震震动			*捶捶打*䂐短~:短貌			
		字数			1			2			
		小计	3								
	k	平			枝栀支量词						5
		字数			3						
		小计	3								
		仄			痣指动作						
		字数			2						
		小计	2								
	s	仄			帚						1
		字数			1						
		小计	1								
	dz	仄			沼						1
		字数			1						
		小计	1								

（续表）

中古声母	今读	平仄	开口一等	开口二等	开口三等	开口四等	合口一等	合口二等	合口三等	合口四等	合计
照昌	ts^h	平			嗤昌菖车马~眵眼~称~呼*鲳~鱼				吹炊川穿春充冲		35
		字数			7				7		
		小计	14								
		仄			扯侈臭厂唱倡绰焯秤赤斥尺称相~				处喘串蠢出铳触*铳鸟~：鸟枪		
		字数			13				8		
		小计	21								
	ts	平			眵目~~：视力不佳						1
		字数			1						
		小计	1								
	k^h	平							枢		2
		字数							1		
		小计	1								
		仄			齿						
		字数			1						
		小计	1								
	t^h	仄			丑						1
		字数			1						
		小计	1								
	s	仄							杵		1
		字数							1		
		小计	1								

（续表）

中古声母	今读	平仄	开口一等	开口二等	开口三等	开口四等	合口一等	合口二等	合口三等	合口四等	合计
审书	s	平			施尸诗烧收膻搧蝉身娠申商伤升声胜~任伸~手* 螿~虫：米中小虫				舒输~赢		67
		字数			18				2		
		小计	20								
		仄			舍赦騇世势豕矢屎始世势首守兽陕闪沈审婶扇设善膳失室赏识式饰圣适释单姓氏少~年湿~地胜~败				暑黍庶恕戍税说舜束输运~水漂亮		
		字数			36				11		
		小计	47								
	ts^h	平			奢赊深伸~手						8
		字数			4						
		小计	4								
		仄			试手翅鱼~						
		字数			3						
		小计	4								
	ts	平							书春		7
		字数							2		
		小计	2								
		仄			少多~湿路~~：路很湿折~断				叔水~果		
		字数			3				2		
		小计	5								
	h	仄			晌饷						2
		字数			2						
		小计	2								
	t^h	仄			翅~膀						1
		字数			1						
		小计	1								
	n	仄			摄						1
		字数			1						
		小计	1								

（续表）

中古声母	今读	平仄	开口一等	开口二等	开口三等	开口四等	合口一等	合口二等	合口三等	合口四等	合计
见	k	平	歌哥该高篙羔糕勾钩沟甘柑泔肝竿跟根冈岗刚纲钢缸膏~脂干天~/~湿*渮又黏又烂*疳~积：小儿消化不良或有蛔虫病*尻~川：屁股	家加痂嘉皆阶秸佳街交郊胶尴艰奸江扛豇粳庚羹耕间空~教~书监~察更~换*豭猪~：公猪	饥肌基机讥饥骄娇鸠今金襟犍巾斤筋疆僵姜礓缰京荆惊纠~缠几~乎禁~不住*萁豆~：豆茎	鸡稽兼搛肩坚经~过	姑孤宜棺公蚣功攻光观参~冠衣~过姓氏工~人*罛渔网	瓜乖鳏关	居驹俱规龟归均钧君军弓躬宫恭供~给车~马炮*裾衫~：衣襟*痀~腰：驼背	圭闺	343
		字数	28	27	28	8	14	4	18	2	
		小计	129								
		仄	个改溉丐稿告狗苟够构购勾感蛤鸽敢橄杆秆擀赶割葛各阁搁胳合十~一升膏~油盖~世干~事*垢~坹：身上的污垢*礚掩埋	贾架驾嫁稼价介界芥尬疥届戒绞狡铰搅搞较酵窖觉减夹裌鉴甲胛简裥柬拣谏涧锏讲港耩觉角饺哽埂耿革隔格更~加假真~/放~解~开教~育校~对监国子~间~断降下~*菮莲~：莲藕*疥生~：长疥疮*裥衣服上的褶子*坹垢~：身上的污垢*桷方条椽子	寄冀己纪记既矫九久韭灸救究检剑劫锦急给建揭团紧吉谨脚境景警敬竟镜戟颈劲几茶~/~个纠~正禁~止劲~敌/有~*砝纸类挺刮的样子	计继髻缴叫挟茧笕见结洁鏍径击激经~纬	古估牯股鼓盬故固锢雇顾刽桧管馆贯灌罐括聒滚棍骨广桄郭国贡谷过经~会~计观寺~冠~军*睔目~~：眼睛又大又明亮	寡剐怪拐惯刮挂~目镜：戴眼镜	举据锯矩句鳜诡轨癸鬼贵卷眷绢桔逛菊掬拱锔供~养*䂬用来舀水或其他液体的容器	桂决诀	
		字数	33	59	40	16	34	7	22	3	
		小计	214								

附录

（续表）

中古声母	今读	平仄	开口一等	开口二等	开口三等	开口四等	合口一等	合口二等	合口三等	合口四等	合计
见	k^h	平			阉		戈箍昆工做~课：干活儿		拘		17
		字数			1		4		1		
		小计	6								
		仄	概盖锅~					卦矿虢挂牵~	愧季厥鑺巩		
		字数	2					4	5		
		小计	11								
	h	仄		懈		侥系~鞋带骁~雄：狠心					3
		字数		1		2					
		小计	3								
	ø	平					锅	蜗			2
		字数					1	1			
		小计	2								
	ŋ	仄			讫						1
		字数			1						
		小计	1								
	n	平				浇					1
		字数				1					
		小计	1								

（续表）

中古声母	今读	平仄	开口一等	开口二等	开口三等	开口四等	合口一等	合口二等	合口三等	合口四等	合计
溪	k^h	平	开敲抠眍堪龛刊康糠	揩鸽嵌腔* 骹脚* 髇~头壳：秃头	欺丘钦卿轻* 攲倾斜	溪谦牵	科窠棵枯盔魁宽坤恢~复空~虚* 跍蹲	夸	区驱亏窥匡筐眶倾		128
		字数	9	6	6	3	11	1	8		
		小计	44								
		仄	可凯慨考烤靠犒巧口叩扣寇坎砍勘磕渴恳垦慷抗炕园肯刻克* 洘水干、水浅	搭楷恰掐搕确壳推客	器弃起岂气汽糗欠怯乞揿泣遣庆	启契歉却磬	颗课苦库裤傀款阔捆困窟旷扩酷孔控哭空~缺	侉垮快跨~越	劝屈顷恐曲酒~/~折	犬缺	
		字数	27	9	14	5	18	4	5	2	
		小计	84								
	k	平			羌					奎	9
		字数			1					1	
		小计	2								
		仄			企杞	窍	块廓	蒯	券		
		字数			2	1	2	1	1		
		小计	7								
	h	平					恢~复		墟		5
		字数					1		1		
		小计	2								
		仄						侉跨~过去	去来~		
		字数						2	1		
		小计	3								
	ŋ	仄	龈			吃					2
		字数	1			1					
		小计	2								

（续表）

中古声母	今读	平仄	开口一等	开口二等	开口三等	开口四等	合口一等	合口二等	合口三等	合口四等	合计
晓	h	平	蒿蚶憨鼾薅~草	虾夯亨	牺嬉熙希稀楞休轩掀欣香乡兴时~* 楞饿* 莶辣* 檵瓠~：舀水的木瓢	馨	灰欢昏婚荒慌烘呼~吸	花轰	虚嘘麾挥辉徽熏勋薰荤兄胸凶吉~/~恶吁叹词		94
		字数	6	3	16	1	8	2	14		
		小计	50								
		仄	海耗吼喝喊罕汉郝蘸荷薄~好~坏/喜~	吓 孝 瞎黑赫	戏喜蟢朽嗅险胁宪献歇蝎衅享响向吸~石：吸铁石兴高~* 熻焖煮	晓显		化	毁讳训嗅许~多	血	
		字数	11	5	19	2		1	5	1	
		小计	44								
	k^h	平	薅~草				呼~鸡：赶鸡回鸡窝				8
		字数	1				1				
		小计	2								
		仄			吸~收		霍藿* 戆柴~：愚笨		况许姓氏		
		字数			1		3		2		
		小计	6								
	ø	平						歪			2
		字数						1			
		小计	1								
		仄					贿				
		字数					1				
		小计	1								
	t^h	仄							蓄畜		2
		字数							2		
		小计	2								

（续表）

中古声母	今读	平仄	开口一等	开口二等	开口三等	开口四等	合口一等	合口二等	合口三等	合口四等	合计
晓	s	平							暄		2
		字数							1		
		小计	1								
		仄							楦		
		字数							1		
		小计	1								
	dz	平							吁呼~		1
		字数							1		
		小计	1								
影	ø	平	阿哀埃欧瓯欧瓯庵安鞍恩肮* 鏖~糟:脏* 婺~物件:抢占东西	鸦丫桠挨坳莺鹦樱* 眑面~~:脸浮肿	伊医衣依妖腰优忧淹音阴阉蔫因姻洇殷殃鹰英婴缨要~求邀~请央中~秧插~应~当* 霙小雨飘飘的样子	吆烟燕~京么~二三	倭踒窝乌污煨豌剜温瘟汪翁沃	蛙洼弯湾	於淤迂萎威冤雍痈* 萦团、绕	渊	172
		字数	14	9	28	4	13	4	9	1	
		小计	82								
		仄	爱蔼襖懊奥呕殴沤怄揞暗埯按案恶善~* 唵吞食* 晏天色不早	哑亚矮隘鞫鸭押压轧晏握扼轭* 拗折* 詏争辩	倚椅意幼掩魇厌靥腌饮荫窨揖堰印乙一隐约忆亿抑影映益要想~应~对* 浥微湿	缢翳咽宴噎燕~子	涴坞碗腕稳甕屋恶可~* 揾蘸、浸没	挖	秽委喂畏慰宛怨哕熨枉拥壅郁抑~* 饫饱~:饱腻		
		字数	17	15	28	6	9	1	14		
		小计	90								
	h	平			幽邀~请						3
		字数			2						
		小计	2								
		仄							郁~金香		
		字数							1		
		小计	1								
	m	平				杳~无音信					1
		字数				1					
		小计	1								

附录二　揭阳方言声韵调配合表

揭阳方言声韵调配合表之一

韵母	a						o						e					
调类	阴平	阳平	阴上	阳上	阴去	阳去	阴平	阳平	阴上	阳上	阴去	阳去	阴平	阳平	阴上	阳上	阴去	阳去
调值	33	55	42	35	212	22	33	55	42	35	212	22	33	55	42	35	212	22
p	疤	叭	把	罢	霸		波	婆①	宝		报		□①	爬	把	父		
p^h	脬			泡	帕			婆②	叵	抱	□③					□②	帕	
b					龅			无	母			帽			马			
m	妈①	妈②	玛			□③	□④	摩	孬	慕		望	□③	暝④	猛			骂
t	□④	禾	打	□⑤			刀	逃	朵	在⑤	倒	袋		茶			□⑤	
t^h	他				□⑥		胎	桃	讨		退							蛇
n		篮	拿			□⑦	□⑥	娜		二⑦	努		妳	□⑥	冷			
l	拉	膋		□⑧		□⑨	啰	罗	□⑧		□⑨		哩			□⑦		
ts	渣		早		诈			槽⑩	枣	坐	做	座	斋		姐		债	寨
ts^h	差	柴	炒		诧		初	锄	楚		错	□⑪	叉	查	扯		厕	
s	莎			傻	洒	沙⑩	蔬	□⑫	锁	□⑬	□⑭		纱	侪				□⑧
dz																		
k	胶		绞	咬	较		歌	哥	稿	个⑮	告		家	枷	假	下⑨	嫁	
k^h	骹		巧	□⑪	敲		棵		可	□⑯		□⑰					髂	
g								鹅				饿		牙				研
ŋ					□⑫	□⑬		俄		遇	□⑱				□⑩	硬		
h	哈	□⑭			孝⑮	□⑯	呵	何	好	和⑲	耗	号		虾	□⑪	下⑫		厦
Ø	阿		拗	啊⑰	亚		窝	荷⑳	袄	卧	噢				哑	下⑬		下⑭

[a]：① 又读[ma55]。② 又读[ma33]。③ 跨。如"□[ma22]过去"(跨过去)。④ 干。如"喉□[ta33]"(口干)。⑤ 与小孩子戏耍时左右躲藏发出的声音。如"□□[iam42-24 ta35]"。⑥ 拨。如"□[ta212]火"(拨开火)。⑦ 加柴火的动作。如"□[na22]火"(加柴火)。⑧ 搅。如"□□□[la35-

21 la35-21 tseʔ2]"(搅一搅)。"□[tseʔ2]"为"一下"的合音。⑨ 懈怠的状态。如"你只过好□[la22]"(你最近太懈怠了)。⑩ 风吹树叶响动的声音称作"沙沙叫"。⑪ 笑声,"□□[kha35 kha35]叫"。⑫ 愚笨。⑬ 小孩子哭声,"□[ŋa22 ŋa22]叫"。⑭ 绑、系。如"□[ha55]皮带"(系皮带)。⑮ 孝服。如"带孝"(孝服在身)。⑯ 形容人声鼎沸的样子,"□□[ha22 ha22]叫"。⑰ 表疑问。

[o]:① 地名,"河婆"。② "婆娑"。③ 植物茂盛。如"丛树发到好□[pho212]"(这树长得很茂盛)。④ 杂草,如"塍底发□[mo33]"(田里长了杂草)。⑤ 白读。⑥ 反应迟钝。如"□□[no33 no33]"。⑦ 训读。⑧ 表"担心"义一词中的语素,"担心"称作"□□[huaŋ55-22 lo42]",本字大概是"烦恼"。⑨ 肥硕。如"□□[lo212-42 lo212]"。⑩ 白读。如"猪槽"。⑪ 装(东西)。如"□[tsho22]物件"(装东西)。⑫ 形容没钱的人蔫蔫的。如"钱无人□[so55]"(没钱人蔫)。⑬ 乱走。如:"四散□[so35]"(四处乱走)。⑭ 形容饭吃得爽口、舒服。如"食到□□[so212-42 so212-42]"。⑮ "个人""个体户"。⑯ 乖乖的样子,略有呆气,"□□[kho35-21 kho35]"(乖乖的)。⑰ 打鼾的声音,"□□[kho22-21 kho22]叫"。⑱ 呆呆的样子,"□□[ŋo212-42 ŋo212-42]"(呆呆的)。⑲ 和诗。⑳ 荷花。

[e]:① 拿勺子或筷子从碗中扒拉饭菜到嘴中的动作。如"□[pe33]猛□[tseʔ2]"(吃快点)。② 划船的动作。如"□[phe35]船"(划船)。③ 用手抓细碎之物。如"□[me33]把瓜子"(抓把瓜子)。④ 夜晚。⑤ 过滤。如"□[te212]豆渣"(过滤豆渣)。⑥ 晾东西的动作。如"□[ne55]衫"(晾衣服)。⑦ "卷心菜"一词中的语素,"□□[ko33 le35]"(卷心菜)。⑧ 流口水的模样。如"□□□[nua35 se22-21 se22]"。⑨ 低。⑩ 婴儿啼哭声。如"□□[ŋe42 ŋe42]叫"。⑪ 吓唬。⑫ 有红白喜事的人家给别人送礼。⑬ 下面。⑭ 量词。如"一下"(一次;一会儿)。

揭阳方言声韵调配合表之二

韵母	i						u						ɯ					
调类	阴平	阳平	阴上	阳上	阴去	阳去	阴平	阳平	阴上	阳上	阴去	阳去	阴平	阳平	阴上	阳上	阴去	阳去
调值	33	55	42	35	212	22	33	55	42	35	212	22	33	55	42	35	212	22
p	碑	啤	比	币	痹	避	□①	瓠		捕	富	伏						
p^h	披	疲	丕					浮	□②									
b		雨微	米	□①		味		巫	舞	务	□③	雾						
m	眯	糜	靡	谜		面												
t	低	池	抵	弟	帝	地	蛛	橱	赌	□④	著		猪	除				箸
t^h	黏	提	体	痔	翅			途	储									
n	□②	尼	染	奶														
l	哩	离	李	利	□③	吏	□⑤	卢	鲁	赂	□⑥		□①	驴	汝	吕	□②	
ts	□④	誃	指	□⑤	志		组		主	住	蛀		书	薯	煮	自	恣	
ts^h	痴	迟	耻	市	试	饲	趋	滁	取		处		蛆	徐	此		次	
s	诗	时	死	是	四	示	输	殊	暑	竖	诉		思	词	史	似	赐	事
dz		儿		二		字		如	乳	裕				而	尔	腻		
k	讥	棋	己	技	记	己	龟		久	舅	顾	旧	居	□③	举	巨	锯	
k^h	欺	期	起		气	忌	区	跍		臼				渠		□④	去	
g		疑						牛							语	驭		御
ŋ		宜	议	义	谊	院												
h	希		喜	系	戏		夫	扶	府	护	赴	□⑦	虚	鱼	许			
ø	衣	姨	倚	异	意	矣	污	娱	宇	有	恶		□⑤	余	与	预	饫	欤

[i]：.① 在水中憋气。如"□[bi35]水"。② 拿的动作。如"□[ni33]去"(拿走)。③ 撕开的动作。如"□[li212]开"(撕开)。④ 女阴。⑤ 舔的动作。

[u]：① 一种靴子。"□[pu3]靴"。② 性交。③ 乱棍棒打的动作。如"□□[bu212-42 bu212-42]死"。④ 顶嘴。⑤ 东西不尖利。如"铅笔□□[lu33 lu33]"。⑥ 小孩子微胖的样子。如"□□[lu212-42 lu212]"(肥圆肥圆的)。⑦ 不稳重。如"□□[hu22-21 hu22-21]叫"。

[ɯ]：① 铲起来的动作。如"□[lɯ33]起来"。② 蹭擦的动作。如"□[lɯ212]来□[lɯ212]去"(蹭来蹭去)。③ 用棍子等东西顶住某物的动作。④ 笑声。如"□□[kɯ35-21 kɯ35-21]叫"(咯咯笑)。⑤ 不愿意做某事的样子。如"叫伊去买菜,伊□[tiam35]□□[ɯ33 ɯ33]"(叫他去买菜,他总是爱去不去的)。

揭阳方言声韵调配合表之三

韵母	ai						au						am					
调类	阴平	阳平	阴上	阳上	阴去	阳去	阴平	阳平	阴上	阳上	阴去	阳去	阴平	阳平	阴上	阳上	阴去	阳去
调值	33	55	42	35	212	22	33	55	42	35	212	22	33	55	42	35	212	22
p		排	摆		拜	败	包		保	暴								
p^h		排	痞		派		抛	袍	跑		炮							
b		眉	□①		□②				卯	□①								
m		埋		迈	勿		□②	矛		冒								
t	呆		歹	大	贷	□③	兜	投	岛	道	斗	豆	耽	□①		啖	髧	
t^h	台	台	癞	待	太		偷	头	敨		透		贪	谈			探	
n			奶	耐					脑	闹			□②	南	览	滥	□③	
l		来		赖		利	褛	楼	佬	老	溜	漏						
ts	知	脐	宰	在	载	哉	遭	□③	走	造	灶		针		斩	站	湛	
ts^h	猜	才	睬		菜		糙	曹	草		臭		参	惭	惨		掺	
s	西		使	柿	婿	倳	骚		嫂		扫		杉		糁		□④	
dz																		
k	该	个			戒		高	猴	狗	厚	告		甘	□⑤	感	鉴		
k^h	开		凯		慨		阄		考		哭		堪		砍	□⑥		
g						碍		□④										
ŋ		崖	□④	岸			嚣	熬		傲	□⑤		啱	岩	□⑦			□⑧
h		谐	海	孩		害	蒿	豪	浩	校	孝	候	蚶	含	撼	憾	喊	陷
Ø	哀	□⑤	隘				欧	喉	呕	后	懊		庵		饮	颔	暗	

[ai]：① 崴到脚的动作。如"□[bai42]着脚"（崴着脚）。② 读书写字紧紧盯着。③ 关系。如"甲汝无□[tai22]"（与你无关）。④ 碾碎东西的动作。如"□[ŋai4]药片"（碾碎药片）。⑤ 母亲的一种称谓。如"阿□[ai55]"（妈妈），本字或为"姨"。

[au]：① 用手指关节用力敲他人脑袋的动作。如"□[bau3]伊两下"（用力敲他两下）。② 用被单、毛巾等物包裹人或物的动作。如"□[mau33]落去"（裹上去）。③ 均匀。如"□□[tsau55-22 tsau55]"（均

匀的)。④ 聪明、贤能。如"伊解□[gau55]"(他很聪明)。⑤ 物体表面粗糙、皱皱的样子。如"只个番薯块皮□□[ŋau212-42 ŋau212]"(这个地瓜的皮皱皱的)。

[am]: ① 湿。如"□□[tam55-22 tam55]"(湿湿的),本字或为"澹"。② 披上衣物。如"件衫□[nam33]落去"(把这件衣服披上去)。③ 形容路上多烂泥。如"□[nam212]路□[oʔ2]行"(烂泥路难走)。④ 驼背低头。如:"行路□□[sam212-21 sam212]"(走路驼背)。⑤ 含的动作。"□[kam55]在嘴底"(含在嘴里)。⑥ 钉的动作。如"□[kham42]做一下"(钉在一起)。⑦ 不爱言语的样子。如"伊个人好□[ŋam22]"(他这个人很不爱开口)。

揭阳方言声韵调配合表之四

韵母	oi						ou						om					
调类	阴平	阳平	阴上	阳上	阴去	阳去	阴平	阳平	阴上	阳上	阴去	阳去	阴平	阳平	阴上	阳上	阴去	阳去
调值	33	55	42	35	212	22	33	55	42	35	212	22	33	55	42	35	212	22
p							埔		补	部	布	步						
p^h	批						铺		普	簿	铺							
b			买			卖		模	亩			戊						
m								谋	某	茂	贸							
t	堤	题		第			都	厨	肚	杜	斗	度				□①		
t^h	钗				替			涂	土		吐					□②		
n							奴	奴										
l		梨	礼		劙	篱		炉	卤	陋	露	路				□③		
ts		齐				絘	租		祖	骤						□④		□⑤
ts^h					粞		粗	愁			凑							
s	蔌		洗		细		酥		瘦									
dz																		
k	街	鲑	改		计	易①	姑	糊	古	靠	够					□⑥		□⑦
k^h	溪				契		圈		苦		库							
g						艺		吴				误						
ŋ									午	五								
h		□②		蟹			呼	篌		雨	戽					□⑧		
ø	挨	鞋	矮	解			乌	湖				竽				□⑨		

[oi]：① 容易。② 差一点。如"□□[hoi55-22 hoi55]撞着"(差一点撞到了)。

[ou]：① 嘱咐。如"汝呼伊着知食水"(你嘱咐他得多喝水)。

[om]：① 物件跌落水中之声。如"□[tom35/tsom35/kom35]一叫"(扑通一声)。② 重物沉入水中的动作。如"□[thom35]落大海"(沉到大海里)。③ 建筑、交通的嘈杂之音。如"外畔□□[lom35-21 lom35-21]叫"(外面的声音轰隆隆的)。④ 敲锣打鼓的声音。如"□□[tsom22 tsom22]叫"。⑤ 砰物体坠地之声。如"□[kom22]一叫"(砰的一声)。⑥ 吵闹、嘈杂之声。如"□□[hom35-21 hom35-21]叫"、"□□[om35-21 om35-21]叫"(吵吵闹闹)。

揭阳方言声韵调配合表之五

韵母	ia						io						iu					
调类	阴平	阳平	阴上	阳上	阴去	阳去	阴平	阳平	阴上	阳上	阴去	阳去	阴平	阳平	阴上	阳上	阴去	阳去
调值	33	55	42	35	212	22	33	55	42	35	212	22	33	55	42	35	212	22
p							镖		表		裱		彪					
p^h								萍		鳔	票						□①	
b								描				庙						
m																		
t	爹		哆					潮				赵	丢	绸		宙	□②	
t^h							挑				粜		抽	涛	丑		□③	
n	□①		领		□②			娘	两			让①		缪	纽	谬		
l								撩②					溜	留	柳		溜	馏④
ts	遮		者	籍	蔗	谢	招		少		照		周		酒	就	咒	
ts^h	车										笑		秋	仇	手		□⑤	树
s	斜	斜	写	社	舍	射	烧		小			□③	收	泅	守	受	绣	寿
dz		□③	惹					桡				尿		柔				
k	加		贾	岐				茄			叫	轿	□⑥	球	纠		救	
k^h	奇④	骑		徛									丘	求				□⑦
g		□⑤						□④										
ŋ			雅															
h	靴	霞	□⑥	下											□⑧			
Ø	丫	爷	野	□⑦	□⑧	也							优	油	友	又		柚

[ia]：① 你的。如"□[nia]妈"(你妈妈)。② 对着。如"□[nia212]南"(朝南)。③⑤ 不利索、笨笨的。"伊做事□□[dzia55-22 dzia55-22/gia55-22 gia55-22]"(他做事笨手笨脚的)。④ 单。如"奇数"(单数),"奇薄"(单薄)。⑥ 远指指示词。如"□[hia42-24]物件"(那种东西)。⑦ 背的动作。如"□[ia35]我"(背我)。⑧ 恹恹的。如"今日□□[ia212-42 ia212-42]"(今天恹恹的)。

[io]：① 谦让。如"汝着让伊"(你得让着他)。② 捞的动作。如"块□[phueʔ5 lio55]出来"(把沫沫捞出

来）。③ 差一点。如“□□[sio212-42 sio212-42]烫着”（差一点烫着了）。⑤ 瞧准了时机。如“□[gio55]伊岳父无在内的时候去”（瞧准了他岳父不在家的时候过去）。

[iu]：① 坏事。如“□[phiu212]事”。② 用棍子打人或物。如“□[tiu212]伊”（打他）。③ 抽取。如“照银□[tiu212]块去用”（这些银抽取一些去用）。④ 蒸。如“□[liu22]包”（蒸包子）。⑤ 擦的动作。如“□[tshiu]掉”（擦掉）。⑥ 畏缩。如“□□□□[kiu33 kiu33 niu33 niu33]”（畏畏缩缩、扭扭怩怩）。⑦ 形容饭蒸得较干，水分少。如“今日块饭了□[khiu22]”（今天的饭比较干）。⑧ 叫喊声。如“□□[hiu42 hiu42]号”（大嚷大叫）。

揭阳方言声韵调配合表之六

韵母	im						iau						iam					
调类	阴平	阳平	阴上	阳上	阴去	阳去	阴平	阳平	阴上	阳上	阴去	阳去	阴平	阳平	阴上	阳上	阴去	阳去
调值	33	55	42	35	212	22	33	55	42	35	212	22	33	55	42	35	212	22
p									婊									
p^h							飘	嫖	瞟		漂							
b																		
m							喵	苗	秒	妙								
t	鸩	沉		朕			叨	条		召	吊	掉	玷	甜	点	簟	店	□①
t^h		□①	□②				挑	调	窕	柱	跳		添	恬	忝		掭	
n	啉			□③			□①		袅		皱		粘	帘	殓	念	捻	念
l		林	凛					辽	了	□②								
ts	斟		枕		浸		焦		鸟				尖			暂	占	
ts^h	深	寻	寝		沁		悄	朝	俏		□③		签	潜	□②	僭		
s	心	忱	婶	甚	□④		肖		小	绍	数			禅	闪		□③	
dz				任		任		饶	扰		绕	憔			染			
k	金		锦	妗	禁		娇		饼	撬			兼	咸	减		剑	
k^h	钦	琴	揿				敲	侨	巧		窍		谦	钳	歉	俭	欠	
g																		
ŋ		吟					猫	尧						严	俨			验
h	歆	熊			□⑤		骁		晓				莶	嫌	险			
ø	音	淫	饮		荫		妖	瑶	窍	耀	要		淹	盐	睒		厌	艳

[im]：① 沉。如"□[thim55]落大海"（沉入大海）。② 东西稳放入某容器中。如"支锅□[thim42]落水缸底"（锅稳放入水缺里面）。③ 手合拢的动作。如"汝个手□[nim35-21]□[bua55]"（手合起来）。④ 上下抖动。如"伊上好□[sim212]脚"（他最喜欢抖脚了）。⑤ 冲泡。如"□[him212]茶"（泡茶）。

[iau]：① 挠痒。② 炒的动作。如"□[liau35]菜"（翻炒菜）。③ 霸道。如"伊□[tshiau212]死"（他霸道极了）。

[iam]：① 不动。如"时钟□[tiam22]去"（钟不动了）。② 内裤。③ 拉肚子。如"□[siam212]屎"。

揭阳方言声韵调配合表之七

韵母	ua						ui						ue					
调类	阴平	阳平	阴上	阳上	阴去	阳去	阴平	阳平	阴上	阳上	阴去	阳去	阴平	阳平	阴上	阳上	阴去	阳去
调值	33	55	42	35	212	22	33	55	42	35	212	22	33	55	42	35	212	22
p					播		悲	肥				吠	飞	陪	掊	倍	辈	焙
p^h		婆			破						屁		坯	皮		被	配	
b		磨									痱			梅	尾			未
m																		
t				舵	带	大	堆	捶	□①	坠	对	队				兑	缀	
t^h	拖						梯	锤	腿			缒	颓	□①				
n																		
l		箩	裸			赖	镭	雷	蕾	泪		类						
ts		蛇	纸			□①	隹		水	悴	醉		□②			罪	最	□③
ts^h			□②			娶	崔		脆		翠		吹	棰④	髓			
s	沙		徙		□③		虽	随		瑞		穗	衰	□⑤			岁	□⑥
dz								维		遗				捼		锐		芮
k	歌		寡		褂		归		鬼	跪	贵		瓜		果		过	
k^h	夸				跨		亏	葵	轨	愧	季		科	瘸			课	
g						外						魏						
ŋ								危		伪								
h	哗	和		祸			辉	瓷②		慧	费		灰	回	火	会	化	伙
Ø	蛙	□④	我				医	为	伟		谓	胃	锅	画		卫	慰	画

[ua]：① 表次数。如"一□[tsua22]"（一次）。② 歪。如"头□□[tshua42-35 tshua42-0]"（头歪歪的）。③ 接续。如"□[sua22]落去"（接下去）。④ 消磨时间。如"□[ua55]过日"（消磨时间过日子）。

[ui]：① 拉扯。如"□[tui42]伊件衫"（拉扯他的衣服）。② 训读。

[ue]：① 疥疮。如"生□[thue55]"（长疥疮）。② 指贪心、不要脸。如"伊好□[□ue33 tsue33]"（他不要脸地贪人家的东西）。③ 一排。如"一□[tsue22]红字"（一排红字）。④ 打孩子的小棍子。如"条□[tshue55]在地块"（那条棍子在哪里）。⑤ 垂头丧气的。⑥ 洒掉。如"块酒□[sue22]一路"（那些酒洒了一路）。

揭阳方言声韵调配合表之八

韵母	aŋ						oŋ						eŋ					
调类	阴平	阳平	阴上	阳上	阴去	阳去	阴平	阳平	阴上	阳上	阴去	阳去	阴平	阳平	阴上	阳上	阴去	阳去
调值	33	55	42	35	212	22	33	55	42	35	212	22	33	55	42	35	212	22
p	班	房	板	棒	扮	磅	□①	乓		□②	□③	磅	乒		品	并	鬓	□①
p^h	攀	旁	纺		盼	缝		鹏	捧		碰		拼	瓶	品		聘	
b																		
m		忙	挽	网		梦								民	不用	命		面
t	丹	铜	等	重	蛋	洞	中	憧	董	仲	冻	幢	灯	亭	等	邓	镇	阵
t^h	蛏	虫	桶	动	叹		通	童	统		痛		窗	停	挺			□②
n		人	赧		□①	难							□③	能	□④		□⑤	
l	□②	笼	囊	浪	□③		□④	浓	拢	弄		□⑤	铃	灵	□⑥	令	□⑦	
ts	脏	层	□④	藏	壮	赠	宗		总		纵		真	曾	种	尽	种	
ts^h	苍	藏	铲		灿		聪	从		□⑥	冲		清	情		□⑧	秤	颂
s	双		痟		送		松	松	耸	颂	宋		身	神	慎	盛	胜	剩
dz														仁	忍			认
k	工		讲		干		公	戆⑦	硔		贡		跟	□⑨	紧	近	敬	
k^h	康				抗		空		孔		控		轻	勤	肯	□⑩	庆	
g																		
ŋ	昂	言	眼	谚	唁									银				
h		韩	焊	限	汉	巷	丰	虹	哄	凤	奉		举	刑	狠	恨	兴	现
Ø	安	红			按		翁			□⑧	□⑨		英	演	引		印	用

[aŋ]：① 皱眉、愁眉苦脸的。如“伊□□[naŋ22-21 naŋ22]”（他愁眉苦脸的）。② 稀疏。如“广场人□[□laŋ33 laŋ33]”（广场上人挺少的）。③ 空出来。如“□[laŋ212]两行”（空两行）。④ 揪（头发）。

[oŋ]：① 打耳光。如“□[poŋ33]伊两下”（打他两个耳光）。② 合并起来。如“三只床□[poŋ35]做一下”（三张桌子并在一起）。③ 爆炸、炸。如“□[poŋ212]石”（炸石头）。④ 伸手进洞。⑤ 塞的动作。

如“□[loŋ22]柴火”(塞柴火进去)。⑥ 撞见。如“去市场□[tiam35]□[tshoŋ35]着伊”(去市场总是撞见他)。⑦ 傻傻的。如“□[koŋ55]仔”(傻子)。⑧ 摇动。如“□[oŋ35]篮”(摇篮)。⑨ 打。如“□[oŋ212]伊两下”(打他两下)。

[eŋ]:① 介词,指“从”,如“□[peŋ35]只阵起”(从现在开始)。② 斗。如“汝勿□[theŋ22]伊”(你别和他斗)。③ 一种下饭用的牛奶制品。如“牛□[neŋ33]”。④ 人称代词,指“你们”。⑤ 踢或伸脚腿的动作。如“双脚□[nek22]直”(双腿伸直)。⑥ 推搡。如“汝勿□[leŋ42]伊”(你别推他)。⑦ 滚动。如“□[leŋ22]铁圈”(滚铁圈)。⑧ 清算。如“伊勿还银,块银着个伊□[tsheŋ35]出来”(他不还钱,得把那些钱给他清出来)。⑨ 穷相。如“伊生来□□[keŋ55-22 keŋ55]”(他长了穷相)。⑩ 被棍子打后留下的疤痕。如“乞伊阿妈拍到大脚腿有两条□[kheŋ35]”(被他妈妈打到大腿上有两条疤痕)。

揭阳方言声韵调配合表之九

韵母	ɯŋ						iaŋ						ioŋ					
调类	阴平	阳平	阴上	阳上	阴去	阳去	阴平	阳平	阴上	阳上	阴去	阳去	阴平	阳平	阴上	阳上	阴去	阳去
调值	33	55	42	35	212	22	33	55	42	35	212	22	33	55	42	35	212	22
p						饭	边		扁	便	变							
p^h							篇											
b																		
m		门				问		绵	免									
t	当	堂	转	断	□①	段	珍	□①	典	电								
t^h	汤	糖		□②	烫		天	填	腆		畅							
n		郎	软	卵	□③													
l							□②	凉	脸	凉		练						
ts	砖	旋④		□⑤	钻	状	将		诊	匠	奖							
ts^h	村	床	□⑥		刺		昌	长	厂	□③	唱							
s	酸		耍		算		仙	详	冼	尚	相							
dz								然	嚷	让				绒				
k	扛	□⑦	卷		钢		娟		强④	建	见		恭		拱			
k^h	糠				劝		骞	强⑤	犬		强⑥			穷	恐			
g																		
ŋ							□⑦	妍	研		□⑧							
h							香	贤	显		向		凶	雄				
Ø							央	阳	远	恙	映	焉	雍	容	勇		泳	

[ɯŋ]：① 坐车颠簸或人直直摔到地上时的那种抖动。如“坐车□[tɯŋ212]着”（坐车颠着了）。② 手肘后部。如“手后□[thɯŋ35]”。③ 钻。如“□[nɯŋ22]来□[nɯŋ22]去”（钻来钻去）。④ 围着转。如：“伊在照旋[tsɯŋ55]来旋[tsɯŋ55]去”（他在这围着转来转去的）。⑤ 舔。如“□[tsɯŋ35]雪条”（舔冰棍）。⑥ 从骨头上剔肉吃。如“只块骨□[tsɯŋ42]去”（把这块骨头上的肉剔掉吃了）。⑦ 表“说梦话”义一词中的语素。如“伊□[tiam35]□□[kɯŋ55-22 sĩõ33]”（他总是说梦话）。

[iaŋ]：① 疑问代词语素。如“底□[tiaŋ55]”（谁）。② 拟声词。指铃声或哼曲声。③ 形容跛脚的人走路一拐一拐的样子。如“□[tshiaŋ35]下□[tshiaŋ35]”（一拐一拐的）。④ 勉强。⑤ 强大。⑥ 指能力很强。如“伊好强”（他很厉害）。⑦ 烹饪方法，指加糖慢火细煲。如“□[ŋiaŋ33]芋”（糖焗芋头）。⑧ 喜欢某物或喜欢做某事。如“伊好□[ŋiaŋ]看戏”（他很喜欢看戏）。

揭阳方言声韵调配合表之十

韵母	uai						uam						uaŋ					
调类	阴平	阳平	阴上	阳上	阴去	阳去	阴平	阳平	阴上	阳上	阴去	阳去	阴平	阳平	阴上	阳上	阴去	阳去
调值	33	55	42	35	212	22	33	55	42	35	212	22	33	55	42	35	212	22
p																叛		
p^h											判		藩	盘			判	
b														亡	妄			万
m																望①		
t													端			断	锻	
t^h													湍	团				
n															暖			
l														栾		乱	恋	
ts													专		转②	撞	撰	
ts^h													川	全	喘		窜	
s													宣	旋	选		涮	
dz															□③	□④		
k	乖		拐		怪								关		广	倦	贯	
k^h					快								宽	狂	款		况	
g																		
ŋ														元	玩	愿		
h		怀		坏				凡		犯	泛		风	妨	仿	饭	幻	
ø													弯	王	往	旺	怨	

[uaŋ]：① 名望。② 转动。③ 拧的动作。如"□[dzuaŋ42]个盖"（拧个盖子），本字应为"转"。④ 指随意、凑合。如"□[dzuaŋ35]都好"（怎样都行）。

揭阳方言声韵调配合表之十一

韵母	uŋ						ueŋ											
调类	阴平	阳平	阴上	阳上	阴去	阳去	阴平	阳平	阴上	阳上	阴去	阳去	阴平	阳平	阴上	阳上	阴去	阳去
调值	33	55	42	35	212	22	33	55	42	35	212	22	33	55	42	35	212	22
p	分	噬	本	□①	笨	饭												
p^h	潘②	盆			喷													
b	焖	文		闻		闷												
m		门	晚			问												
t	敦	唇	盾	炖	□③													
t^h	吞	豚																
n			忍④		嫩													
l		伦		论														
ts	尊	船	准	拨	俊	阵⑤												
ts^h	春	存	蠢		寸													
s	孙	纯	损	顺	舜													
dz			允	润		韧⑥												
k	君	裙	滚	郡	棍													
k^h	昆	群	捆		困			宏	炯									
g																		
ŋ																		
h	芬	云	粉	混	训	份		衡										
ø								荣	永①	孕								

[uŋ]：① 指小孩子动个不停。如"□[puŋ35]来□[puŋ35]去"(上蹿下跳)。② 淘米水或潲水。③ 抖脚的动作。如"□[tuŋ212]脚"(抖腿)。④ 提心吊胆的样子。如"□[nuŋ42]到膘破去"(担心、害怕得要命)。⑤ 白读,指时候。如"有时有阵"(时好时坏,时起时落)。⑥ 有韧劲,如"照肉□[khaʔ2]韧[dzuŋ22]"(这肉太老了)。

[ueŋ]：① 白读。如"永远"。另读□[ioŋ]。

揭阳方言声韵调配合表之十二

韵母	ã						õ						ẽ					
调类	阴平	阳平	阴上	阳上	阴去	阳去	阴平	阳平	阴上	阳上	阴去	阳去	阴平	阳平	阴上	阳上	阴去	阳去
调值	33	55	42	35	212	22	33	55	42	35	212	22	33	55	42	35	212	22
p													□①	棚			柄	病
p^h					怕								□②	彭				
b																		
m																		
t	担①		胆	淡	担②	□③											□③	郑
t^h				□④									撑				梃	
n																		
l																		
ts				□⑤									争	晴	井	静		
ts^h				□⑥									星		醒			
s	三												生		省		姓	
dz																		
k	柑	衔	敢		酵								庚		梗		径	
k^h													坑			□④		
g																		
ŋ					□⑦													
h							□①					□②	□⑤			□⑤		□⑥
Ø	揞	□⑧		嗳		馅		□③			奥			桁	□⑦			

[ã]：① 挑。② 担子。③ 错了。如“只条题做□[tã22]”（这道题做错了）。④ 叠加上。如“□[thã35]块包起去”（叠放些包子在上面）。⑤ 舀。如“□[tsã35]两碗面粉”（舀两碗面粉）。⑥ 一种红白喜事中常见的乐器。本字或为“镲”。⑦ 傻。如“伊好□[ŋã212]”（他很傻）。⑧ 霸占。

[õ]：① 哭。② 语气词，表确认语气。③ 扔。

[ẽ]：① 用手拉扯、掰。如“个橱乞汝□[pẽ33]□[sek2]掉去”（这个柜子被你弄坏了）。② 分担。如“个伊□[phẽ33]块事来做”（帮他分担些事情来做）。③ 假装。如“□[tẽ212]唔知”（假装不知道）。④ 拟声词。碰杯之声。如“□[khẽ35]一叫”（叮的一声）。⑤ 远指指示词。如“□[hẽ33]上好”（那样子最好）。⑥ 语气词。⑦ 语气词。⑧ 语气词，表讶异语气。

揭阳方言声韵调配合表之十三

韵母	ĩ						aĩ						aũ					
调类	阴平	阳平	阴上	阳上	阴去	阳去	阴平	阳平	阴上	阳上	阴去	阳去	阴平	阳平	阴上	阳上	阴去	阳去
调值	33	55	42	35	212	22	33	55	42	35	212	22	33	55	42	35	212	22
p	边		扁①	□②	变③													
p^h	□④				□⑤	鼻												
b																		
m																		
t		缠		□⑥														
t^h	天⑦			添⑧		□⑨												
n																		
l																		
ts	肢	钱	稚		挤			前	指①									
ts^h	鲜	□⑩					猜		彩									
s					扇		先											
dz																		
k	桅⑪	墘⑫			见⑬		间		拣②		间③							
k^h		□⑭									盖							
g																		
ŋ																		
h		弦		耳⑮	□⑯		□④	还⑤	□⑥	□⑦							好	
Ø		圆	已	死⑰	燕⑱		□⑧	闲	□⑨	□⑩	爱		□①		□②			

[ĩ]：① 指物体形状。② 编辫子的动作。③ 白读。如"个人变好"（这个人变好了）。④ 便宜。如"块书好□[phĩ33]"（这些书很便宜）。⑤ 嘲讽。如"□□[phĩ212-42 siĩõ212]"。⑥ 满。如"锅水□[khaʔ2]□[tĩ55]"（这锅水太满了）。⑦ 白读。如"天时"（天气）。⑧ 添加。如"添[thĩ35]□[tĩ35]□[tseʔ2]"（添满些）。⑨ 缝补。如"□[thĩ22]衫"。⑩ 紧紧粘住、缠住。如"块植物□[tshĩ55]/□[khĩ55]在厝顶"（那些植物缠绕在屋顶）。⑪ 碱。如"白□[kĩ33]"（食用碱）。⑫ 边缘。如"船墘[kĩ55]"（船边）。⑬ 白读。如"见伊"（见他）。⑭ 纠缠；围绕。⑮ 白读。⑯ 甩。如"□[hĩ212]掉水"（把水甩掉）。⑰ 睡觉。⑱ 燕子。如"燕鸟"。

[ãĩ]：① 白读。专指手指。② 挑拣。如“拣[kãĩ42]来拣[kãĩ42]去”（挑来选去）。③ 间谍。④ 大。如“只床好□[hãĩ33]”（这张桌子很大）。⑤ 归还。如“件衫还汝”（这件衣服还给你）。⑥ 贝壳类海鲜。⑦ 指叹气声，如“□□□[hãĩ35-21 hãĩ35-21 tshaŋ33]”（唉声叹气）。⑧ 枯草做成的燃料。如“挈两个□[ãĩ33]乞我”（拿两个枯草做的燃料给我）。⑨ “龙眼”一词中的语素。如“肉□[ãĩ42]干”（龙眼干）。⑩ 推门（一般指木门）或关门发出的声音。

[ãũ]：① 脸肿且紧绷。如“个面□□□□[ãʔ2 ãũ33 ãʔ2 ãũ33]”（脸又肿又紧绷）。② 说话不利索、不清楚。如“伊咀话□□[ãũ42-35 ãũ42-0]”（他说话含糊不清）。

揭阳方言声韵调配合表之十四

韵母	õĩ						õũ						iãũ					
调类	阴平	阳平	阴上	阳上	阴去	阳去	阴平	阳平	阴上	阳上	阴去	阳去	阴平	阳平	阴上	阳上	阴去	阳去
调值	33	55	42	35	212	22	33	55	42	35	212	22	33	55	42	35	212	22
p																		
p^h																		
b																		
m																		
t			底															
t^h			睇															
n																		
l																		
ts																		
ts^h																		
s																		
dz																		
k																		
k^h																		
g																		
ŋ																		
h									虎					□①				
ø																□②		

［iãũ］：① 怪怪的。② "掀"的动作。

揭阳方言声韵调配合表之十五

韵母	ĩã						ĩõ						ĩũ					
调类	阴平	阳平	阴上	阳上	阴去	阳去	阴平	阳平	阴上	阳上	阴去	阳去	阴平	阳平	阴上	阳上	阴去	阳去
调值	33	55	42	35	212	22	33	55	42	35	212	22	33	55	42	35	212	22
p	兵	□①	饼		拼													
p^h	摽②	□③			聘													
b																		
m																		
t	□④	庭	鼎			定	张①	场		丈	胀							
t^h	听	程			痛													
n																		
l																		
ts	精	成⑤	整		正	成⑥	浆	□②	掌	痒③	酱	上④				□①		
ts^h		□⑦	请				枪	墙	抢	象								
s	声	城			圣		箱	偿	赏	想	相⑤	邵						
dz																		
k	惊	行	囝	件	镜	健⑧	姜											
k^h							腔					□⑥						
g																		
ŋ																		
h	兄	燃⑨			□⑩	艾	香				向⑥		休					
Ø	□⑪	营	影	□⑫			鸯	洋	养⑦			样					幼	

[ĩã]：① 把东西从一个容器中倒到另一个容器中。如“块肉□[pĩã]过来”（把肉倒过以这边来）。② 乱扔东西。如“支笔乞汝□[phĩã33]对地块去”（那支笔被你乱扔到哪里去了）。③ 旁边。“厝□[phĩã55]有脚桶”（屋子旁边有一只桶）。④ 乱走、乱跑。如“汝爱□[tĩã33]对地块去”（你要跑去哪儿）。⑤“成人”中的“成”。⑥ 指“够不上做什么”。如“照事唔成去做”（这事不太值得去做）。⑦ 修改。如“件衫□[tshĩã55]着下”（这件衣服得改一改）。⑧ 白读。如“（老人）身体轻健”（身体健康）。⑨ 如“□[hĩã55]火”（烧火）。⑩ 扔掉、舍弃。⑪ 太亮、光线刺眼。如“照块□[khaʔ2]□[ĩã33]”（这里太刺眼了）。⑫ 扇动。如“□[ĩã35]扇”（扇扇子）。

[ĩõ]：① 姓氏。② 指地上很湿。如"塗下□□[tsĩõ55-22 tsĩõ55]"。③ 痒。"乞蠓咬着好痒"(被蚊子咬到很痒)。另读[iaŋ]。④ 上面。⑤ 相片。⑥ 休养状态中遵守各种禁忌。"着好好□[khĩõ22]"(得好好养着)。⑦ 白读。"方向"中的"向"。⑧ 白读。如"养鱼"。

[ĩũ]：① 嗖地一声。"老猴□[tsĩũ35]一叫就到"(孙悟空嗖地一声就到了)。

揭阳方言声韵调配合表之十六

韵母	ũã						ũĩ						ũẽ					
调类	阴平	阳平	阴上	阳上	阴去	阳去	阴平	阳平	阴上	阳上	阴去	阳去	阴平	阳平	阴上	阳上	阴去	阳去
调值	33	55	42	35	212	22	33	55	42	35	212	22	33	55	42	35	212	22
p	搬	盘		□①	半													
p^h	潘		颇	伴	贩②													
b																		
m																		
t	单	坛③		惰	旦	弹												
t^h	滩	□④			炭													
n																		
l																		
ts	抓	泉	盏			贱												
ts^h					闩													
s	山	腺	产		伞													
dz																		
k	官	寒⑤	赶	□⑥		汗⑦		悬			惯①	县	关①					
k^h	宽⑧		□⑨		□⑩													
g																		
ŋ																		
h	欢	鼾				□⑪	□②	□③	毁	□④				横				
Ø	鞍		碗	旱	案	换												

[ũã]：① 甩。如“条索□[pũã35]过去”（这条绳子甩过去）。② 上货。如“贩[phũã212]货”。③ 白读。④ 懒散。⑤ 白读。⑥ 提。如“□[kũã35]袋苹果”（提一袋苹果）。⑦ 白读。⑧ 白读，如“宽儿来”（慢慢来）。⑨ 一会儿。如“我□[khũã42]来去”（我一会儿去）。⑩ 宽阔、大。如“间厝好□[khũã212]”（这个房子很大）。⑪ 扶着。如“个奴团□[hũã22]在照床边”（这个小孩子扶着这张桌子的边上）。

[ũĩ]：① 白读。如“惯势”（习惯），另读□[kuaŋ212]。② 转。如“□[hũĩ33]来□[hũĩ33]去”（转来转去）。③ 头晕。如“个头□□[hũĩ55-22 hũĩ55-22]”（头晕晕的）。用手勾住某物承重。如“□[hũĩ35]在架顶”（勾吊在架子上）。

[ũẽ]：① 白读。文读为□[kuaŋ33]。

揭阳方言声韵调配合表之十七

韵母	uãĩ																	
调类	阴平	阳平	阴上	阳上	阴去	阳去	阴平	阳平	阴上	阳上	阴去	阳去	阴平	阳平	阴上	阳上	阴去	阳去
调值	33	55	53	35	212	22	33	55	53	35	212	22	33	55	53	35	212	22
p																		
p^h																		
b																		
m																		
t						□①												
t^h																		
n																		
l																		
ts																		
ts^h																		
s						様												
dz																		
k			果②															
k^h																		
g																		
ŋ																		
h			侉③															
ø	挖																	

[uãĩ]：① 黄皮，称作“黄□[tuãĩ 22]”。② 白读。如“青果”（水果）。③ 闹情绪或脾气差的人语带讥讽的样子。如“伊咀话侉侉[huãĩ42-35 huãĩ42-0]”（他说话脸带不屑、语带讥讽）。也指有口音。

揭阳方言声韵调配合表之十八

声母	aʔ		oʔ		eʔ		iʔ		uʔ		ɯʔ		auʔ		oiʔ		iaʔ	
调类	阴入	阳入	阴入	阳入	阴入	阳入	阴入	阳入	阴入	阳入	阴入	阳入	阴入	阳入	阴入	阳入	阴入	阳入
调值	2	5	2	5	2	5	2	5	2	5	2	5	2	5	2	5	2	5
p	□①		驳	泊	百	白									八	拔	壁	
p^h	拍		粕			□①	□①			□①			□①				僻	癖
b	□②					麦	瘪	篾										
m			么	膜		脉												
t	搭	踏	桌	择	□②		蒂	碟	□②	□③							摘	籴
t^h	塔	叠	托	驼		宅	铁			□④⑤					□①		拆	
n	□③			□①			□②											
l	擸	腊		落	叻	历		裂	□⑥							笠		掠
ts	□④	闸	□②	绝	积		折③	舌	啜	□⑦	□①				节	截	迹	食
ts^h	插		撮	□③	册	□③		□④									赤	杓
s	□⑤	煠	索		□④	□⑤	薛	蚀		□⑧				□②	塞②		锡	席①
dz								廿										
k	甲		阁		格	□⑥	砌	□⑤	□⑨	□⑩		□②	□③	□④	挟③	夹④	揭②	剧
k^h	□⑥			□④	客		缺	□⑥	窟				□⑤		□⑤	□⑥	隙	
g																		
ŋ				愕										乐⑥				
h	□⑦	合		鹤			□⑦									□⑦	歇	额
Ø	鸭		呃	学								□③				狭⑧	益	驿

[aʔ]：① 父亲。如“阿□[paʔ2]”。② 只用于“烧□粽”及“惜□肉”[sioʔ2-3 baʔ2-5 nek5]两个词中。“惜□肉”指娇滴滴的。③ 大口咬。如“乞只狗□[naʔ2]着”(被一只狗咬着了)。④ 携带。如“□[tsaʔ2]本书”(带本书)。⑤ 用嘴接着。如“物块肉乞只狗□[saʔ2]”(搞块肉给狗吃)。⑥ 滚。如“□[khaʔ2]来□[khaʔ2]去”。⑦ 瓣，如“一□[haʔ2]花”(一片花瓣)。

[oʔ]：① 反应迟钝。如“食老□[ne35]□□[noʔ5-2 noʔ5]”(老了变得很迟钝)。② 做。如“□[tsoʔ2]事”

（做事情）。③ 略带焦虑地走来跑走去。如“□[tshoʔ5]入□[tshoʔ5]出”（反复地走进来走出去）。④ 争斗。如“甲伊□[khoʔ5]去”（跟他斗）。

[eʔ]：① 用脚踩水的动作。如“□[pheʔ5]水”。② 压。如“□[teʔ2]着”（压着了）。③ 走来走去地把地弄脏了。如“□[tsheʔ5]来□[tsheʔ5]去”。④ 一长条（肉）。如“一□[seʔ2]猪肉”（一块猪肉）。⑤ 反对。如“汝勿□[keʔ5]我”（你别反对我/你别不听我的话）。

[iʔ]：① 趴下去。如“□[phiʔ2]在床顶”（趴在床上）。② 眨。如“□[niʔ2]目”（眨眼睛）。③ 折断。④ 螃蟹的一种。⑤ 用手指或尖利的东西戳。如“勿□[kiʔ5]我”（别戳我）。⑥ 窃笑声。⑦ 做事快而马虎、糊弄一词中的语素或词汇。如“做事孬□□□[hiʔ2 huʔ2 tshuaʔ2]”（做事情不能马虎、大意）。

[uʔ]：① 性交。② 堆。如“一大□[tuʔ2]”（一大堆）。③ 用尖利的东西刺。“乞针□[tuʔ5]着手”（被针扎到手了）。④ 掏。如“□[thuʔ5]块银出来”（掏些钱出来）。⑤ 慢炖、慢熬。如“□[thuʔ5]糜”（慢火熬粥）。⑥ 喝。如“□[luʔ2]水”（喝水）。⑦ 形容五官小、不伶俐。如“生来□□□□[uʔ5-2 tsu5-2 u5 tsu5]”（生得含含糊糊的）。⑧ 喷水。如“记得□[suʔ5]块花”（记得给花洒水）。⑨ 吸。如“□[kuʔ2]水”（用吸管喝水）。⑩ 压牌输了。如“只张落去到□□[kuʔ5-2 kuʔ5-2]了”（这张牌打出去一定输了）。

[ɯʔ]：① 啧啧声。② 说话吞吞吐吐的。如“呾话□□□□[kaʔ2 kaʔ2 kɯʔ5-2 kɯʔ5-2]”。③ 打饱嗝之声。

[auʔ]：① 煎炸食物有点焦的样子。如“块鸡肉□[khaʔ2]□[phauʔ2]”（鸡肉有点煎过了）。② 脆脆的。如“个苹果□□[sauʔ5-2 sauʔ5-2]”（这个苹果脆脆的）。③ 卷起。如“幅画□[kauʔ2]起”（这幅画卷起来）。④ 食物在锅里翻滚发出的声音。如“□□[kauʔ5-2 kauʔ5-2]叫”。⑤ 干。如“支嘴□□[khauʔ2-3 khauʔ2-3]”（嘴巴干干的）。⑥ 音乐。

[oiʔ]：① 垫。如“只床□[thoiʔ2]悬”（桌子垫高）。② 如“□[soiʔ2]入去”（塞进去）。③ 白读。④ 白读。⑤ 碾、压。如“乞车□[khoiʔ2]着”（被车子碾到了）。⑥ 拿。如“□[khoiʔ5]本书”（拿着本书）。⑦ 用力时发出的声音。⑧ 白读。“狭塞”（心胸狭窄）。

[iaʔ]：① 白读，另读[tshioʔ5]。② 揭开。

揭阳方言声韵调配合表之十九

声母	iuʔ		ioʔ		uaʔ		ueʔ		iauʔ		ĩʔ		ẽʔ		ãĩʔ		ãũʔ		ũãʔ		ĩãʔ		ĩũʔ	
调类	阴入	阳入	阴入	阳入	阴入	阳入	阴入	阳入	阴入	阳入	阴入	阳入	阴入	阳入	阴入	阳入	阴入	阳入	阴入	阳入	阴入	阳入	阴入	阳入
调值	2	5	2	5	2	5	2	5	2	5	2	5	2	5	2	5	2	5	2	5	2	5	2	5
p					钵	跋																		
pʰ					泼	□①		□①																
b					抹	□②																		
m								物																
t				着	叱	辣③			□①															
tʰ					獭																			
n							□②																	
l			略		烙④	辣																		
ts		□①	借	石	□⑤	绌⑥			雀	□②														
tsʰ		□②	尺	席	□⑦																			
s			惜	液①	杀		说																	
dz			若②			热																		
k	□③		角③		刮		郭	橛		□③														
kʰ			□④	挈	阔		缺																	
g								月	□④															
ŋ																								
h				页	喝⑧	伐⑨	血				□①		吓		□①			□①			□①			
ø			约	药	喝⑩	活	哕	划	□⑤				厄					□②		□①			□①	

[iuʔ]：① 拟声词。如打玩具枪的声音"□□[tsiuʔ5 tsiuʔ5]叫"。② 打喷嚏的声音。"□□[tshiuʔ2 tshiuʔ2]叫"。③ 挤。如"□[kiuʔ2]牙膏"。

[ioʔ]：① 手心的汗。如"手液"。② 白读。如"若□[tsoi22]"（多少）。③ 角色。如"好角"（好角色）。④ 无意地捡。如"在路□[kioʔ2]着"（在路上捡到的）。

[uaʔ]：① 甩着挂上（长条形物体）。如"条索□[phuaʔ5]过去"（这条绳子甩着挂过去）。② 冲撞了鬼魂或被鬼魂缠上。如"出门□[ke33]□[buaʔ5]着"（出门被魇着了）。③ 辣。④ 煎。如"□[luaʔ2]饼"

(煎饼)。⑤ 泼。如"□[tsuaʔ2]水"(泼水)。⑥ 少。如"绌[tsuaʔ5]两本书"(少两本书)。⑦ 做生意动手脚、不诚信。如"汝勿□[tshuaʔ2]我"(你别骗我)。⑧ 吹牛。⑨ 跨;量词。⑩ 大声喝骂。

[ueʔ]: ① 泡沫。② 捡。如"本书□[nueʔ2]起"(书捡起来)。

[iauʔ]: ① 把肥肉煎出油。如"□[tiauʔ2]猪肉"(煎出猪肉的油)。② 鸟叫声。③ 手肘同时夹胳肢窝的动作。如"□[kiauʔ2]肉□[thɯŋ35]"(夹胳肢窝,指幸灾乐祸)。④ 把东西扒拉在一起。如"□□[giauʔ2 bua55]"。⑤ 翻跟斗的动作。

[ãũʔ]: ① 东西不脆。"只块莲□[kau35]□□[hãũʔ ʔ5-2 hãũʔ5]"(这块莲藕不脆)。② (讲话)不清楚。如"呾话□□[aʔ5-2 ãũʔ5]"(讲话不清楚)。

[ũãʔ]: ① "清闲"一词中表"闲"义的语素。"□□[khã212-53 ũãʔ5]"。

揭阳方言声韵调配合表之二十

声母	ap		ak		op		ok		ek		ip		iap		iak		iok	
调类	阴入	阳入	阴入	阳入	阴入	阳入	阴入	阳入	阴入	阳入	阴入	阳入	阴入	阳入	阴入	阳入	阴入	阳入
调值	2	5	2	5	2	5	2	5	2	5	2	5	2	5	2	5	2	5
p			北	缚			卜	仆	必							别		
p^h			博	曝			扑		匹							□①		
b				木						蜜								
m			□①	目				莫		觅								
t	答		□②	毒		□①	督	独	竹	直				谍	哲	侄		
t^h	□①	塌	踢	读					惕				贴	叠	彻		畜	
n	□②	纳		搙③								捏	摄	捏				
l	□③		落④	六		□②		禄		绿		立		粒		列		
ts	汁	十	扎⑤	实⑥	□③		足	族	叔	泽	执	集	接①	捷	即			
ts^h	□④		察	凿		□④	促		斥		缉	□①	妾	涉②	切			
s	卅	刹	虱			□⑤	束	俗	夕	熟	湿	习	涩	泄	设	□②		
dz								辱		日		入				若		
k	鸽		角	□⑦		□⑥	谷	焗	革	局	给	及	劫	夹③	洁	杰	鞠	
k^h	瞌	磕	壳				酷	□①	刻		级	□②	□④		却	□③	克	
g										玉				□⑤				
ŋ				岳						逆				业	啮			
h		合⑤	辖	学⑧		□⑦	福	复	黑	乏①	熻		□⑥	侠	蝎		旭	
Ø		盒	恶				屋		忆	亿	邑		压	叶⑦	跃			育

[ap]：① 搭配。如"白衫□[thap]乌裤"(白衣配黑裤)。② 软。如"个梨□□[nap2-3 nap2]"(梨软软的)。③ 欠(钱)。如"□[lap2]伊条数"(欠他一笔数目)。④ 陪。"汝□[tshap]阿妹"(你陪妹妹)。⑤ 白读。

[ak]：① 玩。如"奴团好□[mak2]沙"(小孩子喜欢玩儿沙子)。② 打瞌睡。如"伊在□[tak2]"(他在打瞌睡)。③ 抓几下、揉几下。如"去洗件衫,着搙[nak5-2 nak5]□[tseʔ2]"(去洗衣服,得揉几下)。④ 脱。如"件衫落[lak2]掉"(衣服脱掉)。⑤ 白读。如"结扎"。⑥ 密集。如"旧年个会好

□[tsak]”(去年的会议很密集)。⑦ 扔。如“□[kak5]掉”(扔掉)。⑧ 文读。如“学校”。

[op]:① 乱扔。如“件衫□[top5]在照”(衣服乱扔在这里)。② 喋喋不休。如“支嘴□□[lop5-2 lop5-2]叫”(这张嘴喋喋不休)。③ 物体坠地之声。如“□[tsop2]一叫”。④ 搅乱。如“□[tshop5]来□[tshop5]去”(搞来搞去地搅乱别人)。⑤ 快速。如“□[sop]一叫就转来”(一下子就回来了)。⑥ 海浪翻滚。“□[kop5]来□[kop5]去”(翻来滚去)。⑦ 吹牛。称作“□[hop5]风”。

[ok]:① 敲打头部。如“□[khok5]伊两下”(敲两下他的头)。

[ek]:① 白读。另读[huak5]、[hak5]。

[ip]:① 整。如“伊爱□[tship5]汝”(他想整你)。② 畏畏缩缩。如“勿□□[khip5-2 khip5]”(别畏畏缩缩的)。③ 文读。

[iap]:① 白读。另读[tsiʔ2。② 搅(在一起)。如“块物件不好□[tshiap5]做一下”(这些东西不能搅在一起)。③ 夹住。④ 泼辣。如“只个阿妹过□[khiap2]”(这个女孩太泼辣了)。⑤ 频繁。如“只过伊来好□[giap5]”(最近他来得很频繁)。⑥ 汗湿。如“一身□□[hiap2-3 hiap2]”(流汗流得全身湿湿的)。⑦ 姓氏。

[iak]:① 拟声词。② 东西不好吃的感觉。③烹饪方法,类似于焗。如“□[khiak5]番薯”(甜焗地瓜)。

揭阳方言声韵调配合表之二十一

声母	uap		uak		uk		uek											
调类	阴入	阳入	阴入	阳入	阴入	阳入	阴入	阳入	阴入	阳入	阴入	阳入	阴入	阳入	阴入	阳入	阴入	阳入
调值	2	5	2	5	2	5	2	5	2	5	2	5	2	5	2	5	2	5
p				拔	不													
p^h																		
b					吻													
m				末														
t						突												
t^h					脱	□①												
n																		
l			劣		□②	律												
ts			茁	浊	卒	秫												
ts^h					出													
s					蟀	术												
dz				悦														
k	决①		决		骨	滑												
k^h					屈													
g																		
ŋ																		
h	法②	罚③	法③	罚④	忽	佛		或										
Ø				越	熨	□③												

[uap]：① 同义异读。② 同义异读。③ 文读。

[uap]：① 又读[uak2]。② 又读[huak2]。③ 又读[huak]。

[uk]：① 下坠。"□[thuk5]落去"（坠下去）。② 掉。"□[luk2]头毛"（掉头发）。③ 睡觉。

揭阳方言声韵调配合表之二十二

声母	m								ŋ̍							
调类	阴平	阳平	阴上	阳上	阴去	阳去	阴入	阳入	阴平	阳平	阴上	阳上	阴去	阳去	阴入	阳入
调值	33	55	53	35	212	22	2	5	33	55	53	35	212	22	2	5
p																
p^h																
b																
m																
t																
t^h																
n																
l																
ts																
ts^h																
s																
dz																
k																
k^h																
g																
ŋ																
h									方①	园		远②				
Ø			姆	唔					秧③	黄	䘼	嗯	□④			□⑤

[ŋ]：① 白读。如“药方”。② 白读。如“好远”。③ 依赖、依靠。“唔好□[ŋ̍]别人”（不能靠别人）。④ 睡觉。

附录三　揭阳方言同音字汇

本字表中的基础字主要来源于《方言调查字表》修订版（中国社会科学院语言研究所 1981），其他口语常用字词主要在田野调查中获得，另有部分取自李新魁、林伦伦（1992）《潮汕方言词考释》和张盛裕（1979）《潮阳方言的文白异读》。本字不明的字以“□”表示，白读音下加“＿”，文读音下加“＝”，多音但难辨文白或不分文白的字加“又”字表“又音”，注释中的本字以“~”表示。揭阳方言音系详见本书第三章“揭阳方言的语音系统”。

i/iʔ

p　［33］蓖碑［55］脾肝~；肚~：肠胃琵枇啤［42］稗~官彼比~赛；用手比划［35］敝弊币婢被~动备［212］箅臂秘泌庇痹背~包费姓［22］蔽毙陛闭避［2］鳖

p^h　［33］披□码放［55］皮调~疲脾~气［42］丕鄙疕结~：结痂；饭~：锅巴痞地~否臧~［212］譬［2］□趴下去

m　［33］□将东西封严实［55］迷糜~烂绵丝~棉［42］靡［35］谜媚［22］面（麵）~条

b　［42］米［55］微轻~［22］味未~时□~头泅：潜泳［2］憋瘪□躲藏［5］篾

t　［33］低蜘［55］递池［42］抵~押［35］弟隶雉［212］帝知~识智致置戴~帽［22］地治［2］滴蒂［5］碟□纠缠、骚扰□踏~：拖拉、啰嗦

t^h　［33］黐~［ka33］：黏糊糊的［55］苔青~提啼持［42］体嗤~开：张开□~□［kaĩ42］：东施效颦［35］痔［212］滞替涕屉剃~头：理发翅~膀□~撕□拍□［ka33］~：打喷嚏［2］铁

n　［33］□拿呢［55］泥年尼弥~勒佛□□［tshiu］~：橡皮擦［42］染猕［35］□乳房；食~：吃奶儿阿~［2］儿~团：一点点□眨眼

l　［55］离璃离厘鹂哩狸~猫篱~笆黎巴~□□［sa33］~：一种材料［42］礼~节履李理鲤里~面旅醴［35］励厉蜊俩丽莉荔~枝利~益痢詈［212］□撕［22］例莅吏［5］裂

ts　［33］膣女阴［55］眵目~~：视力不佳□~~：湿软貌［42］紫只籽枳旨指~点手~：戒指止趾址［35］舐舔已［212］祭际制济剂至□~□［phuaʔ］掉：把不祥之物扔掉或否定不祥之话志痣［2］接~触褶摺［5］舌大~：口吃折~断

ts^h　［33］妻鳃凄悽栖痴［55］齐整~荠驰迟［42］侈耻［35］市［212］试刺又，鱼~翅鱼~背目~毛：眼睫毛［22］饲~鸡：养鸡［2］□~□［tshoʔ5］：急忙而慌张［5］□三目~：一种螃蟹

s　［33］施尸丝诗蟹~虫：米中小虫扇门~后：门后司~令私家~西~瓜［55］匙辞~退时［42］

死豕矢始[35]是氏视恃侍[212]世势~力肆数词四[22]誓逝豉示嗜[2]薛[5]食月~蚀折~本

dz [55]儿~子[35]二[22]字寺[5]廿□按,~落去:按下去

k [33]稽支量词枝栀岐饥肌基箕姬几~乎机讥饥虮乩居生~:活人备用墓[55]棋旗[42]几茶~已纪□指[35]企~业技妓冀忌禁~[212]痣点~记既暨[2]砌~厝:盖房子[5]□戳

k^h [33]欺攲歪[55]奇~怪祁其期祈沂蜞[bua55]~:蟛蜞[42]启齿起杞[212]器弃气生~汽[22]忌做~:祖先忌日的祭拜仪式[2]缺~嘴:兔唇;~碗:破了的碗[5]□~~叫:一种笑声

g [55]疑

ŋ [55]宜仪倪端~[42]议拟[35]蚁蚂~义毅[212]谊[22]砚院

h [33]奚兮畦牺嬉熙嘻禧熹希稀□~□[hu]:笛子;嗌~□[hu]:乱讲一通[42]喜~兴:喜欢;~好[35]系携拽[212]戏□唱~:打呵欠[2]□~~□[huʔ2]□[huʔ2]:快而马虎

Ø [33]于於伊衣~服依[33]移夷姨怡贻荑胰[42]倚~靠矣[35]易容~异[212]肄意薏[2]噎

u/uʔ

p [33]□~靴:一种靴子[55]瓠□煮□一~尿:一泡小便[35]捕妇新~[212]布~施怖富[22]伏孵

p^h [55]蒲菩葡芙~蓉浮~沉;用油炸,~豆干:炸豆干[42]□脏话,~□[nia33]母:肏你妈[5]□没有地位或泄气的状态□性交

b [55]巫诬芜无~数[42]抚武舞跳~侮鹉[35]务婺[212]□乱棍棒打的动作[22]雾

t [33]蛛堆量词诛株[55]橱衫~:衣柜[42]堵睹赌[35]□顶嘴[212]著[2]□堆积[5]□扎、刺

t^h [55]图鸿~大展徒途涂~料荼踏□~死:耍赖[42]储[35]腯肥~:胖胖的样子[5]腯~~:胖胖的样子□掏□~糜:慢火熬粥

l [33]□不尖[55]颅轳芦鸬庐~山泸[42]虏稆缕镂屡鲁橹[35]赂鹭□小凸物[2]□喝,~茶:喝茶

ts [33]组蛆疽诸诛株朱硃诅~咒珠珍~[42]主[35]就~是拄聚驻住居~[212]注蛀铸[2]嘬~奶:吃奶[5]□□[uʔ5]~:指脸长得扁而宽

ts^h [33]趋[55]雏[42]取娶[212]措处趣厝~桶:房子的四围,不包含屋顶

s [33]胥舒~服抒须必~需枢输[55]殊[42]绪薯杵暑黍墅庶署褚[35]序叙竖树~立[212]素~质诉塑~望嗉絮恕数无~[2]欶~汁:吸吮汁液[5]□喷

dz [55]如儒榆逾愉俞[42]汝乳擩愈[35]喻裕吁呼~

k [33]龟韭驹孤又,~老：孤寡老人辜无~痀~腰：驼背[42]诂训~蛊久贾商~[35]俱具惧舅[212]故固锢顾句灸痼[22]旧新~;~年：去年[2]□吸,~饮料：用吸管喝饮料;~薰：吸烟[5]□~~：输定了

k^h [33]区~域驱躯岖拘邱姓丘一~塍：一块田地[55]跍[35]臼[5]窟白

g [55]牛

ŋ [22]□~~叫：小孩子的哭声

h [33]呼~唤胡~来乎去~人肤敷俘蜉桴麸灰火灰：灰烬;大金~：烧纸钱所剩灰烬[55]狐壶葫胡糊~涂蝴瑚互符扶芙~蓉[42]浒府腑俯釜[35]瓠沪负妇~女阜护保~;~~嗌：小心翼翼讨好别人[212]付赋傅咐赴讣附副[22]跗腐辅

Ø [33]污诬迂盂□骹头~：膝盖[55]吾梧娱[42]宇禹羽雨谷~;~水[35]有[212]坞恶厌~

a/aʔ

p [33]巴芭疤笆粑葩爸阿~：爸爸□打耳光,~拍：扇打[55]爸又,阿~：爸爸叭喇~[42]把~握饱~眘[la55]：又饱又腻靶[35]罢[212]霸坝豹[22]吧[2]□阿~：爸爸

p^h [33]脬卵~：阴囊抛~鱼：捕鱼[35]泡~沫;灯~[2]拍~人：打人

b [22]□龅牙□用手指猛叩别人的头[2]□烧~粽：肉粽子;惜~肉：娇气貌□□[saʔ2]~：想得美

m [33]妈吗马~虎[55]妈[42]玛蚂□奶奶

t [33]□焦、干;喉~：口渴□~家：婆婆[55]禾□□[ti33]~：喇叭[42]打[212]罩蠓~：防蚊罩[2]耷嗒搭遢邋~贴白□寄存、托人带东西[5]踏沓

t^h [33]他她它[212]□弄散、揭破[2]塔[5]叠

l [33]拉垃啦□烧~烧~：暖和感[55]□~□[ia55]：高脚蜘蛛,又指人笨或做事慢眘猪油;~粕：猪油渣[35]□足够□搅[22]□晾凉,水着~凝正食：水得晾凉了再喝□懈怠[2]邋□以手抱物[5]腊~日：日历;寒冬~月蜡猎□~□[dzeʔ]：笨手笨脚□物色,~衫：选购衣服□秃,~卵、~头：秃头

ts [33]楂渣茬咱咋吒哪~[42]早[212]怎诈榨炸窄蚱乍[2]扱~手裲：挽起袖子□携带,~本书：带一本书[5]铡闸栅□挡、拦,勿~着我：别挡着我;伫路~伊：在路上拦他

ts^h [33]差~别[55]柴[42]炒[35]镲一种打击乐器[2]插

s [33]莎沙~茶砂□乱抓;□[ham35]□[ham35]~：什么都要的贪心之貌[35]傻[212]洒潇~[2]□接住□~□[phã212]：笨、傻、白痴□[siʔ5]□[puʔ2]~□[naʔ2]：乱来[5]煠煮,~面：煮面

k [33]家~己：自己胶铰~刀：剪刀;~毛：剪发咖~喱甲~由：蟑螂□~嗽[42]绞龙~风：龙卷风□~□[tsɯŋ33]：屁股[35]咬[212]教校~对较窖叩~门□稀,块糜~~：这个粥挺稀的

[2]甲岬钾胛夅~人合~□[paŋ22]：正好；~合[haʔ5]：打交道□~被：盖被子

k^h [33]骹脚，大~腿：大腿；~头□[u33]：膝盖；猪~：猪蹄[42]岂巧~合卡[35]□~~叫：笑声[212]敲~拍：敲打；~头扣~钱[2]客~厅：旧式客厅□滚动□程度副词，太、过于，~懒：太懒了

h [33]哈□~块鸡入笼：把鸡赶到笼子里□臭，臭~臭~：闻着臭臭的[55]□绑、系、围，~皮带：系皮带[212]孝披麻带~[22]□~~叫：人声鼎沸貌[2]歒~着：被蒸气烫伤；~~：热气袭人、闷热[5]合和~：和睦同心

n [55]篮~球；花~[42]那拿榄橄~[35]□~火：将柴火塞入灶膛中[2]□大口咬□~□[sap2]：垃圾

Ø [33]鸦桠阿构词前缀亚~洲[42]拗~折：掰断[212]詏争论，相~：吵嘴亚又，~洲[2]鸭押

ia/iaʔ

p [2]壁璧

p^h [2]僻癖

m [55]名[22]命~运

t [33]爹阿~：爸爸哆[2]摘[5]籴~米：买米

t^h [2]拆

n [33]□"你的"的合音[42]领岭[212]□~南：朝南

l [5]掠抓，~鸭：抓鸭子

ts [33]遮[42]者姐小~[35]藉籍耤[212]蔗~汁：甘蔗汁炙鹧[22]谢姓[2]只量词迹[5]食~饭：吃饭；~薰：抽烟

ts^h [33]车奢赊[2]刺又，~着：被刺扎到赤剥~脚：光着脚[5]杓勺饭~

s [33]斜歪[55]邪斜~阳佘畲[42]写[35]社[212]泻卸舍~得；阿~：公子哥儿[22]射赦麝谢感~[2]锡[5]席酒~

dz [55]□~~：不利索[42]惹

k [33]加痂嘉佳伽家又，哀~咖~啡[42]贾姓假~如[35]□陡[212]寄[2]揭~开[5]剧屐

k^h [33]奇~数[55]骑~马擎~枪：拿枪[35]徛站、立企~鹅[212]骑又，兵~[5]隙

g [55]□[la55]~/~~：笨手笨脚

ŋ [42]雅漂亮

h [33]靴檝□[pu33]~：木制大勺[55]霞瑕遐暇[42]□那、那么[35]下~去瓦厝~蚁蚂蚁[2]歇[5]额

Ø [33]丫[55]爷椰揶□沙~：洒落骑又，马龙~：高脚蜘蛛[42]野治[35]□背，~个孥囝：背着一个孩子[212]□没兴致[22]也□撒，~种：撒种子[2]益织~网[5]驿易《~经》《周~》□招手□尾~：蝴蝶

ua/uaʔ

p [212]簸播[2]钵[5]跋摔倒，~着：摔着了□~钱：赌博；~输赢：赌输赢

p^h [55]婆老~[212]破[2]撇泼拨~款[5]□面布~起：把毛巾搭起来；相~：交织在一起

b [55]磨~刀[2]抹[5]末芥~沫泡~钹乐器□~着：被鬼或邪魅之物吓着了

t [35]舵[212]带[22]大~细；~家：婆婆；~金：一种纸钱[2]咄呵斥[5]辣

t^h [33]拖~纱：拖拉；~拉机[2]獭汰~米：洗米□~番薯丝：刨番薯丝；~菜头~：刨萝卜丝

n [35]□口水[22]烂

l [55]箩一脚~：一只箩筐[42]裸[22]赖倚~：把责任推给别人[2]烙煎，~鱼：煎鱼；~水生：煎蚝烙[5]辣~椒

ts [33]抓[55]蛇[42]纸[22]诅咒~：发毒誓□量词：次、回[2]□将盆里的水泼出去[5]绌缺少，~条笔：缺一支笔；~~，身体不太舒服的感觉

ts^h [42]□歪[22]□~□[bou42]：娶妻[2]□用力拉扯□欺骗，乞人~去：被人骗了

s [33]沙痧鲨[42]徙搬，支椅~过来：把椅子搬过来；~厝：搬家[22]□接续，~落去：接续下去[2]杀煞撒~盐宿住~□~喙：好吃

dz [5]热~死：热死了悦喜欢、相爱，~着：喜欢上、相爱

k [33]歌~团册；唱~柯姓[55]□走路摇摆[42]寡剐[212]挂交~：牵扯□下~（头）：下午[2]割葛刮

k^h [33]夸垮跨侉[212]挂牵~；~心：放在心上、担心[2]渴阔

g [22]外

h [33]哗华~山[55]和~合桦华中~铧[35]祸[2]喝吹牛，听伊伫~：听他吹呢；~□[hi]：打呵欠[5]伐两~：两步；~过去：跨过去

Ø [33]蜗娃蛙洼蛙[55]□赖着不做，后生囝勿~掉：年轻人别浪费光阴；~暝：熬夜；~□[thua55]：拖延[42]瓦我倚倚靠[2]喝呵斥[5]活

e/eʔ

p [33]□~饭：用筷子扒拉饭吃下去[55]爬琶杷耙钯扒~土[42]把量词，一~米；~门：看门

[35]父[2]百柏伯叔伯;阿~:伯伯或爸爸擘掰开□攀爬,~山:爬山;~作:挑难的、复杂的事情干、小孩子蹿上跳下[5]白干净;~色帛

p^h [35]□~船:划船[212]帕[5]□~水:踩水

b [42]马码[5]麦

m [33]□~一把:抓一把[55]暝冥瞑~昏:黄昏盲青~:盲人[42]猛勇~;~~走去:迅速跑去蜢草~:蚱蜢□~暗(头/晡):晚上[22]骂[2]陌□什么[5]脉

t [55]茶[2]□压

t^h [2]□~□[ne42]:挑食、没胃口[5]宅

n [33]□阿~:妈妈[55]□晾晒,~衫:晾衣服[42]冷[35]□只有[22]儿又,慢慢~:慢慢地

l [55]□~□[gia55]:笨手笨脚[35]□□[ko33]~:卷心菜[2]叻厉害[5]历□割,~块猪肉:切块猪肉;乞刀~着:被刀割着了

ts [33]斋[42]姐大~这[212]债[22]寨[2]织责积~累绩帻职仄

ts^h [33]叉拍□[tsham33]~:打叉杈钗汊差出~[55]查[42]扯□~姆:亲家母[212]厕[2]策册□瓜~:冬瓜做的糕点[5]□~来~去:走来走去地把地弄脏了

s [33]纱裟[55]侪[22]□流涎貌[2]□量词,一~猪肉:一长条猪肉

k [33]傢家~司:家具加~减:多少[55]□□[kou55]~:碍事[42]假真~[35]下低[212]架驾嫁稼价[2]格胳隔[5]□阻拦□□[kau42]~/~筋/拍~:忤逆

k^h [212]骼~~:瘦骨嶙峋□[2]客侬~:客人乞送;介词(被、给)

g [55]牙芽衙蜈伢蚜[22]砑

ŋ [42]□~~叫:婴儿啼哭声[35]硬

h [55]虾[35]下~物件:红白喜事送礼[22]厦夏

Ø [42]哑[35]下楼~[22]下动量词,一~

ue/ueʔ

p [33]杯飞~机菠~薐:菠菜[55]培陪赔[42]掊掀、找[35]贝~壳狈佩倍[212]贝宝~辈背~心;后~[22]焙~鱿鱼:用明火烤鱿鱼

p^h [33]坯胚柿柴~抽:木屑丝[55]裴皮~肤[35]被棉~[212]配物~:菜[5]□谈,~话;~生理:谈生意□泡沫

m [55]糜粥[42]每[22]妹昧寐[5]物□搞、弄

b [55]脢~肉:里脊肉梅枚媒煤莓霉[42]尾美又,高~:地名[22]未~来

t [212]兑缀□跟从

t^h [33]颓[55]□生~：长疮

n [2]□检

ts [33]□[ue33]~：贪别人的便宜[35]罪[212]最□一~字：一行字；条~：一条痕迹/一条缝

ts^h [33 吹炊~包：蒸包子[55]棰小木棍[42]髓[22]□找

s [33]衰[55]□蔫[212]戍蜕岁~月税帅[22]□洒掉[2]刷说

dz [55]挼揉捻，张纸乞~糜去：纸被揉烂了[35]锐睿[22]芮

k [33]瓜吊~：黄瓜[42]果~实裹粿~条：河粉；~肉：一种像春卷的食物[212]过挂~纸：扫墓怪怪罪[2]郭[5]橛一~：一半、半截；裤~/□[tshiam42]~：短裤

[33]科盔恢魁[55]瘸[212]课卦八~[2]缺~少

g [5]袜月~娘：月亮

h [33]诙灰~色；~窑：用来烧石灰的地方花[55]回迴茴[42]火伙~伴；~头：厨师；着~头：有多个子女时，父母轮流到子女家吃饭，被轮到时称为"着伙头"[35]汇会开~；不~[212]岁几~货化悔诲晦秽伙揭阳~：揭阳人；名词化标记，如"卖菜伙"指"卖菜的人"[22]和~尚伙做~：搭伴[2]血

Ø [33]锅莴~菜□~□[tsue33]：贪别人的便宜[55]画动词[35]卫[212]慰□蘸取，~块[nua35]蘸点口水□传染，感冒勿~着别人：感冒了不要传染给别人[22]话画名词[2]哕呕~：呕吐抉从容器中挖出东西[5]划

o/oʔ

p [33]波菠~菜坡玻[55]薄~荷婆河~：地名；蛤~：蛤蟆[42]保~护宝[212]报[2]驳反~；~嘴~舌：费尽口舌舶泊[5]薄厚~；~茶：淡茶泊箔

p^h [55]婆~娑[42]颇偏~跛[35]抱[212]□植物长得大、茂盛，丛树生到~~：这棵树长得茂盛[2]朴~树、~籽(枳)树：植物；~籽(枳)粿：清明节的粿品粕渣子，蔗~：甘蔗的渣子；膋~：猪油渣□砍，~蔗：砍甘蔗

b [55]无否定词[42]母拇[22]帽

m [33]么馍□头~~：头晕[55]魔摩蟆模~范摹毛[42]□"不好"的合音词，表"不好、不行、不能"[35]暮慕墓募幕[22]磨石~；挨~：拉磨望希~[2]么什~[5]膜漠瘼

t [33]多刀哆[55]垛逃桃杨~萄[42]躲短朵倒~下[35]堕伫在[212]戴姓倒~掉；~手：左手[22]袋代~沟；朝~[2]桌卓琢啄[5]夺择掇拾取□~火：着火

t^h [33]胎推相(依)~：互相推辞、互相推诿；~辞[55]陀跎佗沱驮椭桃水蜜~□□[tek2]~：玩儿耍、游玩儿[42]妥讨唾~液[212]退褪~色唾~弃[2]托[5]鸵驼□~~肥胖而不灵活的样子

附录

n　[33]□~~：反应迟钝[55]挪娜[35]贰两~人；~个；~老：夫妻俩[212]努怒驽弩[5]□做事不利索

l　[33]啰朒手指螺纹[55]罗锣箩萝骡螺脶瘰牢醪混浊，水~~：水浑浊；声~~：低沉的声音椤槟~[42]裸□阿~：夸奖恼烦~[212]□壮实、肥硕的样子[5]摞骆落~班：下班；~堂：下课

ts　[33]臜腌~：肮脏[55]槽猪~[42]左佐阻枣[35]坐助[212]做[22]状又，~元座[2]作~工：打工；~塍：种田□心肝头~~：心里又闷又堵[5]绝

tsʰ　[33]搓初~始臊食~：吃荤的；~味：荤食；臭~：腥臭味[55]挫矬锄[42]楚础草潦~；~书；~略：稍微、粗略[212]错糙[22]□装(东西)[2]撮量词，表"些"□~一叫：吓一跳[5]□来回急走貌；□[tshi]~：着急忙慌的样子

s　[33]娑梭唆疏~远蔬疏~远嗦挲搓~丸：搓丸子[55]□~~：无精打采貌、穷酸貌[42]锁唢嫂琐所处~；准名词化标记，如"所食"指"吃的东西"[35]□撞到[212]素无味无~/无味~：寡淡无味、没味道、没作用疏注~[2]雪索绳子；~取

k　[33]哥篙羔高姓膏~笔：圆珠笔歌~声滒多汁，~烧：烹饪方式；~~烊：湿漉漉地糕卵清~：蛋糕[55]罛鱼~：渔网[42]裹包~稿[35]个~体[212]块告~状[2]阁搁□呛、熏，乞薰~着：被烟呛着了□婴儿月龄，一~：一个月大

kʰ　[33]戈炣煮柯[42]可~以颗棵[35]□呆、乖，~~在坐：乖乖地坐着[22]□~~叫：打鼾貌[5]□争、打

g　[55]鹅[22]饿

ŋ　[55]蛾俄愚虞[35]悟遇寓[212]□呆[5]愕

h　[33]呵歊[55]河何[42]好~坏[35]和附~；扶~：拍马屁[212]讹耗荷薄~□~相：照相[22]贺号~码[2]□程度副词，表"很、非常"[5]鹤

Ø　[33]倭窝腌~臜：肮脏蒿丛~：茼蒿□喊，~伊来：喊他过来[55]荷~花[42]袄[35]卧[2]恶难呃拍~：打嗝[5]学~艺；~话：传话

io/ioʔ

p　[33]表(錶)手~标~书镖膘飙~车[42]表~兄[212]裱漂~白

pʰ　[55]萍薸浮萍，又称"水浮莲"[35]鳔□碰~：鞭炮[212]票

b　[55]描瞄苗虾~[22]庙

t　[55]潮[22]赵□抖、哆嗦[2]着助词[5]着正确

tʰ　[33]挑~刺[212]粜~米

n　[55]娘量测~粮梁粱高~[42]两斤~[22]让礼让;忍让□有~：有用

l　[55]撩~油：撇油[2]略相亲

ts　[33]蕉椒招~手[42]少~数[212]照□~块：这里[2]质借~问：问路、打听[5]石~头

ts^{h}　[33]□很凶的样子[212]笑唱~曲[2]尺淖稀,块糜~~：这个粥很稀[5]席主~

s　[33]烧~水：热水;~火厝：房子着火;燃~相~护：帮忙;~拍：打架[42]小~生[212]□~~：差一点[2]惜疼爱;相~：互相关顾[5]液手~：手汗石~榴

dz　[55]桡船桨[22]尿[5]若~悬：多高

k　[33]茄桥[212]叫[22]轿[2]脚角角色

k^{h}　[2]□捡,~着物件：捡到东西;~□[sip5]：勤俭、节省[5]挈拿

g　[55]□瞄准机会

h　[5]箬叶子页

Ø　[33]腰[55]窑姚摇~头[42]舀[35]□晃动[2]约~谜：猜谜[5]药~物

ɯ/ɯʔ

t　[33]猪[55]除□~侬：小孩子闹人[22]箸锄~头

l　[33]□铲的动作[55]驴[42]汝你[35]吕铝侣虑滤[212]□蹭的动作[5]□摩擦

ts　[33]书资姿咨兹滋辎之芝孜[42]煮子梓[35]自[212]恣渍渗透,~开;淤~：不懂事[2]□拟声词

ts^{h}　[33]蛆疵舒舒展□生~：一种皮肤病[55]雌疵瓷糍~粑慈磁徐[42]鼠此□~瓜：丝瓜[212]次[2]□摔□头~~：头路低头貌[5]□吃

s　[33]斯厮撕私~人师老~司~命公思[55]词祠辞[42]史[35]士仕屿祠似祀伺嗣[212]赐肆放~[22]事

dz　[55]而□乱□抹,~床：抹桌子;~涂下：拖地[42]玺尔饵洱耳~朵;木~□~掉：毁掉[35]腻细~

k　[33]居~住车~马炮裾衫~：衣襟□~除：容忍[55]□举高[42]举矩[35]巨拒距苣据□~~叫：咯咯笑□吞咽[212]锯~弦：拉弦[5]□□[ka]~：口吃

k^{h}　[55]瞿衢渠[212]去

g　[42]语[35]御驭□喉结

h　[33]墟虚嘘圩[55]鱼渔[42]许允~□那[2]□~~□[tio22]：哆哆嗦嗦

Ø　[33]□不愿意做事的样子[55]余舁□推[42]与予[35]誉豫预[212]淤饫饱腻[2]□拍~：打嗝

ai

p ［55］排~队牌簰竹~：竹筏［42］摆~脱；一~：一次/一回［212］拜［22］败

p^h ［42］痞~团：小混混［55］排~场［212］沛澎~：丰盛派湃□衣饰新潮、好看

m ［55］埋［35］迈［212］勿别□否定词，表“不要”

b ［55］眉楣湄嵋［42］□不知天高地厚；没有自知之明□~着脚：崴到脚［212］□埋头［22］眆眯眼辨认

t ［33］呆发~□小米［55］□一种小虫［42］歹~徒［35］大~厦怠殆逮［212］待交~贷岱黛戴爱~［22］□无~：无关

t^h ［33］筛名词；动词台（颱）风~：台风台~州［55］台~灯苔~藓抬治杀［42］癞~□［ko33］：麻风病［35］待［212］态太泰汰淘~钛傣

n ［55］莲［35］楝苦~：楝树［42］乃奶阿~：少奶奶［35］耐奈赖依~癞荔~果：荔枝

l ［55］来梨番~：菠萝［35］里内［22］利锋利

ts ［33］灾知~道栽鱼~：鱼苗［55］脐才秀~［42］滓宰［35］□慢；~~儿［ne］：慢慢地在实~；自~［212］载~人；再［22］载量词；满~而归

ts^h ［55］才~能材财裁豺［212］菜~头：白萝卜；红~头：红萝卜

s ［33］腮鳃犀狮蛳师拜~；~父：师傅酾~酒：倒酒筛~选西~北私走~［42］屎使支使，~伊去：支使他去；~钱：花钱；假~驶［35］柿［212］洒姓塞~外赛婿晒使大~［22］俥放置

k ［33］该皆阶稭陔垓揩赅［55］个量词□系动词；助词［212］丐介界芥尬届戒钙诫疥~疮

k^h ［33］开~始［42］凯楷锴［212］概溉慨忾

g ［22］碍

ŋ ［55］艾自怨自~涯崖捱呆~板［42］□碾碎（东西）［35］岸口~

h ［33］嗨［55］偕谐颏下~：下巴［42］海［35］咳~嗽孩亥骇械解姓邂害~了：完了［22］害~怕；~人

Ø ［33］哀埃唉挨~近［55］□阿~：妈妈［42］蔼霭隘

uai

k ［33］乖鲑~（鱼）：河豚□~（团）：蝌蚪□肚~~：肚子圆鼓鼓的［42］拐~杖；~骹：瘸子［212］绘桧刽怪奇怪蒯脍会~计

kʰ [212]快~乐筷

h [55]怀槐淮徊[35]坏

Ø [33]歪[42]崴

oi/oiʔ

p [33]□螺丝~：螺丝刀[2]八捌[5]拔

pʰ [33]批剕削[22]稗

b [42]买[35]□"不会"的合音词，多写作"孬"[22]卖

t [33]堤[55]题蹄[42]抵挡、抵挡，用手去~：用手去挡住；抵厄运：抵挡厄运[35]第

tʰ [33]钗宝~[212]代~表；倒~：轮着来[2]代替；~我去：替我去□~平：用东西把桌椅等物垫平

l [33]□斜[55]犁黎姓[42]礼~节[35]□~~倒：即将要倒下的样子[212]劙劈开，~柴：劈柴□~掉：砸烂[22]篱饭~：大漏勺[5]笠□土气、谷气

ts [55]齐整~[22]穧多，好~：很多；若~：多少[2]节~日□~[ta33]：用纸或布吸干水分[5]截拦~；~菜：切菜

tsʰ [212]粞秫~：糯米粉；~□[tsĩ55]馃：一种由青菜和米粉末儿制作的馃品

s [33]□声~~：嗓子哑[42]洗[212]细[2]塞动词；狭~：小气

k [33]街鸡水~：青蛙[55]鲑~鱼[42]改解~决[212]计解起~疥又，生~：长疥子[22]易容易[2]荚挟~菜□~□[laŋ33]下：腋下圿垢~：污垢[5]夹~放块：夹着

kʰ [33]溪[212]契□~蔗：啃甘蔗；~瓜子：嗑瓜子[2]□碾轧[5]□拿

g [55]倪姓[22]艺

h [55]□~着：发生剐蹭；相~：相擦而过；~~：差一点[35]蟹[5]□~一叫：用力一推发出的声音

Ø [33]挨~□[bua55]□[tse2]：靠近一点；~砻：使用工具让稻粟脱壳的程序[55]鞋[42]矮[35]解会[5]狭狭窄

au/auʔ

p [33]包胞苞[42]葆褓鸨堡保~平安[35]暴鲍爆~炸曝~光

pʰ [33]褒□一~花：一朵花抛~弃[55]袍刨庖[42]跑[212]炮泡一~茶[2]□食物煎炸得比较焦的样子

m [33]□蒙上[55]茅锚矛牦[35]冒貌[212]茂贸

b　[42]卯铆[35]□用手指猛叩别人的头

t　[33]叨唠~兜蔸逗~留[55]投[42]倒颠~祷岛捣找抖陡斗戽~：舀水的农具；畚~：装垃圾的一种清洁工具[35]道稻盗导蹈[212]昼日~(头)：晌午斗相~：比赛□组装、拼接[22]豆痘逗~号

t^h　[33]滔掏偷韬[55]淘陶头~家：老板；~毛：头发；~壳：脑袋[42]敨解开；条索~开：把绳子解开[212]套透通风报信，~伊去逃走：给他通风报信，让他逃跑；警告、劝告，我~汝□[mai212]：我劝你不要这样□在一种液体中加入另一种液体

n　[33]浇[35]闹热~纽秤~[42]脑恼恨、讨厌[22]闹热~

l　[33]唠摎以脚拌物；掺杂[55]闹~热劳痨楼刘瘤被蚊子咬的包留留下流~水[42]姥佬□骗；~团：骗子[35]老[212]涝□~屎：拉肚子了语气助词□比较长的枝节，块蔗~节~节：这个甘蔗每节都长；四肢：生来~节~节：四肢长得长[22]雷~母槽：屋檐上引水排水的长槽漏~水[5]落□[ka33]~：掉落；丢失

ts　[33]遭糟~糕[55]□均匀，成绩~~：成绩均匀[42]走跑；偷~：逃跑蚤[35]皂造罩笼~；□~[212]灶奏

ts^h　[33]操糙抄钞[55]曹巢□移[42]草吵[212]燥躁臭噪澡藻

s　[33]骚梢捎搔[212]哨嗽扫[5]□酥~：酥脆

k　[33]高~兴交郊勾钩沟勾茭蛟糕糟~□□[kiʔ2]~：脸颊[55]猴动物；~~：瘦削貌[42]枸狡搞狗九数词垢~圻：污垢[35]茭莲~：莲藕厚~薄；~茶：酽茶□~□[uŋ42]：蚯蚓[212]告~诉够足够；~力：够劲、得劲诰[2]□卷；腌制[5]□~~叫：食物煮沸时的声音

k^h　[33]薅阄□[kioʔ2]~：抓阄抠□~□[peʔ]：劳碌[42]考烤拷口[212]靠铐叩~拜扣纽扣哭寇贼~[2]□干

g　[55]□贤良；聪明；乖巧[5]乐音~

ŋ　[33]嚣[55]鳌熬敖肴淆[35]傲鏊[212]□物体表面粗糙、皱皱的样子

h　[33]蒿青~□腰~~：驼背弯腰貌[55]豪壕毫~子：硬币[42]哮吼昊[35]校学~[212]浩孝~顺[22]效鲎候时~号~令侯姓

Ø　[33]坳凹欧殴区姓鸥瓯小碗，~碗盘碟：餐具[55]喉[42]媪沤拗执~呕~哕：呕吐[35]后(後)前~[212]□差劲，~□[sa212]：差，差劲

iau/iauʔ

p　[33]标~书[42]表~示裱婊

p^h　[33]膘标~准；目~飘瓢螵缥剽漂[55]嫖瓢朴姓[42]瞟

m　[33]喵苗树~描~绘瞄~准锚[42]藐渺秒杳淼邈缈[35]妙

t　[33]刁叼碉貂雕凋□伶俐[55]条[35]兆召[212]吊调~动[22]掉调曲~[2]□煎，~膋粕：煎猪油渣

t^h　[33]眺挑~拨[55]调~整□青春痘[42]窕[35]柱[212]超跳

n　[33]□~痒：挠庠庠[42]袅□皱

l　[55]燎疗聊辽撩寥僚镣蹘逃跑寮蓬~：棚屋；猪~：猪圈；鸡~：鸡窝[42]瞭了~结[35]□跑□翻炒[212]廖[22]料

ts　[33]朝~鲜焦樵礁谯憔邹~堂：地名昭钊招~呼[42]剿鸟训读[212]憔[22]□发麻感[2]雀麻~[5]□~~叫：鸟叫声；吃东西吧唧嘴的声音

ts^h　[33]悄□混在一起[55]瞧朝~代[42]稍俏[212]□霸道

s　[33]消宵霄硝销逍肖姓萧箫搜[55]□精液[42]小~吃□疯[35]韶绍肇肖像；相似劭[212]少~年数~字；动词

dz　[55]饶~平娆绉皱皮肤~~：皮肤皱争的；花~了：花枯萎了[42]爪扰[212]沼绕绉[22]趭赶，~鸭：赶鸭子

k　[33]骄娇□带，~孥囝：带小孩；~□[kũã]：提携、帮衬[42]搅矫缴饺[35]撬[2]□拍~/划~：打勾[5]□~内□[thɯŋ35]：夹胳肢窝，指幸灾乐祸

k^h　[33]敲~打跷□穷，~穷：贫穷；~囝：穷人[55]乔侨荞[42]巧轻~[212]翘窍

ŋ　[33]猫[55]尧

h　[33]邀骁一代~雄；~雄：狠心、手段毒辣，又指程度深，~雄猛：快得不得了□~情绝义：不讲仁义，~掉□[bou42]：抛弃老婆[42]晓懂；破~

Ø　[33]邀妖要~求夭幺枵肚~~：肚子饿；~精：贪心[55]摇~摆谣遥瑶鹞[42]窈[35]耀[212]要必~[2]□~□[leŋ212]斗：翻跟斗；~被：叠被子；□~囝：特别调皮的小孩子

ou

p　[33]夫□[ta33]~：男人；轿~莆~田：地名埠埔晡暝(暗)~：傍晚[55]□生菇拍~：发霉□裤脚的一圈布[42]脯猪肉~：猪肉干；菜~：萝卜干；笋~：笋干补斧釜[35]部[212]傅姓布~料；~塍：插秧[22]步哺咀嚼

p^h　[33]铺~设[55]□一~花：一堆花[42]谱普浦甫脯胸~圃剖[35]簿[212]铺店~；一~路，五公里路

b　[55]模~具；做~：做模型、模具[42]亩牡□老婆[22]戊

m　[55]牟眸谋摸朦~~：看不清矇蒙~昧蒙~古[42]某[35]茂舞~狮[212]贸

t　[33]都[55]屠图~画厨~师涂糊[hou55]~：不整洁[42]肚屎~：肚子；~腹：肠胃[35]杜妒肚猪~[212]斗~争[22]度渡镀踱厨~房

t^h　[55]涂(塗)土；~炭：炭火[53]土□目~~：眼球较为突出[212]吐兔

n　[33]孥~团：小孩子[55]奴~隶

l　[55]炉卢鲈庐~山[42]卤~水□讨厌[35]陋卤~咸菜□晃动，~~□[lak2]：晃得要掉落的样子[212]露暴~[22]路露~水

ts　[33]租绉邹姓[42]祖拜~：祭拜祖先；老~：老祖宗；佛~公：佛~[35]骤

ts^h　[33]粗[55]愁[212]醋凑

s　[33]苏酥稣~芳：又脆又香[53]叟擞[212]素无味~：没味道

k　[33]姑菇孤~独辜姓□~绳：蚜虫罛渔网[55]糊米~；~~：糊貌；模糊貌[42]古讲~/学~：讲故事估牯诂训~股手~：大臂鼓苟贾商~[35]靠可~[212]雇够足~构购媾

k^h　[33]箍枯~燥圈圆~呼~鸡□豆~、茶~：豆渣或茶渣制作的圆状干饼[42]苦许姓[212]库裤寇~准

g　[55]吴蜈[22]误

ŋ　[42]伍队~午偶耦藕隅[35]五伍数词

h　[33]葫糊~涂[tou55]：不整洁呼叮嘱，汝着~伊：你得叮嘱他；招~：招待、提携，汝来相护招~伊做生理：你来帮忙提携他做生意[55]狐~猫：狐狸侯封~□~饭：从粥里捞出米饭□胡须多而密[35]户雨落~：下雨；~水；~遮：雨伞后王~；帝~[212]戽~水：舀水洒出去

Ø　[33]乌邬钨[55]湖胡姓□圆扁形竹制容器，酵粿~：放发糕的竹制容器[22]芋

iu/iuʔ

p　[33]彪[2]□冒出来

p^h　[212]□~线：线崩开；失算；~□[sap5]：完蛋

t　[33]丢[55]绸稠住□~粟：晒稻谷时用脚翻面[35]苎纣昼~夜宙籼割~：割稻子[212]□~拍：抽打[2]□~~团：极小

t^h　[33]抽□哭；嚷嚷[55]涛筹[42]丑(醜)~陋丑~时[212]□~皮：擦破皮□替换，倒~：轮着来

n　[33]纽□□[kiu33]~：畏缩[55]缪襦毛衣[42]纽纽扣；~带钮扭[35]谬

l　[33]溜□□[hou55]~：泥鳅[55]榴硫琉馏流~浪瘤肿~留~宿□□[tsiu33]~：没睡醒摎勒、掐，~项：勒脖子[42]柳□挖，~涂：挖土[212]遛快溜[22]馏复蒸面食

ts　[33]稠周舟州洲珠目~□~□[liu55]：没睡醒[42]酒[35]就迁~；~头：将就[212]咒

骂;~诅：发毒誓[2]□~水：喷水

ts^h　[33]须(鬚)胡须秋初~—十五[55]囚仇酬售揂拉绳索使聚拢[42]手骹~：手脚;~指[tsi42]：戒指□~伊出来：用钱把他救出来[212]□擦、刷[22]树又,~木□~泥：橡皮擦[5]□~~叫：打喷嚏的声音

s　[33]梳修羞收[55]泅游泳[42]帚首守[35]受授绶[212]秀绣锈袖莠岫宿星~[22]兽寿□动物的窝,狗~：狗窝;鸟~：鸟巢

dz　[55]柔揉鱿鲦~鱼：鱿鱼

k　[33]□缩水;~□[niu33]：畏缩□"几乎"的合音词,表"几乎、可能",伊~去了：他可能过去了[55]球踢~;—~葡萄：一串葡萄[42]纠九~重天玖文赳[35]咎柩疚[212]救究□拟声词,~~叫/~~嚷：吱哇乱叫[2]□~牙膏：挤牙膏

k^h　[33]丘蚯鸠[55]求裘姓[42]□抓痒[35]□□[khoʔ2]□[khoʔ2]~：贪心貌[22]□饭太干

h　[42]□~~叫：大嚷大叫

Ø　[33]优忧[55]犹尤邮由油游釉酋猷[42]友莠诱酉有用于人名[35]贿又右佑宥鼬[22]柚

ui

p　[33]卑悲阫厚墙[55]肥[22]吠

p^h　[212]屁呸~掉：吐掉;~□[nua35]：吐唾沫

b　[212]痱生~：长痱子

m　[55]微~弱薇溦雨~：小雨[42]美~丽镁[212]□否定词,表"不怕"

t　[33]堆~积追[55]捶~腰：捶背[42]□扯[212]对正确;介词,指"从"碓[22]坠耳~队

t^h　[33]梯推~脱[55]锤槌[42]腿[22]缒以绳索挂坠物拉放;~落来：放下来;~起去：拉上去

l　□钱,个~：一块钱[55]雷镭擂□小的家禽或小孩子,鸡~：小鸡;孥囝~：小孩子;~~：形容小孩子或小的家禽蓬勃生长[42]蕾磊蕊垒儡累~积[35]泪[22]类累疲~

ts　[33]锥椎饋油~：一种油炸的馃制品□物高耸貌,鼻~~：鼻子挺拔[42]水~管;水生：蚝烙[35]赘祟粹纯~脆干~[212]醉

ts^h　[33]催崔摧璀[42]揣脆干~面[212]碎嘴脆~弱喙嘴,鸟~：多嘴翠悴粹精~

s　[33]蓑虽荽□[huaŋ55]~：芫荽绥毛~：刘海[55]隋随遂谁垂陲隧邃绥~靖[42]水美[35]睡瑞[22]穗

dz　[55]维惟帷遗唯□拧

k　[33]圭奎硅闺规冠鸡~归当~;~来皈鲑[42]诡傀鬼几~个[35]跪[212]瑰鳜

桂癸贵

kʰ [33]岿窥开~门亏食~：吃亏[55]魁逵葵睽馗夔[42]轨[35]馈匮溃愧[212]季气出~悸

g [22]魏巍嵬

ŋ [55]危[35]伪

h [33]麾非妃菲翡挥辉珲晖徽飞用于人名，张~灰~色扉[55]□陶瓷[42]卉诽[35]讳惠慧彗[212]废肺沸费浪~

Ø [33]煨医威衣胎衣；~箱：装冥服的箱子[55]为围帏[42]萎委违伟苇纬猬[212]谓畏惊~：害怕□不舒服[22]位胃

ĩ/ĩʔ

p [33]辫边身~；厝~：邻居鞭[42]扁形容词[35]□编(辫子)婢[212]变~面：变脸

pʰ [33]□便宜[212]片许~：那一带□~相：讽刺[22]鼻鼻子；闻

t [55]缠纠~[35]□满

tʰ [33]添添加；~饭：盛饭天~时：天气添添加[22]□缝补，~衫：缝补衣服添添加

k [33]栀白~：白碱；~粿：白碱做的粿制品□香皂[55]墘边缘[212]见~面

kʰ [55]□纠缠；围绕

ts [33]支~持吱肢脂毡地~：地毯[55]钱檐~龙：壁虎糍(餈)□[ka33]□[lo33]~：糯米糍[42]稚嫩；幼~[212]挤箭

tsʰ [33]鲜~甜[55]寻(庹)一~：两臂伸开的长度□藤蔓攀爬貌

s [212]扇势惯~：习惯

h [55]弦舷[35]耳[212]□甩[2]□擤，~鼻：擤鼻涕

Ø [55]丸圆[42]椅~轿：幼儿专用的坐具；交~：太师椅；伸[tshuŋ33]~：长条凳已以矣[35]夗睡觉[212]燕~鸟：~子

ã

pʰ [212]怕奅不实心；食物蓬松貌

t [33]担扁~；~水：挑水中~央[42]胆[35]淡掷[212]呾说、讲担~子

tʰ [35]□叠加、添加

ts [35]□用勺子舀

tsʰ　[35]□一种乐器

s　[33]三杉衫洗~：洗衣服

k　[33]柑~桔橄~榄[55]衔[42]敢[212]酵~粉：酵母；发~；~馃：发糕

ŋ　[212]□傻

h　[55]□栏□日~~：黄昏的天色□~鸭：将鸭子聚到某处[35]□语气词

Ø　[33]揞用手遮盖[55]龑霸占[22]馅

ĩã/ĩãʔ

p　[33]冰兵[55]□把东西匀到别的容器里[42]丙饼~药：肥皂[212]拼拼搏；~命；~博：（小孩子）窜上跳下地折腾

pʰ　[33]摽扔，块物件挈去~掉：东西拿去扔掉髀~□[li]：脊背[55]□旁边[212]聘~礼

t　[33]□碰□乱跑[55]庭老式民居门口的空地[42]鼎三足~立；炒菜的锅，大~[22]定锭

tʰ　[33]听厅[55]呈程[212]□疼，手~

ts　[33]晶正~月；正手：右手精妖~腈~肉：瘦肉[55]情亲~：亲戚成~人[42]整饕淡，白~无味：淡得没有一点味道[212]正~派；四~：端正[22]成唔~：够不上；不值得

tsʰ　[55]□修改、改正[42]请且

s　[33]声~喉：声线[55]城成抽~[212]圣~人[22]盛一种装祭品或礼物的竹篮竹编礼篮，一骹盛：一只礼篮。

k　[33]京惊经~书[55]行~路：走路[42]假~期囝走~：女儿[35]件[212]镜[22]健轻~：健康

h　[33]兄[55]燃~火：烧火颜姓[212]□~掉：扔掉、舍弃[22]艾艾草[2]□掀

Ø　[33]□刺眼、晃眼，个日过~：太阳光太晃眼了[55]赢营迎~老爷：迎接神明[42]影无~无踪：骗人[35]□扇风，挈支扇来~：拿把扇子来扇风

ũã/ũãʔ

p　[33]搬般[55]蹯骹~：脚面盘~碗：盘和碗[35]□甩，打[212]半

pʰ　[33]潘姓番~禺[42]颇□~~：稍微[35]伴[212]贩~货：进货

m　[33]□披[55]鳗[42]满瞒麻油~：芝麻

t　[33]单孤~丹牡~[55]坛弹~琴团~圆[35]掸~灰惰懒[212]旦花~[22]弹~鸟

tʰ　[33]滩摊瘫[55]□懒散[212]炭碳

ts　[33]□煎[55]泉[42]盏[22]贱

ts^h [212]蔡姓闩~门：关门、锁门

s [33]山汕~头[42]产散药~[212]散松~伞线腺汕又，~尾

k [33]干豆~肝猪~；心~头：心头；心~：野心，伊心~好大：他的野心很大官棺[55]寒~着：冻着了[42]赶[35]掼提[22]汗流~

k^h [33]宽~~来：慢慢来；~心[212]□~□[ũã33]：闲置□宽广

h [33]欢还~有[55]鼾打鼾[22]岸田~：田埂□扶

Ø [33]安~全鞍[42]碗[35]旱[212]案晏晚[22]换[2]□□[khã212]~：闲、轻松、舒适

ẽ/ẽʔ

p [55]棚坪平~面□用手掰、拉扯[212]柄[22]病

p^h [33]□分，分担[55]彭膨

t [55]□阻拦[35]□捏[212]□假装[22]郑

t^h [33]撑~船：划船[212]□打开（伞）

ts [33]争斗~；相~：互相争吵或互相争夺某种事物睁[55]晴[42]井[35]静

ts^h [33]青~果：水果蜻星腥猩生生的食物，~鸡卵：生鸡蛋[42]醒

s [33]些锡生~活；双~儿：双胞胎；~菇：发霉牲五~：祭祀用的五种牲畜[42]省[212]性姓

k [33]更三~庚耕羹痉[42]哽梗埂[212]茎颈劲胫径

k^h [33]坑[35]□拟声词

h [33]□那样[35]□语气词，表反问语气[22]□语气词，表应答语气[2]赫吓

Ø [55]楹桁屋梁[35]□语气词，表讶异语气[2]厄扼[2]厄扼

ũẽ

k [33]关~门

h [55]横

õ

h [33]□哭号[22]□语气词，表确认语气

Ø [55]□~掉：扔掉[212]懊奥澳懊

ĩõ

t [33]张姓□~容：装模作样[55]场~合[24]丈姨~[212]钓涨帐账胀~肚：吃撑了

ts　[33]浆章文~樟[55]□地湿貌[42]蒋桨掌[35]痒上~级;~山[212]酱[22]养头~:头胎

ts^h　[33]枪鲳[55]墙[42]抢[35]橡象大~像亲~:像□~雪:食物发白色的霉□~烧:暖和

s　[33]厢镶伤箱[55]常经~尝偿[42]赏[35]想[212]相~片;破~:生病像头~[22]尚和~

k　[33]姜~水

k^h　[33]腔[22]□保养

h　[33]乡香烧~向方~

Ø　[55]羊洋烊溶化,~铁杨姓[42]养~鱼:养鱼[35]□吐~:发芽[22]样

ãĩ/ãĩʔ

p　[33]斑[55]爿畔底~:里面[42]板乒乓球~反~面:翻面;~过来:翻过来[22]办

t　[22]殿横坚实、结实

ts　[55]前[42]指手~

ts^h　[33]猜千~万[55]蚕[42]彩采睬踩筅~尘[thuŋ55]:年末大扫除;鸡毛~:鸡毛掸子

s　[33]先~后

k　[33]肩间一~房[42]茧裥衣服上的褶子拣挑选、挑剔,~腈择白:挑肥拣瘦[212]间~断□溢,~掉:溢出来;~水:淹水;~大水:发大水

k^h　[212]□盖子;"盖"的动作

h　[33]□大[55]还~物件:还东西[42]蚬□掩门[22]苋[2]□拟声词,哀声叹气的声音

Ø　[33]□将东西(如衣物)团起乱扔□灶间用的做的燃料,缠~:将草缠成圈用作燃料[55]闲[42]□肉~:龙眼[35]□拟声词,推木门发出的声音[212]爱艾~滋病

uãĩ

t　[22]□黄~:黄皮果

s　[22]様芒果

k　[42]果青~;荔~:荔枝

h　[42]侉有口音

Ø　[33]□挖

õĩ

t [42]底

t^h [42]睇看;~日：择日

ãũ/ãũʔ

h [212]好爱好[5]□食物口感很柴/不脆

Ø [33]□□[ãʔ2]~：说话不清楚;脸肿[42]□~~：说话不清楚[5]□□[ã2]~：说话不清楚

iãũ

h [55]□怪,个侬~~：这个人怪怪的

Ø [35]□~盖：掀开盖子;~书：翻书

õũ

h [42]虎唬琥否

ĩũ/ĩũʔ

ts [35]□拟声词[5]□拟声词

h [33]休悠幽[42]朽[212]嗅

Ø [212]幼

ũĩ

k [33]悬高[212]惯~势：习惯[22]柜县

h [33]斐转来转去[55]□晕[42]毁糟蹋;~坏匪榧

im/ip

t [33]鸩□~烧：加热[55]沉~没[35]朕

t^h [33]沉阴~[55]沉~落水：沉入水中;~~重：物重貌

l [55]林粼临琳淋~漓尽致[42]凛[5]立

n　[33]啉~酒：喝酒[35]□~紧：紧握[5]捏

ts　[33]斟□亲吻[42]枕~头；动词[212]浸[2]执[5]集

ts^h　[33]深[55]侵寻~找[42]寝[2]缉辑□搞、整□搓，~衫：搓衣服

s　[33]心芯森参人~[55]□想；思考□~下：等一下[42]沈婶审[35]葚甚[212]□上下晃动[2]湿拾[5]习袭

dz　[35]妊任~命[22]壬任赴~[5]入~伙/~宅：迁入新居；出~：进出

k　[33]今金~钱；大金：一种纸钱襟□瞪[42]锦[35]妗舅妈[212]禁禁[2]急给□紧勒[5]及

k^h　[33]钦衿[55]琴禽擒檎黔[42]揿[2]级泣吸[5]□缩头缩尾貌

ŋ　[55]岑吟

h　[33]鑫[55]熊[212]□~茶：泡茶[2]翕熻~芋饭：焖芋头饭；~番薯：蒸番薯；~~：闷热

Ø　[33]音阴~暗；~沉荫树~[55]淫霪[42]饮~料[212]荫~庇[2]揖邑

am/ap

t　[33]耽[55]澹湿；涂下~□[tsi55]~□[tsi55]：地上湿、湿地[212]□~□[bai22]儿：无能的人、愚笨的人[2]答

t^h　[33]贪[55]潭谭谈痰昙[212]探[2]□~数：凑数；搭配[5]塌

n　[33]篮花~：竹编礼篮；吊~：吊挂着装剩饭剩菜的竹篮□~个衫：披件衣服[55]南男蓝淋~菜汤：浇上菜汁；~楼：盖房子[42]览揽缆[35]滥[212]□~涂：稀泥巴[2]□软烂；软[5]诺纳接~；~意：同意

l　[2]□~债：欠债

ts　[33]针簪[42]斩[35]站[2]眨汁臜腌~：肮脏湿[5]杂十什

ts^h　[33]参~加[55]惭馋谗搀□~~：精神萎靡[42]惨[212]渗掺[2]□做伴儿，相~：朋友

s　[33]杉木材三~军[42]糁橄榄~：一种橄榄制品□~身粉：爽身粉[212]□~~：腰弯貌[2]□打扮土气□贝壳等烧制的石灰，用作建筑材料；沙~：沙子和石灰[5]□□[phiu212]~：完蛋

k　[33]甘疳~积：小儿消化不良或有蛔虫病柑油~[55]含[42]感□埋[212]尴监鉴[2]蛤鸽合合[haʔ]~：合作

k^h　[33]堪龛坎勘湛[53]砍坎嵌槛[35]□钉的动作[2]磕恰

ŋ　[33]□正好、恰好[55]岩癌[22]□内向

h　[33]酣蚶[55]含包~函晗涵衔邯[42]撼[35]憾遗~[212]喊[22]陷□介词，指

"连"[5]合~起来

Ø [33]庵[42]饮米汤[35]颔脖子唵吞食[212]暗[2]□~□[tsap2]：肮脏[5]盒匣□~银：找钱

iam/iap

t [33]沾掂砧案板;刀~：刀和案板□被东西硌到[55]甜[42]点[35]簟用来储存俗物的竹制器具□总是[212]店惦玷□躲藏[22]□静止、一动不动[5]牒蝶谍

t^h [33]添~加[55]恬[42]舔□煮烂、打烂[35]□陷入[212]□用脚踩[2]帖贴张~[5]叠动词,量词

n [33]粘[55]帘镰廉臁骹~：小腿前部临临近,~~：迫近[42]敛殓□蜡烛：点蜡烛[35]念思~[212]捻掐□一~柑：一瓣橘子[22]念~经[2]摄聂镊蹑涅

l [5]粒

ts [33]尖詹瞻黏[42]□刚、才,~□[neŋ42]：刚刚[35]暂渐[212]占[2]接~线[5]捷睫洽

ts^h [33]歼签[55]潜纤[42]□短裤,内~：内裤[2]妾[5]□~~□[niʔ2]：眼睛一眨一眨地涉~水：踩水

s [33]□咸~：食物酸甜[55]暹檐蟾蝉禅单~于[42]陕闪□遮挡,~雨：避雨,~日：躲太阳[212]□~屎：拉稀[2]涩咸~：小气[5]涉干~泄

dz [42]染冉

k [33]兼[55]咸[42]减碱检捡[212]剑[2]劫[5]夹

k^h [33]谦[55]钳[42]歉[35]俭芡[212]欠[2]□泼辣

g [55]□形容次数多、频率高

ŋ [55]阎严酽[42]俨[22]验[5]业孽

h [33]莶辣,~椒：辣椒[55]嫌[42]险[2]□~~：微微出汗貌[5]狭挟~持协叶姓胁侠

Ø [33]淹阉腌腌[55]盐[42]掩睒稍微看一下,偷~：偷看[212]厌[22]炎艳焰[2]压[5]□~~□[siʔ2]：闪亮叶又,姓

uam/uap

k [2]决

h [55]凡[35]犯[212]泛[2]法[5]罚

om/op

t　[35]□拟声词[5]□乱扔

t^h　[35]□拟声词

l　[35]□拟声词[2]□~~叫：喋喋不休

ts　[35]□拟声词

ts^h　[5]□~来~去：搞来搞去地搅乱别人

s　[5]□~一叫：嗖地一声

k　[35]□拟声词[5]□拟声词

kh　[35]□拟声词

h　[35]□拟声词[5]□~风：吹牛

Ø　[35]□拟声词

aŋ/ak

p　[33]班斑颁帮绷蹦梆邦崩浜枫肪膋~：板油枋柴~：一整块的木材；眠床~：老式床中间的横板方四~形：正方形[55]房冯瓶花~[42]扳版榜绑板老~膀肩~[35]谤棒蚌[212]扮放~走；~弃；~尿：小便[22]磅□合~：正好[2]剥蛇~壳：蛇蜕皮北幅腹辐□认识[5]缚别~人

p^h　[33]蜂蜜~攀芳香，~~：香香的；~菜：生菜[55]帆旁螃傍膀航~空庞~大；~□[khia55]：粗大、笨重篷敞~雱~霈：丰盛[42]纺[212]盼胖肥~；~大海[22]缝[2]趴博搏[5]雹曝~日：晒太阳；~粟：晒谷日瀑

b　[55]墨木密~实[tsak5][5]墨木

m　[55]蛮忙芒茫芒闽盲~人氓[42]挽莽蟒蠓蚊子[35]网[212]慢快~梦[2]□玩弄；沾染[5]目~汁：眼泪

t　丹仙~裆东~西南北冬郸[55]陈姓同~志铜筒[42]董姓党挡等~待[35]但宕荡动~□罐子动□[teŋ33]~：动来动去重~量[212]诞旦元~诞蛋当恰~档冻结~：结冰□被昆虫咬[2]笪谷~：用来圈稻谷的粗竹席□~头：点头；打瞌睡[5]达值~得毒

t^h　[33]熥火~：火炉通~~：整洁[55]檀虫螳瓹瓦~：盖屋顶的筒瓦弹~力堂~兄弟棠唐~朝塘池~桐梧~[42]毯坦倘躺桶[35]动伊~我个物件：他动我的东西[212]叹趁~钱：赚钱[2]踢拓□填补、填充[5]读

n　[33]难困~依人[42]□咱们[212]□面~~：愁眉苦脸[22]难责~[5]搙抓取

l　[33]□疏、少[55]兰拦栏廊狼螂笼鸟~聋澜斓零~个：几个郎姓砻一种去稻壳的工具，~间：专门放砻的工作间[42]懒囊馕朗笼~椅：笼屉[35]浪卵男阴[212]□~两格：空两格[22]□~舌：伸舌头[2]落脱落[5]栗乐欢~力六陆数字

ts　[33]赃脏鬃曾姓棕~色□摞~：盘发[55]层丛□用水冲[42]□揪，~毛：揪头发[35]□用，~手：用手[212]粽赞栈攒壮[22]赠[2]札扎节~约作□~辫：扎辫子□纸~：纸钱□~着依：吵到别人[5]实密集

ts^h　[33]沧餐仓苍葱[55]残藏隐~塍田[42]铲[212]灿创粲璨[2]察擦漆[5]凿戳贼

s　[33]□食物粉粉的，个番薯好~：这个番薯很粉珊姗删双松轻~鉎生锈[42]瘖瘦、苗条嗓搡[212]疝送丧霰[2]萨撒~手虱生~：长虱子塞堵~

k　[33]干~渴艰间中~奸冈岗刚纲江肛蚣蜈~工~夫[42]简柬拣涧讲港碱芳[phaŋ33]~：香皂[212]干~活谏降~落[22]共[2]觉角~色结~果各~自[5]□扔

k^h　[33]工~课：功课牵康慷空~壳：空心刊孔~囝：小孔[212]抗亢炕侃[2]辖霍藿确壳刻~苦

ŋ　[33]昂[55]凝冷言颜姓元开~寺[42]眼[35]雁谚彦唁[212]□用指甲掐[5]鄂鳄愕岳

h　[33]鼾憨夯[55]汗可~寒文韩翰行银~航~班杭降投~[42]罕捍焊[35]限项~目憾遗~[212]汉汗出~[22]巷[2]喝瞎辖郝□买大件物品，~车：买车[5]学~习□贫乏□一~纸：一团纸

Ø　[33]翁丈夫；~姐：夫妻俩；鸡~：公鸡肮桉安平~[55]红洪姓[212]按晏~子宴瓮咸菜~：陶制的咸菜罐[2]恶~毒抑沃~雨：淋雨；~花：浇花

iaŋ/iak

p　[33]鞭~子边身~彬宾滨揙打耳光[42]扁~担匾贬~低褊[35]便方~辨辩汴卞[212]变~化[5]毕弼别类~

p^h　[33]编篇偏蝙[212]骗遍片刀~[22]□拟声词[5]□拟声词

m　[55]缅绵缠~[42]免~礼勉娩缅敏冕闵

t　[33]颠~覆癫珍□底~：谁[42]碾典展辗腆腼~[35]电奠垫淀簟[2]哲蜇侄秩跌浙挟~人：以手弹打他人[5]□~纽：扣上纽扣

t^h　[33]天~气[55]填[42]腆腼~[212]畅[2]彻撤辙澈

l　[33]□拟声词[55]连联怜良凉梁文[42]脸两~难；~个辆[35]吝亮谅蔺楝~树量数~[22]练炼链[5]掠侵~列烈略

ts　[33]章~法煎笺张开~将~来[42]剪翦践诊疹趁~机长成~[35]丈方~仗杖匠[212]战颤将大~障幛瘴奖[2]节又，~妇爵即嚼削酌勺浙

tsʰ　[33]迁歼昌猖菖娼缠~绵[55]场排~长~期[42]浅厂敞[35]□~下~：跛脚的人走路的样子[212]唱~歌倡[2]绰切窃鹊芍雀麻~

s　[33]仙鲜~有相~爱湘襄商[55]详祥翔裳常反~[42]鲜~见冼癣铣想思~[35]善膳鳝擅肾~子：猪肾上~等；~海尚高~象景~像气~[22]相宰~[2]屑设削打[5]□食物发柴

dz　[55]然燃~烧瓤[42]壤嚷酿让责备[35]让又，礼~[5]若假~弱热~情；~闹

k　[33]坚捐疆僵缰姜姓羌鹃[42]强勉~[35]犍键建毽健~康腱[212]见~面[2]洁[5]杰竭

kʰ　[33]虔刊骞[55]虔乾~坤强~大[42]遣谴犬恳垦[212]强厉害，~依：高手[2]怯却□纸币挺刮貌□牙尖嘴利□□[peʔ2]~，同"□[peʔ2]作"：挑难的、复杂的事情干、小孩子上蹿下跳[5]□用手指猛叩别人的头□做甜食的一种烹饪方法

ŋ　[33]研磨□~芋：焗甜芋头□食物的一种好的口感（比较干）[55]妍□仔细地看，~定：定睛一看[42]研~究仰[212]□喜欢，上瘾[2]讫吃[5]孽虐疟逆小孩子不听话

h　[33]掀香~气[55]贤玄娴炫悬~挂眩[43]显享响饷晌[212]宪献衅向朝~

Ø　[33]央~求秧~歌殃蔫食物变质焉渊燕~京□食物变质[55]杨~树阳太~扬疡[42]远遥~养~育痒[35]恙涎延筵蜒羡衍□醋生白醭[212]映燕~窝[2]曰钥跃约~保量：约量药芍~

uaŋ/uak

p　[35]叛~乱[5]拨勃渤脖跋长途~涉拔~河

pʰ　[33]藩[55]蟠盘~旋[212]拌判叛~徒畔河~胖肥~[2]泼

b　[55]亡忘[42]妄[212]万

m　[35]馒漫曼慢傲~望名~[5]末沫泡~

t　[33]端[35]断~线篡[212]断判~锻[22]传自~

tʰ　[33]湍[55]团~圆传~说

n　[42]暖

l　[55]鸾栾峦[35]乱[212]恋[2]阅劣

ts [33]专庄村~装妆化~[42]转旋~[35]撰状~态撞[2]拙[5]浊蜀□扭伤

tsʰ [33]川穿~衣打扮[55]痊诠全安~[42]喘闯[212]篡串[2]缀掇撮又,一小~

s [33]闩宣喧萱[55]璇漩旋~风[42]选爽[3]潩喷水;~尿:男性撒尿[212]涮算~了□~卵:鱼产卵[2]朔溯塑~造

dz [42]转~螺丝[35]□凑合[5]悦喜~

k [33]观~看冠衣~鳏光~明关~闭[42]管水~馆卷龙~风广~阔[35]倦□扭动[212]颧逛灌罐眷券优惠~观道~冠~军惯习~[2]决诀廓[5]□大口地迅速地喝下

kʰ [33]宽~阔匡眶框圈~套[55]权狂[42]款~式;依~:待人接物的样子[212]旷扩况矿犷[2]括

ŋ [55]颜~色元~宝原源[42]玩顽阮姓[35]愿

h [33]翻番~茄;~客:华侨;过~:到国外谋生;~薯荒慌谎方~向风刮~;~车:缝纫机疯芳~香封~红包[55]桓凡烦繁簧蝗妨防皇~帝还环手~:手镯芫~荽:香菜□~□[sui33]~:芫荽□~毁:(小孩子)拆家[42]缓反~对晃幌仿仿彷访返肪脂~[35]范犯饭吃~[212]唤焕幻患宦贩~卖痪放解~泛□调皮[2]法发~财[5]伐筏罚穴乏缺~穴伐罚阀

Ø [33]豌弯湾冤汪[55]员缘沿凰完袁辕猿皇~帝王大~元~宝:一种纸钱;~金::一种纸钱[42]皖莞剜腕阮枉往□我们[35]旺[212]怨[5]越粤

eŋ/ek

p [33]暑槟~榔:橄榄;~榔□[kou42]:在正式场合中专用于装橄榄的容器□暴晒;炙热;~着:中[55]凭文~[42]炳秉匾品人~[35]並并[212]殡鬓篦虱~:用来梳出虱子的一种密齿木梳[22]□~~:便利;做~:提前做好□介词,指"从"[2]笔必迫逼煏愊~性:暴脾气;~恻:烦躁

pʰ [33]烹拼~图[55]贫频苹朋凭文~平~安评枰硼瓶花~屏[42]品人~[212]聘娉[2]魄辟劈霹匹碧

b [5]蜜□~婆:蝙蝠

m [55]眠民萌鸣明盟铭名~师冥~想螟暝[42]免不用皿[35]孟命~令[22]面脸;~皮:脸皮;~布:毛巾[5]灭蜜默觅幂蔑密秘~

t [33]登灯征~求丁钉叮钉颠~倒[55]尘灰~藤亭重~复[42]顶戥~重:称重等~级[35]绽绽邓[212]镇凳镫碇锚钉~衫:用缝纫机做衣服订~位[22]阵~容[2]得德竹竺[5]蛰特值~日直~接;完成,做~:做完了的~确良;目~笛敌狄涤鹿轴嫡

tʰ [33]窗[55]腾霆澄澄婷停~止;~下[e22]:等一下廷庭~院;家~蜓陈~列[42]惩逞艇

挺颖[22]□与人相争吵，勿~伊：别与他争、别惹他[2]剔秃

n [33]□牛~：一种下饭的奶制品[55]能[42]□你们[212]□蹬[22]□手头宽裕[2]□用力蹬；~骹：踮脚□手头不宽裕[5]匿溺肉

l [33]铃□回、次[55]邻鳞磷楞棱陵凌菱宁灵~精：清醒；~□[laŋ42]：声音清晰、明亮零数词铃拎龄咙龙[42]撵辇陇垄□推[35]令佞另[212]□转动[5]肋勒陆~地绿

ts [33]津榛臻真增憎僧蒸筝睛贞侦钟春~米：捣米盅两~酒：两杯酒征长~精风油~；~彩□打[55]曾~经[42]振震拯种~类肿[35]尽靖净□赶走；走~：追逐、到处跑[212]荐进晋证症政种~菜众~人[2]则鲫织编~职脊寂叔烛积积累，~银：攒钱[5]壹泽疾蜀数词

ts^h [33]亲~依：亲戚称~呼清千□[soŋ35]~秋：荡秋千[55]秦臣橙情爱~陈~皮[212]倩茜蹭铳鸟~：鸟枪衬称相~秤清~饭：剩饭；~菜：剩菜[22]颂穿[2]膝侧测恻斥戚七漆

s [33]辛笙薪身升腥申伸~展新~依：新娘先~生生学~牲牺~[55]神娠辰晨乘绳承丞蝇诚囟额~：囟门盛~水松~柏：松树；~树：榕树成~功[42]慎[35]盛兴~[212]信讯迅胜圣~杯：占卦时杯筊一阴一阳，指所求可实现[22]剩[2]瑟息熄媳色啬识式饰昔夕适释硕析植悉蟋失室稙精明；植物过于成熟[5]翼鸡~：鸡翅熟实老~食伙~

dz [55]人~中；亲~仁[42]纫忍~耐刃韧[22]认[5]日太阳；值~

k [33]荆跟根巾斤筋均钧经~书弓宫供更~新□~年：今年[55]□~~：穷酸貌或东西没有光泽[42]紧仅谨境景憬警[35]近竟竞□鸡~：鸡胗[212]更~加敬[2]棘隔激菊吉革揭~阳市结~冰[5]极局□食物浓稠

k^h [33]筐卿轻[55]勤芹擎鲸乾~隆□~成：成全[42]肯[35]□被鞭子或棍子抽打后留下的痕迹虹出~：出彩虹[212]庆磬罄[2]乞刻~苦击曲~折

g [5]玉狱钰

ŋ [55]银钱，两角~：两毛钱；钱~：钱；万~户：万元户；~财：一种冥币龈齿~凝~结迎欢~[5]逆

h [33]轩亨欣馨胸匈~牙利兴~盛[55]□头晕王姓恒形样子；~状型刑雄行~不~[42]很狠[35]恨杏行品~幸[212]兴高~[22]现[2]黑核~心[5]乏累

Ø [33]烟胭恩因姻殷鹰莺鹦樱英婴缨应~该翁姓□撒□灰土或烟大，条路好~：这条路灰大；食薰~着别人：抽烟熏到别人萦绕（线团）[55]铅沿寅演[42]引隐瘾涌海浪[212]印应又，回~蕹~菜：空心菜[22]用[5]逸忆亿乙翼疫役译易交~液腋亦浴洗~：洗澡

ueŋ/uek

k^h [33]倾[55]宏用于人名琼[42]耿顷

h [55]衡[5]或惑域获

Ø [55]盈荣萤莹茔[42]永~远[35]孕

oŋ/ok

p [33]□打耳光[55]乓泵[35]□(桌椅)拼在一起;合并[212]□~石:炸石头[22]磅镑[2]卜~卦[5]卜萝~仆风尘~~;~人

p^h [55]鹏篷天~元帅蓬缝~纫机[42]捧[212]碰□膨大□~□[phio35]:鞭炮□事情败露[2]仆前~后继扑朴~素爆~肉皮:炸猪皮曝目~~:肿眼泡;~泡:起泡[5]□拍~:鼓掌

m [33]朦~胧濛细雨~~矇蒙~昧[42]懵[5]沐穆牧莫寞没睦疫

t [33]中~间忠东~西[55]□游荡;四散~:到处乱晃[42]董~事长懂[35]动~作仲重~视[212]冻冷~中~奖[22]栋[2]剁督笃筑斫砍,~猪骨:砍猪骨[5]独牍犊椟涿逐

t^h [33]通~达[55]童瞳僮彤同胡~重~阳:重阳节桐梧~[42]捅统冢宠[212]痛~风

l [33]□伸手进洞[55]胧农脓隆浓[43]拢~是:都是陇垄[35]弄[22]□伸手进洞;~火:将柴火塞入灶膛中[2]□~掉沙:把(鞋中的)沙子弄掉;~签:摇签筒、求签[5]禄录洛络酪烙~印陆~续

ts [33]棕~色宗综琮终踪[42]总拢~:一共[35]□~然:突然[212]众群~纵[2]祝足嘱[5]族粥

ts^h [33]聪匆囱充冲[55]崇从[35]□~着:碰到、撞见[2]捉促触焯~肉:肉在热汤中快煮;~火锅:涮火锅

s [33]松放~;轻~嵩[55]松~树[42]怂耸悚[悚 5]诵颂讼[212]宋[2]速肃缩淑束索搜~塑~料镯手~:手链[5]俗续赎属续塾

dz [5]辱褥

k [33]公老~:曾祖父功攻蚣蜈~[55]戆傻、疯;~团:傻子、疯子[42]巩瓮盛水的容器,塑料~:塑料做的水瓢[212]贡汞□熏[2]谷帼国□目~~:瞪眼貌[5]焗

k^h [33]空~气[42]孔~子[212]控[2]酷[5]□以手扣头;依头~:骷髅头

h [33]烘哄丰蜂蜜~封密~;一~信锋峰轰[55]弘泓宏~伟洪~水红红~红~:红红地鸿虹彩~逢缝~补[42]哄蚌[35]凤[212]讽奉俸[2]福蝠复~兴[5]复重~斛覆服伏收~

Ø [33]嗡翁老~[35]□~篮:摇篮[2]屋沃肥~握幄

ioŋ/iok

t^h [2]畜蓄

dz [55]戎绒茸仍冗

k [33]躬恭[42]龚拱迥[2]掬鞠

k^h [55]穷[42]恐巩[2]克曲~折可~汗

h [33]凶汹匈[55]雄英~；形容人长得壮实或身体好[2]郁~金香

Ø [33]雍臃拥庸镛壅[55]融容榕溶蓉镕阳重~[42]勇恿踊涌永[212]泳咏[5]育毓欲浴沐~

uŋ/uk

p [33]奔~跑分方姓[55]喰吹，~蜡烛：吹蜡烛；~风：吹牛[42]本笨[35]□~来~去：上蹿下跳[212]粪畚饭食~：吃饭[2]不□用手抱物

p^h [33]奔~驰潘泔水[55]盆坟[212]喷

b [22]蚊焖[55]玟雯纹皱~[35]闻汶[22]闷[2]吻□□[baʔ]~笑：抿嘴笑

m [55]们门~骹(口)：门口；一~枪：一杆枪[22]问

t [33]敦吨墩蹲[55]唇[42]盹盾[35]沌顿牛~钝遁炖[212]□颠簸、抖腿[5]突凸术白~黜短~：短貌

t^h [33]吞饨[55]屯豚臀囤尘筅~：年末大扫除[22]□用土填坑[2]脱[5]□下坠

n [33]□烧~烧~：暖和、有点热[42]忍忍耐、忐忑而紧张的状态，勿~：别忍；看电影~遘一身汗：看电影紧张得出一身汗[212]嫩

l [55]仑伦沦轮纶抡[35]论[2]□脱落，~齿：牙齿脱落[5]律率捋

ts [33]尊遵鳟樽瓶子[55]船阵一~风[42]准□~节：把握、小心[35]縿拧、转，~面布：拧毛巾；~伊个手：拧他的手臂；~下~：扭来扭去□番薯~：一种长在番薯上的虫子，烤后可食[212]俊浚竣圳隽[22]阵时~：时候[2]卒猝率摔[5]秫~米：糯米

ts^h [33]椿春伸~手；~舒：手头宽裕[55]存纯莼醇[42]蠢[212]寸[2]出

s [33]孙儿~狲[55]纯荀询旬循巡殉醇驯[42]损笋榫[35]顺[212]舜逊[2]蟀摔抽打；~跤钺铰~：以前用来锁门的金属搭扣[5]戍恤术述

dz [42]允[35]润[22]闰韧~布：拖拉；~□[tiak2]：有韧劲

k [33]君~子军[55]裙[42]滚翻~；~水：开水[35]君太~棍郡[2]骨[5]滑猾掘掘屈

k^h [33]昆坤55]拳~头母：拳头群~体；一~人、一~鹅[42]捆菌[212]困[2]窟倔

h [33]昏婚温分~数芬芸纷熏勋薰荤晕~暗氛[55]痕魂云纹又，皱~[42]粉[35]浑混[212]驯愤奋训[22]份[2]忽佛[5]核果核佛

Ø　[33]瘟温[55]焚耘匀耘筠[42]稳□□[kau35]~：蚯蚓[35]□晕开、晕染[212]揾蘸，~豉油；~墨水[22]运韵[2]熨郁抑~[5]□睡觉

ɯŋ

p　[42]本[22]饭食~：吃饭

m　[55]们门又，~扇后：木头门后面[42]晚[22]问

t　[33]当~时□~厨粪：把垃圾扫进畚斗[55]肠心肠：心地长~短堂课~唐姓塘彩~：地名[42]转~来：回来；~头换面：改头换面[35]荡涮洗器具断铰~：剪断[212]顿量词当一碗~两碗；~铺□~着：摔着了[22]缎传《左~》丈一~

t^h　[33]汤[55]糖[35]□手后~：手肘；骹后~：脚后跟[212]褪~衫：脱衣服烫[22]捅~破

n　[55]郎新~瓤西瓜~[42]女软[35]卵鸡~：鸡蛋；芋~：小芋头[212]□钻

ts　[33]砖妆嫁~赃庄做~[55]全~鸡：祭祀用的一整只鸡旋蚁虫围绕；勿~我：别缠着我[35]□舔、吸吮[212]钻葬[22]状又，告~旋头旋

ts^h　[33]村疮仓舱穿~针[55]床书~：书桌；饭~：饭桌；眠~：睡觉的床[42]□啃，~骨：啃骨头[212]刺~激

s　[33]酸桑丧霜孀孙姓[42]耍[212]算~数；计算蒜

k　[33]缸杠扛光亮，间房好光：这个房间很亮[55]□~□[sĩõ33]：说梦话；乱讲话[42]管气~炎；灯~卷试~券优惠~广~州[212]钢

k^h　[33]糠[212]劝囥藏

m̩

Ø　[42]姆[35]唔否定词

ŋ̍

h　[33]方药~；~向昏暝~：傍晚[55]园[35]远

Ø　[33]央中~秧[55]黄[42]碗手~：袖子[35]嗯表疑问语气[212]□依赖[22]嗯应答语气[5]□睡觉

附录四　揭阳方言韵摄音类表

1 果摄

中古声母	果开一：歌							果开三：戈			果合一：戈										果合三：戈		
	例字	读音						例字	读音		例字	读音									例字	读音	
		o	ua	a	ai	oʔ	iok		io	ia		o	ue	ua	ũã	a	u	ui	ũãĩ	oʔ		ue	ia
帮											波跛	o											
											菠	o	ue										
											簸	o		ua									
滂											破			ua									
											颇	o			ũã								
											坡玻	o											
並											婆	o		ua									
											薄~荷	o											
明											魔馍	o											
											磨摩	o		ua									
端	多	o									朵剁	o											
透	拖		ua								妥椭唾	o											
	他			a																			

（续表）

中古声母	果开一：歌							果开三：戈			果合一：戈										果合三：戈		
	例字	读音						例字	读音		例字	读音									例字	读音	
		o	ua	a	ai	oʔ	iok		io	ia		o	ue	ua	ũã	a	u	ui	ũãĩ	oʔ		ue	ia
定	驼					oʔ					惰	o											
	驮	o									垛	o											
	舵		ua		ai																		
	大~小		ua																				
泥娘	挪	o									啰	o											
	哪那			a																			
来	罗锣箩	o									骡螺腡瘰	o											
											摞									oʔ			
											裸	o		ua									
精	左佐	o																					
清	搓	o									锉莝脞	o											
从											挫坐座	o											
心	挲	o		a							梭唆锁琐	o											
											蓑	o						ui					
见	歌	o	ua								过锅倮		ue										
	哥滒	o									裹	o	ue										
	个	o			ai						果		ue		ũã				ũãĩ				

（续表）

中古声母	果开一：歌							果开三：戈			果合一：戈										果合三：戈		
	例字	读音						例字	读音		例字	读音									例字	读音	
		o	ua	a	ai	oʔ	iok		io	ia		o	ue	ua	ũã	a	u	ui	ũãĩ	oʔ		ue	ia
溪	可	o					iok														瘸	ue	
											科课		ue										
											棵颗	o											
群								茄	io	ia	窠	o	ue										
疑	蛾鹅俄饿	o									讹卧	o											
	我		ua																				
晓	荷薄~	o									火伙货		ue								靴		ia
匣	河何贺荷~花	o									祸			ua									
											禾					a							
											和	o	ue	ua			u						
影	阿	o		a							倭踒窝	o											

2 假摄

中古声母	假开二：麻											假开三：麻						
	例字	读音										例字	读音					
		e	a	ia	ua	ĩã	ẽ	eʔ	ã	aʔ	ẽʔ		ia	e	ua	io	ĩã	ẽ
帮	巴芭疤霸欛坝		a															
	把爸	e	a															
滂	怕								ã									
	帕	e																
並	琶杷码	e																
	爬	e						eʔ										
	马	e	a															
	骂						ẽ											
泥娘	拿		a															
精												借				io		
												姐	ia	e				
清												笡			ua			
												且					ĩã	
从												籍褯	ia					

（续表）

中古声母	假开二：麻											假开三：麻						
	例字	读音										例字	读音					
		e	a	ia	ua	ĩã	ẽ	eʔ	ã	aʔ	ẽʔ		ia	e	ua	io	ĩã	ẽ
心												写泻卸	ia					
												些						ẽ
邪												邪斜谢	ia					
知												爹	ia					
澄	茶蛇	e																
	搽		a															
照庄	查	e	a															
	渣榨		a															
	诈		a				ẽ											
穿初	叉杈岔	e																
	差		a															
床崇	查	e																
	乍		a															
审生	沙		a		ua													
	纱	e			ua													
	洒		a															

（续表）

中古声母	假开二：麻											假开三：麻						
	例字	读音										例字	读音					
		e	a	ia	ua	ĩã	ẽ	eʔ	ã	aʔ	ẽʔ		ia	e	ua	io	ĩã	ẽ
照章												遮者蔗	ia					
穿昌												车	ia					
												扯		e				
床船												蛇			ua			
												射麝	ia					
审书												奢赊舍赦	ia					
禅												佘社	ia					
日												惹	ia					
见	驾架嫁稼价	e																
	家	e	a	ia														
	加	e		ia														
	痂嘉贾			ia														
	假	e		ia		ĩã												
溪	揢							eʔ										

（续表）

中古声母	假开二：麻											假开三：麻						
	例字	读音										例字	读音					
		e	a	ia	ua	ĩã	ẽ	eʔ	ã	aʔ	ẽʔ		ia	e	ua	io	ĩã	ẽ
疑	牙芽衙伢砑	e																
	雅					ĩã												
晓	虾	e																
	吓										ẽʔ							
匣	霞瑕遐暇			ia														
	下	e		ia														
	厦夏	e																
影	鸦		a							aʔ								
	桠亚		a															
	哑	e																
	丫		a	ia														
喻以												耶	ia	e				
												爷也野	ia					

（续表）

中古声母	例字	假合二：麻						
		ua	a	ue	o	ia	ũãĩ	uaʔ
照庄	髽		a					
审生	傻		a					
见	瓜			ue				
	蜗	ua			o			
	寡剐	ua						
溪	侉	ua					ũãĩ	
	夸	ua						
	跨	ua						uaʔ
群								
疑	瓦	ua				ia		
晓	花化			ue				
匣	华桦	ua						
影	蛙洼	ua						

3 遇摄

中古声母	遇合一：模						
	例字	读音					
		ou	u	o	õũ	ok	uak
帮	补谱	ou					
	布	ou	u				
滂	铺普浦铺	ou					
	怖		u				
並	蒲		u				
	菩		u	o			
	脯部簿步埠	ou					
	哺	ou	u				
	捕		u				
明	模	ou		o			
	摹暮慕墓募			o			
端	都妬肚鱼~	ou					
	堵赌蠹		u				
透	土吐兔	ou					

（续表）

中古声母	遇合一：模						
	例字	读音					
		ou	u	o	õũ	ok	uak
定	徒		u				
	屠杜度渡镀肚~腹	ou					
	涂图	ou	u				
泥娘	奴孥	ou					
	努怒			o			
来	卢芦鸬	ou	u				
	炉卤路露	ou					
	鲁橹虏赂鹭		u				
精	租祖	ou					
	组		u				
清	做错~误			o			
	粗醋	ou					
	措		u	o			
	厝		u				
心	苏酥	ou					
	诉嗉		u				
	塑					ok	uak
	素	ou	u				

（续表）

中古声母	遇合一：模						
	例字	读音					
		ou	u	o	õũ	ok	uak
见	姑箍古估盬牯股鼓雇罛	ou					
	孤	ou	u				
	故固锢顾		u				
溪	枯苦库裤	ou					
	跍		u				
疑	吴五伍午误	ou					
	蜈	ou					
	吾		u				
	梧悟			o			
晓	浒		u				
	虎		u		õũ		
	戽	ou					
	呼	ou	u				

（续表）

中古声母	遇合一：模						
	例字	读音					
		ou	u	o	õũ	ok	uak
匣	胡狐	ou	u				
	湖户	ou					
	壶沪互护瓠		u				
影	乌	ou					
	污坞恶		u				

中古声母	遇合三：鱼								遇合三：虞								
	例字	读音							例字	读音							
		ɯ	u	o	i	iu	ou	ɯŋ		u	ou	o	iu	ɯ	iau	i	uk
泥娘	女							ɯŋ									
来	鲁		u						缕屡	u							
	庐		u				ou										
	驴吕虑	ɯ															
	滤	ɯ															
	旅				i												

（续表）

中古声母	遇合三：鱼								遇合三：虞								
	例字	读音							例字	读音							
		ɯ	u	o	i	iu	ou	ɯŋ		u	ou	o	iu	ɯ	iau	i	uk
清	蛆	ɯ	u						趋取趣娶	u							
从									聚	u							
心	絮		u						需	u							
									须	u			iu				
邪	徐	ɯ															
	序叙绪		u														
知	猪	ɯ							诛蛛株拄驻注	u							
	著		u						住	u							
彻	褚		u														
	摅	ɯ															
澄	除箸	ɯ							厨		ou						
	储		u						柱						iau		
	苎					iu			住	u			iu				
照庄	阻			o													

（续表）

中古声母	遇合三：鱼								遇合三：虞								
	例字	读音							例字	读音							
		ɯ	u	o	i	iu	ou	ɯŋ		u	ou	o	iu	ɯ	iau	i	uk
穿初	初			o		iu											
	楚础			o													
床崇	锄	ɯ		o					雏	u							
	助			o													
审生	梳					iu			数	u							
	疏蔬所			o													
照章	诸		u						朱主注蛀铸	u							
	煮	ɯ							珠	u			iu				
穿昌	处杵		u						枢	u							
审书	书鼠	ɯ							输	u							
	舒暑黍庶恕		u						戌								uk
禅	署		u						殊竖	u							
	薯	ɯ							树	u			iu				
日	如		u						儒乳擩	u							
	汝	ɯ	u														

（续表）

中古声母	遇合三：鱼								遇合三：虞								
	例字	读音							例字	读音							
		ɯ	u	o	i	iu	ou	ɯŋ		u	ou	o	iu	ɯ	iau	i	uk
见	举据裾锯车~马炮	ɯ							拘驹俱句痀	u							
	居	ɯ			i				矩					ɯ			
溪	墟去	ɯ							区驱	u							
群	渠巨拒距	ɯ							瞿					ɯ			
									具惧	u							
疑	鱼渔语御	ɯ							愚虞遇寓			o					
									娱	u							
晓	虚嘘	ɯ							吁	u							
	许	ɯ			i		ou										
影	於		u		i				迂	u							
	淤饫	ɯ															
喻云									于							i	
									宇禹羽	u							
									雨	u	ou						
									芋		ou						

（续表）

中古声母	遇合三：鱼								遇合三：虞								
	例字	读音							例字	读音							
		ɯ	u	o	i	iu	ou	ɯŋ		u	ou	o	iu	ɯ	iau	i	uk
喻以	余舁与誉预豫	ɯ							榆逾愉愈喻裕	u							
非									跗肤府腑俯付赋	u							
									夫傅	u	ou						
									甫脯斧		ou						
敷									俘抚赴讣孵	u							
									敷麸	u	ou						
									殕		ou						
奉									符扶父釜腐辅附芙	u							
微									无	u		o					
									巫诬武侮鹉务雾	u							
									舞	u	ou						

4 蟹摄

中古声母	蟹开一：咍							蟹开一：泰							
	例字	读音						例字	读音						
		ai	o	aĩ	i	oi	ue		ai	ua	aĩ	ue	ĩã	ũã	aʔ
帮								贝				ue			
滂								沛	ai						
端	呆	ai						带		ua					
端	戴	ai			i										
透	胎		o					太泰	ai						
透	台贷态	ai													
定	苔	ai			i			大~黄；~夫	ai	ua					
定	抬待怠殆	ai													
定	代		o			oi									
定	袋		o												
泥娘	耐乃	ai						奈	ai						
来	来	ai						赖	ai	ua					
来								癞	ai						

（续表）

中古声母	蟹开一：咍							蟹开一：泰							
	例字	读音						例字	读音						
		ai	o	ãĩ	i	oi	ue		ai	ua	ãĩ	ue	ĩã	ũã	aʔ
精	灾栽宰载再	ai													
清	猜彩睬			ãĩ											
清	菜	ai													
从	载才材财裁	ai						蔡						ũã	
从	在	ai	o												
心	腮赛	ai													
心	鳃	ai			i										
见	该概溉	ai						丐	ai						
见	改					oi		盖	ai		ãĩ				aʔ
溪	开	ai					ue								
溪	凯慨	ai													
疑	呆碍	ai						艾			ãĩ		ĩã		
晓	海	ai													
匣	孩亥颏	ai						害	ai						
影	哀埃	ai						蔼	ai						
影	爱			ãĩ											

（续表）

中古声母	蟹开二：皆						蟹开二：佳								蟹开二：夬		
	例字	读音					例字	读音							例字	读音	
		ai	oi	i	e	ak		ai	oi	a	e	ãĩ	i	ia		ai	e
帮	拜	ai					摆	ai									
滂							派	ai									
並	鞴			i			牌	ai							败	ai	
							罢			a					迈	ai	
							稗		oi				i				
明	埋眆	ai															
泥娘							奶	ai				i					
照庄	斋				e		债				e						
穿初							钗				e						
							差				e						
床崇	豺	ai					柴			a					寨		e
审生							筛晒	ai									
							洒	ai		a							
见	皆阶介界疥届戒尬	ai					佳							ia			
	芥	ai				ak	街解~开		oi								
	疥	ai	oi				懈	ai									

（续表）

中古声母	蟹开二：皆						蟹开二：佳								蟹开二：夬		
	例字	读音					例字	读音							例字	读音	
		ai	oi	i	e	ak		ai	oi	a	e	aĩ	i	ia		ai	e
溪	揩	ai	oi														
	楷	ai															
疑							涯崖捱					aĩ					
匣	谐骇械	ai					鞋蟹		oi								
							解姓；知晓	ai	oi								
影	挨	ai	oi				矮		oi								
							隘	ai									

中古声母	蟹开三：祭				蟹开三：废		蟹开四：齐								
	例字	读音			例字	读音	例字	读音							
		i	ĩ	oi		i		i	oi	ai	ĩ	ek	ui	ue	õĩ
帮	蔽	i					蓖闭箅	i							
滂							批剕		oi						
並	敝弊毙币	i					陛甓	i							
							鐾					ek			
明							迷米谜	i							

（续表）

中古声母	蟹开三：祭				蟹开三：废		蟹开四：齐								
	例字	读音			例字	读音	例字	读音							
		i	ĩ	oi		i		i	oi	ai	ĩ	ek	ui	ue	õĩ
端							低抵帝	i							
							堤		oi						
							底	i	oi						
透							梯						ui		
							体替涕剃屉	i							
							睇								õĩ
定							题第		oi						
							提啼弟递	i							
							蹄	i	oi						
泥娘							泥	i							
来	例厉励	i					犁劙黧		oi						
							黎隶丽	i							
							礼	i	oi						
精	祭际穄	i					挤				ĩ				
							济	i							
清							妻	i							

（续表）

中古声母	蟹开三：祭				蟹开三：废		蟹开四：齐								
	例字	读音			例字	读音	例字	读音							
		i	ĩ	oi		i		i	oi	ai	ĩ	ek	ui	ue	õĩ
从							齐	i	oi						
							脐			ai					
							荠	i			ĩ				
							剂	i							
心							西犀婿			ai					
							栖	i							
							洗细		oi						
澄	滞	i													
照章	制	i													
审书	世	i													
	势	i	ĩ												
禅	誓逝	i													
见							鸡计		oi						
							稽继系~鞋带	i							
							髻	i						ue	

（续表）

中古声母	蟹开三：祭				蟹开三：废		蟹开四：齐								
	例字	读音			例字	读音	例字	读音							
		i	ĩ	oi		i		i	oi	ai	ĩ	ek	ui	ue	õĩ
溪							启	i							
							溪契		oi						
疑	艺			oi	刈	i	倪		oi						
匣							奚兮系联~、关~	i							
影							缢	i				ek			

中古声母	蟹合一：灰											蟹合一：泰				
	例字	读音										例字	读音			
		ue	ui	o	u	uai	ai	iu	ɯŋ	i	ũĩ		ue	uai	ui	ua
帮	杯辈	ue														
	背	ue								i						
滂	胚坯配	ue														
並	培陪赔裴倍佩背焙	ue														
	阫		ui													
明	梅枚媒煤每妹昧脢	ue														

（续表）

中古声母	蟹合一：灰											蟹合一：泰				
	例字	读音										例字	读音			
		ue	ui	o	u	uai	ai	iu	ɯŋ	i	ũĩ		ue	uai	ui	ua
端	堆		ui		u											
	对		ui		u											
	碓鎚		ui									蜕	ue			
透	推		ui	o								兑			ui	
	腿		ui													
	退			o												
	褪			o					ɯŋ							
泥娘	内						ai									
来	雷儡累		ui									最	ue			
精																
清	催崔		ui													
从	罪	ue		o												
心	碎		ui													
见	刽桧					uai						会~计		uai		

（续表）

中古声母	蟹合一：灰											蟹合一：泰				
	例字	读音										例字	读音			
		ue	ui	o	u	uai	ai	iu	ɯŋ	i	ũĩ		ue	uai	ui	ua
溪	盔魁恢	ue														
	傀		ui													
	块			o												
疑	桅										ũĩ	外				ua
晓	灰	ue	ui		u											
	贿							iu								
	悔	ue														
匣	回茴汇	ue										会开~	ue			
	溃		ui									绘		uai		
影	煨		ui													

中古声母	蟹合二：皆			蟹合二：佳				蟹合二：夬				蟹合三：祭			蟹合三：废			蟹合四：齐		
	例字	读音		例字	读音			例字	读音			例字	读音		例字	读音		例字	读音	
		uai	ue		uai	ue	ua		uai	ue	uʔ		ue	ui		ui	ue		ui	i
清												脆		ui						
心												岁	ue							
穿初								嘬			uʔ									

（续表）

中古声母	蟹合二：皆			蟹合二：佳				蟹合二：夬				蟹合三：祭			蟹合三：废			蟹合四：齐		
	例字	读音		例字	读音			例字	读音			例字	读音		例字	读音		例字	读音	
		uai	ue		uai	ue	ua		uai	ue	uʔ		ue	ui		ui	ue		ui	i
照章												赘		ui						
审书												税	ue							
日												芮	ue							
见	乖	uai		拐	uai							鳜		ui				圭闺桂	ui	
	怪	uai	ue	卦		ue														
				挂		ue	ua													
溪	蒯	uai						快	uai									奎	ui	
晓				歪	uai															
匣	怀槐淮坏	uai																携	ui	i
																		畦		i
																		惠慧	ui	
影				蛙			ua	画		ue					秽		ue			
喻云												卫	ue							
喻以												锐	ue							
非															废	ui				
敷															肺	ui				
奉															吠	ui				

5 止摄

中古声母	止开三：支												止开三：脂								
	例字	读音											例字	读音							
		i	ɯ	ia	ue	ĩ	ua	ai	oi	ɯŋ	aĩ	iaʔ		i	ɯ	ai	ĩ	ui	ue	eŋ	aĩ
帮	碑彼俾臂裨	i											悲					ui			
	卑	i			ue								比秕祕譬痹	i							
	綼					ĩ							鄙					ui			
滂	披譬疕	i											丕	i							
													屁	i				ui			
並	皮	i			ue								琵枇备	i							
	疲脾避	i											鼻				ĩ				
	被	i			ue								篦	i						eŋ	
	婢					ĩ															
明	糜	i			ue								眉楣			ai					
	弥靡	i											美					ui			
													媚	i							
													霉寐						ue		
定													地	i							
泥娘													尼	i							
													腻		ɯ						

（续表）

中古声母	止开三：支												止开三：脂								
	例字	读音											例字	读音							
		i	ɯ	ia	ue	ĩ	ua	ai	oi	ɯŋ	ãĩ	iaʔ		i	ɯ	ai	ĩ	ui	ue	eŋ	ãĩ
来	离璃	i											梨			ai					
	荔	i									ãĩ		履痢	i							
	篱								oi				利	i		ai					
精	紫	i											资姿咨姊		ɯ						
清	雌此		ɯ										次		ɯ						
	刺	i								ɯŋ											
从	疵渍		ɯ										瓷自		ɯ						
	呰	i											餈		ɯ		ĩ				
心	斯厮撕玺赐		ɯ										私		ɯ						
			ɯ										肆	i	ɯ						
	徙						ua						死四	i							
知	知	i						ai					致	i							
	蜘智	i																			
彻	黐	i																			
澄	池驰	i											迟雉	i							
													稚				ĩ				

（续表）

中古声母	止开三：支												止开三：脂							
	例字	读音											例字	读音							
		i	ɯ	ia	ue	ĩ	ua	ai	oi	ɯŋ	ãĩ	iaʔ		i	ɯ	ai	ĩ	ui	ue	eŋ	ãĩ
穿初	差	i																			
审生	筛酾							ai					师		ɯ	ai					
													狮			ai					
照章	枝栀	i											脂				ĩ				
	支	i				ĩ							旨至	i							
	肢					ĩ							指	i							ãĩ
	纸						ua														
	只	i										iaʔ									
穿昌	眵侈	i																			
床船	舐	i											示	i							
审书	施豕翅翨	i											尸矢	i							
													屎			ai					
禅	匙是氏豉	i											视嗜	i							
日	儿	i											二贰	i							
	尔		ɯ																		

（续表）

中古声母	止开三：支												止开三：脂								
	例字	读音											例字	读音							
		i	ɯ	ia	ue	ĩ	ua	ai	oi	ɯŋ	ãĩ	iaʔ		i	ɯ	ai	ĩ	ui	ue	eŋ	ãĩ
见	寄			ia									饥肌冀	i							
													几茶~	i							
溪	企	i		ia									器弃	i							
	敧			ia																	
群	奇骑徛	i		ia									祁鳍	i							
	岐技妓	i																			
疑	宜仪谊义议	i																			
	蚁	i		ia																	
晓	牺戏	i											呬	i							
匣																					
影	倚	i					ua						伊	i							
喻云																					
喻以	移	i											夷肄	i							
	易难易	i							oi				姨	i		ai					

（续表）

中古声母	止开三：之								止开三：微			
	例字	读音							例字	读音		
		i	ɯ	ai	ĩ	e	ui	ãĩ		i	ui	a
泥娘	你		ɯ									
来	厘李裡理鲤吏	i										
	狸里	i		ai								
精	兹滋梓		ɯ									
	子	i	ɯ									
从	慈磁		ɯ									
	字牸	i										
心	司丝	i										
	思伺		ɯ									
邪	巳寺饲	i										
	辞	i	ɯ									
	词祠似祀嗣		ɯ									
知	置	i										
彻	痴耻	i										

（续表）

中古声母	止开三：之								止开三：微			
	例字	读音							例字	读音		
		i	ɯ	ai	ĩ	e	ui	aĩ		i	ui	a
澄	持痔	i										
	治	i		ai								
照庄	辎		ɯ									
	滓			ai								
穿初	厕					e						
床崇	士仕俟事		ɯ									
	柿			ai					几~乎;~个	i	ui	
审生	使驶			ai					既	i		
	史		ɯ						岂			a
照章	之芝		ɯ						汽	i		
	止址志痣	i							气	i	ui	
	趾	i						aĩ	祈	i		
穿昌	嗤齿	i							沂毅	i		
床船									希稀	i		

(续表)

中古声母	止开三：之								止开三：微			
	例字	读音							例字	读音		
		i	ɯ	ai	ĩ	e	ui	ãĩ		i	ui	a
审书	诗始试	i										
禅	时鲥市恃侍	i							依	i		
日	而饵		ɯ						衣	i	ui	
	耳		ɯ		ĩ							
见	基己纪记其	i										
溪	欺起杞	i										
群	其棋期旗忌	i										
疑	疑拟	i										
晓	嬉熙喜	i										
影	医						ui					
	意	i										
喻以	饴异	i										
	已以				ĩ							

（续表）

中古声母	止合三：支				止合三：脂							止合三：微				
	例字	读音			例字	读音						例字	读音			
		ui	ue	ũĩ		ui	ue	uai	u	iu	ũĩ		ui	ue	i	ũĩ
来	累	ui			垒类泪	ui										
精	嘴	ui			醉	ui										
清					翠	ui										
心	髓		ue		虽绥粹	ui										
邪	随	ui			遂隧穗	ui										
知					追	ui										
澄	缒	ui			槌锤坠	ui										
穿初	揣	ui														
审生					衰		ue									
					帅		ue	uai								
照章	捶	ui			锥	ui										
穿昌	吹炊		ue													
审书					水	ui										
禅	垂睡瑞	ui			谁	ui										

（续表）

中古声母	止合三：支				止合三：脂							止合三：微				
	例字	读音			例字	读音						例字	读音			
		ui	ue	ũĩ		ui	ue	uai	u	iu	ũĩ		ui	ue	i	ũĩ
日	蕊	ui														
见	规诡	ui			龟				u	iu		归鬼贵	ui			
					轨癸愧季	ui										
溪	亏窥	ui														
群	跪	ui			逵	ui										
					柜						ũĩ					
					葵	ui	ue									
疑	危伪	ui										魏	ui			
晓	麾	ui										挥辉徽讳	ui			
	毁			ũĩ												
影	萎委	ui										威畏	ui			
												慰		ue		
喻云		为	ui			位	ui					违围伟苇纬胃谓猬	ui			
喻以					维惟遗唯	ui										

（续表）

中古声母	止合三：支				止合三：脂							止合三：微				
	例字	读音			例字	读音						例字	读音			
		ui	ue	ũĩ		ui	ue	uai	u	iu	ũĩ		ui	ue	i	ũĩ
非												非痱	ui			
												飞	ui	ue		
												匪				ũĩ
敷												妃费	ui			
奉												肥翡	ui			
微												微	ui		i	
												尾		ue		
												未		ue	i	
												味			i	

6 效摄

中古声母	效开一：豪									效开二：肴								
	例字	读音								例字	读音							
		au	o	iu	ou	iau	a	ãũ	õ		au	a	iau	ã	iãũ	ũã	ãũ	ak
帮	褒	au								包胞爆~炸	au							
	保	au	o							饱豹		a						
	堡	au			ou													
	宝报		o															
滂										泡抛	au	a						
										炮	au							
										奅				ã				
並	袍暴	au								跑刨鲍	au							
	抱	au	o							龅	au	a						
明	毛帽		o							茅卯貌	au							
	冒	au								猫锚					iãũ			
端	刀		o															
	叨祷岛到	au																
	倒	au	o															

（续表）

中古声母	效开一：豪									效开二：肴								
	例字	读音								例字	读音							
		au	o	iu	ou	iau	a	ãũ	õ		au	a	iau	ã	iãũ	ũã	ãũ	ak
透	滔掏套	au																
	讨		o															
定	桃逃萄		o															
	淘陶道盗导	au																
	涛			iu														
	稻	au		iu														
泥娘	脑	au								铙闹	au							
	恼	au	o							挠	au		iau					
来	劳唠老涝	au								蹘			iau					
	捞					iau												
	牢		o															
	醪		o			iau												
精	遭蚤躁澡灶	au																
	糟	au	o															
	早						a											
	枣		o															

（续表）

中古声母	效开一：豪									效开二：肴								
	例字	读音								例字	读音							
		au	o	iu	ou	iau	a	ãũ	õ		au	a	iau	ã	iãũ	ũã	ãũ	ak
清	操	au																
	草	au	o															
	糙		o															
从	曹皂造	au																
	槽	au	o															
心	骚扫	au																
	臊	au	o															
	嫂		o															
知										罩	au			ã				
彻																		
澄										棹	au							
照庄										抓						ũã		
										爪			iau					
										笊	au							
穿初										抄炒吵钞	au							

（续表）

中古声母	效开一：豪									效开二：肴								
	例字	读音								例字	读音							
		au	o	iu	ou	iau	a	ãũ	õ		au	a	iau	ã	iãũ	ũã	ãũ	ak
床崇										巢	au							
审生										梢捎	au		iau					
										稍			iau					
										潲	au							
见	高告	au	o							交郊狡搞较窖	au							
	膏篙羔糕稿		o							胶教绞铰校~对		a						
	尻						a			搅		a	iau					
										酵				ã				
										觉								ak
溪	考烤	au								敲		a	iau					
	靠	au			ou					巧骹		a						
	犒	au	o															
	涍		o															
疑	熬傲鳌	au								咬		a						

（续表）

中古声母	效开一：豪									效开二：肴								
	例字	读音								例字	读音							
		au	o	iu	ou	iau	a	ãũ	õ		au	a	iau	ã	iãũ	ũã	ãũ	ak
晓	蒿	au	o							孝	au	a						
	薅	au																
	好		o					ãũ										
	耗		o															
匣	豪壕毫浩	au								肴淆效校学~；上~	au							
	号	au	o															
影	袄鏖		o							坳鞄	au							
	懊							ãũ	õ	眑							ãũ	
										拗詏		a						

中古声母	效开三：宵							效开四：萧					
	例字	读音						例字	读音				
		iau	io	au	iu	ĩã	a		iau	io	au	ĩõ	a
帮	膘表	iau											
	錶		io										
	标	iau	io										

（续表）

中古声母	效开三：宵							效开四：萧					
	例字	读音						例字	读音				
		iau	io	au	iu	ĩã	a		iau	io	au	ĩõ	a
滂	飘	iau											
	漂	iau	io										
	票		io										
	摽					ĩã							
並	瓢嫖	iau											
	鳔		io										
明	苗描	iau	io										
	藐渺秒妙	iau											
	庙		io										
端								刁貂雕鸟吊	iau				
								钓				ĩõ	
透								挑	iau	io			
								跳	iau				
								粜		io			

（续表）

中古声母	效开三：宵							效开四：萧					
	例字	读音						例字	读音				
		iau	io	au	iu	ĩã	a		iau	io	au	ĩõ	a
定								条调跳掉	iau				
泥娘								尿		io			
来	燎疗	iau						聊撩辽寥料尥寮	iau				
								了	iau		au		
								瞀					a
精	焦剿醮	iau											
	蕉	iau	io										
	哨			au									
清	锹缲悄俏	iau											
	偢	iau			iu								
从	樵瞧噍	iau											
心	消宵霄硝销鞘	iau						萧箫	iau				
	小	iau	io										
	笑		io										

（续表）

中古声母	效开三：宵							效开四：萧					
	例字	读音						例字	读音				
		iau	io	au	iu	ĩã	a		iau	io	au	ĩõ	a
知	朝今~	iau											
彻	超	iau											
澄	兆召朝~代	iau											
	潮赵		io										
照章	昭沼诏	iau											
	招	iau	io										
	照		io										
审书	烧		io										
	少	iau	io										
禅	韶绍邵	iau											
日	饶扰绕	iau											
	桡	iau	io										
见	骄娇矫	iau						浇	iau		au		
	蕎			au				缴侥骁	iau				
								叫		io			

（续表）

中古声母	效开三：宵							效开四：萧					
	例字	读音						例字	读音				
		iau	io	au	iu	ĩã	a		iau	io	au	ĩõ	a
溪								窍	iau				
群	乔侨荞	iau											
	桥		io										
疑								尧	iau				
晓	枵	iau						晓	iau				
	嚣	iau		au									
影	妖邀要	iau						吆杳幺数字	iau				
	腰		io										
喻以	摇鹞	iau	io										
	谣耀樵	iau											
	窑姚舀		io										

7 流摄

中古声母	流开一：侯							流开三：尤									流开三：幽			
	例字	读音						例字	读音								例字	读音		
		au	ou	o	õũ	ua	m		iu	u	au	iau	ou	ĩũ	õũ	ok		iu	ĩũ	ou
帮																	彪	iu		
滂	剖		ou																	
並	瓿	au																		
明	某亩牡戊茂贸		ou														谬	iu		
	母			o			m													
	拇			o																
端	兜抖陡	au															丢	iu		
	斗	au	ou																	
透	偷敨逗鼪	au																		
泥娘								纽纽	iu											
来	楼耧漏	au						流留瘤	iu		au									
	搂陋		ou					榴馏	iu											
	篓	au				ua		刘揫霤			au									
								廖				iau								

（续表）

中古声母	流开一：侯							流开三：尤									流开三：幽			
	例字	读音						例字	读音								例字	读音		
		au	ou	o	õũ	ua	m		iu	u	au	iau	ou	ĩũ	õũ	ok		iu	ĩũ	ou
精	走	au						揪酒揂	iu											
	奏		ou																	
清	凑		ou					秋	iu											
从								就	iu	u										
心	叟		ou					修秀绣锈	iu											
	嗽	au						宿	iu			iau								
邪								囚泅袖	iu											
知								肘昼	iu											
彻								抽丑~时	iu											
澄								绸稠筹纣宙	iu											
床崇								愁骤					ou							
审生								搜飕馊				iau								
								瘦					ou							
								漱	iu	u										

（续表）

中古声母	流开一：侯							流开三：尤									流开三：幽			
	例字	读音						例字	读音								例字	读音		
		au	ou	o	õũ	ua	m		iu	u	au	iau	ou	ĩũ	õũ	ok		iu	ĩũ	ou
照章								周舟州洲帚咒	iu											
穿昌								臭			au									
								丑~陋	iu											
审书								收手首守兽	iu											
禅								仇酬受寿授售	iu											
日								柔揉鲧	iu											
见	勾钩沟狗	au						鸠纠灸救究	iu								纠	iu		
	苟构勾		ou					阄			au									
	够垢	au	ou					九	iu		au									
								久韭		u										
溪								丘糗	iu											
群								求球咎柩	iu											
								臼舅旧		u										
疑	藕偶				õũ			牛		u										

（续表）

中古声母	流开一：侯							流开三：尤									流开三：幽			
	例字	读音						例字	读音								例字	读音		
		au	ou	o	õũ	ua	m		iu	u	au	iau	ou	ĩũ	õũ	ok		iu	ĩũ	ou
晓	喉猴后~来	au						休朽嗅						ĩũ						
	侯	au	ou																	
	后王~		ou																	
影	欧瓯呕欧沤怄	au						忧优	iu								幽幼		ĩũ	
喻云								尤邮友又右祐	iu											
								有		u										
喻以								由油游犹悠酉莠诱柚鼬釉	iu											
非								否							õũ					
								富		u			ou							
敷								副		u							殕			ou
奉								浮妇负阜		u										
								复								ok				

8 咸摄

中古声母	咸开一：覃					咸开一：合				咸开一：谈					咸开一：盍			
	例字	读音				例字	读音			例字	读音				例字	读音		
		am	ã	im	ãĩ		ap	aʔ	a		am	ã	aŋ	iam		ap	aʔ	ak
端	耽湛	am				答	ap			胆		ã						
						搭		aʔ		担	am	ã						
透	贪探	am				踏拓		aʔ		坍毯			aŋ		塔		aʔ	
															榻溻	ap		ak
定	潭谭	am				沓		aʔ										
泥娘	南男	am				纳	ap											
来	漤	am				拉			a	蓝览揽滥缆	am				腊蜡		aʔ	
	啉			im						篮榄		ã						
精	簪	am																
清	参惨	am																
从	蚕				ãĩ	杂	ap			惭錾	am							
										暂				iam				
心										三	am	ã						

（续表）

中古声母	咸开一：覃					咸开一：合				咸开一：谈					咸开一：盍			
	例字	读音				例字	读音			例字	读音				例字	读音		
		am	ã	im	ãĩ		ap	aʔ	a		am	ã	aŋ	iam		ap	aʔ	ak
见	感磡	am				合		aʔ		甘泔疳	am							
						蛤鸽	ap			柑敢橄		ã						
溪	堪龛坎勘	am													磕	ap		
晓						喝		aʔ		蚶喊憨	am							
匣	含函撼憾颔	am				合	ap	aʔ		酣	am							
						盒	ap											
影	庵暗唵	am								埯	am							
	揞嫛		ã															

中古声母	咸开二：咸					咸开二：洽					咸开二：衔			咸开二：狎				
	例字	读音				例字	读音				例字	读音		例字	读音			
		am	iam	uaŋ	ã		ap	aʔ	iap	oiʔ		am	ã		aʔ	ap	iap	eʔ
知	站	am				扎	ap											
						箚		aʔ										
澄	赚			uaŋ														

（续表）

中古声母	咸开二：咸					咸开二：洽					咸开二：衔			咸开二：狎				
	例字	读音				例字	读音				例字	读音		例字	读音			
		am	iam	uaŋ	ã		ap	aʔ	iap	oiʔ		am	ã		aʔ	ap	iap	eʔ
照庄	斩蘸	am				眨	ap											
穿初						插扱		aʔ			搀	am						
床崇	谗	am				闸炸		aʔ										
审生	杉	am									衫		ã					
											钐	am						
见	尴	am				夹			iap	oiʔ	监鑑	am		甲胛	aʔ			
	减		iam															
溪	鸽	am				恰掐	ap				嵌	am						
群																		
疑											岩	am						
匣	咸陷	am				洽			iap		衔	am	ã	匣		ap		
	鹹		iam			狭			iap	oiʔ	舰	am						
	馅				ã	峡	ap		iap									
影														鸭押	aʔ			
														压	aʔ		iap	

（续表）

中古声母	咸开三：盐					咸开三：叶					咸开三：严		咸开三：业			
	例字	读音				例字	读音				例字	读音	例字	读音		
		iam	iaŋ	ĩ	eŋ		iap	iʔ	ioʔ	aʔ		iam		iap	iak	iam
帮	贬		iaŋ		eŋ											
泥娘	黏	iam				聂镊蹑	iap									
来	廉镰帘敛殓臁	iam				猎				aʔ						
精	尖歼	iam				接	iap	iʔ								
清	签	iam				妾	iap									
从	潜渐	iam				捷	iap									
知	沾粘	iam														
照章	瞻占	iam				摺褶		iʔ								
审书	陕闪	iam				摄	iap									
禅	蟾	iam				涉	iap									
日	冉	iam														
	染	iam		ĩ												
见	检	iam									剑	iam	劫	iap		
	脸		iaŋ													

（续表）

中古声母	咸开三：盐					咸开三：叶					咸开三：严		咸开三：业			
	例字	读音 iam	读音 iaŋ	读音 ĩ	读音 eŋ	例字	读音 iap	读音 iʔ	读音 ioʔ	读音 aʔ	例字	读音 iam	例字	读音 iap	读音 iak	读音 iam
溪											欠	iam	怯		iak	
群	钳俭	iam														
疑	验	iam									严俨酽	iam	业	iap		
晓	险莶	iam											协	iap		
影	淹阉掩魇厌	iam				靥	iap				醃	iam	腌			iam
喻云	炎	iam														
喻以	盐阎艳焰	iam				叶	iap		ioʔ							
	檐	iam		ĩ		页			ioʔ							

中古声母	咸开四：添			咸开四：帖					
	例字	读音 iam	读音 ĩ	例字	读音 iap	读音 iʔ	读音 aʔ	读音 iak	读音 oiʔ
端	掂点店	iam		跌		iʔ		iak	
透	添	iam	ĩ	贴	iap		aʔ		
	舔㮇	iam		帖	iap				

（续表）

中古声母	咸开四：添			咸开四：帖					
	例字	读音		例字	读音				
		iam	ĩ		iap	iʔ	aʔ	iak	oiʔ
定	甜簟	iam		叠	iap		aʔ		
				碟		iʔ			
				牒蝶谍	iap				
泥娘	鲇念	iam		苶	iap				
	拈	iam	ĩ						
见	兼搛	iam		挟	iap				oiʔ
匣	嫌	iam		协	iap				

中古声母	咸合三：凡				咸合三：乏		
	例字	读音			例字	读音	
		uam	uaŋ	aŋ		uap	uak
非					法	uap	uak
敷	泛	uam	uaŋ				
奉	凡犯范	uam	uaŋ		乏	uap	uak
	帆			aŋ			

9 深摄

中古声母	深开三：侵				深开三：缉					
	例字	读音			例字	读音				
		im	am	eŋ		ip	ap	iap	oiʔ	ek
帮	禀			eŋ						
滂	品			eŋ						
泥娘	林临檩	im								
	赁	im		eŋ						
	淋	im	am							
来					立	ip				
					粒			iap		
					笠				oiʔ	
精	侵寝浸吣	im								
清					缉	ip				
从					集辑	ip				
心	心	im								
邪	寻	im			习袭	ip				

（续表）

中古声母	深开三：侵				深开三：缉					
	例字	读音			例字	读音				
		im	am	eŋ		ip	ap	iap	oiʔ	ek
澄	沉	im			蛰					ek
照庄	簪		am							
穿初	参~差		am							
床崇	岑	im								
审生	森参人~	im			涩			iap		
	渗		am							
照章	针		am		执	ip				
	斟枕	im			汁		ap			
床船	葚	im								
审书	深审婶	im			湿	ip	ap			
禅	甚	im			十什		ap			
					拾~起来	ip				
日	壬任纴	im			入	ip				
见	今金禁襟锦揿	im			急级给	ip				

（续表）

中古声母	深开三：侵				深开三：缉					
	例字	读音			例字	读音				
		im	am	eŋ		ip	ap	iap	oiʔ	ek
溪	钦	im			泣	ip				
群	琴禽擒妗	im			及	ip				
疑	吟	im								
晓					吸	ip				
影	音阴窨	im			揖	ip				
	饮	im	am							
喻以	淫	im								

10 山摄

中古声母	山开一：寒					山开一：曷			山开二：山							山开二：黠				
	例字	读音				例字	读音		例字	读音						例字	读音			
		aŋ	ũã	iaŋ	ãĩ		uaʔ	ak		aŋ	ãĩ	ũã	iaŋ	uaŋ	eŋ		ak	oiʔ	uaʔ	uak
帮									扮	aŋ						八		oiʔ		
滂									盼	aŋ										
並									办		ãĩ					拔		oiʔ		uak
									瓣				iaŋ							
明																抹			uaʔ	
端	丹旦	aŋ	ũã			笪		ak												
	单		ũã																	
	掸	aŋ		iaŋ																
透	滩摊炭		ũã			獭汏	uaʔ													
	坦叹	aŋ																		
定	檀诞但蛋	aŋ				达		ak												
	坛弹	aŋ	ũã																	
泥娘	难	aŋ				捺		ak												

（续表）

中古声母	山开一：寒					山开一：曷			山开二：山							山开二：黠				
	例字	读音				例字	读音		例字	读音						例字	读音			
		aŋ	ũã	iaŋ	ãĩ		uaʔ	ak		aŋ	ãĩ	ũã	iaŋ	uaŋ	eŋ		ak	oiʔ	uaʔ	uak
来	兰拦栏懒	aŋ				辣	uaʔ													
	烂	aŋ	ũã																	
精	赞瓒	aŋ																		
清	餐灿	aŋ				擦		ak												
从	残	aŋ																		
心	珊	aŋ				撒	uaʔ	ak												
	散伞		ũã																	
澄									绽						eŋ					
照庄									盏			ũã				札	ak			
穿初									铲	aŋ						察	ak			
审生									山			ũã				杀			uaʔ	
									产			ũã		uaŋ						
见	干竿杆秆	aŋ	ũã			割葛	uaʔ		艰简柬	aŋ						圿		oiʔ		
	肝赶		ũã						间裥	aŋ	ãĩ									
	擀	aŋ							拣	aŋ	ãĩ									

（续表）

中古声母	山开一：寒					山开一：曷			山开二：山							山开二：黠				
	例字	读音				例字	读音		例字	读音						例字	读音			
		aŋ	ũã	iaŋ	ãĩ		uaʔ	ak		aŋ	ãĩ	ũã	iaŋ	uaŋ	eŋ		ak	oiʔ	uaʔ	uak
溪	看	aŋ				渴	uaʔ									揭	ak			
	刊	aŋ		iaŋ																
疑	岸		ũã		ãĩ				眼	aŋ										
晓	鼾	aŋ	ũã			喝	uaʔ	ak												
	罕汉	aŋ																		
匣	寒旱汗	aŋ	ũã						闲苋		ãĩ									
	銲翰	aŋ							限	aŋ										
影	安	aŋ	ũã													轧	ak			
	鞍案晏		ũã																	
	按	aŋ																		

中古声母	山开二：删						山开二：鎋			山开三：仙									山开三：薛						
	例字	读音					例字	读音		例字	读音								例字	读音					
		aŋ	ãĩ	uaŋ	ũã	ĩã		ak	aʔ		iaŋ	ĩ	eŋ	ĩã	iam	aŋ	ũã	i		iak	iʔ	uaʔ	ak	ek	iap
帮	班颁扳	aŋ								鞭变	iaŋ	ĩ							别	iak			ak		
	斑板版	aŋ	ãĩ							编	iaŋ								鳖		iʔ				

（续表）

中古声母	山开二：删						山开二：鎋			山开三：仙									山开三：薛						
	例字	读音					例字	读音		例字	读音								例字	读音					
		aŋ	ãĩ	uaŋ	ũã	ĩã		ak	aʔ		iaŋ	ĩ	eŋ	ĩã	iam	aŋ	ũã	i		iak	iʔ	uaʔ	ak	ek	iap
滂	攀襻	aŋ								偏骗	iaŋ														
並	爿		ãĩ							便	iaŋ	ĩ													
										汴辨辩	iaŋ														
明	蛮	aŋ								绵棉	iaŋ	ĩ							灭					ek	
	慢	aŋ		uaŋ						免	iaŋ		eŋ												
										面			eŋ												
										勉娩缅渑	iaŋ														
泥娘										碾	iaŋ		eŋ												
来										连联	iaŋ								列烈	iak					
										辇			eŋ						裂		iʔ				
精										煎剪溅	iaŋ														
										箭		ĩ													
清										迁浅	iaŋ														

（续表）

中古声母	山开二：删						山开二：鎋			山开三：仙									山开三：薛						
	例字	读音					例字	读音		例字	读音								例字	读音					
		aŋ	ãĩ	uaŋ	ũã	ĩã		ak	aʔ		iaŋ	ĩ	eŋ	ĩã	iam	aŋ	ũã	i		iak	iʔ	uaʔ	ak	ek	iap
从										钱	iaŋ	ĩ													
										践饯	iaŋ														
										贱							ũã								
心										仙癣	iaŋ								薛		iʔ				
										鲜	iaŋ	ĩ							泄						iap
										线							ũã								
邪										羡	iaŋ														
知										展	iaŋ								哲蜇	iak					
彻																			撤彻	iak					
澄										缠	iaŋ	ĩ							辙	iak					
床崇	栈	aŋ					铡		aʔ																
审生	删疝	aŋ																							
照章										毡		ĩ							折		iʔ				
										战颤	iaŋ								浙	iak					

（续表）

中古声母	山开二：删						山开二：鍇			山开三：仙									山开三：薛						
	例字	读音					例字	读音		例字	读音								例字	读音					
		aŋ	ãĩ	uaŋ	ũã	ĩã		ak	aʔ		iaŋ	ĩ	eŋ	ĩã	iam	aŋ	ũã	i		iak	iʔ	uaʔ	ak	ek	iap
床船																			舌		iʔ				
审书										搧	iaŋ								设	iak					
										扇		ĩ						i							
										膻						aŋ									
禅										蝉单~于					iam										
										禅	iaŋ				iam										
										善膳	iaŋ														
日										然	iaŋ								热	iak		uaʔ			
										燃	iaŋ			ĩã											
见	奸涧谏锏	aŋ								囝				ĩã											
溪	鬜			uaŋ						遣	iaŋ														
群										乾	iaŋ		eŋ						杰	iak					
										虔掮犍	iaŋ														
										件				ĩã											

（续表）

中古声母	山开二：删						山开二：鎋			山开三：仙									山开三：薛						
	例字	读音					例字	读音		例字	读音								例字	读音					
		aŋ	ãĩ	uaŋ	ũã	ĩã		ak	aʔ		iaŋ	ĩ	eŋ	ĩã	iam	aŋ	ũã	i		iak	iʔ	uaʔ	ak	ek	iap
疑	颜	aŋ		uaŋ		ĩã				谚						aŋ			孽	iak					
	雁	aŋ																							
晓							瞎	ak																	
匣							辖	ak																	
影	晏	aŋ			ũã					蔫	iaŋ														
喻云										焉	iaŋ														
喻以										延筵	iaŋ								拽			uaʔ			
										演			eŋ												

中古声母	山开三：元					山开三：月					山开四：先						山开四：屑							
	例字	读音				例字	读音				例字	读音					例字	读音						
		iaŋ	aŋ	eŋ	ĩã		iaʔ	iak	ak	ek		iaŋ	ãĩ	ĩ	eŋ	aŋ		iak	iʔ	ak	ek	oiʔ	iap	ua
帮											边扁	iaŋ		ĩ			憋		iʔ					
											蝙遍	iaŋ												
											匾	iaŋ			eŋ									
滂											片	iaŋ					撇							ua

（续表）

中古声母	山开三：元					山开三：月					山开四：先						山开四：屑							
	例字	读音				例字	读音				例字	读音					例字	读音						
		iaŋ	aŋ	eŋ	ĩã		iaʔ	iak	ak	ek		iaŋ	ãĩ	ĩ	eŋ	aŋ		iak	iʔ	ak	ek	oiʔ	iap	ua
並											辫			ĩ										
明											麺			ĩ			篾		iʔ					
											眠				eŋ									
端											颠	iaŋ			eŋ									
											典	iaŋ												
透											天	iaŋ		ĩ			铁		iʔ					
											腆	iaŋ												
定											田填电奠垫	iaŋ												
											殿佃	iaŋ	ãĩ											
											橂		ãĩ											
泥娘											年			ĩ			捏						iap	
来											怜练链	iaŋ												
											莲楝		ãĩ											
精											荐				eŋ		节	iak		ak		oiʔ		

（续表）

中古声母	山开三：元					山开三：月					山开四：先						山开四：屑							
	例字	读音				例字	读音				例字	读音					例字	读音						
		iaŋ	aŋ	eŋ	ĩã		iaʔ	iak	ak	ek		iaŋ	ãĩ	ĩ	eŋ	aŋ		iak	iʔ	ak	ek	oiʔ	iap	ua
清																	切	iak						
从																	截					oiʔ		
心											筅		ãĩ				屑	iak						
											先		ãĩ		eŋ		楔	iak						
见	建	iaŋ				揭	iaʔ			ek	肩茧		ãĩ				结			ak	ek			
											坚	iaŋ					洁	iak						
											见	iaŋ		ĩ			鐷	iak						
											笕					aŋ								
溪											牵					aŋ								
群	键腱	iaŋ																						
	健	iaŋ			ĩã																			
疑	言		aŋ								研	iaŋ	ãĩ											
晓	轩			eŋ		歇	iaʔ				显	iaŋ												
	掀宪献	iaŋ				蝎		iak	ak															

（续表）

中古声母	山开三：元					山开三：月					山开四：先						山开四：屑							
	例字	读音				例字	读音				例字	读音					例字	读音						
		iaŋ	aŋ	eŋ	ĩã		iaʔ	iak	ak	ek		iaŋ	ãĩ	ĩ	eŋ	aŋ		iak	iʔ	ak	ek	oiʔ	iap	ua
匣											贤	iaŋ												
											弦	iaŋ		ĩ										
											现				eŋ									
影											烟咽				eŋ		噎				ek			
											燕	iaŋ		ĩ										
											宴					aŋ								

中古声母	山合一：桓									山合一：末					
	例字	读音								例字	读音				
		uaŋ	ũã	ɯŋ	aŋ	uŋ	o	oŋ	ĩã		uaʔ	uak	oʔ	uk	ak
帮	般		ũã							钵	uaʔ				
	搬半		ũã												
	绊	uaŋ													
滂	潘		ũã			uŋ				泼	uaʔ				
	拚								ĩã						
	判	uaŋ													

（续表）

中古声母	山合一：桓									山合一：末					
	例字	读音								例字	读音				
		uaŋ	ũã	ɯŋ	aŋ	uŋ	o	oŋ	ĩã		uaʔ	uak	oʔ	uk	ak
並	盘	uaŋ	ũã							钹	uaʔ	uak			
	伴		ũã							跋	uaʔ				
	拌叛幣	uaŋ													
明	瞞满鳗		ũã							末沫	uaʔ	uak			
	馒漫	uaŋ													
	幔	uaŋ	ũã												
端	端锻断决~	uaŋ								掇		uak	oʔ		
	短						o			咄	uaʔ				
透	疃							oŋ		脱				uk	
定	团	uaŋ	ũã							夺			oʔ		
	段缎椴断~绝			ɯŋ											
泥娘	暖	uaŋ													
来	鸾乱	uaŋ								捋				uk	
	卵			ɯŋ	aŋ										

（续表）

中古声母	山合一：桓									山合一：末					
	例字	读音								例字	读音				
		uaŋ	ũã	ɯŋ	aŋ	uŋ	o	oŋ	ĩã		uaʔ	uak	oʔ	uk	ak
精	钻			ɯŋ											
	纂	uaŋ													
	攒				aŋ										
清	氽窜	uaŋ								撮		uak	oʔ		
心	酸算蒜			ɯŋ											
见	官棺		ũã							括聒		uak			
	观冠管馆贯灌罐	uaŋ													
溪	宽	uaŋ	ũã							阔	uaʔ				
	款	uaŋ													
疑	玩	uaŋ													
晓	欢		ũã							豁					ak
	唤焕	uaŋ													
匣	桓完缓皖丸	uaŋ								活	uaʔ	uak			
影	豌剜腕	uaŋ													
	碗		ũã												

（续表）

中古声母	山合二：山		山合二：黠			山合二：删						山合二：鎋		
	例字	读音	例字	读音		例字	读音					例字	读音	
		uaŋ		uk	uãĩ		uaŋ	ãĩ	ũẽ	ũĩ	ũã		uaʔ	ueʔ
穿初						篡	uaŋ							
床崇						撰	uaŋ							
审生						拴涮	uaŋ					刷		ueʔ
见	鳏	uaŋ				关	uaŋ		ũẽ			刮	uaʔ	
						惯	uaŋ			ũĩ				
疑	顽	uaŋ												
匣	幻	uaŋ	滑猾	uk		还	uaŋ	ãĩ			ũã			
						环患宦	uaŋ							
影			挖		uãĩ	弯湾	uaŋ							

中古声母	山合三：仙										山合三：薛					
	例字	读音									例字	读音				
		uaŋ	ɯŋ	uŋ	eŋ	iaŋ	ĩ	ou	ŋ	ũã		uak	iʔ	oʔ	uaʔ	ueʔ
来	恋	uaŋ									劣	uak				
从	全	uaŋ	ɯŋ								绝			oʔ		
	泉									ũã						

（续表）

中古声母	山合三：仙										山合三：薛					
	例字	读音									例字	读音				
		uaŋ	ɯŋ	uŋ	eŋ	iaŋ	ĩ	ou	ŋ	ũã		uak	iʔ	oʔ	uaʔ	ueʔ
心	宣选	uaŋ									雪			oʔ		
邪	旋	uaŋ	ɯŋ													
知	转	uaŋ	ɯŋ													
澄	传	uaŋ	ɯŋ													
	篆	uaŋ														
照章	专	uaŋ									拙	uak				
	砖		ɯŋ													
穿昌	川喘串	uaŋ														
	穿	uaŋ	ɯŋ													
床船	船			uŋ												
审书											说					ueʔ
禅	篅	uaŋ														
日	软		ɯŋ													

（续表）

中古声母	山合三：仙										山合三：薛					
	例字	读音									例字	读音				
		uaŋ	ɯŋ	uŋ	eŋ	iaŋ	ĩ	ou	ŋ	ũã		uak	iʔ	oʔ	uaʔ	ueʔ
见	卷	uaŋ	ɯŋ													
	眷	uaŋ														
	绢					iaŋ										
溪	圈圆~	uaŋ									缺		iʔ			
群	圈猪~							ou								
	拳			uŋ												
	权颧倦	uaŋ														
喻云	圆院						ĩ									
	员	uaŋ														
喻以	缘	uaŋ									阅	uak				
	沿铅				eŋ						悦	uak			uaʔ	
	捐					iaŋ										
	橼								ŋ							

（续表）

中古声母	山合三：元									山合三：月					山合四：先				山合四：屑			
	例字	读音								例字	读音				例字	读音			例字	读音		
		uaŋ	ɯŋ	ŋ	iaŋ	ũã	uŋ	aŋ	ãĩ		uak	ueʔ	iak	uk		iaŋ	ũĩ	uaŋ		uak	ueʔ	iʔ
见										厥			iak						决诀	uak		
溪	劝		ɯŋ												犬	iaŋ			缺		ueʔ	iʔ
	券	uaŋ	ɯŋ																			
群										掘				uk								
										撅		ueʔ	iak									
疑	元原源阮愿芫	uaŋ								月		ueʔ										
晓	暄楦	uaŋ																	血		ueʔ	
匣															玄眩	iaŋ			穴	uak		
															悬	iaŋ	ũĩ					
															县		ũĩ					
影	冤宛怨	uaŋ								哕		ueʔ			渊	iaŋ		uaŋ				
喻云	袁辕	uaŋ								越粤	uak											
	园			ŋ						曰			iak									
	援				iaŋ																	
	远			ŋ	iaŋ																	

（续表）

中古声母	山合三：元									山合三：月					山合四：先				山合四：屑			
	例字	读音								例字	读音				例字	读音			例字	读音		
		uaŋ	ɯŋ	ŋ	iaŋ	ũã	uŋ	aŋ	ãĩ		uak	ueʔ	iak	uk		iaŋ	ũĩ	uaŋ		uak	ueʔ	iʔ
非	藩	uaŋ								发	uak											
	反	uaŋ							ãĩ													
	贩	uaŋ				ũã																
敷	翻番	uaŋ																				
奉	烦矾繁	uaŋ								伐筏罚	uak											
	饭	uaŋ	ɯŋ				uŋ															
	蹯					ũã																
微	晚		ɯŋ							袜		ueʔ										
	挽							aŋ														
	万蔓	uaŋ																				

11 臻摄

中古声母	臻开一：痕				臻开三：殷		臻开三：迄				
	例字	读音			例字	读音	例字	读音			
		eŋ	uŋ	iaŋ		eŋ		iak	ẽ	ek	eʔ
透	吞		uŋ								
见	跟根	eŋ			斤筋谨	eŋ	讫	iak			
见					劲				ẽ		
溪	垦			iaŋ			乞			ek	eʔ
溪	龈	eŋ									
群					勤芹近	eŋ					
晓					欣	eŋ					
匣	痕		uŋ								
匣	很恨	eŋ									
影	恩	eŋ			殷隐	eŋ					

中古声母	臻开三：真臻					臻开三：质栉				
	例字	读音				例字	读音			
		eŋ	iaŋ	aŋ	uŋ		ek	iak	ak	ioʔ
帮	彬宾殡		iaŋ			笔必	ek			
帮	槟鬓	eŋ				毕		iak		

（续表）

中古声母	臻开三：真臻					臻开三：质栉				
	例字	读音				例字	读音			
		eŋ	iaŋ	aŋ	uŋ		ek	iak	ak	ioʔ
滂						匹	ek			
並	贫频	eŋ				弼		iak		
明	民抿					蜜	ek			
	闽			aŋ		密	ek		ak	
	悯		iaŋ							
来	邻燐	eŋ				栗		iak	ak	
	鳞	eŋ		aŋ						
	吝		iaŋ							
精	津尽进晋	eŋ								
清	亲	eŋ				七	ek			
						漆			ak	
从	秦尽	eŋ				疾	ek			
心	辛新薪信讯囟	eŋ				悉膝	ek			
知	珍	eŋ	iaŋ							
	镇	eŋ								

（续表）

中古声母	臻开三：真臻					臻开三：质栉				
	例字	读音				例字	读音			
		eŋ	iaŋ	aŋ	uŋ		ek	iak	ak	ioʔ
彻	趁		iaŋ	aŋ		扶		iak		
澄	陈	eŋ		aŋ						
	尘阵	eŋ			uŋ	侄秩		iak		
照庄	榛臻	eŋ								
穿初	衬	eŋ								
审生						瑟	ek			
						虱			ak	
照章	真振	eŋ				质				ioʔ
	震	eŋ			uŋ					
	诊疹		iaŋ							
床船	神	eŋ				实	ek		ak	
审书	身申娠	eŋ								
	伸	eŋ			uŋ	失室	ek			
禅	辰晨臣慎	eŋ								
	肾		iaŋ							

（续表）

中古声母	臻开三：真臻					臻开三：质栉				
	例字	读音				例字	读音			
		eŋ	iaŋ	aŋ	uŋ		ek	iak	ak	ioʔ
日	人	eŋ		aŋ		日	ek			
	仁刃认韧	eŋ								
	忍	eŋ			uŋ					
见	巾紧	eŋ				吉	ek			
群	仅	eŋ								
疑	银	eŋ								
晓	衅		iaŋ							
影	因姻洇印	eŋ				乙一	ek			
喻以	寅引	eŋ				逸	ek			

中古声母	臻合一：魂						臻合一：没			
	例字	读音					例字	读音		
		uŋ	ɯŋ	iaŋ	o	ŋ		uk	uak	ok
帮	奔锛本	uŋ					不	uk		
滂	喷喴	uŋ								
並	盆笨	uŋ					勃饽		uak	

（续表）

中古声母	臻合一：魂						臻合一：没			
	例字	读音					例字	读音		
		uŋ	ɯŋ	iaŋ	o	ŋ		uk	uak	ok
明	门	uŋ	ɯŋ				没			ok
	闷	uŋ								
端	敦墩扽	uŋ								
	顿	uŋ	ɯŋ							
透	褪		ɯŋ		o					
定	屯豚饨囤沌盾钝遁	uŋ					突腯	uk		
	臀	uŋ		iaŋ						
泥娘	嫩	uŋ								
来	论仑	uŋ								
精	尊撙樽	uŋ					卒	uk		
清	村		ɯŋ				猝	uk		
	忖寸	uŋ								
从	存蹲	uŋ								
心	孙损逊	uŋ								
见	昆滚棍	uŋ					骨	uk		

（续表）

中古声母	臻合一：魂						臻合一：没			
	例字	读音					例字	读音		
		uŋ	ɯŋ	iaŋ	o	ŋ		uk	uak	ok
溪	坤困	uŋ					窟	uk		
疑							杌	uk		
晓	昏	uŋ				ŋ				
	婚	uŋ					忽	uk		
匣	魂馄浑混	uŋ					核	uk		
影	温瘟稳揾	uŋ								

中古声母	臻合三：谆					臻合三：术			臻合三：文			臻合三：物		
	例字	读音				例字	读音		例字	读音		例字	读音	
		uŋ	eŋ	ioŋ	uaŋ		uk	ek		uŋ	uk		uk	ueʔ
来	伦沦轮	uŋ				律率速~	uk							
精	遵俊	uŋ												
清	皴	uŋ			uaŋ	焌	uk							
心	荀榫	uŋ				鉥戌恤	uk							
	迅		eŋ											

（续表）

中古声母	臻合三：谆					臻合三：术			臻合三：文			臻合三：物		
	例字	读音				例字	读音		例字	读音		例字	读音	
		uŋ	eŋ	ioŋ	uaŋ		uk	ek		uŋ	uk		uk	ueʔ
邪	旬循巡殉	uŋ												
彻	椿	uŋ												
澄						术白~	uk							
审生						蟀率~领	uk							
照章	肫准	uŋ												
穿昌	春蠢	uŋ				出	uk							
床船	唇盾顺	uŋ				术述秫	uk							
审书	舜	uŋ												
禅	纯莼醇	uŋ												
日	润闰	uŋ												
见	均钧		eŋ			橘		ek	君军	uŋ				
溪												屈	uk	
群	菌	uŋ							郡群裙	uŋ		掘倔	uk	
群	窘	uŋ		ioŋ										

（续表）

中古声母	臻合三：谆					臻合三：术			臻合三：文			臻合三：物		
	例字	读音				例字	读音		例字	读音		例字	读音	
		uŋ	eŋ	ioŋ	uaŋ		uk	ek		uŋ	uk		uk	ueʔ
晓									熏薰荤训	uŋ				
影									熨		uk			
喻云									云韵运晕	uŋ				
喻以	匀允	uŋ												
	尹		eŋ											
非									分粉粪奋	uŋ				
敷									芬纷	uŋ		佛	uk	
奉									焚坟豮愤忿份	uŋ		佛	uk	
微									文纹蚊闻吻问璺	uŋ		物		ueʔ
									刎		uk			

12 宕摄

中古声母	宕开一：唐			宕开一：铎											
	例字	读音		例字	读音										
		aŋ	ɯŋ		ak	oʔ	ok	a	uaʔ	auʔ	aʔ	eʔ	ap	o	ou
帮	帮榜谤	aŋ		博	ak										
滂	滂雳	aŋ		泊粕		oʔ									
並	旁螃傍	aŋ		薄泊		oʔ									
明	忙芒茫莽蟒	aŋ		莫寞			ok								
				膜		oʔ									
				幕										o	
				摸											ou
端	当	aŋ	ɯŋ												
	党挡	aŋ													
透	汤		ɯŋ												
	倘躺	aŋ		托		oʔ									
定	堂唐荡塘	aŋ	ɯŋ	铎踱	ak										
	棠螳宕	aŋ													
	糖		ɯŋ												

（续表）

中古声母	宕开一：唐			宕开一：铎											
	例字	读音		例字	读音										
		aŋ	ɯŋ		ak	oʔ	ok	a	uaʔ	auʔ	aʔ	eʔ	ap	o	ou
泥娘	囊曩	aŋ		诺									ap		
来	郎	aŋ	ɯŋ	骆		oʔ	ok								
				落	ak	oʔ				auʔ					
	廊狼螂朗浪阆	aŋ		酪洛络			ok								
				烙			ok		uaʔ						
				乐	ak										
精	脏	aŋ		作工~	ak										
	葬		ɯŋ												
清	仓	aŋ	ɯŋ	错交~/~喉	ak		ok								
	苍	aŋ													
从	藏	aŋ		凿	ak										
				昨柞				ʔ							
心	桑		ɯŋ												
	丧	aŋ	ɯŋ												
	磉嗓搡	aŋ		索		oʔ	ok								

（续表）

中古声母	宕开一：唐			宕开一：铎											
	例字	读音		例字	读音										
		aŋ	ɯŋ		ak	oʔ	ok	a	uaʔ	auʔ	aʔ	eʔ	ap	o	ou
见	冈岗	aŋ	ɯŋ	各	ak						aʔ				
	刚纲	aŋ		阁搁		oʔ									
	钢		ɯŋ	胳								eʔ			
溪	康慷抗炕	aŋ													
	糠囥		ɯŋ												
疑	昂	aŋ		鄂	ak										
晓	炕	aŋ		郝蘁	ak										
匣	行~列航杭	aŋ		鹤		oʔ									
影	肮	aŋ		恶善~	ak										

中古声母	宕开三：阳											宕开三：药					
	例字	读音										例字	读音				
		iaŋ	ĩõ	ɯŋ	uaŋ	aŋ	io	ŋ	oŋ	a	o		iak	ioʔ	iaʔ	ok	iauʔ
泥娘	娘		ĩõ									略	iak				
	酿	iaŋ										掠	iak		iaʔ		

（续表）

中古声母	宕开三：阳											宕开三：药					
	例字	读音										例字	读音				
		iaŋ	ĩõ	ɯŋ	uaŋ	aŋ	io	ŋ	oŋ	a	o		iak	ioʔ	iaʔ	ok	iauʔ
来	良凉亮谅辆	iaŋ										略		ioʔ			
	粮		ĩõ														
	两梁粱量	iaŋ	ĩõ														
精	将奖将	iaŋ										爵	iak				
	浆蒋酱		ĩõ									雀	iak				iauʔ
清	枪抢		ĩõ									鹊	iak				
从	墙		ĩõ									嚼	iak				
	匠	iaŋ															
心	相	iaŋ	ĩõ				io					削	iak		iaʔ		
	厢鲞想	iaŋ	ĩõ														
	湘襄	iaŋ															
	箱镶		ĩõ														
邪	详祥	iaŋ															
	象像	iaŋ	ĩõ														
	橡		ĩõ														

（续表）

中古声母	宕开三：阳											宕开三：药					
	例字	读音										例字	读音				
		iaŋ	ĩõ	ɯŋ	uaŋ	aŋ	io	ŋ	oŋ	a	o		iak	ioʔ	iaʔ	ok	iauʔ
知	张涨账胀	iaŋ	ĩõ									着~衣		ioʔ			
	长生~	iaŋ															
	帐		ĩõ														
彻	畅	iaŋ															
澄	肠长~短	iaŋ		ɯŋ								着附~		ioʔ			
	场	iaŋ	ĩõ														
	丈	iaŋ	ĩõ	ɯŋ			io			a							
	仗杖	iaŋ															
照庄	庄			ɯŋ		aŋ											
	装			ɯŋ	uaŋ												
	壮					aŋ											
穿初	疮			ɯŋ													
	闯				uaŋ												
	创					aŋ											

（续表）

中古声母	宕开三：阳											宕开三：药					
	例字	读音										例字	读音				
		iaŋ	ĩõ	ɯŋ	uaŋ	aŋ	io	ŋ	oŋ	a	o		iak	ioʔ	iaʔ	ok	iauʔ
床崇	床			ɯŋ													
	状			ɯŋ	uaŋ						o						
审生	霜孀			ɯŋ													
	爽				uaŋ				oŋ								
照章	章樟	iaŋ	ĩõ									酌	iak				
	掌		ĩõ														
	障瘴	iaŋ															
穿昌	昌菖厂倡	iaŋ										绰	iak				
	唱	iaŋ					io					焯				ok	
	鲳		ĩõ														
审书	商晌饷	iaŋ															
	伤赏		ĩõ														
禅	尝偿		ĩõ									勺芍	iak				
	常上尚	iaŋ	ĩõ														
	裳	iaŋ															

（续表）

中古声母	宕开三：阳											宕开三：药					
	例字	读音										例字	读音				
		iaŋ	ĩõ	ɯŋ	uaŋ	aŋ	io	ŋ	oŋ	a	o		iak	ioʔ	iaʔ	ok	iauʔ
日	瓤穰壤攘嚷	iaŋ										若弱	iak				
	让	iaŋ	ĩõ														
见	疆僵礓姜	iaŋ										脚		ioʔ			
	薑		ĩõ														
溪	羌	iaŋ										却	iak				
群	强	iaŋ															
疑	仰	iaŋ										虐	iak				
晓	香向	iaŋ	ĩõ														
	乡		ĩõ														
	享响	iaŋ															
影	殃	iaŋ										约	iak	ioʔ			
	秧央	iaŋ						ŋ									
喻以	洋烊杨痒	iaŋ	ĩõ									药	iak	ioʔ			
	羊样蛘		ĩõ									钥跃	iak				
	阳扬瘍养	iaŋ															

（续表）

中古声母	宕合一：唐				宕合一：铎					宕合三：阳							宕合三：药			
	例字	读音			例字	读音				例字	读音						例字	读音		
		uaŋ	ɯŋ	ŋ		ak	uak	ek	ueʔ		uaŋ	aŋ	eŋ	uŋ	o	ŋ		uak	ak	ioʔ
日																	箬			ioʔ
见	光广	uaŋ	ɯŋ		郭				ueʔ	逛	uaŋ									
	桄	uaŋ																		
溪	旷	uaŋ			廓		uak			匡筐	uaŋ									
晓	慌谎	uaŋ			霍藿劐	ak				况	uaŋ									
	荒	uaŋ		ŋ																
匣	黄			ŋ	镬			ek												
	簧皇晃	uaŋ																		
影	汪	uaŋ								枉	uaŋ									
喻云										王	uaŋ		eŋ				籰	uak		
										往旺	uaŋ									
非										方		aŋ		uŋ		ŋ				
										肪仿		aŋ								
										放	uaŋ	aŋ								

（续表）

中古声母	宕合一：唐				宕合一：铎					宕合三：阳							宕合三：药			
	例字	读音			例字	读音				例字	读音						例字	读音		
		uaŋ	ɯŋ	ŋ		ak	uak	ek	ueʔ		uaŋ	aŋ	eŋ	uŋ	o	ŋ		uak	ak	ioʔ
敷										芳纺	uaŋ	aŋ					缚		ak	
										妨仿彷访	uaŋ									
奉										房		aŋ								
										防	uaŋ									
微										亡辋忘妄	uaŋ									
										芒网		aŋ								
										望	uaŋ				o					

13 江摄

中古声母	江开二：江							江开二：觉						
	例字	读音						例字	读音					
		aŋ	ɯŋ	oŋ	uaŋ	eŋ	ĩõ		ak	ok	oʔ	uak	uʔ	auʔ
帮	邦绑	aŋ						剥	ak					
								爆		ok				
								驳			oʔ			
滂	胖			oŋ	uaŋ			朴		ok				
並	庞棒蚌	aŋ						雹	ak					
								曝		ok				
泥娘	攮	aŋ						搦	ak					
知	桩		ɯŋ		uaŋ			桌桌啄			oʔ			
								琢		ok	oʔ			
								涿		ok				
彻								戳	ak					
澄	撞			oŋ	uaŋ			浊				uak		
照庄								捉		ok				

（续表）

中古声母	江开二：江							江开二：觉						
	例字	读音						例字	读音					
		aŋ	ɯŋ	oŋ	uaŋ	eŋ	ĩõ		ak	ok	oʔ	uak	uʔ	auʔ
穿初	窗					eŋ								
床崇								镯浞		ok				
审生	双	aŋ						朔				uak		
								欶					uʔ	
见	江豇讲港耩降下~	aŋ						觉角桷	ak					
	扛		ɯŋ											
	虹			oŋ		eŋ								
溪	腔						ĩõ	确壳	ak					
疑								岳	ak					
晓	夯	aŋ						乐音~						auʔ
匣	降投~项巷	aŋ						学	ak		oʔ			
	缸		ɯŋ											
影								握		ok				

14 曾摄

中古声母	曾开一：登				曾开一：德				曾开三：蒸						曾开三：职					曾合一：登		曾合一：德			曾合三：职	
	例字	读音			例字	读音			例字	读音					例字	读音				例字	读音	例字	读音		例字	读音
		eŋ	aŋ	oŋ		ek	ak	iok		eŋ	aŋ	ioŋ	ueŋ	ĩã		ek	iak	ak	iʔ		oŋ		uek	ok		uek
帮	崩		aŋ		北		ak		冰					ĩã	逼	ek										
滂															愊	ek										
並	朋	eŋ							凭	eŋ																
明					墨		ak																			
					默	ek																				
端	登灯凳镫	eŋ			得德	ek																				
	等	eŋ	aŋ																							
透					忒	ek																				
定	腾誊藤邓澄	eŋ																								
	疼			oŋ	特	ek																				
泥娘	能	eŋ													匿	ek										
来	楞稜	eŋ			肋勒	ek			陵凌菱	eŋ					力			ak								
精	曾姓		aŋ												即		iak									
	增憎	eŋ			则	ek									鲫	ek										

（续表）

中古声母	曾开一：登				曾开一：德				曾开三：蒸						曾开三：职					曾合一：登		曾合一：德			曾合三：职	
	例字	读音			例字	读音			例字	读音					例字	读音				例字	读音	例字	读音		例字	读音
		eŋ	aŋ	oŋ		ek	ak	iok		eŋ	aŋ	ioŋ	ueŋ	ĩã		ek	iak	ak	iʔ		oŋ		uek	ok		uek
清	蹭	eŋ																								
从	曾曾经	eŋ			贼塞		ak																			
	层赠		aŋ																							
邪															息熄媳	ek										
知									征	eŋ					稙	ek										
彻															饬	ek										
澄									澄惩橙瞪	eŋ					直	ek										
															值	ek		ak								
照庄															侧	ek										
穿初															测	ek										
审生															色	ek										
															啬		iak									
照章									蒸拯证症	eŋ					织职	ek										
穿昌									称	eŋ																
床船									乘绳剩秤	eŋ					食		iak		iʔ							
									塍		aŋ				蚀				iʔ							

（续表）

中古声母	曾开一：登				曾开一：德				曾开三：蒸						曾开三：职					曾合一：登		曾合一：德			曾合三：职	
	例字	读音			例字	读音			例字	读音					例字	读音				例字	读音	例字	读音		例字	读音
		eŋ	aŋ	oŋ		ek	ak	iok		eŋ	aŋ	ioŋ	ueŋ	ĩã		ek	iak	ak	iʔ		oŋ		uek	ok		uek
审书									升胜	eŋ					识式饰	ek										
禅									承丞	eŋ					殖植	ek										
日									仍扔			ioŋ														
见																						国		ok		
溪	肯	eŋ			刻	ek																				
					克			iok																		
群															极	ek										
疑									凝	eŋ	aŋ															
晓					黑	ek			兴	eŋ																
匣	恒	eŋ																		弘	oŋ	或惑	uek			
影									应鹰	eŋ					忆亿	ek										
															抑			ak								
喻云																									域	uek
喻以									蝇	eŋ																
									孕				ueŋ		翼	ek										

15 梗摄

中古声母	梗开二：庚					梗开二：陌							
	例字	读音				例字	读音						
		ẽ	eŋ	aŋ	ĩã		eʔ	ek	ẽʔ	iaʔ	aʔ	oʔ	a
帮						百柏伯	eʔ						
						迫		ek					
滂	烹		eŋ			拍					aʔ		
						魄		ek					
並	彭膨	ẽ				白帛	eʔ						
明	盲	ẽ		aŋ		陌			ẽʔ				
	虻			aŋ									
	猛	ẽ											
	孟		eŋ										
来	冷	ẽ											
彻	撑	ẽ				拆				iaʔ			
澄	澄锃		eŋ			泽		ek					
						宅	eʔ						
						择						oʔ	

（续表）

中古声母	梗开二：庚					梗开二：陌							
	例字	读音				例字	读音						
		ẽ	eŋ	aŋ	ĩã		eʔ	ek	ẽʔ	iaʔ	aʔ	oʔ	a
照庄						窄							a
穿初	铛			aŋ									
审生	生牲甥	ẽ	eŋ										
	笙		eŋ										
	省	ẽ											
见	更	ẽ	eŋ										
	粳庚羹哽埂	ẽ											
	更		eŋ			格	eʔ						
溪	坑	ẽ				客	eʔ						
疑	硬	ẽ				额				iaʔ			
晓	亨		eŋ			赫吓			ẽʔ				
匣	行		eŋ		ĩã								
	杏		eŋ										
	桁	ẽ											
	绗			aŋ									

（续表）

中古声母	梗开二：耕					梗开二：麦							梗开三：庚					梗开三：陌		
	例字	读音				例字	读音						例字	读音				例字	读音	
		eŋ	ẽ	aŋ	ueŋ		eʔ	ek	ẽʔ	uk	iaʔ	aʔ		eŋ	ĩã	ẽ	iaŋ		ek	iaʔ
帮	浜			aŋ		擘	eʔ	ek					兵丙		ĩã			碧	ek	
	迸	eŋ				檗	eʔ						秉	eŋ						
													柄			ẽ				
並	棚		ẽ										平坪	eŋ		ẽ				
													评	eŋ						
													病			ẽ				
明	萌	eŋ				麦脉	eʔ						鸣明盟皿	eŋ						
													命	eŋ	ĩã					
知						摘					iaʔ									
澄	橙	eŋ																		
照庄	争睁		ẽ			责	eʔ													
	筝	eŋ																		
穿初						策册	eʔ													
						栅						aʔ								

（续表）

中古声母	梗开二：耕					梗开二：麦							梗开三：庚					梗开三：陌		
	例字	读音				例字	读音						例字	读音				例字	读音	
		eŋ	ẽ	aŋ	ueŋ		eʔ	ek	ẽʔ	uk	iaʔ	aʔ		eŋ	ĩã	ẽ	iaŋ		ek	iaʔ
审生	鉎			aŋ																
	牲	eŋ	ẽ																	
见	耕		ẽ			革		ek					京惊镜		ĩã			戟	ek	
	耿				ueŋ	隔	eʔ						荆境景警敬竟	eŋ						
溪													卿庆	eŋ						
群													鲸竞	eŋ				剧屐		iaʔ
													擎	eŋ	ĩã					
疑													迎	eŋ				逆	ek	
匣	茎		ẽ			核		ek		uk										
	幸	eŋ																		
影	莺鹦樱	eŋ				扼轭			ẽʔ				英霙	eŋ						
													影		ĩã					
													映				iaŋ			

（续表）

中古声母	梗开三：清						梗开三：昔						
	例字	读音					例字	读音					
		eŋ	ĩã	ẽ	aŋ	ueŋ		ek	iaʔ	ioʔ	ia	eʔ	ã
帮	饼		ĩã				壁		iaʔ				
	并	eŋ											
滂	聘	eŋ	ĩã				僻		iaʔ				
並							辟	ek					
明	名		ĩã										
来	领岭		ĩã										
	令	eŋ											
精	精	eŋ	ĩã				积	ek				eʔ	
	晶腈		ĩã				迹		iaʔ				
	睛	eŋ					脊	ek	iaʔ				
	井			ẽ									
清	清	eŋ					刺~着：被刺扎到		iaʔ				
	请		ĩã										

（续表）

中古声母	梗开三：清						梗开三：昔						
	例字	读音					例字	读音					
		eŋ	ĩã	ẽ	aŋ	ueŋ		ek	iaʔ	ioʔ	ia	eʔ	ã
从	静晴			ẽ			籍藉				ia		
	靖净	eŋ											
	情	eŋ	ĩã										
心	省性姓			ẽ			惜			ioʔ			
							昔	ek					
邪							席			ioʔ			
							夕	ek					
知	贞	eŋ											
彻	蛏				aŋ								
	侦逞	eŋ											
澄	呈程		ĩã				掷						ã
	郑			ẽ									
照章	正整		ĩã				隻		iaʔ				
	征政	eŋ					炙				ia		

（续表）

中古声母	梗开三：清						梗开三：昔						
	例字	读音					例字	读音					
		eŋ	ĩã	ẽ	aŋ	ueŋ		ek	iaʔ	ioʔ	ia	eʔ	ã
穿昌							赤		iaʔ				
							斥	ek					
							尺			ioʔ			
床船							射				ia		
审书	声圣		ĩã				适释	ek					
禅	成盛	eŋ	ĩã				石			ioʔ			
	城		ĩã										
	诚	eŋ											
见	颈劲			ẽ									
溪	轻	eŋ											
影	婴缨	eŋ					益		iaʔ				
喻以	盈					ueŋ	亦译易交~液腋	ek					
	赢		ĩã										

（续表）

中古声母	梗开四：青					梗开四：锡									
	例字	读音				例字	读音								
		eŋ	ĩã	ẽ	aŋ		ek	iaʔ	eʔ	ak	ok	iak	aʔ	oʔ	iʔ
帮						壁		iaʔ							
滂	姘	eŋ				劈	ek							oʔ	
	拼	eŋ	ĩã												
並	瓶	eŋ			aŋ										
	屏萍并	eŋ													
	骿		ĩã												
明	铭	eŋ				觅	ek								
	暝			ẽ											
端	丁钉顶订碇	eŋ				的	ek								
	鼎	eŋ	ĩã			滴									iʔ
						嫡	ek								
透	听厅		ĩã			踢				ak					
	汀	eŋ				剔	ek								
定	亭停廷蜓艇挺锭	eŋ				笛敌狄	ek								
	庭	eŋ	ĩã			籴		iaʔ							
	定		ĩã												

（续表）

中古声母	梗开四：青					梗开四：锡									
	例字	读音				例字	读音								
		eŋ	ĩã	ẽ	aŋ		ek	iaʔ	eʔ	ak	ok	iak	aʔ	oʔ	iʔ
泥娘	宁佞	eŋ				溺									
来	灵铃伶拎翎另	eŋ				历			eʔ				aʔ		
	零	eŋ			aŋ										
精						绩			eʔ						
清	青晴			ẽ		戚	ek								
	瀧	eŋ													
从						寂					ok				
心	星醒			ẽ		锡		iaʔ							
	腥	eŋ		ẽ		析	ek								
见	经	eŋ				击激	ek								
	径			ẽ											
溪	磬	eŋ				吃						iak			
晓	馨	eŋ													
匣	形型陉	eŋ													

（续表）

中古声母	梗合二：庚			梗合二：陌		梗合二：耕			梗合二：麦		
	例字	读音		例字	读音	例字	读音		例字	读音	
		uaŋ	ũẽ		iak		oŋ	ueŋ		uek	ueʔ
见	矿	uaŋ		虢	iak						
晓						轰	oŋ				
匣	横		ũẽ			宏		ueŋ	获	uek	
									划		ueʔ

中古声母	梗合三：庚				梗合三：清					梗合三：昔			梗合四：青	
	例字	读音			例字	读音				例字	读音		例字	读音
		ioŋ	ueŋ	ĩã		ueŋ	eŋ	uŋ	ĩã		ok	iaʔ		ueŋ
溪					倾	ueŋ								
群					群			uŋ						
晓	兄			ĩã										
匣													萤荥迥	ueŋ
影					萦		eŋ							
喻云	荣		ueŋ											
	永	ioŋ	ueŋ											
喻以	泳咏	ioŋ			营				ĩã	疫	ok			
					茔颖	ueŋ				役		iaʔ		

16 通摄

中古声母	通合一：东					通合一：屋				通合一：冬			通合一：沃		
	例字	读音				例字	读音			例字	读音		例字	读音	
		oŋ	aŋ	ou	ĩã		ok	ak	ek		oŋ	aŋ		ok	ak
帮						卜	ok								
滂						扑醭仆	ok								
並	蓬	oŋ				仆	ok								
	篷	oŋ	aŋ			曝		ak							
明	蒙	oŋ		ou		木		ak							
	懵	oŋ													
	蠓	oŋ	aŋ												
端	东		aŋ							冬		aŋ	笃督	ok	
	董	oŋ	aŋ												
	懂冻栋	oŋ													
透	通捅	oŋ				秃			ek	统	oŋ				
	熥桶		aŋ												
	痛	oŋ			ĩã	牍犊	ok								

（续表）

中古声母	通合一：东					通合一：屋				通合一：冬			通合一：沃		
	例字	读音				例字	读音			例字	读音		例字	读音	
		oŋ	aŋ	ou	ĩã		ok	ak	ek		oŋ	aŋ		ok	ak
定	同桐动	oŋ	aŋ			读		ak					毒		ak
	铜筒洞瓯		aŋ			独	ok	ak							
	童瞳	oŋ													
泥娘										农	oŋ				
										脓侬	oŋ	aŋ			
来	笼	oŋ	aŋ			鹿			ek						
	聋昽砻		aŋ			禄	ok								
	拢弄癃	oŋ													
精	棕鬃	oŋ	aŋ							宗综䆫	oŋ				
	总	oŋ													
	棕		aŋ												
清	聪匆囱	oŋ													
	葱		aŋ												

（续表）

中古声母	通合一：东					通合一：屋				通合一：冬			通合一：沃		
	例字	读音				例字	读音			例字	读音		例字	读音	
		oŋ	aŋ	ou	ĩã		ok	ak	ek		oŋ	aŋ		ok	ak
从	从		aŋ			族	ok								
心	送		aŋ			速	ok			松轻~	oŋ	aŋ			
										宋	oŋ				
见	公蚣功	oŋ	aŋ			谷㼼	ok								
	工		aŋ												
	攻贡	oŋ													
溪	空孔	oŋ	aŋ			哭							酷	ok	
	控	oŋ													
晓	烘哄戆	oŋ													
匣	红洪	oŋ	aŋ			斛	ok								
	鸿虹汞哄	oŋ													
影	翁	oŋ	aŋ			屋	ok						沃	ok	ak
	齆		aŋ												

（续表）

中古声母	通合三：东										通合三：屋							
	例字	读音									例字	读音						
		oŋ	ioŋ	aŋ	eŋ	uaŋ	ã	ĩũ	ĩõ	im		ok	ek	iok	ak	uk	uaʔ	aʔ
明	梦			aŋ							目				ak			
											穆牧	ok						
来	隆	oŋ									六				ak			
											陆	ok	ek		ak			
心	嵩	oŋ									肃	ok						
											宿						uaʔ	
知	中	oŋ		aŋ			ã				竹		ek					
	忠	oŋ									筑	ok						
彻											畜			iok				
澄	虫			aŋ							逐	ok						
	仲	oŋ									轴		ek					
床崇	崇	oŋ																
审生											缩	ok						
照章	终	oŋ									祝	ok						
	众	oŋ			eŋ						粥	ok		iok				aʔ

（续表）

中古声母	通合三：东										通合三：屋							
	例字	读音									例字	读音						
		oŋ	ioŋ	aŋ	eŋ	uaŋ	ã	ĩũ	ĩõ	im		ok	ek	iok	ak	uk	uaʔ	aʔ
穿昌	充	oŋ																
	铳				eŋ													
审书											叔		ek					
禅											熟		ek					
											淑	ok						
日	戎绒		ioŋ								肉		ek					
见	弓宫				eŋ						菊		ek					
	躬		ioŋ								掬			iok				
溪											麹		ek	iok				
群	穷		ioŋ															
晓	嗅							ĩũ			畜蓄			iok				
影											郁			iok		uk		
喻云	熊									im								
	雄	oŋ																

（续表）

中古声母	通合三：东										通合三：屋							
	例字	读音									例字	读音						
		oŋ	ioŋ	aŋ	eŋ	uaŋ	ã	ĩũ	ĩõ	im		ok	ek	iok	ak	uk	uaʔ	aʔ
喻以	融		ioŋ						ĩõ		育			iok				
非	风疯					uaŋ					福蝠复	ok						
	枫			aŋ							幅腹				ak			
	讽	oŋ																
敷	丰	oŋ									覆	ok						
奉	冯			aŋ														
	凤	oŋ																

中古声母	通合三：钟					通合三：烛				
	例字	读音				例字	读音			
		oŋ	ioŋ	eŋ	aŋ		ok	ek	iok	uak
泥娘	浓	oŋ								
来	龙			eŋ		禄	ok			
	陇垅	oŋ		eŋ		绿		ek		
精	踪纵	oŋ				足	ok			

（续表）

中古声母	通合三：钟					通合三：烛				
	例字	读音				例字	读音			
		oŋ	ioŋ	eŋ	aŋ		ok	ek	iok	uak
清						促	ok			
从	从	oŋ								
心	怂	oŋ				粟		ek		
邪	松~树	oŋ				俗续	ok			
	诵颂讼	oŋ								
知	冢	oŋ								
彻	宠	oŋ								
澄	重			eŋ	aŋ					
照章	钟盅种肿			eŋ		烛		ek		
						嘱	ok			
穿昌	冲	oŋ				触	ok			
床船						赎	ok			
审书	舂			eŋ		束	ok			
禅						蜀		ek		uak
						属	ok			

（续表）

中古声母	通合三：钟					通合三：烛				
	例字	读音				例字	读音			
		oŋ	ioŋ	eŋ	aŋ		ok	ek	iok	uak
日	茸冗		ioŋ			辱褥	ok			
见	恭拱巩		ioŋ			锔		ek		
	供			eŋ						
溪	銎	oŋ				曲		ek		
群						局		ek		
疑						玉狱		ek		
晓	胸			eŋ						
	凶		ioŋ							
影	雍拥痈		ioŋ							
	壅		ioŋ							
喻以	容蓉镕庸甬勇		ioŋ			欲			iok	
	涌		ioŋ	eŋ		浴		ek	iok	
	用			eŋ						
非	封	oŋ								

（续表）

中古声母	通合三：钟					通合三：烛				
	例字	读音				例字	读音			
		oŋ	ioŋ	eŋ	aŋ		ok	ek	iok	uak
敷	峰锋捧	oŋ								
	蜂				aŋ					
奉	逢奉俸	oŋ								
	缝	oŋ			aŋ					

后　记

博士论文即将付梓，我心里真是战战兢兢的。需要自我检讨的问题至少有三个：

第一，中古十六摄的语音层次分析工作只做了八摄，从而无法将一些目前看似相对孤立的语音现象从系统的角度进行讨论，例如未能讨论各摄之前的互动与语音层次的更替问题以及系统中超《切韵》成分的性质与特点等问题，导致本书的研究深度具有明显的局限性。

第二，单点方言的语音析层研究，有两项工作是极为重要的。一是对单点方言字音的穷尽性调查与整理，此为基础工作；二是从历时角度（纵向）与共时角度（横向）进行比较并推演单点方言中某个音类及其所代表的层次演变的方向、规则、机制与成因，此为分析工作。遗憾的是，这两项工作我都做得不够好。在修订的过程中，我重新归纳了一小部分字音的层次，尽力避免出现审音不精的问题，然而挂一漏万，恐怕仍有谬误。后一项工作同样受学力所限，未能按照原本所设想的方向一一展开深入的讨论。本书在做语音层次分析时，参考了部分古音研究成果，而在同源方言的比较研究方面做得还远远不够。

第三，本书所讨论的语音层次，主要是具有时间先后顺序的语音层次，并非可与具体的历史时期相关联的语音层次，这也是我感到遗憾的地方。我原本以为在语音层次分析工作结束之后，可以尝试着将之与历史时期挂钩，使之成为更具学术价值的历史语音层次研究成果。然而在十六摄未能完整分析且系统各个层次的演变链条不够清晰的情况下，此项工作的开展困难重重，最后我不得不放弃了这一不切实际的想法。

以上所述都是我的错处。本书若还有些可取之处，大概是提供了闽语单点方言语音层次分析的微观样本，后学诸君可以之为鉴，做出更有价值的单点方言析层研究成果或以之为材料之一去建构宏观的闽方言音韵史。

在修订本书的过程中，我多次想起写博士论文时的情景。当时我得到了首都师范大学两位恩师洪波先生和冯蒸先生的大力支持。洪老师作为博士导师准许我写这个题目，并多次就博士论文的框架及其中所涉上古音问题、可资利用的历史文献等相关问题提供指导意见。冯老师对我的博士论文提出了多项富有建设性的修改意见，使之逐渐成形。只是学生不才，所作论文未能达到恩师们期盼的标准，心里甚为惭愧。

在写作博士论文期间，我得到了师母张艳玲老师和各位同门、陶寰先生、李子鹤兄、吕晓玲学姐、许彬彬学姐等诸多师友的关心与帮助，令人心存感激。此外，我在博士二年级时曾前往台湾清华大学访学，与语言学研究所的几位老师多有来往。除了合作导师连金发先生之外，张月琴先生和谢丰帆先生也给了我不少支持。我所获得的很多台湾地区文献，多承他们帮忙。华东师范大学郑伟兄也提供过不少古音文献，在此一并致谢。

博士论文答辩时，答辩委员会的麦耘先生（主席）、吴福祥先生、杨永龙先生、胡敕瑞先生、黄树先先生均对文中所存问题提出了进一步的修改意见，同时也肯定了该文的价值。在此感谢诸位先生对我的鼓励，这些鼓励给了我莫大的信心。

2019 年毕业后我便到陕西师范大学语言资源开发研究中心工作，2023 年 3 月获中国国家留学基金委资助到东京大学进行为期一年的访问，本次修订工作是在东京进行的。修订期间得到了古屋昭弘先生、刘勋宁先生、曾南逸兄的指正以及同门朱俊玄兄的帮助，在此谨致谢忱。同时也要感谢我的领导邢向东先生一直以来的支持，这是我能够顺利开展科研工作的前提条件。

最后，我还想感谢以下诸位：我的揭阳方言发音人魏妙容老师、黄玉燕老师、吴佳老师和其他各位揭阳亲友；我的好朋友爱玲、贺骞和张欣；我的父母黄钊荣先生与黄软琴女士。

2023.09.24 草拟于东京

2024.01.30 定稿于东京